Survey on Farmers'
Cooperatives in China

中国农民专业合作社调查

郭红东　张若健　编著

ZHEJIANG UNIVERSITY PRESS
浙江大学出版社

序　言

在推进中国特色的农业现代化进程中，提高农业产业的组织化程度尤为重要，其中，重点是要加快农民专业合作社的发展。因为从我国的人地关系看，即使随着工业化和城市化的发展，农业劳动力还会继续向非农产业转移，我国农业建立在小规模农户经营基础上的格局恐怕在相当长的时期内不会改变。与此同时，我们的农业不能由此而停留在传统农业的阶段，而是要向现代化发展。换言之，我们要探索小规模农户经营基础上的市场化与现代化道路。小规模农户基础上的农业能否实现现代化？答案是肯定的。发展农民专业合作社是开启小规模农业走向现代化之门的一把钥匙。

首先，在合作社框架中，小规模农户经营的劣势可以得到有效消除。这里需要对农业规模经营有个重新认识。不能单纯把农户土地经营规模作为农业规模经营的判别标志或唯一途径，而是要从专业化分工、多环节联系、多要素综合的途径来实现或判别农业的规模经营。许多国家现代农业的实践表明，小规模的农户生产同样可以实现规模化的经营和农业的现代化，其中的关键是合作社发挥了作用。在合作社内部，通过分工与合作，农户(社员)可以专心于农业生产或养殖，而将其他的经营活动，如投入品的采购，新技术的选择，信息的获取，将产品的分级、包装、加工、运输、营销以及品牌化等分离出去，由合作社统一经营与服务，由此就形成了农户(社员)生产小规模、合作社经营规模化的格局。简言之，通过合作社的制度设计与安排，可以走出一条生产小规模、经营规模化的现代农业发展道路。

其次，我国农民专业合作社的发展还隐含着农业经营体制变革的重大意义。改革开放以来，我国的农业经营体制演变为农户承包经营、村集体统一服务的双层经营体制。但在实践中，大多数村集体对农户经营的服务功能发挥得不是很理想，统分结合的农业双层经营体制流于形式，使农民在市场化和全球化进程中处于不利地位。如何改变这一局面？除了不断完善我国农村村级集体经济制度外，重要的途径是加快农民专业合作社的发展，建立新型的农业双层经营体制。在新型的农业双层经营体制中，农户家庭依然是相对独立的农业生产经营主体，而"统"的功能可以由农民专业合作社来替代。从传统的农业双层经营体制向新型的农业双层经营体制的转变，无论对于中国农业产业组织体系的完善与机制创新，还是对于中国农业的转型和现代农业的发展，都具有极为深远的意义，应着力推进。

这些年来，农民专业合作社的发展得到了中国各级政府的高度重视，政府将其作为发展现代农业和提高农民收入的重要手段来推动，出台了一系列扶持政策与措施，有力地推动了其发展。在中国也出现了不少发展比较好的合作社，全面调查和总结这些合作社发展的历程和经验，不仅对于广大合作社的实践者有启发和借鉴意义，而且也可以为理论工作者提供重要的研究参考。

基于此，浙江大学中国农村发展研究院中国农民专业合作经济组织研究中心副主任郭红东教授在国家自然科学基金项目"中国农民专业合作社成长机理与发展对策研究"（项目编号：70773097）和国家社科基金重大项目"中国特色农业现代化道路的科学内涵、支撑体系与政策选择"（项目编号：08&ZD014）资助下，近年来组织浙江大学部分研究生和本科生对全国各地农民专业合作社典型案例进行了全面的访谈和问卷调查，最后形成了本书的内容。书中收录的案例，从涉及产业看，既有粮食、蔬菜、水果等种植业，也有生猪、家禽和渔业等养殖业；从涉及合作类型来看，既有生产资料采购、产品销售等合作，也有农机服务等合作；从涉及地区看，既有东部发达地区，也有中西部地区、偏远地区；从涉及合作社领办者来看，既有农村专业大户、销售大户、村党支部书记等农村能人发起的，也有企业、供销社以及基层农技部门等发起的，各有各的特点。这些案例，结合当地实际和农民的思想认识水平，探索出了各自的发展路子，总体上反映了当前我国各地农民专业合作社发展的基本特征、存在的问题以及发展趋势。本书实证色彩浓厚，资料翔实，可为研究者和决策者提供可靠的第一手资料，对广大实际工作者也具有重要参考价值。希望本书的出版能够为促进我国农民专业合作社发展增添一份力量。

黄祖辉

2010 年 5 月 21 日

前　言

这些年来,农民专业合作社的发展得到了中国各级政府的高度重视,将其作为发展现代农业和提高农民收入的重要手段来推动,出台了一系列扶持政策与措施,有力地推动了其发展。在中国出现了不少发展比较好的地区,如浙江省,截至 2009 年 6 月已有农民专业合作社 12628 家,社员 60.3 万人,带动农户 370.4 万户,占总农户的 38.24%,同时还涌现出了一大批规模大、竞争力强和农户带动面大的农民专业合作社。如由 29 户西瓜种植大户于 2001 年发起成立的浙江温岭箬横镇西瓜合作社,把西瓜产业的信息、生产、市场营销等几个环节真正紧密地组合起来,开展标准化生产、企业化管理、全程化服务、品牌化经营,如今已经发展成为拥有 252 名社员,固定资产350 万元,联结农户 9200 户,年销售额超亿元的合作社;这些农民专业合作社围绕当地农业主导产业的发展,为广大农户提供农资供应、产品加工与销售、市场信息、技术交流与培训、生产指导等服务,有效地解决了农户分散小生产与大市场的联结问题,在农业结构调整、农民增收、农业增效方面发挥了很好的作用。

但就全国农民专业合作社整体发展质量而言,并不尽如人意,突出表现为"小、散、弱"问题,具体表现为:①从合作社成员数量看,普遍数量少;②从活动范围看,主要局限在本乡镇范围内;③从与社员关系看,目前我国大多数农民专业合作社是松散型的组织,而真正符合合作制性质,以合作社形式运作的则不多;④从服务能力看,大多数专业合作社除从事技术、信息服务外,无法满足农民对加工、销售等其他服务的迫切需求;⑤从生存能力看,在市场竞争中大部分专业合作社生存困难,不少合作社成立不久就名存实亡。这些现象促使我们思考这样一些问题:①为什么有的专业合作社能够快速成长?而有的专业合作社存活期很短或生命力很弱?②是什么因素在影响着专业合作社的成长?③专业合作社要在竞争日益激烈的市场中生存与成长,应该如何保持自己的竞争优势?

因此,非常有必要对中国农民专业合作社成长的机理进行系统的实证研究,从理论上探明其成长的内在机理,寻求其成长的内在根据,揭示其成长的前提和外部条件，找出影响其健康成长的内部与外部因素，进而结合转型时期中国农业、农村与农民发展的实际情况，提出引导和促进中国农民专业合作社健康发展的思路和措施。这不仅在理论上有助于进一步加深对中国农民专业合作社发展规律的认识，而且在实践上可以为政府部门制定引导和促进农民专业合作社健康发展的相关对策措施提供依据。

在国家自然科学基金项目"中国农民专业合作社成长机理与发展对策研究"的支持下，根据课题设计要求，我们于2009年7—9月和2010年1—2月利用寒、暑假学生放假回家探亲的机会，组织学生对包括浙江、福建、安徽、山东、河南、湖南、四川、广东、黑龙江、甘肃在内的10省29个地级市的合作社发展现状及一些典型合作社进行了专题调研。为了保证调查成果的质量，我们首先设计出了详细的访谈提纲和调查问卷，对参与调查的学生进行了集中培训，然后让学生回家选择自己所在地区的合作社社长和社员进行访谈和问卷调查，最后要求学生根据访谈内容按统一格式完成一份访谈调查报告。

在学生访谈调查报告和问卷调查的基础上，我们编辑整理形成了本书的内容。本书由三部分内容组成：

第一部分是合作社社长访谈报告。这部分内容主要通过对被调查农民专业合作社产生、成长过程全方位的描述，使读者对中国农民专业合作社产生的动因、本质、特性、作用、现状、问题、趋势等有具体的认识和了解。在此基础上揭示：①中国农民专业合作社产生的动因；②中国农民专业合作社发展的制度环境；③影响中国农民专业合作社成长的相关因素；④中国农民专业合作社的组织形式；⑤中国农民专业合作社的利益机制；⑥中国农民专业合作社的决策机制；⑦中国农民专业合作社与市场、龙头企业、农户、社区的关系；⑧政府在中国农民专业合作社发展过程中的角色、影响和作用；⑨中国农民专业合作社发展的现状、问题、趋势。

第二部分是问卷调查报告。这部分内容主要通过对全国部分合作社社长和社员问卷调查数据的分析，说明中国农民专业合作社发展的现状与问题。

第三部分是调查总结与对策建议。这部分内容基于前面的调查结果，对中国农民专业合作社发展的现状、典型模式、发展的经验、存在的问题进行了全面总结，在此基础上提出今后进一步加快农民专业合作社发展的若干政策建议，以供决策部门参考。

郭红东

2010年5月10日

目　录

第二部分　问卷调查报告

第三部分　调查总结与对策建议

第一部分

合作社社长访谈报告

像经营超市一样经营农田

——浙江省金华市群飞粮油机械化专业合作社社长访谈录

■ 文/戴成宗 郭红东

合作社简介

金华市群飞粮油机械化专业合作社于 2004 年成立,位于浙江省金华市婺城区汤溪镇前宅村。现有社员 107 名,其中核心社员 7 名,普通社员 100 名,带动服务农户 1290 户;固定资产投入达 500 多万元,2008 年的土地流转支出达 60 多万元,全年生产经营成本达 500 多万元;现拥有手扶拖拉机、大中型拖拉机、联合收割机、植保机械、高速插秧机、育秧流水线等各类农用机械 35 台,价值 350 万元,合计 1267 马力;目前入社的土地有 5000 亩,属于合作社服务范围的土地面积达到 20000 多亩。此外,合作社还在江西租地 2000 多亩进行耕种,并计划下一步将在东北进行租地耕种。2009 年,金华市群飞粮油机械化专业合作社成为金华市唯一一家获得"粮食规模经营服务模式"、浙江农业科学发展创业创新"粮食生产十佳典范"称号的专业合作社。

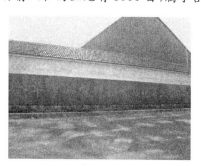

社长名片

丰群飞,30 多岁。10 多岁时,丰群飞就开始下地干活,1994 年,年仅 21 岁的他说服家里人,东拼西凑了 2000 多元,购买了村里第一台手扶拖拉机。凭借良好的驾驶技术,丰群飞自己家里耕完地后,还帮其他人耕地,给家里带来了额外的收入。机械化带来的高效率让丰群飞尝到了甜头,于是他积极联合其他农机手、粮食生产大户，组织成立了群飞农机专业合作社并担任合作社第一任社长。由于在带动农民致富方面的突出贡献，丰群飞被评为金华市"第九届十大杰出青年"。

社长感言

种田要像开超市一样，为农户提供菜单式标准化服务，销售品牌化产品。

访谈报告

2009 年 11 月 3 日下午，我们到金华市婺城区汤溪镇前宅村的群飞粮油机械化专业合作社进行了专题调研。到达的时候，已经是 3 日的傍晚，薄暮冥冥的时候，参观完合作社宽敞的大米加工厂房，一行人在四壁贴满无数荣誉证书的办公室里坐定，在温馨的灯光下，开始了我们的访谈。

我们审视了一下坐在对面的这个朴实的中国农民，略黑的皮肤，粗壮的大手，朴素的着装，一如我们想象中的平凡，但是眼神里流露出丰收的喜悦与对生活的向往，让我们在平凡中看到了执著。就是这样一个农民，就是这个自称没有文化的平凡人，却用充满诗意的语言向我们讲述了一段不朽的传奇……

弃读从耕驾农机　联合办社尝甜头

像我们的父辈一样，由于兄弟姐妹众多，在童年的岁月里，丰群飞早早就失去了继续接受教育的机会。10 多岁的他毅然放下了手中的书本，抢起锄头，选择了田园，一晃就在田野间奉献了自己 20 多年的光阴。

20 世纪 80 年代的金华，跟中国大地的其他地方一样，农民享受着土地家庭联产承包责任制所带来的普惠，但是年轻的丰群飞却很早就认识到土地分散经营和用牛耕地的低效率。在他看来，只有实行机械化才能提高土地生产的效率。1994 年，年仅 21 岁的丰群飞说服家里人，东拼西凑，花费 2000 多元购买了村里第一台手扶拖拉机，从此开始农机手生涯。凭借良好的驾驶技术，丰群飞自己家里耕完地后，还帮其他人耕地，给家里带来了额外的收入。

机械化带来的高效率让丰群飞尝到了甜头。经过几年积累，丰群飞又添置了两台手扶拖拉机和一台收割机，还聘用了几个农机手。但是由于土地分散，稻谷成熟时间不一样，导致油费成本的提高，使机械化变成了"半拉子工程"。针对这一问题，丰群飞干脆开始承包土地，连片种植。从最初承包的 108 亩，发展到 2003 年的 300 多亩。在承包的过程中，丰群飞发现，土地承包关系的不稳定给土地承包经营带来了极大的风险,规模经营的范围做不大,始终局限在个人经营的小范围里。

　　2004 年,合作社发展的春风吹到了金华,国家、省、市都出台了扶持农民专业合作社发展的政策,丰群飞敏锐地意识到机会来了,于是他积极联合其他农机手、粮食生产大户,通过资金入股、机械入股的方式,组织成立了群飞农机专业合作社。尽管成立之初只有社员 7 名,收割机、拖拉机等各类农用机械 7 台,但是,农田连片承包面积扩大到了 425 亩,农田连片服务面积达到了 1800 亩。连片种植和服务让机械化的威力一下子显现出来,当年合作社年产值就达 29.3 万元,比先前增长了三成以上。初尝甜头后,合作社又抓住政府部门对粮食种植、购买农机具、测土配方施肥、种子种苗、种粮直补等方面的一系列补助政策,借机建起了工厂化育苗设施,购置了机械化植保设备和高速插秧机,使耕作、播种、育秧、插秧、植保、收割等粮食生产各环节实现全程机械化。同时,为了扩大合作社规模经营的土地面积,合作社创新土地流转方式,建立了一支专门从事租赁土地的队伍,奔走在汤溪镇田间地头。这样,不论是季节性的空闲土地,还是能够长期出租的土地,这些信息都能及时地反馈到合作社,进入合作社的租赁程序。这两种灵活的土地规模化经营形式收效明显,要求加入合作社的农民越来越多。目前,"群飞合作社"有社员 107 名,2008 年通过土地流转落实粮食生产面积 2100 亩,10 年左右时间承包耕地面积扩大了 18.4 倍。

　　从 2004 年成立到 2008 年,群飞粮油机械化专业合作社经过短短的五年时间,固定资产从 19.4 万元增加到现在的 358.5 万元,整整增加了 17 倍,创造了低赢利的粮食生产领域的一个财富传奇。

规范管理促发展　利润分配劲头足

　　合作社成立之初的 2004 年,尽管浙江省已经通过了《浙江省农民专业合作社管理条例》,在合作社的发展方面已经走在了全国的前列,但是合作社的发展在国家层面上还是没有得到正式承认。因此,合作社成立之时组织结构很松散,也没有明确的部门设置和详细的章程。2007 年 7 月 1 日《中华人民共和国农民专业合作社法》正式实施之后,合作社遵循《中华人民共和国农民专业合作社法》,制定了详细的合作社章程,对社员、理事会、监事会、理事长、监事长等的权利与义务都有详细的规定。在机构设置方面,合作社设有理事会、监事会、办公室、销售部、财务部、加工厂、土地采购队等部门,各部门分工明确,团结合作,效果显著。

在股本结构方面,合作社成立之初只有 7 万元,2005 年注册资本已达到 50 万元,由成立之初的 7 位核心社员以现金形式共同出资,具体出资额如下:丰群飞 8 万元,占 16％;伊雪芳 7 万元,丰敬南 7 万元,丰梅仙 7 万元,胡锦春 7 万元,董宏伟 7 万元,娄志法 7 万元,各占 14％。随着合作社的收益日益显著,越来越多的农民通过机械入股、土地入股、现金入股等方式加入合作社,目前合作社社员数已经达到 107 名,注册资本达到 500 万元,入社土地规模 5000 亩。

在管理方面,合作社将所有的承包田分成 7 个片(1 个片 100～500 亩不等,一般以自然地界划分),每片设 1 名片长,合作社确定一名经验丰富的生产能手作为总管,负责协调片与片之间的人员工具物资安排,不直接参加具体的生产劳动。合作社还建立了一支专门从事租赁土地的队伍,奔走在汤溪镇田间地头,将季节性的空闲土地、能够长期出租的土地的信息及时反馈到合作社,进入合作社的租赁程序。

在利益分配方面,合作社分配方式主要有以下几种:一是土地入股,社员以收获的粮食按约定进行实物支付,同时,再参与年终的合作社分红。二是农机或资金入股的社员,直接参与年终的分红。根据粮食生产效益相对较低的现状,合作社将政府的粮食补贴基本用于分配,其他项目补助资金全部用于扩大再生产。三是对于工作人员,总管待遇 1800 元/月,年终还按净收入的 10％给予奖励;片长待遇 960 元/月,在收获前经合作社社长、监事长、总管与片长共同估产验收,按验收片区净收入的 10％给予奖励,年终支付。

在财务管理方面,对于机械入股的农户,由合作社统一分配机耕,收取机耕费的 20％作为管理费,合作社统一购买农机配件,机主自主维护;对于以土地入股的农户,土地委托合作社统一管理,每亩折算成 400 斤谷子或者 400 块钱;现金入股者,每股 200 元。目前合作社已经将其收入的 60％进行分红,每年提取的公积金,按照社员与本社业务交易量(额)依比例量化为每个成员所有的份额。由国家财政直接补助和他人捐助形成的财产平均量化于每个成员的份额,作为盈余分配的依据之一。合作社为每个社员设立个人账户,用于记载该成员的出资额、量化为该成员的公积金份额以及该成员与本社的业务交易量(额)。

服务社员内外有别　打造品牌成就辉煌

对于丰群飞来说,农机是其发家的根本,因此,合作社成立以后,合作社也一直把大力推行机械化、规模化、专业化作为合作社发展的头等大事。从耕作、播种、育秧、插秧到植保、收割等粮食生产各环节实现全程机械化,大大提高了劳动生产率。同时采取点片结合、分类分季流转土地的办法,扩大土地流转面积;对可以连片流转的土地,尽量签订 5 年以上承包合同;对季节性抛荒的耕地,通过代耕代种代管或季节性承包种植;对零星的长期抛荒的耕地,则进行垦荒开发种植。

为了切实保障社员的利益,合作社实行内外有别的价格机制。比如 2007年,合作社统一服务社员的价格:机耕 50 元/亩,机插 50 元/亩,统一肥水管理 100 元/亩,统防统治早稻 25 元/亩、晚稻 60 元/亩,机收 50 元/亩。但是对非社员服务的机耕费、机插费、机收费,分别比合作社社员高 10 元/亩。同时合作社通过统一经营、统一采购、统一田间管理,进一步降低社员的成本。

尽管没有读过很多书,但是 20 多年的耕作经验让丰群飞认识到,对于粮食生产来说,光靠提高效率和产量是不能够增加农民收益的,有时还会导致"谷贱伤农"的后果。只有通过打造品牌,兴办粮食加工业才能真正的创收。因此,丰群飞推动合作社积极申请"绿色环保食品"等品牌认证和"群飞"牌注册商标并获得通过。同时,合作社积极兴办大米加工业,投资 160 多万元,引进了烘干机和两条大米加工流水线,每天加工大米 100 多吨,形成低、中、高档齐全的产品体系,未来主打有机米、生态米等高档米产品,并开发出减肥米等特色产品。

有了自己的品牌,就应该有与之相称的产品质量。因此,合作社在产品质量上严格把关。合作社制定了包括产地环境、农业投入品、生产过程在内的各种标准。同时,要求社员承诺杜绝使用剧毒农药,尽量减少农药使用次数,确保农药使用的安全间隔期,还全年聘请农药使用监督员进行巡回检查和监督,确保产品质量。此外,合作社还积极引进推广新品种、新技术,如岳优 9113、嘉育 99、协优 7954、两优培九等品种优质的早、晚稻主栽品种。

通过上述经营和服务活动以及几年的实践积累,合作社已经取得了辉煌的成就,表现在:(1)粮食生产经营成本明显降低。据农技部门测算,2008 年,群飞粮油机械化合作社早稻生产亩成本为 375 元,比传统生产成本 593 元降低 218 元;晚稻生产亩成本 395 元,比传统生产成本 637 元降低 242元。(2)资产、规模越来越大。从 2004 年到 2009 年的 6 年间,合作社社员已经发展到 107 名,服务农户 1290 户。资产从最初的 19.4 万元,猛增到 358.5 万元,整整增加了 17 倍。合作社已成为金华市最有影响力的合作社。(3)土地产出率明显提高。比如,合作社实行"早稻—晚稻—油菜(小麦)"的种植制度,提高复种指数,明显增加了土地利用率和产出率。(4)新品种、新技术得到普及。合作社统一经营服务的数千亩水稻中,良种覆盖率达到 100%,种子统供率达到 100%。

像开超市一样种田　有梦就有希望

作为一个粮食生产经营领域的专业合作社,"群飞"走到今天已经创造了属于自己的传奇,但是丰群飞并不满足已有的成就。在他的脑海中,有着一幅这样的蓝图:种田要像开超市一样,为农户提供菜单式标准化服务、销售品牌化产品。

合作社目前已经在江西租地耕种,下一步,打算去东北承包土地进行耕种。对于不想转让土地经营权的农户,合作社提供包括育苗、机耕、机插、植保、收割等服务在内的菜单式服务,农户可以向合作社购买任意一项服务或者"全程服务"。同时,合作社将进一步强化质量管理,专门聘请植保农技人员、育种育苗负责人、专业农机手等专业人才,设定项目责任技术员,使每一项服务内容都有作业标准。此外,合作社将更加重视人才引进,提高合作社管理水平。目前,合作社已经在人才市场上尝试引进人才,丰群飞希望"政府引导大学生进入合作社","合作社愿意支付高工资"。

有梦想,但通往梦想的路依然很长……

首先就是农业保险理赔难。农业露天生产的性质决定了粮食生产要面临气候、病虫害等诸多的自然风险。金华地处浙江省中部偏南,常年受台风影响,导致农业生产常年受损。但是目前当地农业保险都属于营利性单位,缺少政策性农业保险单位,导致农业保险的理赔困难,理赔数额相对于农业生产的损失也是杯水车薪。

其次就是合作社加工企业投入大。据了解,一个日加工 100 吨的大米加工厂,包括厂房的建设、烘干机和大米加工流水线的引进、专业技术人员的雇佣等最低限度的投资金额达到 500 万元。此外,品牌建设、广告投入也需要巨额投资。但是,粮食生产的低赢利使得成本回收遥遥无期。

第三,银行贷款担保难,负债率较高。合作社自身积累资金的能力弱,而政府主要提供政策方面的支持,因此合作社资金主要还是靠银行贷款解决。可是合作社由于在抵押担保方面的缺失导致银行贷款困难。所以，丰群飞希望政府能够提供相应的抵押担保。同时，为了提高农民种粮的积极性，合作社一般会在每年的9月1日前（也就是收割以前）将农户的田租付清，也会选择在每年12月底付清化肥、农药厂商的债务，以备来年生产资料的及时采购，这就导致合作社资金流动性特别大，负债率特别高。

第四，"走出去"风险大。随着合作社规模的扩大，合作社开始实行"走出去"战略，目前已经在江西省德兴市香屯镇承包了2000亩土地进行耕种，下一步打算进军东北进行承包经营。实行"走出去"战略，固然可以利用当地廉价的劳动力和土地，利用当地和杭州两地之间的差价获利，但是也要承担相应的风险，如适应当地的土地政策、风俗习惯等。尽管目前当地政府对此持支持态度，但是合作社还是要防患于未然，做好风险规避工作。

第五，人才匮乏，销售网络尚未拓展。目前合作社管理人员普遍文化水平低，聘用的技术人员也以当地农机人员为主，合作社缺乏既懂现代农业技术，又懂现代企业管理、营销等相关知识的管理人员。同时，目前合作社的经营范围主要还是在汤溪镇区域，在金华地区有一个销售点，金华市以外尚未建立销售点，也没有进入超市进行销售。尽管合作社规模、产量决定了其销售上目前还不存在问题，但随着合作社"走出去"战略的实施，规模、产量的扩大，销售网络的构建都是亟待解决的问题。

尽管前路漫漫，但丰群飞"像经营超市一样经营农田"的梦想却在一步步实现……

访谈后记

在低利润，基本上依靠国家补贴生存的粮食生产领域，丰群飞走出了一条独特的路，其以合作社为载体，以机械化、规模化经营为基础，以注重加工、提升品牌为新空间的粮食生产经营模式——"群飞模式"，已经得到了社会广泛的肯定，也给了我们诸多的启示：① 农民专业合作社是发展粮食生产的有效载体；② 推进土地流转，进行规模经营是发展粮食生产的基础；③ 促进机械化是发展粮食生产的必经之路；④ 农民专业合作社的发展必须有好的"领头羊"；⑤ 国家粮食补助政策、激励政策的实施也为农民专业合作社的发展提供了政策保障。在中国这样一个农村人口占绝大多数，土地高度分散经营的国度，既要保证国家的粮食安全，又要保证农业生产效率的提高、农民的增收，"群飞模式"也许能为这种矛盾的解决带来一缕曙光。

联合农机作业　大家才有好处

——山东省微山县欢城兴农农机专业合作社社长访谈录

■ 文/吴　困

合作社简介

欢城兴农农机专业合作社是由山东省微山县西田陈村14位农机手在2007年5月自愿组织成立的，于2009年3月通过工商登记。该社注册资金280万元，拥有场地2800亩，库房17间，办公室5间，入社机械53台，其中大中型拖拉机14台、自走式小麦联合收获机6台、背负式玉米联合收获机4台、小麦免耕播种机4台、大型多功能播种机3台、自动翻转犁10台、铧式犁4台、旋耕机8台。合作社按照"民办、民管、民受益"的原则组建，实行"五统一"的运作模式，即统一规划、统一采购、统一管理、统一组织、统一服务。根据机械的各自特点，优势互补，贯穿于耕、种、收、播整个农业生产过程，解决了"有机户作业难，无机户用机难"的矛盾，实现了千家万户小生产与农机服务大市场的对接。合作社自2007年成立以来，已发展成为微山县"县级示范合作社"，是微山县23家合作社中发展最好的一家。

社长名片

丁德夫，男，50岁，中专文化，中共党员，长期担任西田陈村村干部，目前是村主任。自合作社成立之日起就担任社长，至今已近三年的时间。合作社成立之前，他是村里的种粮大户，一直从事农机收割工作，是村里有名的农机手，又担任村里的干部，一直引领着村里农机服务的发展。身为种粮大户的他，深刻地认识到农业机械化带来的便利，也认识到分散的农机服务带来的不利，如服务范围小、效率低等问题。因此，他积极组建合作社来解决这些问题。通过组建合作社，不仅增加了农机手的收入，还带动了当地农村经济发展，增加了农民收入。

社长感言

做一个合作社社长，要有魄力，能带领大家；还要有能力，知道应该怎么做，怎么样才能赚钱。

访谈报告

2010 年 2 月 15 日,我先在网上搜索到了微山县欢城兴农农机专业合作社的相关介绍,但网上的资料不是很多,所以又拜托叔叔问了一下县城的相关领导,然后就找到了微山县农机部门的冯洁部长,向他认真询问了欢城兴农农机专业合作社的更多情况和资料。此外,冯部长还向我讲述了丁社长的很多感人故事,使我更加坚定了拜访这位社长的信念。在冯部长的引见下,我和丁社长取得了联系,才得知丁社长生病了,在医院休养。丁社长听说我要对兴农合作社进行调研访问,尽管身体不适,仍热情地邀请我到医院去。17 日,按照约定,我在医院见到了丁社长,看到病床上的丁社长,我真的很感动。为了尽量少打扰丁社长休息,简单地探问了一下社长的病情,我们直接就合作社的发展历史、现状以及愿景进行了深入的讨论。

有机无机都犯难　联合办社问题解

问:合作社当初是由谁发起创办的?

答:主要是由我联合其他 14 位农机手共同创办的。

问:当初为何想到办合作社?

答:我从事农机服务很多年了,随着农业机械化的不断推进,农机服务既面临着机会又迎来很多困难与挑战。我本身又是村干部、种粮大户,知道农民对使用农机进行耕、种、管、收的需求越来越迫切,但是现实当中存在着"有机户作业难,无机户用机难"的矛盾。此外,有些大型农业机械由于价格太贵,单靠个人无法购置。考虑到这些因素,我就想将村里的机手联合起来,大家一起买机器,对他们一说,他们都积极响应,所以就一起创办了兴农农机专业合作社。

问:当初是如何办起来的? 遇到哪些具体困难? 是如何克服的?

答:当初创办时没遇到什么困难,大家都认识而且又很熟,对他们一说,他们也觉得联合起来力量更大,都很响应,然后就这么成立了。

无钱难倒英雄汉　创新模式笑开颜

问:创办以后,合作社是如何一步一步由小到大成长起来的?

答:创办起来后,合作社就有钱了,大家的心很齐,都想把合作社做好,就这样合作社慢慢地开始赢利,一直到现在。

问:在过去成长过程中遇到过哪些困难?是如何解决的?

答:合作社成立初期,确实遇到不少困难。主要是资金不足,当时主要是靠我们农机手自己筹资,合作社的基础设施也都由我们来承担。但是由于没钱,也不能购买一些大型机械,合作社的机械更新缓慢,发展后劲不足。另外,刚成立时我们的管理和经营机制都不完善,服务市场窄,机械利用率不高,合作社只局限于西田陈村及附近村庄。好在后来有农机部门的大力支持,我们在运行过程中探索出一种由村集体和农机户共同出资、共同管理、共同受益的模式。这不仅解决了资金不足的问题,还为合作社的进一步发展提供了一些便利,如促进农户土地流转等。

规范运作五统一 资金土地仍困窘

问:合作社目前设置了哪几个业务部门?其主要职责是什么?人员是如何聘任的?其报酬是如何支付的?

答:要说业务部门,我们还真没有仔细划分过。只是根据合作社需要设立了很多岗位,聘用人员担任。社长一直是由我担任,合作社还设有会计、出纳、机务管理员、安全管理员、仓库保管员等。我们制定了各种管理制度,如财务管理制度、机务管理制度、安全管理制度、入库管理制度、作业管理制度等,日常的运作基本上都是严格按照这些制度执行的。报酬就是给他们发工资了。

问:合作社如何进行日常管理及重大决策的制定?

答:日常管理就是按照刚才讲的那些制度进行管理。关于重大决策的制定,如果章程有了规定,就根据章程来进行了。没有规定的,就由我和核心社员们共同商讨决定。

问:目前,合作社是如何开展农机服务的?哪些开展得比较理想?哪些不理想?为什么?

答:通过这几年发展,我们的合作社的服务经营机制和模式得到了很大的发展。我们实行"五统一"(统一规划、统一采购、统一管理、统一组织、统一服务)的运行模式。在实际运行中,根据机械各自的特点,合理配置。我们现在实施的是订单作业和合同作业。农忙季节,合作社在首先完成与本村签订的农业合同前提下,再根据各订单开展作业。在每年的"三夏"、"三秋"来临之前,我们会派机手代表外出考察跨区作业市场,签订作业合同。

目前我们跨区作业范围南至湖北襄樊,北到河北唐山。从刚开始时的小麦收割,逐步扩大到机耕、机播、玉米机收等服务。在农闲季节,合作社会邀请农机部门和农机生产企业技术人员到合作社培训机手,给机手讲解机械原理、操作要领、机械保养等。这些活动都开展得比较理想。另外,我们正在尝试承包土地,鼓励农民进行土地流转,进行规模经营。这还处于起步阶段,还有很多的问题。

问:合作社的主要收入来源有哪些?目前是否有盈余?盈余是如何分配的?

答:合作社的收入主要来源于合同作业和订单作业的差价。目前经营得还不错,每年都有盈余。盈余分配是根据章程规定,按照成员出资比例、作业量返还。

问:目前,合作社运作过程中存在哪些主要问题?

答:目前合作社主要存在两个问题:第一,资金问题。我们要购买机械、厂房设施等都需要大量的资金,而目前我们的资金基本是从民间集资而来,这远远不够,而从银行和信用社贷款又很困难。第二,厂房用地问题。随着合作社的发展,厂房建设用地也需要不断扩大,但是对于一个合作社来说,征地太困难,政策也不允许,基本上无地可征。

服务社员与产业　政府扶持环境好

问:合作社为社员带来了哪些好处?

答:合作社将大家统一起来,力量更大,能够购买更多的机械,扩大了作业范围,提高了机械利用率,完善了整体的农机服务,增加了大家的收入。

问:合作社对当地其他农户和产业发展带来了哪些好处?

答:我们合作社与村集体是紧密联系的,与村集体签有合同。合同规定,在购买机械时,村集体扶持购机款50%的无息贷款。在农忙季节要先保障本村的收种,同时为本村农户提供10%的作业价格优惠。我们为当地农民提供了便利的服务,增加了农民的收入。

问:在创办过程中有否得到过政府等相关部门的支持?如果有,在哪些方面?最希望得到政府哪些方面的支持?

答:我们社创办过程中得到了政府的大力支持,尤其是农机部门的大力支持。注册登记、办理相关证件都是在农机局的帮助下完成的。每年农机部门的技术人员还会对我们的机手进行技术培训,介绍先进机械,帮助我们联系机器的购买,等等。可以说,农机部门为我们合作社提供了一切可能的帮助。村集体对我们也相当支持,主要就是我刚才说的,对农机购买提供无息贷款,帮助我们合作社进行民间集资。

我们最希望得到的支持,就是政策扶持、资金贷款和设施投入等。我们希望政府能制定更多有利于农机发展的政策,比如帮助解决厂房建设征地问题,还有支持合作社从银行或信用社贷款。

问:在发展过程中有否与村民、村委会、企业及其他部门发生过利益冲突? 如果有,为何发生? 如何解决?

答:要说没有冲突,是不可能的。村集体又不是个人说了算的,有时候,有些村民就是不同意,那也没办法。村里就去做他们工作,给他们讲明道理,基本上都能解决。合作社的发展为村里带来了不少好处,大家也都看在眼里,也没什么怨言。

问:您对目前自己合作社发展的外部环境满意吗? 如果不满意,在哪些方面?

答:比较满意。现在国家越来越重视农业机械化了,我们合作社发展的前景还是很好的。

放眼未来前景好　回首来路感慨多

问:对合作社未来的发展有何目标和打算?

答:我们合作社在搞好日常运作的基础上,为今后三年的发展制订了规划:一是加强基础设施建设;二是添置新式农机;三是兴建奶牛养殖基地;四是进一步创新经营机制。按照建设标准化、管理规范化、经营企业化、作业规模化、生产科技化的"五化"要求,进一步完善合作社民主决策制度、生产管理制度和收益分配制度,引导合作社依法经营、规范运作、诚信服务、提升效益。大力推行农机订单作业模式。大胆尝试承包闲置土地和代理经营农民土地,发展机械化农场,实施区域化、标准化种植,促进合作社健康发展。

问:您对自己合作社未来发展有无信心? 依据何在?

答:非常有信心。现在合作社发展越来越好了,国家和政府也越来越关注我们农机合作社的发展,前景一片美好。

问:您是何时当上社长的? 是如何当上社长的? 是否希望一直做下去?

答:自合作社成立我就当社长了。我从事农机工作很多年了,合作社也是由我倡导发起的,大家都比较尊敬我,推选我担任这个社长。我也希望一直做下去。看着合作社的一步步发展,对它也有感情了,我也很熟悉合作社的情况和未来的发展,我觉得我还是有能力带领合作社进一步发展的。

问:担任社长之前您做过哪些工作?这些经历对您做好社长有哪些帮助?

答:当社长之前,我就从事农机工作,又是村里的干部、生产大户,了解农机发展情况,也清楚农民的需要。这些对我当好社长都是非常重要的。

问:您平时是如何管理合作社的?在管理过程中哪些事情让您最操心?

答:主要是通过自己慢慢摸索出来的,也参考了很多企业的管理和运作模式。合作社能发展到今天也很不容易,都是靠大家一起努力,还有政府和村里的支持发展起来的。

问:从您做社长的经历来看,您认为怎样才能当好社长?

答:首先,要有魄力,能带领大家。其次还要有能力,知道应该怎么做,怎么样才能赚钱、发展。最后,还要有和政府、其他人打交道的能力,既要和政府保持好关系,又要想着社员和农民。

问:从您的合作社发展的经验来看,如何才能办好合作社?

答:我觉得要办好一个合作社,首先是要创新。在创办合作社过程中会遇到很多问题,有的可以参考别人的经验,但有的不能,只能自己想办法,根据自己的实际情况,找到解决自身问题的最好方法。其次,就是政府的支持,光靠老百姓自己,很难发展,只有在政府的支持和指导下,合作社才能进一步发展,办得更好。

访谈后记

访谈结束回去的路上,我久久不能平静。感叹中国人民的智慧真的是无穷的。一群淳朴、没有太多文化的农民竟能在这偏僻的角落里打造出一片属于自己的天地,为自己、为更多村民带来福利。兴农农机专业合作社发展至今,已成为整个微山县数一数二的合作社。他们何以取得如此成绩?回忆起丁社长那坚定、睿智的双眼,才明白他们的成功是必然的。他们有着优秀的领导,有着淳朴又不失智慧的社员们,有着政府和广大农民的支持。相信兴农农机专业合作社将来一定会越办越好!

有了农机合作社　种田就是不一样

——黑龙江省甘南县金星农机作业合作社社长访谈录

■ 文/刘志斌

合作社简介

黑龙江省甘南县巨宝镇金星村是甘南县巨宝镇的一个大型村,位于齐齐哈尔市巨宝镇西部1.5千米处。全村耕地面积辽阔,共有26888亩,地势平坦,土地肥沃,是标准的北方式的村落,适宜机械化作业。村内有4个自然屯491户,982个劳动力,2054口人,是全县比较富裕的村。该村于2006年冬天组建了农机作业合作社,到2010年,已建立合作社近5年,取得了很好的效益,合作社的发展稳步前进,这个合作社能够很好地代表北方合作社的发展趋势,同时也显现出其目前所面临的问题。现在,该村机械作业面积达95%以上,实现了机械化,并提高了周边地区村落和农场的机械化耕作比例。农民也看到了农业机械化所带来的好处,不仅可以分得红利,而且降低了成本,提高了耕种的效率,同时为调整农村生产结构、加大规模化耕作比例、增加农民收入开辟了一条行之有效的途径。

社长名片

黄社长,58岁,党员,初中文化,在改革开放之前曾在生产队农技站任站长。在组建合作社过程中,由于掌握了过硬的农机技术,在村民中信誉好,他被村民选为合作社社长。从组建合作社到现在,一直担任社长一职,带领合作社走上快速、健康发展的轨道,合作社曾获得过"齐齐哈尔市十强农民专业合作社"等荣誉。

社长感言

让有能力的人上来,合作社才有希望。

访谈报告

2010 年 2 月初,我在网络上搜索到了齐齐哈尔甘南县金星农机作业合作社的地址,年后,我来到了齐齐哈尔,恰巧在齐市工作的姐夫认识合作社的社员(我要感谢我十分可爱的姐夫),并打电话联系了社长,社长爽快地答应了。在准备了一些材料后,姐夫驱车带我来到了合作社,虽然合作社的位置就在齐市的旁边,可是还是花了大概两个半小时才找到了合作社。当到达合作社所在村庄的时候,发现这里比我们想象的要好得多,整齐的房屋和干净的院落让我们似乎一下子从驱车的疲劳中缓过了神,都在不停地向外张望。车还没停稳,社长已经走出来迎接我们,在几句寒暄之后,社长便带我们参观了农机具停放的车库,虽然是寒冬腊月,可是车库外的积雪已经不见踪影,非常干净。进入车库,看到很多从未见过的大型农机具,社长不紧不慢地为我们一个一个讲解。参观完之后,在我的请求下,社长带着我们去了两个农户家,并填写了问卷。最后,我们来到了挂着很多荣誉证书和规章制度的会议室,我们就合作社的发展历史、现状以及未来的愿景进行了讨论。

政府支持,合作社成立

金星农机作业合作社的成立与发展,每一步都离不开政府和相关部门的帮助与扶持。在合作社建立的 2006 年初,国家就以设备的形式拨付给合作社 100 万元资产。同时,村民也以入股的形式自筹 50 万元,每股 150 元,建立了最初的金星农机合作社。合作社建立之初,村民对合作社的了解很少,入股并不积极,只有一部分人入股。第一年分红后,由于看到了合作社所带来的实实在在的好处,大量村民纷纷表示愿意二次入股,可是这就给整个合作社增加了不小的负担,所以在二次入股的问题上村民与合作社产生了分歧。经过协商,合作社允许了一部分本村村民的二次入股,但对非本村村民的二次入股要求则不予考虑。

合作社在政府的积极倡导下建立、成长,虽然遇到了不少问题,但是还是被合作社很好地解决了。起初,农民并不是完全信任合作社,对于由政府一手扶持起来的农机合作社,村民们也是各持己见,有人赞同,有人反对,也有人担心。社员在入股初期都不敢过多地投入资金,怕是个政绩工程,钱会打水漂,而且人们与这种大型农机具接触不多,并不了解其优势和利益。因此,社长对一些农户进行了积极的走访,并进行了一些劝说工作,使得部分农户打消了这种不安的念头,积极地入股,并且带动了其他村民的入股。事实证明,农机作业合作社在北方是大有作为的,也能够给社员带来经济利益,其成立以来的发展也得到了社员的普遍认可。用社长的话说就是:"农机作业合作社在东北来说还是比较新颖的事物,跟以前的生产大队完全不一样,咱村的合作社的发展也还是比较顺利的。"

合作社的部门设置齐全,理事会、监事会、社员代表大会等一应俱全。

金星农机合作社一步步走来,也预示着更美好的明天。

农机合作社在北方的独特优势

东北平原黑土带位于松嫩平原中部,总面积约 1100 万公顷,其中黑土耕地约 815 万公顷,占东北地区耕地总面积的 32.5%。黑土地的粮食产量占东北地区粮食总产量的 44.4%。黑土带是东北玉米带的核心,也是重要的肉、乳生产带,玉米产量和出口量分别占全国的 1/3 和 1/2。东北是具有得天独厚的优势的,不仅是全世界三大黑土地之一,还有就是其平坦的地势、良好的气候,这些都保证了农机合作社的良好发展。因为是在冬季进行的采访,所以整个大地也是一片白雪皑皑,独特的气候条件也决定了北方农业生产的一个特点:一年一季。

在谈到农机合作社的作用时,社长感慨地说:"北方和南方不一样,南方人多地少,土地的稀缺决定了大型农机具在南方根本就施展不开。咱这就不一样了,地多而且大量连成一片,大型农机具在我们这里有充分的施展空间,但是我们这里的现状是基本上农民家里都没什么大型机械,因此大型的

农机合作社在我们这里具有广阔的市场。"的确,北方地广人稀,土地平坦,适宜大型机械的操作,但是由于经济发展的相对落后,一直都没有足够数量的大型农业机械进入到农业生产领域,一直以来都是单家独户,小型机械,自给自足。可是单家独户地购买农机具,购买费用和养护费用都很高,成本回收期长,产生的经济效益也低。因此,大型农机合作社在东北的建立,可以说是众望所归。

金星农机合作社确实带来了显著的经济与社会效益。"咱这个合作社可是发挥了不小的作用。原来的时候一到农忙,家家户户都忙得不行,就靠自家那些小型机械。现在用咱们的大型机械,基本上一个上午就能翻个几十垧(编者注:中国计算土地面积的单位,各地不同,东北地区一垧一般合一公顷,即十五市亩,西北地区一垧合三亩或五亩)地,那比以前快多了。"黄社长在说到合作社所带来的效益时自豪地说:"大型机械也省钱,基本算下来咱这大型机械平均费用比小型机械低得多,速度还快呢!开始的时候很多人都不敢用,怕费钱,后来大家慢慢就知道了,都主动上门来预约用咱这机器。"金星农机合作社不仅仅带动了本村的机械化生产,同时也带动了周边村庄,以及附近农场的机械化作业,更重要的是让村民切身感受到了机械化生产的优势,让人们深刻认识到以往耕作模式的落后,这对于国家农机政策的推行和实施是有很大推动作用的。

但是在大面积推广大型机械操作上,还是存在一些问题。比如,目前土地还只是小面积的家庭式耕作,这就导致了虽然土地面积适宜大型机械化耕作,但是由于不同家庭的土地耕种作物不同,决定了需要不同的耕作方法和农业器械。因此,一些地块上的大型机械只能望地兴叹。"要是咱这里的土地能连上片,一大片一大片的一起翻地一起播种一起收割,那咱这机械的能力才能真的显现出来,可就这些小块的地,没办法弄,机器进不去,进去了也不行,连掉个头都费劲,要是能像大农场那样就好了,"黄社长懊恼地说,"不过现在情况也在逐渐好转,国家大力鼓励土地流转,集中土地进行规模经营,不仅大量节省农业生产成本,也能使更多的人进入城市去赚取更多的收益。"

社员满意,社长却不满意

为了调查合作社建立以来社员的满意度,我们专门采访了几位合作社社员。

问：您家什么时候入的股？入了多少股？

村民：2006 年初，就是合作社成立的时候，入了 40 股，一共 6000 元。当时心里还有点犯嘀咕，怕不保险，就没多入。

问：那这几年分红咋样？有没有啥不满意的？

村民：没啥不满意的，这几年年年分红，股本早就回来了，以后的就是净赚的。当时要是多入点股就好了。

问：后悔入得少了，呵呵，您对咱这合作社的以后发展有啥要求没？

村民：咱能有啥要求，就越来越好呗，能分红就挺好。

显然，合作社建立以来给社员带来了切实的经济效益，得到了社员的普遍认可，但是对于黄社长来说，这还是远远不够的。"咱合作社每年除了提点像折旧费、日常管理费、油费、维修费这样的，利润基本上都分红了。合作社建立之初总资产 150 万元，发展到现在的总资产大概也就 170 万元，这几年想再添置几台大型机械，可是社里的钱还是比较紧张的。"黄社长在谈到合作社由于积累的资金缺乏，对于合作社的长远发展不利时，不无忧虑地说，"说老实话，我是不满意的，你看这一年一年的，赚点钱全分掉了，现在咱看着好像不错，大家都拿到了钱，可是以后咋办？现在不就是坐吃老本吗？到时候机器不行了，又没钱买，可咋办?! 可是要不分红，股民又不干！没办法啊！"

何去何从

合作社的昨天无疑是成功的，可是明天会怎样呢？

对于合作社的明天，黄社长感慨地说："现在的农村太落后，有文化的人少，本村的大学生就算毕了业也不愿意回来，而咱这里的村民基本上都没怎么上过学，我这初中文化就算是不错的了，以后真不知道该怎么办。"说这些话时，黄社长显得忧心忡忡，可见，缺少人才，尤其是缺少可以联系业务的人才，将是合作社不断向前发展的重要"瓶颈"之一。目前严峻的现实是，由于合作社缺少可以外出跑业务的人，或者就是给外出联系业务的人报酬太低，使一些原来的业务骨干纷纷离开合作社单干，合作社原有的业务正在一点点被蚕食。最近两年，合作社一直处于被动发展的境地，这样毕竟只是一个权宜之计，不能作为合作社长期发展的模式。所以如何解决合作社的人才问题是当务之急，只有解决了人才的问题，才能从根本上解决合作社的生存和发展问题。

合作社的管理不到位也是合作社发展必须直面的问题。黄社长忧心忡忡地说:"我都这么老了,思想陈旧,观念也落后了,可是合作社的工资低啊,一个月的工资就800多元,还不如出去打工。所以下面的人特别是有文化的人又不愿参与合作社管理,大部分村民宁可外出打工,也不愿意进咱这合作社工作,最多就是在合作社里兼职,像我这样全职的,整个合作社就我一个。"农村基层合作社的管理的确是一大难题,没有合适的人选,工资水平低,合作社地处比较偏僻的地区,又难以吸引到人才。如果政府可以给予帮助,从一些高等院校引入人才,并给予适当的政策优惠,将大大改善这一状况。

访谈后记

这次农机合作社调查,收获颇丰,感触也很多。在一个经济不怎么发达的农村,尤其是北方的农村,一个成功的合作社要有什么条件:第一,要找对合适的产品,这样才会有广阔的市场,北方广阔的土地就蕴藏了这样的机会,金星农机合作社也正是抓住了这样的机会,才取得了成功;第二,要有一个有能力又懂行的带头人,一个好的社长保证了合作社稳定的发展;第三,就是要有政府的支持,政府在农业问题中的作用是至关重要的,政府的政策支持和引导是不可或缺的。当然现在的合作社在发展上出现了一些问题,不过,在采访过程中我还是看到了社长和社员们对于知识和财富的渴望,这是一种朴素的渴望,一种对美好生活向往的力量。这也必将化成一股动力让金星农机合作社发展得更好。

种粮人的"靠山"

——福建省南平市龙得宝稻米专业合作社社长访谈录

■ 文/林雯

合作社简介

南平市地处福建省北部,武夷山脉北段东南侧,位于闽、浙、赣三省交界处。市辖一区四市五县,全市304万人口中71%在农村,农业是南平市经济赖以生存和发展的基础。龙得宝稻米专业合作社位于距离南平市中心约10千米的西芹镇上,是福建省首家、省内首个跨行政区域、影响力最大的稻米专业合作

社,是福建省内人数最多、规模最大的合作社之一。合作社成立于2004年2月,采用"龙头企业+专业合作社+农户"的农业产业化经营模式,为社员提供稻米产、销信息;引进新品种、新技术,组织技术培训和辅导;优惠向社员提供优质化肥和农药;推广标准化生产和品牌化经营等。目前拥有社员2606名,带动农户4万多户,4年来实现收入3亿多元,年粮食销售额达5亿多元。

社长名片

陈金妹(右一),今年46岁,1米70的高挑个子,常常盘着高高的发髻,令她显得十分干练。虽然只有初中文化水平,却凭借自己的汗水谱写出一部巾帼创业史。她是福建省人大代表。担任龙得宝稻米专业合作社社长4年来,她先后荣获第三届南平市"十大杰出女性"、南平

市"三八红旗手"、南平市延平区"劳动模范"、福建省"杰出创业女性"、福建省第五届实施"春蕾计划"先进个人、首届"全国十大农产品流通女经纪人"、全国"三八红旗手"等荣誉称号。

社长感言

我是农民的女儿,自己富了还不够,还要带动更多的农民致富!

访谈报告

虎年春节前夕,笔者回到家乡,农民专业合作社访谈之旅便启程了。虽然是 2 月份,但这座东南沿海的小城镇,早已春意盎然。城乡小巴士疾驶在宽阔的柏油路上,窗外风景一闪而过,车里挤满了辛苦一整年、刚刚进城购置年货归来的农民。望着这群质朴的农民,笔者不由感慨中国的农民历来"善分"不"善合",然而当前市场经济条件下成千上万的小农民难以独立完成与千变万化的大市场的对接,因此,近年来在江浙地区出现了以农户共同利益为基础的农民专业合作社的"星星之火",且颇有燎原之势,但在武夷山麓下,合作社是以怎样的姿态屹立闽北大地,并焕发生机的呢?或许今天笔者就能知晓答案。想到前些天在网站上搜索社长的信息,我大概知道今天访谈的是一个处在中年的女社长,虽是女性,但巾帼不让须眉,她创办多家企业,成立稻米合作社,惠及我国几个省上万农民,谱写了一部女性自强自立的创业史!

下了小巴士,通过沿路询问来到合作社门口,白底黑字的合作社招牌在简单的平房上显得相当低调,早已在脑海中想象了无数次的女社长迎了出来,几句自我介绍,几番寒暄之后,我们开始了正式的访谈。

艰辛创业 铸就商海传奇

因家庭贫困,陈金妹在 1978 年初中毕业后便辍学了。为替父母分忧,她拎着麻袋独自前往江西鹰潭等地把农副产品盘到南平贩卖。1985 年,她嫁到南平市延平区西芹镇西芹村,结婚 3 天后,她独自在镇上溜达,发现近万人口的西芹镇,竟然只有一家食杂店!当时她就想,能不能让乡亲们买东西更方便些?能不能让商品价格更低些……回家后,她和丈夫合计,借款 500 元开起了一家食杂店,短短两年内挣了 2 万元,在商海掘取了第一桶金。她将取得的第一桶金全部投资饲料业,一口气开起 3 家连锁店,很快掘取了第二桶金、第三桶金……但陈金妹并没有停止步伐。有一天,陈金妹去粮站买米,听到乡亲们说米质差,不好吃。说者无意,听者有心……她随后对稻谷市场进行了调查,认为经营碾米业一定会赚钱。1990年,她将所掘取的第二桶金投入到稻谷加工业,办起了稻米加工作坊——一家小型碾米厂,精选优质稻,加工优质米,乡亲们纷纷抢购。在那个万元户被新闻媒体追捧、视为奇迹的年代,她单单一年就赢利15万元。经过多年的苦心经营,到1995年,陈金妹的碾米厂已成为闽北粮食行业领头羊。原全国人大常委会副委员长、著名社会学家费孝通前来考察时,原本只打算停留10分钟,结果却延长到了1个多小时。费老兴致勃勃地参观了她的工厂,并称赞她"办企业思路超前,管理有方"。2002年,在有关部门的支持下,陈金妹买断一块64亩的工业用地,安装了两条生产线,成立了南平市恒大米业公司,"恒大"牌稻米商标很快成为闽北著名商标。2005年,公司年粮食加工能力8万吨,成为闽北最大的粮食加工企业之一。

创新思维　开拓致富新路

随着与农民和市场沟通的加深,陈金妹逐渐发现了一个奇怪的现象:市场需要的,农民往往不懂得种;农民生产的,市场又往往不太好销。市场上的需求千变万化,个体农户往往很难在品种和技术上迅速跟上,农民同市场的博弈能力又十分不足。于是,她通过广泛的市场调查分析和走访种粮大户,试图探索新的经营模式,带动更多的农民致富。2004年正月初三,陈金妹上门找到南平市供销社主任魏美祥,向其讨教农资的走向和企业的出路,魏美祥提出组建稻米合作社来应对粮食供应不足的问题,立即得到陈金妹的赞同。2004年2月17日,由陈金妹的恒大米业公司出资4万元,与南平市供销总社所属南平市龙得宝农资有限公司、西芹供销社、峡阳供销社各出资2万元,

成立总资本金为10万元的南平市龙得宝稻米专业合作社,同年6月1日,龙

得宝稻米专业合作社召开了有135名代表（其中农民代表120名）参加的第一次社员代表大会，审议通过了专业合作社的章程，选举产生了社长、副社长、秘书长、理事、常务理事和监事会主任、监事等，陈金妹被选为合作社社长。龙得宝稻米专业合作社采用"龙头企业＋专业合作社＋农户"的农业产业化经营模式，大大提高了粮食生产组织化、一体化程度，郑重向社员作出"五项承诺"，从此社员种粮不再为信息、技术和销路而发愁。例如：实行保护价，即当市场价格低于合作社的保护价时，将按保护价格执行合同；当市场高于保护价时，将按当地当时的市场价格收购；对订单粮农提供订购总额（按保护价格计算）20％的赊销化肥和农药，由当地的供销社供肥点负责执行供给。该贷款在粮农交购稻谷结算时扣回（不计算利息），等等。如此一来，不仅有效降低了社员种粮的风险，还大大调动了他们的种粮积极性、切实维护了他们的利益，同时这也正是陈金妹对"自己富了还不够，还要带动更多的农民致富"的实践。

风雨兼程　真情回报社会

　　市场有风险，"领头"企业的生意也并非只赚不亏。曾经有一种叫"花优"牌的稻米煮稀饭，又香又好吃，很受大家欢迎。根据合同，2004年她向农民收购了2000多吨的"花优"，每50公斤保护价为85元，哪里料到市场价一时冲到102元，当时陈金妹毫不犹豫地全部吃进，然而仅仅3个月后出售又跌到90元，一晃之间反而每50公斤倒贴了30多元。她亏了，乡亲们没有亏。在收购资金出现困难时，市妇联有关单位给予了陈金妹极大的支持，福建省妇联小额贷款100万元帮她顺利渡过了难关。农户们在这件事情上看到了实惠，感受到了她的诚信，纷纷要求加入合作社，很快合作社社员由刚成立时的1500多名发展到如今的2606名，辐射江西、安徽、河南、湖北、湖南、吉林、江苏等省，成为福建省业内社员数最多、规模最大的合作社……

　　一路走来，风雨兼程。初办

碾米厂时期,个体户向银行贷款十分困难,资金周转最为伤神。为了兑现购粮款,陈金妹跑东家串西家,从方圆百里的 100 多户人家才借到 30 多万元,最少的连 10 元她都借。1 米 70 个头的她,这一次实在太累了,"扑通"一声就瘫倒在地……她的右眼皮下长着一颗痣,大伙都说是她太操劳,哭了太久才长出的"哭痣"。陈金妹虽然在创业过程中饱尝各种酸甜苦辣,但"梅花香自苦寒来",如今她凭借自强不息的精神成为首届"全国十大农产品流通女经纪人"。

"我是农民的女儿,自己富了还不够,还要带动更多的农民致富。"因此,陈金妹不遗余力地置身于带动当地农民致富的工作当中,她开办起多家劳动密集型企业,转移了大量的剩余劳动力,以及当地国有、集体企业的下岗职工。从 1998 年至 2004 年,她创办的恒大竹凉席厂吸收工人 800 余人,从 2006 年来,她与人合办的恒大服饰有限公司吸纳工人 200 多人,2009 年,她又进城承包福建闽北大饭店,担任总经理,进一步为更多的人创造就业机会,彰显企业家的社会责任感。

陈金妹,一个只有初中文化水平的闽北山区农民企业家,采用"龙头企业＋专业合作社＋农户"的农业产业化经营模式,从一个小山村起步,以自己的勤劳勇敢书写了一部中国当代女性自立自强的拼搏史。

访谈后记

在西芹镇走访中,我偶然向路边的村民询问龙得宝稻米专业合作社时,他们纷纷表示不解,后来我提及"恒大米业",村民们似乎恍然大悟,这实在是一个奇怪的现象。改革开放以前,市场观念深入人心,人们已经更多地开始关注价格、关注销路、关注企业,然而他们却对农民专业合作社知之甚少,也没有意识到龙头企业背后的合作社才是在现实中沟通农户与市场的桥梁。我想,对于龙得宝稻米专业合作社甚至全国其他的合作社而言,走自主发展的道路,切实维护农户的利益,真正成为连接农户和市场的桥梁,才是合作社发展的真正目标,尽管其中会有很长很长的路要走。

小小花生米　农民致富宝

——山东省临沂市金来宝花生购销合作社社长访谈录

■ 文/张佳莹

合作社简介

　　金来宝花生购销合作社位于山东省临沂市郯城县马头镇西爱国经济开发区。该合作社成立于 2007 年 10 月,注册资金 150 万元,目前拥有社员 8 人,总资产达到 200 万元,2009 年销售收入达 1800 万元,年纯收益为 50 万元。该合作社是由西爱国村村民自发组织而形成的,农民通过资金入股的方式加入合作社,销售利润年底按股分红获取收益。该合作社主要从事花生的购销活动,即以合作社为一个组织,从农民手中购入花生,通过简单的去壳加工,销售给油料加工厂等,从中获得利益。该合作社的主要客户是鲁花花生油厂,并长年为其提供花生。该合作社成立三年来,经过合作社成员的共同努力,确保了合作社成员的收入稳定,降低了单独经营所要承担的风险,同时,带动了周边地区农户种植花生的积极性,提高了农民种植花生的收入。

社长名片

　　孟庆华(右一),40 岁,初中文化,中共党员。长期担任村干部,目前仍是西爱国村支书,自合作社成立之日起就担任社长,至今已有三年的时间。合作社成立之前,他一直从事花生的购销活动,长年的工作经历使他有了丰富的经验和稳定的销售渠道,但是,由于自己的资金实力有限,无力扩大经营规模,使得他经常为此事苦恼。自 2007 年成立合作社以来,他带领社员积极地开拓市场,扩大经营规模,使合作社越办越红火,社员的收入也提高了不少。

社长感言

要有责任心,要心里想着社员,要真正为社员办事!

访谈报告

2010 年 2 月 2 日,通过家人的介绍,我获得多家合作社的具体地址以及联系方式,然后直接给每家合作社打了电话,听完我简单的自我介绍,他们都说社长现在比较忙,没有时间接待。被委婉地拒绝之后,我感觉很失望,本以为自己做的事情会得到合作社的认可,没想到却遭到拒绝。这时,我想起培训时郭老师说可以通过农业局介绍,于是在 2 月 3 日,我直接去郯城县农业局,找到负责合作社的李主任。李主任很客气地接待了我,在听完我的来意之后,李主任给我介绍了郯城县合作社的基本情况,同时还给了我一些资料,说我想要的基本内容资料里面都有,不用那么辛苦去调研,但在我再三请求下,李主任给我介绍了一家公司主办的合作社。我认为那家合作社与我们的调查目标不一致,因此没有接受李主任的建议。年前,我没有完成任何预订的计划。春节之后,随着开学的临近,我决定进行最后一搏,采取直接上门拜访的方式。我选择了一家为大家所熟知的、相对规模较大的合作社——山东省临沂市金来宝花生购销合作社,2 月 23 日,我和男友徐猛两个人直接找到该合作社所在的村,通过向村民询问得知社长的住址,直接敲开社长家的门。社长的确挺忙,但在听完我们的来意之后,还是很热情地接待了我们,认真地回答了我们的问题,访谈持续了将近三个小时,最后社长还表示有什么疑问可以直接跟他联系。本以为要交白卷的访谈活动,在社长真诚的配合下有了初步的成果,我们很感动,同时也感谢社长的支持。为了能更直观生动地记录社长的话,下文采用一问一答的形式展现访谈内容。

团结就是力量

问:合作社当初是由谁发起创办的?

答:是由我发起创办的,我从事花生的购销很多年了,一直感觉单干势单力薄,与大客户谈价格时底气不足。我早就希望能够联合大家一起干,

2007年的时候,我了解到能够成立农民专业合作社,觉得机会来了,所以就联合大家一起干了。

问:当初为何想到办合作社?

答:花生购和销的价格受数量的影响很大,我想人多力量大,大家联合起来总量就上去了,也就能够提高收益了。再就是,以前单干的时候,大家相互竞争,提高收购价格,降低销售价格,使得自己落个白忙活,甚至还得赔钱。大家一起干了就不会存在内部竞争的现象,大家也都有收益了。还有就是,政府提倡搞合作社,给合作社很多的优惠政策,我觉得有了政府的支持,加上我们好好干,搞好是没有问题的。

问:当初合作社是如何办起来的?遇到哪些具体困难?是如何克服的?

答:当时想到就干,我就立即联系我村从事花生购销的村民,他们一听我的解释,都觉得有道理,就这样成立了,也没有遇到什么大困难。

梦想与现实的差距

问:创办以后,合作社是如何一步一步由小到大成长起来的?

答:创办起来后,合作社就有钱了,大家的心很齐,都想把合作社做好,就这样合作社慢慢地开始赢利,一直到现在。

问:在合作社成长过程中遇到过哪些困难?是如何解决的?

答:合作社遇到的最大的困难就是资金问题,我们合作社的社员都是农民,本身没有多少钱,就是希望能够享受一些国家对合作社的政策支持,享受贷款方面的优惠。但是,除了农村信用社会给我们一些贷款外,其他的银行都不给我们合作社贷款。我们遇到资金周转问题时,都是向其他的村民借,一旦周转开了,立马就还。如果合作社能够得到资金支持的话,我们合作社的规模会更大的。

有限条件下非正规运营

问:合作社目前设置了哪几个业务部门?其主要职责是什么?人员是如何聘任的?其报酬是如何支付的?

答:我们的合作社还不是很正规的那种,没有什么具体的分工,都是混在一起干的,也没有聘任外部人员。所有人员都是合作社的社员,我们每个人都不算工资,不管干什么,到年底分红的时候,我们会按股金分红的。

问:合作社如何进行日常管理及重大决策制定的?

答:合作社本身社员比较少,大家都有固定的分工,也就没有多少日常事务。至于重大决策制定呢,我们也没有制定过。说实话,都是农民,没有人会乐意坐在那里听这些的,大家凑在一起的主要目的还是赚钱。再就是,都是本村的人,即便有些人犯点错,我们也不好当众说,大家心里明白就好了。

问:目前,合作社主要开展了哪些活动?哪些活动开展得比较理想?哪些不理想?为何?

答:我们合作社主要就是收购花生,经过简单的去壳加工后,将花生销售给油料厂等企业,从中获取收益。今年总体来说花生的价格还是比较理想的,尤其是年前,价格挺高的。不理想的地方就是,没有能够按照预期扩大规模,这使我们的收益减少,如果有足够资本的话,我们分红的时候,大家可以分得更多了,年也可以过得更舒服了。

问:合作社的主要收入来源有哪些?目前是否有盈余?盈余是如何分配的?

答:合作社的主要收入来源是花生购销的差价。花生购销呢,有点像赌博,看准了就能赚一笔,看不准赔钱也是很正常的事情。目前合作社有盈余,这些盈余年底会和股金一起全部返还给社员。

问:合作社不提取公积金吗?

答:不提取的,全部返还了,明年大家再重新入股,按股分红。

问:目前,合作社运作过程中存在哪些主要问题?

答:我们这个合作社,淡旺季很明显。在每年的七八月份最忙,其他的月份也有事干,但是明显不忙。因此,一年也就两个月最紧张,一般在最紧张的时候,钱就不够用了。成立合作社的时候,以为可以通过贷款解决资金周转的事,现在却得不到支持,每年都会为这事犯愁。如果资金的问题解决了,我们也就敢放开手脚干了。

社员增收　生活稳定

问:合作社为社员带来了哪些好处?

答:合作社提高了花生的总交易量,稳定了交易价格,肯定是能提高社员收入的。而相对于非社员来说,能够提高多少,这就不好说了。一方面要看花生的行情,另一方面,我们也没有实际调查过,也不能乱猜。

问：合作社对当地其他农户和产业发展带来了哪些好处？

答：我们村收购花生已有一段历史了，很多村民都在从事花生的收购活动，我们合作社会接受非社员收购的花生，这样我们村从事花生收购的人越来越多。收购花生的人多了，花生的价格也就会上涨，对于那些种植花生的人来说，花生的销售有了出路，收入也就有了保障。

问：在创办过程中有否得到过政府等相关部门的支持？如果有，在哪些方面？最希望得到政府哪些方面的支持？

答：在整个过程中，不能说没有得到过政府的支持，比如说我们是不用缴税的，政府在我们成立合作社之初，给我们做了个广告牌，就建在大路边上。虽然说税收没有缴，但是我们其他的费用还是不少的。因此，相对于国家制定的政策来说，我们没有得到过其他的支持。应该说中央制定的政策都是好的，但是到咱下边就见不着了。我们最希望得到的是资金的支持啊！如果有钱，我们合作社的规模肯定扩大不少，社员的收益肯定能够得到提高，我们就是苦于缺钱。

问：在发展过程中有否与村民、村委会、企业及其他部门发生过利益冲突？如果有，为何发生？如何解决？

答：发展过程中遇到冲突是不可避免的事情。都是一个村的，也不好怎么样的，大家都是为了赚钱，谁都不容易，发生了事情闹一下也就过去了，也没有什么解决的程序。农民哪有那么多的讲究啊，过去也就算了，不会有谁计较的。

问：您对目前自己合作社发展的外部环境满意吗？如果不满意，有哪些方面？

答：对于总的环境还是满意的。中央政府制定了很多利民的政策，鼓励创办合作社，使农民具有谈判的力量，维护了自己的权益，真正有了话语权。然而，这些政策的执行上，不得不说还是有欠缺的，执行起来下级政府打了很大的折扣，没有真正落实这些好的政策。我们这里的行政部门本身就不是很富有，对我们这些合作社的支持更是很少了，我们的发展完全靠自己的力量。

路漫漫，我们仍在求索

问：对合作社未来的发展有何目标和打算？

答：未来的目标就是能够把合作社办好，能够吸收更多的社员，能够更好地为社员和村民办事。至于提供优良品种和提供统一收购方面目前还没有想过,因为花生的含油量很大程度上受气候的影响。今年这种花生的品质好,明年就不一定了。因此,在这方面做好存在很大的困难,目前还没有这方面的实力。我还是希望能够一步一步地把合作社办好,这也算是我的目标吧。

问:目前影响合作社进一步发展壮大的主要因素有哪些?

答:除了前面说的资金外,其他的应该不是主要的因素。我们不需要很大的场地和设备,基本上不需要很高的技术,如果资金能够灵活周转,我们的收益就有保障了。

问:您对合作社的未来发展有无信心?依据何在?

答:信心肯定是有的,我从事这个行业很多年了,一直看好它。再就是现在做什么都要有规模,有了一定的规模就会有影响力,也就能越做越大了。如果连我自己都没有信心,那我还怎么带领大家一起干呢,你说是吧。

责任使我坚定信心

问:您是何时当上社长的?是如何当上社长的?是否希望一直做下去?为何?

答:自从合作社成立之日起,我就是社长了,我也是村的支部书记。大家觉得我能力还可以,且我家出资占总资本的50%,因此大家就让我当社长了。我当然希望能够一直做下去了,我是这个村的支书,我希望能够带动所有的人致富,目前合作社只有8名成员,离我的理想还差得远呢!并且我还挺年轻的,还希望能够多做些事情,把我们村建得更好。你来的时候也看见我们村路两边的房子了吧,都是两层的小楼,那些老房子基本上都改造成这样了。这是为响应国家新农村建设时造的,当然也体现了我们村的经济实力。

问:担任社长之前您做过哪些工作?这些经历对您做好社长有哪些帮助?

答:当社长之前,我做过花生生意,这使我积累了很多做生意的经验,懂得如何才能赚钱。同时,我还是我们村的支书,村务的管理工作使我更了解民心,更能为村民着想。同时,我也知道把村民联系到一起的困难,我并没有因此而放弃,经过我积极地开展工作,终于得到大部分人的认可,加入合作社。我将会一直积极工作，带领社员富裕起来，然后吸引更多的村民来加入合作社。

问：您平时是如何管理合作社的？在管理过程中哪些事情让您最操心？

答：其实，我也没有怎么管理，大家都知道该怎么做了，因为大家都有过这方面的经验，不用我过多地干涉。我最担心的问题就是收花生时看不准花生的品质高价收入，而只能低价卖出，这就会使合作社利益受损，影响大家的积极性。

问：作为社长，您对目前合作社发展的总体情况是否满意？其中哪些方面最满意？哪些方面最不满意？为何？

答：我对合作社的总体情况还是比较满意的，毕竟看着它从无到有慢慢地成长起来了。至于最满意的方面呢，我觉得我能够给社员，给那些相信我的人带来了收益，这也是我最欣慰的地方。你知道啊，农民挣钱不容易啊，万一我没有做好，赔钱了，我心里会责备自己的。至于最不满意的地方就是我们合作社的规模还是很小的，我希望它能够更大、更有力量。

问：从您做社长的经历来看，您认为怎样才能当好社长？

答：首先，要有责任心，要心里想着社员，要真正为社员办事。其次，还得要有知识，懂得如何能够带领社员致富，而不是一味的蛮干。最后，社长要有胸怀和气度，要能够理解农民的心情，能够容忍他们，遇到问题时，敢于探索。

问：从您合作社发展的经验来看，如何才能办好合作社？

答：拿我们合作社来说，首先要有一定的资金用于周转；其次社员要心齐，要劲往一处使，到旺季的时候不能偷懒；最后要有能够真正带领大家一起干的人，能够把人心聚到一起的人。其实要把这些方面做好不容易，我们合作社正往这些方面努力。

问：在办合作社的过程中，您有哪些难忘的酸、辣、苦、甜的事情？能否以几件事情为例？

答：在办合作社的过程中，我遇到很多的事情，在办之前都没有想到过，这些事情使我吃不下睡不着。拿一件事来说吧，2008年的金融危机使得花生的价格很低，还不好卖，这使我很犯愁。我担心大家忙活了一年到最后分不到钱，我就到处找门路、找市场，把买来的花生尽量地卖出去，经过几个月的努力，买来的都卖了出去。最后分红的时候，大家还是分到了钱，我心里的石头终于算是落了地。咱可不想使大家的钱打水漂了。

访谈后记

　　这次访谈让我感受最深的，除了农民的淳朴之外，还有他们对于知识和财富的深切渴望。在那片广阔的黄土地上，他们利用自己有限的信息，进行着艰苦的奋斗，在艰苦的条件下，寻求着生存与发展的曙光。国家的政策给了他们希望，然而也仅仅是希望，这些政策并没有真正得到落实，农民也没有真正享受到实惠。他们深切地渴望我们能够使他们获得更多的帮助。我感到有些遗憾，我的力量实在是太微弱了，我能做的只是把他们的故事展现出来，让更多的人关注他们，帮助他们。

依靠合作社 农产品进超市

——浙江省嘉兴市新奇特果蔬专业合作社社长访谈录

■ 文/钟王黎

合作社简介

新奇特果蔬专业合作社地处浙江省嘉兴市秀洲区王店镇庄安村农业园区,合作社创建于 2005 年 12 月,现有社员 103 名,注册资金 120 万元,2009 年经营总收入 910 万元。合作社主要生产经营红薯、水果、蔬菜等新品种的引进与开发。合作社已成功创建了自己的甘甜薯品牌"福特"。合作社产品主要通过超市配送中心进行销售。2007 年度,该合作社被评为"嘉兴市示范性农民专业合作社";2008 年度,被评为"省级示范性农民专业合作社"。合作社"福特"甜薯于 2006 年被评为嘉兴市农展会优质产品,2007 年获浙江农业博览会优质奖,2008 年获嘉兴市农产品展销会优质产品奖金奖。此外,合作社于 2007 年通过绿色食品认证和无公害农产品产地认证,2008 年通过无公害农产品认证。

社长名片

莫水良,49 岁,高中文化,中共党员。在担任社长以前,是村里的专业生产大户,也是村支部书记,担任社长 5 年以来,使合作社实现了跨越式的发展,合作社获得了诸多荣誉的同时,也为自己赢得了荣誉,如 2008 年度嘉兴市特色农业创业带头人、嘉兴市党员十大"两创"先锋、嘉兴市优秀村党支部书记等。

社长感言

合作社单一依靠生鲜销售,风险很大! 今后要走深加工这条路!

访谈报告

2010年2月4日,我们在嘉兴市秀洲区农经局工作人员的陪同下,驱车前往位于嘉兴市王店镇的新奇特果蔬专业合作社。当我们到达合作社的时候,莫社长因为临时有事耽误了,所以我们就在会议室内等了一会儿。整个会议室井然有序,窗边的桌上摆放着合作社成立以来获得的各种奖牌,墙上张贴着合作社的组织架构图、财务章程,等等。我们正在关注各种奖牌、章程的时候,莫社长风尘仆仆地进来了。黝黑的皮肤、憨厚的笑脸是他留给我的第一印象。年前的这个时候,合作社总是很忙,所以在简单地自我介绍和来意说明之后,我们就进入了正题。

土地整理促流转　经营大户齐办社

问:社长,您好!能介绍一下你们当初为什么会想到办合作社吗?

答:最初起因是,我们庄安村先后进行了三次大规模的土地整理。土地整理就是把原来的闲置田、低洼田、高墩地改造成标准农田。在土地整理的过程中,根据区委、区政府的要求,我们王店率先进行了农地流转的尝试,就是把农民的土地按照依法、有偿的原则流转出来。当时,按照农户承包面积的总量,我们要求土地流转面积不低于30%。就是说,比如某个农户承包了10亩地,通过土地整理之后,把7亩土地还给农户,其他的3亩土地用作流转。那么,流转出来的土地应该怎么运作呢?当时我们村里根据上级农经部门的建议,进行对外招标。通过对外招标,我们引进了8个农业经营大户。这8个农业经营大户从2002年土地承包开始到2005年,大家都是各做各的,有的种苗木,有的种蔬菜,大家也是自己打自己的招牌。总体来说,效益不是太好,因为达不到一定的规模。看到这个情况,我就和他们开了个会,提议组建一个合作社。这个建议得到了这些经营大户的一致响应。我们认为现在如果是一家一户搞的话,很难跟大市场竞争。所以,大家认为成立合作社之后,产品就可以达到一定的规模,就可以把产品打入超市,我们也可以有自己的名称和发票。大家都觉得这样做肯定是一件好事,所以合作社就这样办起来了。总的来说,是两个方面:一个是土地整理,另一个是引进了这8个农业经营大户,不然的话组建一个合作社的难度比较大。当时合作社注册的时候,资金一共有5万元,也不是很多的。

问:我记得你们合作社有9个原始股东,为什么只有8个经营大户?

答：那是土地招标的时候，我们村有一块37亩的土地，这些土地不是连在一起的，那些农业经营大户都不要，所以在2002年的时候，这块土地就没包出去，这块土地荒了一年。到了2003年，我看已经荒了一年，假如继续荒下去的话太可惜了，所以我就包了下来。所以，原始9个股东，是这8个经营大户再加上我。

历经风雨　茁壮成长

问：合作社创办的过程中主要遇到过哪些困难？

答：当时我们遇到的第一个困难是技术困难。我们毕竟是农民，除了一个是嘉兴城市里的居民，其他的都是比较传统的农民。那些种子引进、技术引进、如何栽培，只能按照原来的种植办法，要想创新也不知道要怎么办？

第二个困难主要是资金困难。为什么呢？原来我们都是种植比较传统的产品，也没什么效益。虽然我们联合起来了，但是如果要扩大生产、加大投入的话，我们就遇到了资金的困难。当时我们向银行贷款，银行认为你这个合作社的资产没法进行评估。所以，银行没有给我们贷款，而且我们也没什么原始积累。资金的用途：一方面主要是用于基础设施建设，如蔬菜大棚的建设；另一方面是引进种子种苗，好的种苗价格还是很贵的。

第三个困难是用地困难。虽然我们浙江省专业合作社起步较早，但是合作社发展初期的政策只是针对减免税，对于用地方面没什么优惠政策。合作社需要集中办公的地方，还需要仓储的地方。如果你要建呢，属于违章建筑；不建的话，没有办公、仓储的地方又不行。

问：后来，这些困难是如何克服的呢？

答：技术上的困难，后来我们通过和浙大、浙江省农科院主动联系合作解决了。与浙大，我们跟教授之间是个人的联系，不是和大学之间的合作。与省农科院，经过几次接触，他们听了我们过去的经历还是挺感动的。他们觉得我们人比较实在，所以他们也愿意到这里帮助我们。2006年开始，我们被列为浙江省农科院甘薯示范基地，甘薯的种苗主要是由他们提供的。后来呢，我们也聘用了一些土专家和三名大学生，提高了我们的技术含量。

资金上的困难是合作社不能贷款，所以我们以个人的名义向银行贷款，并且自己再向亲朋好友、企业老板借款，最后解决了资金上的困难。

用地上的困难，通过区政府和区农经局帮我们沟通，最后解决了。当时，我们急需要建设，但是如果我们没有办理手续、带头搞违章建筑，老百姓想"你书记建,我们也可以建",这样的话,对村里和政府都会造成很大的压力。

增资扩股　校社合作

问:创办以后,合作社是如何一步步成长起来的呢?

答:从 2005 年到 2010 年,这 5 年当中,我们进行了三次增资扩股,就是合作社注册资金进行增加,股东呢进行扩股。这三次增资扩股,一方面得益于政府对合作社方面的优惠政策,另一方面是农户的观念改变了。原来,一家一户管好自己的三五亩地就足够了。但是,现在农产品没有足够的数量和质量保证,是没办法进入超市的。假如说要进入超市的话,还要提供一定的证件。

在发展过程中,合作社投入的设施和果蔬品种慢慢见效以后,有越来越多的农户希望加入。所以,通过三次增资扩股,合作社社员已经发展到 103名,非社员 379 户,注册资金达到 120 万元。合作社现在自己管理的土地面积有 1532 亩。桐乡、平湖等地也有基地,像我们最远的一个点是在安徽来安县。安徽那个点,合作社自己包了 153 亩地,其他农户自己种植的土地还有很多。

问:在合作社成长的过程中,遇到过哪些困难?

答:在技术上,基本上没有什么困难了,我们与浙江省农科院、浙大进行了技术合作。2009 年的时候,浙大的副校长来过我们这里好几次,决定和我们签订技术合作协议,投入 100 万元作为示范基地。不久前,我们也和山东的一个研究机构签订了技术合作协议,这个协议是报酬和效益相对应的,比较能调动他们的积极性。

目前,合作社整个发展的空间比较大,发展的趋势也比较好,主要的发展瓶颈还是资金和用地方面的困难。用地方面的话,随着合作社规模的扩大,需要更多的加工仓储用地,但是现有的建设用地还是远远不够的。资金方面的话,合作社所有设施,如房屋、土地都没办法评估,银行无法贷款,所以资金方面还有很大的困难。有些农户在把农产品卖给合作社之后,急于把钱拿回去,但是我们和超市之间是 3 个月的结算周期,所以需要合作社自己先垫资。此外,很多生产设施还需要不断完善,比如要将里面的泥巴路改成水泥路,等等,如果一下子都要搞起来的话,需要的资金量是很大的。

农超对接　服务社员

问：合作社是什么时候开始和超市合作的？

答：2004年的时候，我自己先打了个"莫氏"的牌子，把桑果卖给了嘉兴市大润发超市。因为我和大润发超市生鲜部的经理是认识的，不然说实话，也不可能进入超市的。

2006年的时候，我们通过与上海济洪有限公司达成购销协议，由济洪公司收购合作社60％以上产品，并配送至上海的沃尔玛、欧尚、大润发、农工商等超市。上海济洪公司去年（2009年）大概有30多亿元的销售额，而我们在该公司大概有600万元的销售额。

现在，合作社产品的主要销售点是上海的超市配送中心，此外，还有苏州、南京、杭州、武汉等地。在每个城市，我们都与一家配送公司签订协议。之所以只和一家配送公司合作，而不是和两家合作，主要是它们之间会出现竞争，那样我们自己会有很多麻烦，对我们是不利的。现在，销到超市配送中心的产品占到85％，其余的15％主要是通过农产品批发市场销售。

问：那你们和超市有直接接触吗？

答：也有，很少。因为如果我们直接跟超市接触，自己精力不够。一家一户进行结账很麻烦。像上海济洪配送公司，要供应给30多家超市，所以如果我们自己去接触的话，很困难，也很麻烦。而且，我们自己去搞仓储和销售的话，运作成本比较大。

问：目前，合作社的运作情况怎样？

答：现在，合作社采取统一供种，统一培训（技术管理培训），统一回收，统一包装，统一销售，统一分配（实行两次分配）。社员和非社员的差别主要是在两次分配的时候体现出来了。

以红薯为例，红薯的最低保护价是0.7元/斤。在统一供种的时候，就和农户签订合同（包回收）。但是，红薯在六七月份的时候比较贵，最贵的时候要7元/斤。这个时候让农户把红薯挖出来，农户往往不舍得挖，因为现在的红薯还小，反正有最低保护价在，所以农户当然希望红薯越大越好。为了解决这个问题，我们想了个比较灵活的办法。在六七月的时候，红薯的市场价大概是3～5元/斤，当时每亩产量大概是1300～1400斤（去掉坏的之后）。这个时候收购，我们实行季节性差异补价，即直接以1.3～1.5元/斤的价格去收购，以提高农户的积极性。在第二次分配的时候，我们提取了30％的公积金,主要用于合作社社员、大学生职工购买养老金、基础设施建设,此外主要用作风险金(公积金的 20%),以补足保护价不够的地方。还有 42% 按销售额分配,28% 按照股金分配。

问:社员和非社员之间的差别主要是哪里?

答:一是非社员不参与股金分红(即在第二次分配的时候);二是种植合同签订的时候,是社员优先;三是会给社员买保险,但是这个要一步步来,全部搞的话,资金压力很大。现在主要是给大学生职工和困难的合作社社员买保险。

深化加工　观光农业

问:合作社在发展过程中,有没有和村民、村委会发生过冲突?

答:像我担任的是村里的党支部书记,我们通过办合作社,一方面让村里的农户都能够增加收入;另一方面,在力所能及的范围内,合作社为村里承担了一定的社会责任。第一,合作社每年会拿出一部分资金对村里的党员进行慰问;第二,对村里读书困难的学生进行资助;第三,村里的困难户加入合作社,我们会给他买养老保险,而且对困难户、残疾人要入股加入合作社的,我们会给他贴股 50%。所以,总的来说,和村民之间不会有什么冲突,合作社对当地的农民就业、增加收入都是有好处的。

问:合作社未来发展有什么打算?

答:我们合作社理事会始终认为首先要规范合作社运作机制,规范各项规章制度,如财务管理制度等。比如说,合作社产品进入超市配送中心的话,我们可以在电脑上对账,财务结账方面不会存在什么问题。但是,也有小批量在嘉兴农产品批发市场销售的,就会出现一些问题。刚到市场的时候,蔬菜可能是 2 元/斤,但到后来,剩下来的可能是每斤 1.5 元或 1.2 元。这样的话,我们无法进行监控。而且销售人员上午出去、晚上回来,这样的话报账往往是两天一报。在这个事情上面,就要进一步规范(因为有股东会认为可能是卖了 7000 元,但回来只报了 5000 元;其实也确实可能存在这种情况)。合作社今后要走深加工这条路,单一依靠生鲜销售,风险很大。

问:我看到网上说,你们后来卖烤红薯了?

答:是的,不过烤红薯是初加工。以后的话,我们要搞脱水蔬菜。万一蔬菜行情不行的话,我们可以把蔬菜进行脱水加工。在淡季或者某些省份受灾的时候,蔬菜需求量是很大的,这个时候我们的脱水蔬菜就会很有市场。像海盐有一家脱水蔬菜公司就搞得挺好的。我认为,合作社发展到一定规模后，一定要走深加工这条路。

问：那这两年就要搞脱水蔬菜这个项目了吗？

答：我们合作社已经在和食品专家联系。这一块搞起来，可以抵御风险。万一我们蔬菜量大，没法全部销售出去的时候，就可以进行脱水加工。

问：其他方面的深加工发展有什么打算吗？

答：我们想一步一步来，先搞蔬菜深加工。搞红薯深加工的人比较多，红薯深加工产品国内销量不是很多，要做的话可能要销到国外。脱水蔬菜的市场，相对红薯来讲，市场比较大。

问：那你们有没有考虑做休闲观光农业？

答：这个建议也是可以考虑的。这要看地域的优势，像我们建的鸡宝湾蔬菜基地（鸡宝湾农业科技有限公司），本来就带有观光性。它的东边是建林村，是省级小康示范村，也有农家乐；北边是一个休闲农庄。所以，那个地方本身就带有观光性，搞起来就比较可行。但是，如果所有合作社都搞观光农业，说不定就没有那么多人来参观旅游了。所以，我们主要还是探索农产品深加工这条路。

回首往事　有苦有甜

问：您自己是村支书，那您认为这对您做好社长有什么帮助？

答：这要从两方面来看，村干部对国家产业政策比一般农户知道得要早，掌握得要多一点，相对来说，我们去办理执照时，跟工商和税务人员比较熟悉，办理起来比较容易。但是，在时间方面，合作社的事情有时候会和村里的事情有冲突，自己总是感觉时间不够用。

问：创办合作社的过程中，您有哪些比较难忘的事情？

答：最深刻的一件事，就是关于用地方面的。2007 年的时候，我们只有五间房屋，一间办公室，一间放投入品，三间是加工堆放地。随着合作社规模的扩大，建设用地远远不够，导致农产品无处堆放。下半年的时候，农户把大量红薯交给我们合作社，然后我们把红薯放在了大棚里，原来以为可以防冻避雨。但是，后来我们知道大棚的早晚温差太大了，白天太热晚上太冷，结果那一年红薯的损失很大，大概损失了 50%。当时，区里的两位领导到我们合作社来考察，问我们有什么困难，我们就说了关于建设用地的事。后来，通过沟通，区里帮我们解决了这个问题，现在的这些仓库都是那个时候建起来的。这是我印象比较深刻的一件事。

访谈后记

　　虽然只有短短的几个小时，但是与莫社长的交谈非常愉快。短暂的访谈，让我对合作社实际运作中面临的困难和问题有了更真实的了解。同时，莫社长对我们的到来也非常欢迎，从话语间我可以感受到合作社对人才的渴求与期待。新奇特果蔬专业合作社作为省级示范性专业合作社，总体而言，它的运作比较规范，规模也比较大。我们知道，销售环节在合作社运行过程中起着非常重要的作用，如果销售环节出现问题，那即使是再价廉物美的产品也不能为农民带来增收。而新奇特果蔬专业合作社最大的特点就是"农超对接"，即和各大城市的超市配送中心合作，采用了"农户＋合作社＋配送中心＋超市"的模式。合作社通过与配送中心的长期合作，稳定了产品的销售渠道，大大减少了社员所承担的市场风险，降低了产品的运输成本和结算成本，非常好地解决了销售问题，从而让社员收入大幅增长。新奇特果蔬专业合作社的这一运作模式，对于其他合作社的运行发展具有很好的借鉴意义。

有了合作社　小红薯也能成大产业

——湖南省湘潭市金农红薯种植专业合作社社长访谈录

■ 文/肖文军

合作社简介

金农红薯种植专业合作社位于素有湖南省湘潭市"北大门"之称的小荆村，该村连接长沙市和湘潭市，地处湘潭县、长沙县和宁乡县三县交界之处，属于中等偏小规模的行政村，拥有878人，223户人家，2085亩耕地。一条主干道贯穿其间，由此至宁乡县和湘潭市甚是方便，但由于经济不发达，到目前为止仍然只能通过县乡班车通往城市，交通周转不便。就是在这样一片默默无闻的土地上，湘潭市响塘乡小荆村金农红薯种植专业合作社于2009年3月正式挂牌成立了。合作社由村支书贺福明带头发起，组织村里4位同乡联合创办，由贺福明出任合作社理事长。合作社主营业务是收购红薯并将其加工成粉丝和粉皮销往外地。

社长名片

贺福明，中等身材，现年55岁。贺社长出身于农民家庭，自小务农，因而精通各项农业生产技术，同时，作为土生土长的农民，他也深知农民的疾苦，希望带领农民发家致富。1990年，他当上了小荆村的党支部书记，一直连任至今。2009年合作社成立后，他出任合作社第一任社长。他不仅组织村民学习先进的农业生产技术，而且邀请农业技术专家进行专项技术指导，从而保证农民拥有稳定的产出和收入，因而在群众当中树立了较高的威信，赢得了群众的信任。

社长感言

有了合作社，小产品也能做成大产业，做出大市场。

访谈报告

2010年2月23日，农历新年刚过，我就敲响了贺社长家的大门。对于我这样一个陌生来客,贺书记热情地招待了我,并且爽快地接受了我的访问。我们一起聚坐在庭院之间,享受着冬日里温暖的阳光,开始了我们的访谈,并在访谈的基础上形成了下面这份报告。

不为人知的秘密——红薯的价值竟然这么高

红薯不仅可以作为主食,更是一种保健食品。世界卫生组织经三年研究,评出13种最佳菜肴,红薯位列第一。日本等国家癌症研究中心公布的20种抗癌食物中,红薯独占鳌头。据说日本人从20世纪80年代开始提倡吃红薯,胃肠癌的发病率下降了80%以上。我国著名医学家李时珍在《本草纲目》中记载:甘薯补虚乏,益气力,健脾胃,强肾阴。红薯通过深加工,可以制作成粉丝、粉皮,通过设备还能制成精淀粉,市场销路广阔。小荆村风景秀丽、交通便捷、土地肥沃、是发展特色农业的理想佳处,并且村上有可充分利用的荒山荒地、旱田和丰富的劳动力资源。环境合适,又有劳动力,产品也有销路,因此,红薯种植也就自然而然成了贺福明创办合作社的首选产业。

因势利导　办起合作社

党的十六大报告指出:"统筹城乡经济发展,建设现代农业,发展农村经济,增加农民收入,是全面建设小康社会的重大任务。"作为一名村支书,贺福明一直都在寻求改善当地村民生活的可行方法,为了更快更好地带领大家奔小康,贺福明在村支部书记的职位上奉献了自己20年的青春。功夫不负有心人,2008年7月他带领本村几位村民经过多次市场考察和技术咨询后,结合本地实际情况,认为发展红薯种植、加工是一个很好的项目。于是,他组织了其他四位农民,自行筹集资金50万元人民币,正式成立湘潭市金农红薯种植专业合作社。

合作社成立不久,110户农户便主动与合作社联系,并申请签订红薯种植的合作协议。因为与合作社签协议就意味着种红薯不愁没优质红薯苗、不愁没技术指导,肥料还送货上门,最重要的是产品实行保底价上门收购(红薯还没长出来,红薯就被合作社预定收购了),并且价格还高于市场价好几分钱。邻村的农户听到这个消息,也纷纷赶来主动要与合作社签订种植红薯的合作协议。贺书记看到村民的积极参与,便把原来的计划种植面积扩大500亩。现在签订协议的红薯种植已覆盖小荆村及其周边5个村,种植面积达1800余亩。为了帮助村民们规避种植风险,合作社聘请了乡农技站两位技术能手担任技术指导员,种植过程中一旦出现什么问题,技术指导员会及时上门解决困难。

此外,红薯收获之后土地还可以再次被充分利用,种植适合冬春季节的油菜和小麦等经济作物,到来年红薯种植之前收获,又是一笔不小的收益。对于种植油菜的农户,国家还给予奖励性补贴,农民的收益明显增加了。

再过几个月就是红薯的收获季节,望着长势喜人的红薯秧,很多农户常高兴地说道:"跟着合作社干就是放心。"

走产业化道路　发展循环经济

贺书记和他的合作社收这么多红薯干吗呢?原来合作社在抓红薯种植的同时,还建成了一个占地3000平方米的红薯加工厂。目前有淀粉生产线、粉丝生产线、粉皮生产线、红薯渣烘干线各一条。等着农户的红薯收获之后进入红薯加工厂,让原先不起眼的红薯通过加工成为高附加值的精淀粉、食用粉丝粉皮。而且这些加工出来的粉丝、粉皮采用无公害特色红薯淀粉,天然纯正、绿色健康、口感细腻、易藏耐煮、清香四溢,是预防衰老、养颜抗癌的上乘佳肴,适用于火锅、调汤、凉拌、热炒、卤味等烹制,销售市场广泛。生产出来的红薯淀粉是制造饼干、方便面、乳酸、柠檬酸、一次性环保餐具的主要原料,不愁市场销路。在加工厂不远处一栋崭新的猪舍也在建设中,贺社长告诉我们这是合作社新建的猪场,可喂养生猪300头以上,年出栏生猪预计600头以上。最重要的一点是喂养生猪的饲料就是红薯加工后留下的红薯渣,喂养出来的猪可是吃绿色饲料长大的生态猪,比饲料喂养的猪肉绝对要好吃,并且市场收购价比一般饲料喂养的猪价每斤要高出好几毛。贺社长还告诉我们合作社还承包了80余亩水塘,猪场的粪便经过处理后,可以喂养水塘的鱼,每天节约鱼的饲料成本都是好几百元,一年下来可是笔大数字。在这里,所有的资源都利用起来了,合作社走的是一条绿色环保的循环经济路线。

实 现 多 赢

合作社采用的是合作社与农户合作的模式,这样合作社与农户紧密相连,团结一心,农户种植好红薯,合作社加工成高附加值的产品。农民还可以到合作社的工厂上班,男同志可以学习淀粉制作、粉丝粉皮制作,女同志可以做包装类工作。自从到合作社加工厂上班后,村里很多女同志把打麻将的习惯都改了,现在是专心上班赚工资。贺社长带领的金农红薯种植专业合作社不仅为当地创造了良好的经济效益,也产生了很好的社会效益。当地农民的收入节节高升,村里的精神风貌也为之焕然一新。很多农民在外找不到好工作,看到种植红薯风险小、收益不错,都自愿加盟到合作社种植红薯。合作社不但为政府分了忧,最重要是还解决了部分农民的就业。

通过合作社的实践,贺福明深刻领会到小产品也能做成大产业,做出大市场。但是贺福明并不满足于现状,他想着怎样能更好地提高产品附加值,怎样能让红薯为村民创造更高的效益。

在与贺书记交谈中,我们得知他的最大理想就是通过自身的努力和村民们的支持,引进或培育出更好的红薯品种,让小荆早日成为有名的红薯致富村。待到时机成熟时成功举办一次金农红薯节,并且逐年延续下去。

访谈后记

访谈虽然结束了,但看得出来,贺书记对自己辛辛苦苦创办的合作社的前景满怀着希望。同时,作为一名从农民中诞生出来的带头人,他对农民兄弟的感情很深,为农民的生活疾苦忧心忡忡,很想立即解决周围所有农民的现实问题,很想把农村建设好、发展好……

依靠合作社　种菜走品牌之路

——广东省湛江市麻章区鸭曹蔬菜专业合作社社长访谈录

■ 文/林嘉颖

合作社简介

广东省湛江市麻章区鸭曹蔬菜专业合作社是湛江市麻章区专业种植蔬菜的城郊"菜篮子"工程主要基地,主要种植白菜、芥菜、青瓜、冬瓜、西红柿、萝卜、马铃薯等蔬菜作物。合作社现有示范基地300余亩,带动农户种植约3000余亩,每日向湛江市场提供6万~8万公斤的各类蔬菜。成立3年多来,合作社走出了一条产学研结合发展的道路,合作社现聘有热带农业作物教授1人,副教授2人,中级农艺师2人,农艺技术人员5人,熟练农艺工26人。同时长期与中国热带农业科学院南亚热带作物研究所、华南农业大学等科研单位进行交流与合作,建立了自己的产品配送中心和科技研发中心,形成了产供销一条龙的绿色蔬菜生产销售模式。目前,合作社已经拥有自己的品牌商标"天然萃"。产品经农业部有关部门检测,符合绿色食品标准,2008年8月经中国绿色食品发展中心许可使用绿色标志。2008年4月,广东省农业厅又给合作社颁发了"2008省级农民专业合作社示范单位"牌匾。

社长名片

李存廷,60岁,中共党员。虽然已年逾耳顺,但李社长的精神依然矍铄,眼神中饱含着岁月的沧桑和生活赋予的魄力与希望。年轻时的他曾在北大荒、云南等地蹲点做过科研实验,具备良好的科研素质;回粤后又曾担任文秘工作,热爱读书,具备很好的文学功底;改革开放后30年的厂长生涯又使他拥有先进的管理理念与管理方法;3年前,刚从厂长职位上退下来的他毅然决然走上发展农业之路。如今的他专注于合作社的管理,将自己的管理经验融会贯通,综合运用于

这片郁郁葱葱的农田之上,更使之迸发出各种各样的奇思妙想。

社长感言

走产学研合作之路,引领家乡农业创新发展之风潮。

访谈报告

2010年2月12日,在社长李存廷的带领下,我们来到麻章区鸭曹村生产试验基地,感受这里的清新气象。成片的田野在灿烂的阳光下茁壮成长,一排排喷灌设备在辛勤工作着,微风中一股股细细的小水柱在轻轻招摇,似乎在招呼着客人,又似在叙说这里的点点滴滴。

鸭曹村位于广东省湛江市市郊麻章区,这里常年阳光充足,雨水充沛,土壤肥沃,天然具有发展岭南蔬菜的地理条件。长期以来,鸭曹村人就以蔬菜种植闻名,蔬菜种植早已成为村民们生活中不可或缺的一部分,甚至在农民进城打工的大趋势下,鸭曹村民依然坚守在土地上进行蔬菜种植。长期的种植经历,使当地菜农积累了丰富的蔬菜种植经验,各种耕作技术得以传承,这为当地农业进一步发展打下了坚实的技术基础。

适宜的地理条件,优良的蔬菜种植传统以及技术积累,使鸭曹村具备合作社建立的坚实基础。2007年,刚从企业厂长职位上退下来的李存廷开始去实现自己农民专业合作社的理想。

走产学研结合之路,发展自身品牌

在合作社成立之前,李存廷就把合作社定位为:标准化、规范化,走产学研结合之路,发展绿色农业,作出自己的特色。于是他通过自己的人脉关系,为鸭曹村聘请到各种农艺师、农艺技术人员,并使鸭曹村作为华南农业大学等高校、研究所的科研基地。经过几年的发展,合作社已经走出了一条独具特色的产学研结合发展的道路,体现在:

1. 培育各种优质特色蔬菜,人无我有,人有我优。科技园负责引进和开发成熟科研成果,辐射到生

产基地和社员，促进合作社不断发展。开发科研成果并非易事，必须根据土地、水、空气等各种条件严格筛选试验点。而做一些破坏性试验背后则需要各种科研机构支撑及国家资金大力扶持。合作社自成立以来长期与中国热带农业科学院南亚热带作物研究所、华南农业大学等科研单位进行合作。合作社通过自身实践及市场需要，为科研机构提供一系列切合实际需要的研究课题。如李社长提出的研究岭南蔬菜、发展岭南蔬菜品牌、使之成为岭南文化的一部分的提议，受到华南农业大学等科研单位的极大赞赏。同时科研单位将科研成果投入合作社进行大规模生产，于是合作社自然成为联系科研机构与市场的桥梁。

此外，由于合作社构思新颖，成果卓越，所以得到了各级政府资金上的支持，如创新企业基金等。通过这些基金的扶持，合作社很多的创意都得以实现，如在基地中成功培育美国引进的鱼翅瓜、面条瓜、马来西亚白菜、番茄、生菜、菜心、唛菜、茄瓜等"人无我有，人有我优"的特色蔬菜品种。这些特色产品尽管售价高，但由于其味美肉鲜而越来越受到市民的欢迎，并成为送礼佳品。合作社通过售卖这些特色产品也获得很高的经济效益。

2. 开发研制蔬菜专用生物肥，使用中草药杀虫，生产符合国家标准的绿色食品，作出自己的特色。合作社要求社员使用生物有机肥、叶面肥。生物有机肥中含有大量活菌，能在分解无机物的同时提供大量蔬菜所需营养，同时有利于改良土壤形状，使之能被循环利用。而叶面肥中则含有大量氨基酸，是植物生长的调节剂，相对于社员以前使用的化肥，叶面肥见效快、利用率高、用量少。中草药杀虫这一方法更是让人赞叹，中草药杀虫剂兼有杀菌、抗病、促生长等作用，而对人、畜安全，生产和使用过程无公害、无污染。经过层层严格把关，生产基地种植的蔬菜，其间进行过多次国家权威检验，（包括对基地空气质量、水质、环保要求、蔬菜农药含量等各方面检查），十几项农残指标均未检出，维生素营养指标等均高出国家标准。2008 年 8 月，经中国绿色食品发展中心许可使用绿色标志，"天然萃"牌蔬菜正式成为国家 AA 级绿色食品。

3. 发展循环经济，紧跟时代步伐。为了实现合作社持续、健康的发展，合作社也把旅游农业、生态农业作为合作社长远的发展方向。为了发展旅游农业,合作社特意在水泥公路与菜地之间腾出大片空地用于旅游业的开发。对于发展生态农业,合作社的做法是:鼓励社员养殖家畜,以种植的蔬菜、杂草作为家畜的饲料,而家畜产生的粪便则作为蔬菜的生物肥;同时实行轮作栽培,在空闲的土地上进行家畜的放养,这样既保持了土壤的肥力,又实现了土地的循环利用;此外,合作社依托环北部湾经济圈,通过热带农业合作社与渔业合作社联合,组成循环经济体,共同发展。

4. 发展品牌特色,弘扬种菜文化。随着现在人们生活水平的提高,人们对蔬菜质量的要求也越来越高。合作社抓住这一契机,着力发展纯天然、无农药残留、让市民们信得过的健康食品,并申请了合作社自己的品牌商标"天然萃"。

作为一个在哲学、文学方面有着几十年修养的人,李存廷也深深地认识到文化的意义。因此,他积极挖掘种菜背后的历史文化,提出"恋土造人"的观念,鼓励社员热爱土地,提高自身素质。同时,李存廷还积极为年轻人提供资金支持和创业平台,使一些充满激情与想象的青年在合作社有更大的施展空间。这一切,都无形中弘扬了"种菜文化"——农村中的特色文化,为社员们提供了精神上的盛宴。

产供销一条龙促发展

合作社成立以来,一直向社员灌输"从源头到餐桌,全程质量控制"的理念,并已经深入人心。目前从育苗种植、除草杀虫到预冷包装、产品推广再到上市销售,每一个环节都严格控制,实现了产供销一条龙的发展模式。具体体现在:

在种植阶段,除了各种技术培训,合作社还制订了符合当地生产条件、生产品种、销售条件的绿色食品生产标准以及社员各阶段种植规范等章程,李社长将标准的精华浓缩成名片式资料卡《蔬菜栽培规程》,社员可以随身携带,随时翻看,小小卡片便发挥了神奇功效。此外,蔬菜种植全程合作社都有专门种植人员监督和跟踪调查,随时指导社员生产种植。同时,科研机构中有齐全的收菜检测仪,对收割蔬菜的农残指标等各种指标进行全面检测,达到指标才要,不达标就退。这些硬性指标都规范了社员的种植。

在产品推广阶段,合作社已在湛江市市区建立自己的专卖店,每天向湛江市市区供应六万斤蔬菜。珠三角各地的超市、经销商等也纷纷向合作社订购产品,使合作社蔬菜供不应求。现在合作社的产品已远销东南亚,生产规模越来越大。同时合作社也搭上了信息化的快车,构建了合作社自己的网站。此外,合作社还在湛江市乡镇网、碧海银沙、食品产业网等网站也建有自己的网页,使全国各地的经销商都能了解到合作社的基本情况。现在北京、广州等一些经销商就是通过网页与合作社联系,订购产品。据了解,李社长下一步准备在百度上刊登广告,使合作社具有更高的知名度,发挥更大的影响力。

创新引领明天

目前合作社的加盟农户已由原来的 30 户发展到现在的 100 余户;菜地也由原来的 300 亩,发展到 3000 余亩。由于实现了标准化和无公害生产,蔬菜的生产规模和效率得到了大幅度提升,平均每亩蔬菜每年纯利润超过一万元。最近,合作社又将同坡头区、遂溪县、雷州市、阳春等县的合作社进行战略合作。如今的鸭曹蔬菜专业合作社已是远近闻名,一些邻近的村干部也慕名而来,希望学习合作社的经验,共同打造"天然萃"这一绿色蔬菜的品牌。

合作社成立以后给村民带来了实实在在的利益,使村民都过上了富裕的生活。以一户拥有十亩地的农户为例,其每年的收入便可达到十余万元。村民们盖起了小洋楼,居住条件和环境令城里百姓也羡慕不已。

合作社不仅使农民在经济上受惠,也为鸭曹村争得了荣誉。作为湛江地区最出色的专业合作社,鸭曹蔬菜专业合作社在湛江各合作社的规范化、标准化建设中,起到了带头模范作用,李社长也被选为湛江市品牌研究会顾问,为湛江的品牌发展出谋划策。

如今合作社在东莞也设有生产基地,并准备通过湛江市特呈岛的政治影响力,与南亚热带作物研究所的研发中心合作,依海傍涛,成立农海集团,发展观光农业,开辟大片试验田,将其发展为文明生态旅游岛,使之焕发勃勃生机。如果项目成功,这将是合作社模式背景下的又一创新。这种产学研结合、走品牌化道路的农业发展模式,将辐射到更广领域,对湛江市农业的发展将产生深远的影响。

访谈后记

　　从与李社长见面,到参观合作社生产基地,一路走来,我们的最大感受是震撼。为各种先进的理念震撼,为湛江专业合作社的生命力震撼。如今的农业不再单纯地走精耕细作、听天由命、单一化的道路,而是走多方面、多学科参与、多元化发展的道路。就李社长个人而言,他是一个综合型的管理人才,在他身上集聚了农学、马列哲学、文学、管理学等多学科的知识。在合作社的管理中,他充分运用了各学科的知识,碰撞出思想创新的火花。同时,合作社也已经超越了单纯的耕种,上升到政治影响、思想提升、科技带动、管理模式综合发展的层次。这也很好地印证了当今农业问题不再是单一学科、单一力量能独自解决的,需要多学科、多方面的综合运用才能得以解决的观点。

有了合作社　种菜不用愁销路

——浙江省慈溪市宝绿蔬菜合作社社长访谈录

■ 文/姚亚克

合作社简介

　　在杭州湾大桥的桥头堡,美丽的杭州湾畔,慈溪市宝绿蔬菜合作社在社长沈忠宝的带领下正以惊人的速度成长起来。宝绿蔬菜合作社是按照"民办、民管、民受益"的原则,于2003年11月组建的农民专业合作社。目前,合作社有成员128名,注册资金达108万元,年销售蔬菜1.5万吨,年销售额达1200余万元。先后被授予"浙江省示范性农民专业合作社"、"慈溪市十佳农民专业合作社"、"省优质蔬菜种植领先示范基地"等荣誉称号,合作社品牌"草超绿"已经被认证为"绿色食品"。

社长名片

　　沈忠宝,46岁,高中文化,中共党员。自合作社2003年成立以来一直担任社长。担任社长之前是当地蔬菜生产大户。沈忠宝社长积极参加技术培训班、农业研修班等,努力提高自身素质修养,现已获得慈溪市高级研修班的研修证书,经慈溪市人民政府考核鉴定为"农民助理技师",并被评为2006年"市级先进生产(工作)者"等,拥有多本闪亮的"荣誉证书",是慈溪市合作社领导工作中的佼佼者。

社长感言

办好合作社,社长和社员的素质非常重要!

访谈报告

2010年2月23日,趁着农忙时节还未到来,我来到了慈溪市宝绿蔬菜合作社。进入合作社,就见到一位儒雅的中年男子正站在桌子前,勤奋地记录计算着,周围是成堆的新鲜蔬菜。这个男子,就是宝绿蔬菜合作社的社长沈忠宝。简单寒暄几句后,我们的访谈就开始了。

振臂一呼　走合作经营之路

回顾当初,沈社长还是一个独立的蔬菜生产大户。虽是大户,但和周围农户一样,面临的问题还是不少的:蔬菜卖不出好价钱,肥料成本高,病虫害时常来袭致使蔬菜大幅减产,生产技术低下导致产品质量得不到保障……该怎么办才能走出困境?沈社长毅然站了出来,在镇、村级领导的支持下成立了慈溪市宝绿蔬菜合作社,组织农民参股,走出了农民合作化经营的新路子,给农业产业化经营提供了宝贵的经验。

合作社刚成立时,只有5名成员。由于社员都是农民,文化素质相对较低,合作社发展经历了诸多的磨难:合作社刚成立不久,资金不足,技术方面掌握不够,农产品质量方面过关率低……怎么办呢?在合作社发展的过程中,当地政府给予了很大的支持。合作社刚建立时,政府积极指导合作社的制度规范化,健全合作社机构,同时给予资金上的支持,派专家为社员们进行技术培训,解决合作社发展遇到的技术问题。当合作社的运作进入正轨,合作社又及时制定考核评价和奖惩激励制度,政府支持、引导、资金力度的加大和荣誉称号的颁发,使合作社发展更富有激情。渐渐地,周边的农民开始参与合作社的培训活动,社员多了起来,合作社资金开始充裕。年底到了,合作社分红的时候也到了,当社员们细数手中的红包后,发现尽管折腾了一整年,但是赚的钱却比以往多了。这样当憨实的农民手里攥着实实在在的收益时,又怎能不支持合作社的发展呢?

规范运作 为社员谋福利

近6年来,合作社为了适应市场化的需求,在社长沈忠宝的带领下,集思广益,形成了一套独特的运作模式,主要表现在:

一是主体地位规范化。合作社自2003年成立以来,以股份制的形式进行了工商登记,自2007年7月1日《中华人民共和国农民专业合作社法》正式实施后,又按照法律进行规范化整改,单个社员最大认购股金由原来的50%下降至10%。

二是组织机构规范化。合作社设立理事会和监事会,理事会成员5名,监事会成员3名,设理事长兼社长一名,副理事长兼副社长一名,监事会中设监事长一名。合作社和社员之间实行"统分结合,双层经营",一方面将全部社员分为几个小组,由各位理事任小组负责人分头负责管理;另一方面在合作社内部设置了办公室、销售科、质量科和农资供应科等常设机构。组织结构的规范,使得各科室各人员有明确的分工及责任,合作社的运作走上了正轨。

三是组织活动规范化。在日常管理活动中实行成员代表大会、理事会议、监事会议"三会"制度。社员大会每年召开2次,会议内容包括理事会和监事会成员的选举和罢免、财务收支、利益分配、合作社建设、成员入社等重大事项。理事会议每月召开1次,讨论研究日常社务管理工作。监事会议每季度召开1次,听取理事会作经营情况报告并实施监督。"三会"会议每次都记录在案,形成合作社档案。合作社组织活动不仅规范化,而且朝着多样化和高频化的方向发展。合作社不时地邀请专家开展种植各种蔬菜的培训会,一方面为社员及周边人员服务,同时也在一定程度上增加了合作社的知名度和信誉度。

四是收益分配规范化。合作社的经营收入账目按会计制度入账,日常经营按照低偿或无偿服务为原则。2008年全社经营纯收入21.6万元,其中20%作为积累提留4.32万元,这20%具体分配为8%的公积金,6%的公益金,6%的风险基金。剩余80%用于成员分配,这其中40%按股金分配,60%按成员销售额分配。一般成员实行"二次返利"人均0.35万元,最高所得为1.37万元。沈社长认为,作为合作社的发起者和领导者,不能只为少数人服务,而是要为全体社员着想。收益分配规范化,可以从根本上杜绝合作社管理者中饱私囊的现象,也可以让社员更为信任合作社。

五是财务管理制度化。农民专业合作社发展需要多方面人才资源,尤其是财务管理方面。为适应合作社长远发展的需要,目前,宝绿合作社引进了多名大学生,利用其专业知识管理合作社,其中就有专门负责财务的大学生。在大学生及政府的配合下,合作社按照有关法律法规,建立健全财务会计制度,实行独立的财务管理和会计核算。按照国家和省财政、农业厅制定的农民专业合作社财务会计制度核定生产经营和管理服务过程中的成本与费用。成员与本社的所有业务交易都用实名记载于合作成员的个人账户中,这些交易量作为盈余返还时的分配依据。接受合作社各种服务的非成员与本社的所有业务交易,实行单独记账、独立核算。

六是合作社积极为社员谋福利。合作社积极在社内开展"五统一"服务,发挥合作社的优势,统一购进质量优良、价格低廉的生产资料,降低了社员的生产成本。为了适应市场发展的需要,合作社经常开展技术培训活动,聘请农业技术人员讲课,请有经验的社员与大家相互交流,以提高社员的素质。合作社还时常收集和印发最新的技术资料分发给社员,让社员结合生产实际加以学用,同时还利用网络获取信息,给社员及时准确地提供价格等信息,并对来年的种植计划提供建议,希望社员理论结合实践,在保证蔬菜质量的同时,增加收益。

注重质量　做好营销工作

合作社十分重视农产品的质量。为了保证农产品的质量,合作社对入社的社员要求比较高,用沈社长开玩笑的话来说,"不是阿猫阿狗都能成为社员的,这样合作社就不成样子了!"首先,合作社要求农民拥有一定的土地经营规模。如果土地经营规模太小,农产品的质量把关就不容易,付出的监督成本也高;其次,农民的素质也是很重要的一个条件。种植者的素质也在一定程度上决定了农产品的质量。合作社还设立了质量检测科,专门负责检测农产品的农药含量等,严把产品质量关。

合作社还积极做好农产品的营销工作。合作社一方面注册了"草超绿"商标,进行了多渠道的宣传和推广,以提高蔬菜产品知名度;另一方面,还积极开拓销售渠道,在上海、宁波等农产品批发市场专门设立摊点进行直销,积极同各出口企业取得联系,如同上海银龙蔬菜合作社有限公司合作,充分利用这些公司的出口优势,对出口前景比较好的像卷心菜、西兰花等蔬菜,按订单提供原料。合作社还同酱菜企业合作,收购腌制蔬菜,如慈溪当地较多的榨菜、雪菜等，不仅解决社员销售难的问题，还提高了合作社的知名度，打响了合作社的品牌。合作社坚持"走出去"的方针，加强同兄弟县市合作社的联系，利用它们的劳力和季节优势，种植台湾毛豆、日本大豆等蔬菜，既加强了合作社之间的交流合作，又提高了合作社双方的收入。

注重自身发展　大踏步前进

　　合作社注重自身发展。为了顺应市场形势，满足消费者需求，进一步提高合作社发展后劲和市场竞争力，合作社投入 40 万元建立了 100 吨级的保鲜冷库一座，配备了多辆农用车，从而减轻旺季的销售压力，让消费者任何时候都能吃上新鲜的蔬菜，从而提高合作社的信用度。

　　目前，合作社成员已由原来的 5 人扩大到了现在的 128 人，资金由原来的 5 万元达到了现在的 108 万元，社员年底人均分红达到 3 万多元。6年来，宝绿蔬菜专业合作社由于在当地合作社发展当中所发挥的带头作用，先后获得 2004 年度和 2007 年度"慈溪市先进集体"，2006 年"慈溪市首批规范化农民专业合作社"，2006 年和 2007 年连续两年被评为"慈溪市十佳农民专业合作社"，2008 年被中国产品质量安全监督评审中心认定为"省优质蔬菜种植领先示范基地"。现在，产品"草超绿"已得到"绿色食品"认证。

　　据社长沈忠宝介绍，今后合作社在经营上主要有以下一些思路：一是提高产品档次，增加蔬菜附加值，开拓市场，向更多的超市和连锁店进军；二是做好品牌文章，提高农产品质量，重点发展产量高效益好的黄瓜、豇豆、刀豆等品种；三是继续加强规范内部管理，做好农产品生产记录，细化内部各项技术规程；四是扩大投资蔬菜加工和基础设施建设，筹建农资等生产资料一条龙服务，以方便成员生产经营；最后是开展更为积极的培训活动，提高社员及农户的素质，增强合作社的凝聚力，从而更好地发展生产、开拓市场、提高效益、增加收入。值得一提的是，为了吸引高水平的专业人才加盟，合作社特意参加宁波招聘会招聘专业人才，这不得不说是合作社跨越式发展的又一大跨步。

　　谈到合作社未来的发展前景，沈忠宝说："我们力争两年内使宝绿蔬菜合作社向国家级示范性农民专业合作社发展，真正成为带动一方农民增收、农业增效的典范，为慈溪的农业作一番贡献！"

访谈后记

宝绿蔬菜合作社能发展到今天的规模,和社长、社员的努力是分不开的。我第一次见到社长的时候,他正在有条不紊地指挥着蔬菜装运车。访谈结束后,他又赶赴他地开会。毫无疑问,沈社长是勤奋的!我还见到了一位合作社的元老,一个朴素的农民,他随同装运的车队从上一个收购点赶来,大冷的天,额头却沁出汗水。我想,正是社长和社员的这种勤奋才使得合作社茁壮成长的吧!

突破"绿色壁垒"　西兰花走出国门

——浙江省临海市上盘西兰花专业合作社社长访谈录

■ 文/许诗卉

合作社简介

　　浙江省临海市上盘西兰花专业合作社位于临海市上盘镇,合作社由加工企业、运销大户及种植农户于 2002 年 6 月组建成立,现有社员 933 名,下设 16 个分社,固定资产 1385 万元,建筑面积 24930 平方米,冷库面积 5540 平方米。无公害西兰花种植基地达 55000 多亩,遍布台州各县市。到 2009 年年底总资产为 5000 万元。各分社以各自社员种植田片划分 81 个作业区,为社员提供产前、产中、产后服务(农资采购服务、技术培训服务、产品销售服务、产品加工服务)架起市场与社员间的桥梁,提高产品质量。以农业防治为基础,采用物理防治、生物防治,严格控制用药次数和安全间隔期。合作社有自己的西兰花品牌"碧畅"。2006 年合作社被确定为农业部"全国百家示范合作社",2007 年通过国家标准化委员会国家级西兰花标准化示范区验收,2008 年被评为浙江省"绿色无公害消费者满意示范单位"。

社长名片

　　周荣仙,48 岁,初中文化,2009 年 8 月起担任合作社社长。担任社长前是劳动村销售大户,临海市荣先蔬菜保鲜厂厂长,现任上盘西兰花专业合作社理事长,临海市荣先蔬菜保鲜厂厂长,临海市新尚蔬菜专业合作社理事长。由于工作业绩突出,周先生荣获临海市 2004 年度"农业工作者先进个人"称号。

社长感言

西兰花的发展离不开合作社,合作社的发展需要政府的支持。

访谈报告

2010年2月9日,临海市停止了连续几周的阴雨,天气开始转晴。我们经临海市农业局经济作物站站长、临海市蔬菜(西兰花)首席专家苏英京老师引见,来到了合作社社长周荣仙所在的劳动村。车子开入上盘镇后,眼见路边的农田里到处都是碧绿的西兰花,在阳光照耀下格外抢眼。车子缓缓驶入劳动村后,我看见很多辆满载着西兰花的大卡车开出村子,搭着篷的大型蔬菜工厂堆满了刚摘下来的西兰花,工人们正忙碌地剪摘西兰花的叶子,然后装

入一个个标准塑料篓中。好一派丰收的景象!

接待人员将我们带到合作社接待室,宽敞明亮的办公室映入我们的眼帘。周社长看上去精神非常好,骨子里有种中国农民的淳朴刚毅之气。周社长是2009年8月被选举上任的新社长,原任社长徐友兴由于年龄问题退了下来。周荣仙先生在合作社里担任社长前是劳动村销售大户和临海市荣先蔬菜保鲜厂厂长,相关经验很丰富,在农民中的威信也最高,是社长的不二人选。我们事先了解到现在是上盘西兰花生产的旺季,周社长忙得连睡觉时间都没有,但是周社长依然热情地接待了我们。

应对壁垒　合作社成立

2002年,西兰花遭遇国际贸易"绿色壁垒",主要出口市场日本提高了农产品进口标准,受此影响上盘西兰花出口量下降了80%,许多菜农含泪毁菜。为应对国际贸易壁垒给菜农带来的损失,上盘西兰花专业合作社应运而生。当时,大家一致认为,一个人的力量始终是有限的,只有通过合作社把大家联合起来,提高西兰花的产量与质量,才能更好地应对国际贸易壁垒,促进产业稳定发展。因此,在政府的帮助下,由龙头企业和专业大户领

办的上盘西兰花合作社就正式成立了。

合作社刚成立，就面临严峻的挑战。为了提高西兰花的质量从而打破贸易壁垒，合作社鼓励农民使用无公害农药，但是由于所使用的无公害农药价格高，比一般的农药成本高出好几倍，农民出于眼前利益的考虑，刚开始时不愿意使用。为了这个亟待解决的问题，合作社不断地开会，对农民进行这方面的宣传与教育。同时，每一个工厂都配备专职的农药使用技术员，专门把农药送到田里去，指导农民使用。对于没钱买无公害农药的农民合作社贷钱给他们买农药，待收购时进行偿还。此外，合作社对不使用无公害农药的西兰花不予收购，这样就保证了无公害农药的普遍使用，从而保证了西兰花的质量。

合作社成立9年来，尽管已经取得了辉煌的成就，但是资金的短缺也一直是合作社面临的难题。合作社成立时，所在的7个工厂每一个拿出2万元，加上专业大户出资，总共只筹到资金29.5万元，这些年下来只能保证合作社的正常运作，而合作社基础设施等的建设始终存在很大的缺口。刚开始的时候，政府还对合作社进行资助，现在看合作社办得比较好了，政府资金扶持也越来越少，有时候合作社的正常运转都成问题。谈到这些，周社长叹了一口气："资金困难是最大的问题，比如宣传，一辆汽车每天400元，每天2辆，一天就要800元，宣传3天就要花上千元。还有要付大学生工资，就是缺乏资金啊！"

规范运作　带动产业发展

为了保证合作社的规范运作，合作社在刚成立时就通过理事会制定了各项规章制度，如《上盘西兰花生产技术操作规程》《西兰花质量安全管理守则》《规范出境西兰花购销秩序的实施细则》等一系列从生产到销售的规范化操作流程，规定了指定的用药品种和购药地点，构建了完备的购买记录、田间使用记录、电脑档案记录以及安全质量追溯制度。同时，配备专职植保人员对西兰花生产进行病虫害防治指导，药物使用巡查与监督，建立化验室进行自我质量检测。

合作社定期开展技术培训。聘请老师，定期把农民聚在一起，给农民上课，告诉农民如何开展病虫害防治，如何使用无公害农药。技术培训的时间、地点都能及时通知，开展顺利。

合作社目前设置了科技部、食品部、农场部等几个业务部门。科技部负责搜寻国外信息,提供科技方面的服务,寻求提高西兰花的品质的方法;食品部则负责西兰花加工以及出口的指导;农场部即试验农场,负责新品种、新技术试验示范,如果好的话就推广。为了加强合作社的管理以及提高管理水平,科技部引进了一些大学毕业生,也包括从农业局派过来的人。至于薪酬分配问题,大学生按国家标准给工资,工人按劳务标准给工资,而老总自己则是一分钱都不拿。

合作社的主要收入来源于市政府支持的资金。合作社本身不赚钱,周社长坦言:"目前合作社没有盈余,比如一年给我们 10 万元,用了 15 万元,差了 5 万元就是工厂自己分摊,但关键是要把产业搞好。"

谈起合作社为社员及当地其他农户和产业发展带来的好处时,周社长一下子兴奋起来,他激动地说:"名气大了,质量可靠了,这个好处很多:生产规范化了,质量问题、销售问题都解决了。达到了日本'肯定列表制度'的要求,通过了欧盟的认证、国际标准的认可,可信度提高了,使得愿意买我们的西兰花的国际客商逐渐多了起来。同时国内的厂家也纷纷找上门来要求大批量采购我们的西兰花。随着市场行情的好转、销售量的增加,农户的收入也提高了。又由于我们出口的西兰花都是经过保鲜加工的,因而带动了本地保鲜产业的发展,我们还有自己的冷藏库,解决了一部分非农户的就业问题。由于上盘的西兰花产业做得很大,所以从事与西兰花有关的人员占了上盘人口的大多数,也带动了当地剩余劳动力的大量就业。"

政府支持大　困难还不少

当被问及在创办过程中是否得到过政府等相关部门的支持时,周社长不假思索地回答:"那当然有,财政上政府一直在支持。技术上也有,农业局经常邀请专家对我们进行技术培训,还有蔬菜办啊,也有专家对口帮助我们合作社,定期给我们技术上和生产上的指导,定期视察。如果没有政府的支持,我们这些'大老粗',文化程度也不高,哪里知道哪些农药能用,哪些不能用啊。还有信息上的支持,政府帮助我们了解市场发展动向,帮助我们及时对西兰花产业进行调整,以防滞销。我们都是农民出身,懂得不多,这个确实多亏了政府的支持。"不过周社长说,最需要的还是政府的资金支持。此外,也希望在办社指导、产品促销、品牌建设等方面得到政府的支持。

在一个新的组织成立之初,与社会势力发生利益冲突是不可避免的,周社长感慨万千:"村委会、镇政府都很支持我们,就是与卖农药的有冲突。农药都是我们自己去买的,其他人买的我们不放心。我们给每一个工厂配备了一个大学生,在电脑里登记,哪个农户买了什么农药,什么农药能用,都记录在案的。我们推广使用无公害农药后,原来的农药商不干了,对我们合作社的意见很大。不过这个我们不担心,我们有政府支持,而且无公害农药对国家也有好处,国家也支持。"

对于目前合作社发展的外部环境,周社长坦言,近些年来,随着人民币的升值,西兰花的出口面临着困境。出口到国外的西兰花比在国内卖的西兰花还要便宜,出口赚的钱逐渐减少,倒是国内随着人民生活水平的提高,人们对于西兰花的需求越来越大。因此,合作社及时转变战略,改出口为扩大内销,并很快取得了成效。目前,西兰花国内销售量已经超过外销,国内销售收入也已经明显超过外销。但与此同时,农田租费越来越高,导致西兰花生产成本增加,2009 年是 600 元/亩,现在是 800 元/亩。这个问题亟待合作社去解决。

回首过去　无怨亦无悔

对于合作社的进一步发展,周社长认为生产技术、社长的素质与能力、核心成员的素质与能力、资金、产品品牌建设、当地政府的支持力度、当地农民的思想认识等都会对合作社的进一步发展产生重要影响。此外,一般社员的素质与能力、当地产业基础条件、当地农业基础设施条件、市场同行竞争程度以及土地等也对合作社产生影响。

谈起合作社未来的发展目标和打算,周社长充满了憧憬:"合作社的下一个目标就是国内销售也要规范,达到国际标准。我们要把销售大户集中起来,改变他们的思想观念,让产品达到日本的标准,使自己的产品更有优势。此外,合作社也将在种植西兰花的基础上,借鉴西兰花的管理模式,引种白菜花,做到两个一起抓,两个都达到国际一流标准。因此,下一步合作社将对白菜花进行产品标志和品牌认证,参加农产品推荐会,拓展白菜花销售市场渠道。"

周社长还和我们谈起了自己的经历,当被问及自己是如何当上社长时,他说:"我刚开始是不想当的,第一届徐友兴老同志年纪大了,他自己要退位,我在社员中的威信还可以,因此大家一致推选我。我感受到大家的信任,所以决定承担起这个责任。"一番话让我们感觉到了周社长的实在。

担任合作社社长以前,周社长是劳动村销售大户、临海市荣先蔬菜保鲜厂厂长。他坦陈那些经历对他是很有帮助的。首先是树立了威信,大家都信任他,社员依靠他,所以大家愿意听他的。其次是积累了经验,他对西兰花的一切都非常了解。但周社长还是非常虚心,他坦言:"我做得不好的地方当然有,知错我就改。我自己的能力不够,文化水平不高,话也不怎么会说,理论也没有,但我要尽自己最大的努力,实打实地干。"

对于如何办好合作社,周社长有自己的见解:"要扩大规模,就要有充足的资金。一方面保证质量,一方面解决资金问题,还要做好土地流转工作,规划发展方向,大家一定要团结一致,才能让合作社红红火火地办下去。"

回首一路走来的酸甜苦辣,周社长很有感触:"2001年,也就是合作社成立前的那一年,西兰花价格还很高,1.6元一个。日本贸易壁垒一来,掉到0.4元一个,合作社应运而生。这些年,'三鹿奶粉'事件,'毒饺子'事件都出来了,社会对食品行业是越来越不放心,但我们都经受住了考验,产量、销售收入都不降反升,农民都切实得到了实惠,这是我最欣慰的事情。当社长这些年来,为了合作社的事情走南闯北,路费、电话费我从没报销过,都是自己掏钱,没钱没工资还要贴钱,但我一点也不后悔。"

访谈后记

采访进行了3个小时,由于正是西兰花的旺季,事必躬亲的周社长非常忙,但他还是抽出时间,非常耐心地向我们介绍了上盘西兰花专业合作社的发展史以及成立到现在所经历的酸甜苦辣。周社长新上任不久,说话很实在,话里透出对合作社越办越好的憧憬。他更是坦言只要把产业搞好,自己付出多少都不在乎。合作社的社员正忙碌而喜悦地收剪着西兰花,一辆辆卡车装载着满满的西兰花运出去,相信上盘西兰花专业合作社的明天一定会更美好!

企社合作　蔬菜出口

—— 浙江省诸暨市农发出口蔬菜专业合作社社长访谈录

■ 文/洪进锦

合作社简介

浙江省诸暨市农发出口蔬菜专业合作社创办于 1996 年 10 月 21 日,是由诸暨市供销合作社牵头组建的一家以出口蔬菜为主的,以专业大户为成员的农民专业合作社。合作社充分利用当地地理条件和气候因素,因地制宜,带动农民种植高山蔬菜,并与国际接轨,实行规模生产、科学管理、集约经营,以"公司＋合作社＋社员"的模式进行规范运作。成立 10 多年来,合作社联结农民种植日本高菜、胡瓜等农产品,促进了当地农村经济的发展和农民收入的增加。到 2009 年底,合作社已经拥有资产 825 万元。2001 年被省供销联社命名为"浙江省农村专业合作社示范社",2003 年被绍兴市人民政府评为"绍兴市先进农业专业合作经济组织",2004 年被绍兴市供销合作社评为"规范性专业合作社",2008 年被浙江省农业厅评为"省级示范性农民专业合作社"。

社长名片

吕则龙(左一),56 岁,高中文化,中共党员。在成立合作社前,吕则龙一直是某企业的负责人。1996 年出任诸暨市农发出口蔬菜专业合作社(当时叫诸暨出口蔬菜专业合作社)社长,尽管当时合作社并不能作为独立法人而得到社会的认可,但吕则龙坚信合作社的未来一定是光明的。因此,在担任合作社理事长的 15 年里,他和合作社一起历经风雨,共同成长。

社长感言

> 合作社发展道路是曲折的,但前途是光明的!

访谈报告

2010年2月24日上午,按照前一天晚上与吕社长的约定,我从牌头乘车前往璜山。在车上,司机听说我是去采访农发出口专业合作社的,很高兴地对我说,"是该好好采访报告一下,让更多的人了解农发合作社,也了解我们璜山。农发合作社也算是带动我们璜山经济的一个较大的企业了,更重要的是,它是真正为咱们老百姓谋福利的。"听了司机的话,我对这次访谈更加充满了期待与信心。到达合作社后,发现吕社长已在办公室等我。由于前一天晚上在电话里,我已讲明今天采访的主要内容,所以简单介绍后,我们很快进入访谈,形成了下面的访谈报告。

敢于尝试,开创先河

诸暨市农发出口蔬菜专业合作社成立于1996年,是浙江省成立最早的合作社之一。合作社位于浙江省诸暨市璜山镇,一个较为偏僻的山区。合作社成立之前,当地可用于种植粮食作物的土地很少,农民收入低。在得知市供销社有一批来自日本的高山蔬菜种子的消息后,吕则龙便和镇供销社里其他社员一起开会商量。在会上,大家一起讨论分析了当前璜山镇的农业形势,认为可以尝试种植日本高山蔬菜这一经济效益高的蔬菜品种,于是便动员当地的专业户、大户试种,诞生了第一批种植日本高山蔬菜的农户。后来的实践证明,日本的高山蔬菜、胡瓜等在璜山的引种很成功,不仅产量大幅度提高,而且市场反响特别好,价格高于同类蔬菜品种,产品更是通过食品厂远销日本。随着种植户的增多,种植规模的扩大,供销社意识到,必须将分散的种植户联合起来,提高产品的竞争优势。可怎么联合呢?《中共中央、国务院关于深化供销社改革的决定》,像一场及时雨,给璜山镇供销社带来了希望。在《决定》中有一条,"大力发展专业合作社",就这9个字,给大家提供了一条新思路。1996年10月,由供销合作社和出口食品厂牵头,吸纳种植高山蔬菜、胡瓜三亩以上的专业户、大户及农艺师、农技师为第一批入社社员,按"自愿、互利、民主、平等"的原则,正式成立了诸暨市出口蔬菜专业合作社。

从开始种植蔬菜到成立专业合作社,诸暨农发出口蔬菜专业合作社(当时叫诸暨市出口蔬菜专业合作社)在一步步的尝试中得到成长,并且逐步取得成功。可合作社在经济上取得成功的同时,也面临其他方面的困难。当时的合作社是不能作为独立法人的,也得不到相关部门和社会的肯定,合作社在注册登记等方面存在很大的问题。问起合作社的注册情况,吕社长说:"我们合作社是在2003年才正式工商注册的,你不要觉得奇怪。我们在1996年成立后先跑到工商局去登记,可工商局说我们这是协会,应该到民政局登记。于是我们就跑到民政局,可民政局的人又说这不归他们管,由工商局管,就这样两者推来推去,最后就没登记成。直到2003年,全国合作社渐渐多起来了,也逐渐明确了合作社的性质与地位,我们才在工商局正式注册登记。"作为开创浙江省合作社先河的第一代合作社,诸暨市农发出口蔬菜专业合作社用简单的发展过程向我们展示了一个道理:当代农业的发展需要我们不断地去创新,只有敢为人先,才有可能赢得发展。

以人为本,实现多赢

10多年来,诸暨市农发出口蔬菜专业合作社一直以"公司＋合作社＋社员"的模式运作。合作社作为连接种植户与市场的桥梁,不仅与社员农户打交道,也与公司政府打交道。在这个多方位的交流过程中,合作社始终遵循"以人为本"的理念,努力协调与各方的关系,实现多赢。具体体现在:

一是维护种植户的利益。种植户是合作社存在的基础。吕先生在谈话中说道:"合作社不是资本的集合,而是人的集合。我们合作社的运行靠的就是这些相信我们的社员,所以我们一定不能让他们失望,不然的话他们以后就不要再与我们合作了,这样对我们而言就失去了产品来源。"农产品受自然因素影响大,不稳定因素多,但遇到这种情况合作社坚持先保护农户,确保最低保护价收购,确保把他们的产品卖出去。另一方面,由于农民是一个特殊的群体,合作社在引进新产品或新技术时需要花费较大的力气向他们介绍清楚。比如用黑膜代替白膜是近年来广泛应用的一项简单新技术。可在合作社引进黑膜之时却遭到了种植户的拒绝。在合作社的辅导员们认真地跟种植户讲解并试验之后,种植户们才接受了黑膜,现在合作社的所有基地都已换上了黑膜。

二是争取政府的大力支持。合作社坚持为民服务不动摇,得到了各级政府的大力支持。主管农业的副镇长亲自担任合作社的监事会主任,各乡镇领导多次对农民的蔬菜种植进行宣传,这都为合作社确保收购数量、开展规模种植打下了坚实的基础。10多年来,各级政府、财政局和供销社对合作社经营和发展给予了大力的支持,如省、市财政局给予合作经济项目一些贴息补助,有力地支援了合作社的发展。

三是依托企业进行发展。从成立之初起,合作社便与绿野出口食品有限公司(原璜山镇食品厂)联手,合作社负责种植生产,绿野出口食品有限公司负责加工销售,以"绿芽"品牌出售产品到国内和国外,取得了很大的成功。

合作社的健康发展,也离不开合作社领导人的优秀品质,在吕社长的身上,笔者看到了两点基本的品质:一点是要有广阔的视野,另一点是沟通能力。我想,不管是什么单位的领导,这两点都是很重要的。只是作为合作社社长,担任农民朋友的领导,这两点就显得尤其重要了。要对整个合作社的环境有所把握,要时刻了解市场行情,还要关注政府政策动向,这些,农民朋友是比较欠缺的,所以领导者必须承担起这个责任,全面了解信息。沟通能力,对领导者也是一种挑战。因为很多农民朋友文化素质不高,要把一样新技术、新产品介绍给他们,需要花较大力气。另一方面,领导者一般自己不参加种植生产,必须通过与农民沟通才能了解农民生产当中存在的问题以及他们真正需要什么。

科学管理　规范制度

农发出口蔬菜专业合作社依据合作社章程,拥有严格的组织结构、决策机制、资金来源、盈余分配机制以及对社员的管理机制。

合作社的组织结构。合作社设立社员大会,由全体社员组成,是合作社的最高权力机构,每年召开一次会议。理事会成员由社员大会产生,负责日常的工作管理,监事会对其实行监督。

合作社的决策机制。合作社严格执行"一人一票"的民主管理原则,不管社员在合作社的投入股金多少,合作社都坚持表决权一律平等原则,不因出资多少而产生任何差异。

合作社的资金来源。合作社的资金主要来源于社员缴纳的入社金与合作社的销售收入。合作社刚成立时,章程第十条明确规定社员必须缴纳100元的会费,随着社员经济水平的提高,现在合作社以股金的形式收取入社金,每股100元。

合作社盈余的分配方式。合作社的盈余在扣除合作社必要的开支以后,其余的盈余首先根据合作社的经济效益,结合社员投售蔬菜的数量实行二次返利。其次,对于入股社员,还能按股分红。这样的利润分配机制,极大地调动了社员的种植积极性,同时也规范了专业合作社的建设,促进了合作社的健康发展。合作社的经营盈余除去以上分配外,合作社为了自身的发展,还以公积金和公益金的形式按照大小不同的比例留一部分给合作社,作为合作社未来的发展基金。

合作社对社员的管理。针对农民科学文化素质普遍不高的情况,合作社每年在产前、产中、产后对社员和农户进行10多次的理论培训和田间技术辅导,要求每个种植户按照《出境蔬菜基地备案》进行栽培和田间管理,严格控制农药、投入品的使用,并且做好农产品的生产记录档案。

全面服务　持续发展

农发出口蔬菜专业合作社从成立之日起,就把努力做好社员及其他种植户的服务作为办社的根本点,引导农民有组织地进入市场,把千家万户的农民与千变万化的市场紧密结合起来。多年来合作社一直非常重视对社员的产前、产中、产后服务,做了很多切实可行的工作,主要表现在以下几个方面:

一是采用合同收购形式,保护社员和农户利益。专业合作社每年与绿野出口食品有限公司共同与种植户签订种植收购合同,明确厂方必须在市场不好的情况下,采取最低保护收购价。通过合同,既稳定了出口加工蔬菜的原料来源,保证出口任务的完成,又给种植户吃了"定心丸"。

二是无偿提供进口种子,鼓励种植发展。合作社根据出口单位及出口产品质量,每年直接从日本引进高菜、胡瓜等优质种子并免费提供给社员种植,从而极大地激发了农户种植和入社的积极性。

三是建立辅导员网络,提供技术服务。为了使社员和其他种植户能及时地掌握高菜、胡瓜等栽培技术,专业合作社专门指定了5名专职技术辅导员和22名兼职技术辅导员,全面负责培训和田间辅导。在每年种植前都对种植进行专题培训20余期,从理论上解决了育种、护理、治虫、收购等技术难题,解决了社员及种植户的种植技术难题和管理问题,保证了产品质量。

四是发挥供销社优势,提供农资服务。专业合作社在当地基层供销社和市农资总公司的大力支持下,根据出口蔬菜栽培特点和要求,经常性地为种植户提供各种农资产品供应服务工作。服务内容以提供出厂价化肥、农药、农膜为主,同时还进行多种农资指导。据统计,每年农资让利额为 25 万元,有力地推动了种植的发展。

五是设立收购点,解决投售困难问题。专业合作社根据蔬菜的质量要求,在目前种植区域扩大分散的实际情况下,为方便种植户投售,专门在各个地区设立收购点,并组织专业运输。这样既解决了农户投售难的问题,又保证了蔬菜质量。

展望未来　前景远大

诸暨市农发出口蔬菜专业合作社从成立以来,一直与绿野出口食品有限公司联手合作,以"绿芽"品牌出售产品,每年与日本客商积极磋商,扩大销售合同。近年来,合作社也在逐渐开拓内销市场,从 5 年前的内销市场一无所有发展到现在已经内销到上海、杭州、广东、香港等地区。

在不断扩大内外销渠道的基础上,农发出口蔬菜专业合作社以原种植基地为基础,以种植大户带动小户的形式向周边镇、乡、村不断扩大种植范围,辐射到邻近县市的广大种植户,培植发展种植大户并引导入社。目前,合作社已将种植基地扩展到慈溪、余姚、金华、江西等地,充分发挥各地的土壤优势,使每一样产品都得到较高的产量。

作为肩挑市场和农户的合作社,诸暨市农发出口蔬菜专业合作社努力为山区农民做好脱贫致富的领头雁,也为新生合作社提供了取经之处。

访谈后记

通过此次与吕社长的对话,我了解了农发出口蔬菜专业合作社的成长故事,也从中看出几点成功合作社的秘诀,归纳如下:① 敢于尝试是起点;② 以人为本是保证;③ 科学管理是途径;④ 长足发展是目标。农发出口蔬菜专业合作社通过自身的努力,将分散的农户联合起来,并与绿野出口食品有限公司"强强联手",实现了多赢。我想,在中国农业向产业化、专业化发展的过程中,我们或许可以从这个合作社的发展当中获得更多的启示。

合作种菜　多方得益

——浙江省温州市雅发果蔬专业合作社社长访谈录

■ 文/陈小清

合作社简介

　　成立于 2006 年的温州市雅发果蔬专业合作社坐落于浙江省苍南县仙居乡风景宜人的雅中村。由陈银德等 8 人创办。现有社员 106 名,基地面积 1562 亩,资产 600 多万元。合作社主要从事蔬菜生产、农资、技术服务与农产品销售。现有"雅发"注册商标 1 个,省级无公害基地(65 公顷)认证 1 个和部级无公害农产品认证 1 个。2008 年,合作社共生产番茄、西甜瓜和草莓等各类果蔬 5680 吨,累计产值达 899.68 万元,户均年增收 3800 多元。曾先后获得"苍南县农民专业合作社规范化单位"、"温州市示范性农村专业合作经济组织"、"浙江省示范性农民专业合作社"、"2009 年温州市优质西甜瓜品质评选金奖('雅发'牌西瓜)"等荣誉。

社长名片

　　陈银德,52 岁,中共党员,小学文化,曾任村干部。自合作社成立以来,一直任社长,已有三年多。陈社长是一位具有开拓进取精神和实干精神的质朴的有志农民。他富有长远的战略眼光,很强的组织领导和协调能力,更重要的是他还拥有乐观自信、吃苦耐劳、锲而不舍等高贵品质。从合作社的创办,发展壮

大,到如今的名声赫赫,他和另外 9 个理事,共同带领合作社经历现代农业发展的风风雨雨,兢兢业业,排除万难,为合作社的发展,为当地农业的发展鞠躬尽瘁,而合作社现有的经济效益和社会效益正是他年复一年辛勤劳作的回报。

社长感言

要做就要做得最好！

访谈报告

根据事先电话约好的时间,2010年1月30日下午一点半我们一行人就站在刻着"雅发园"的石头旁等待与社长的见面。没过多久,我们就看见一辆黑色的轿车驶进园内,一位身材高瘦的中年人下了车,向我们打招呼。我们知道,这就是社长了。随后,他同另三位理事带我们到了办公室。一切准备就绪后,我们进入了正题。社长从当年如何办起合作社,又是如何受到第一年的"桑美"台风和相继而来的冰雹的重创,以及合作社一步步发展、壮大,所获得的荣誉和对未来的美好展望,等等。他滔滔不绝地叙说着,那神情言语好像在讲述自己的孩子一样,幸福之情溢于言表。

创新土地流转制度,办起合作社

在雅中村二轮土地承包时,人们发现许多村民由于种地收入太低而改行,因而村里有好些良田抛荒。合作社的几个发起人看在眼里,急在心上。于是决定创办合作社,把这些土地利用起来。

几个创始人提出,通过有偿流转周边村民的68亩土地,将其连成一片,进行高效设施蔬菜基地建设。但在操作中碰到较多困难:一是村民不愿意将流转的土地打破原界线连成一片,担心以后无法找回属于自己的土地;二是流转时间过长,村民担心会吃亏,而若流转时间过短,则不利于蔬菜基地建设的投入;三是流转关系若不稳定,将严重制约蔬菜基地的规范化、生态化、产业化发展。如何协调好流转土地农户与合作社的共同利益,是合作社成立必须要解决的主要问题。

2007年4月中旬,合作社发起人偶然在苍南县供销社看到一篇关于平湖市农村土地承包权流转入股合作社的相关报道,于是马上与平湖方面取得联系,想要收集相关资料。并于4月22日由苍南县农经总站带队,会同县供销社一行七人,前往平湖市进行两天的考察学习,对其运作程序作了详细的调查研究。回来后,在苍南县农业局及供销社的指导下,合作社发起人结合雅中村的实际情况,进行了合作社的试点组建,具体做法如下:

一是平衡成员出资。以土地承包权入股的成员,合作社参照平湖的经验,将承包经营权剩余年限量化为货币。折算办法是将本地近三年种植平均收入 250 元乘以承包经营权剩余年限 20 年得出每亩 5000 元,明确其出资额;以劳动力入股的成员,以每月工资的 30% 缴纳所认购的出资,直到缴够为止。成员认购每股出资 5000 元,单个成员认购股金最高限额为 40 股,不设下限。为确保农户成员利益,村集体的 90 亩土地按每亩 1500 元出资。这样,成员出资有一个统一的计算标准。出资方案:合作社发起的 8 人,货币出资 100 万元,为 200 股,土地经营权入股 68 亩为 68 股,村集体 27 股,总计 295 股。

二是组织机构。合作社设理事会、监事会,每 10 个股权可推选 1 名代表参加选举,理事长为法定代表人,理事会负责日常工作。每年召开 1 次成员代表大会,每年度公布一次财务收支情况。

三是合作社运行。合作社对集约的土地进行高效设施蔬菜基地建设,统一规划、统一品种、统一标准,由成员自由组合投资,规模化经营。土地入股合作社后,入股土地在合作社示范基地范围内的,承诺 10 年内不得退出,或接受合作社给予调换。对暂不能连成一片的土地由成员自愿选择经营,产品由合作社统一包装、统一销售。

合作社在基地以外的土地可为确需要退社的社员调换土地。雅中村共有土地 480 多亩,分 A、B、C、D 四个片(按土地综合情况,A 片最好,D 片最差),基地位于雅中村在二轮土地承包期间村民放弃经营的 D 片块,基地面积 158 亩,是由土地经营权入股的 68 亩、租赁的 18 亩、调换的 17 亩、村集体的 55 亩组成。村集体及部分成员还有 18 亩因不在同一片块,现由成员种植粮食及其他蔬菜。

四是收益分配。合作社经营所得纯利润依据交易额的多少返还盈余与股金分红相结合的分配原则,合作社经营所得纯利润的 60% 按交易额返还成员,剩 40% 按股金比例分配到成员个人账户。为降低流转土地入社成员风险,前三年实行保底分配,每股年收益最低为 200 元(提取公积金、公益金各 10%)。

分配方案:按合作社基地亩纯利润 1000 元计算为例,纯利润应是 15.8 万元,按交易额返还利润 60% 计算,应返还 9.48 万元,剩余 6.32 万元为成员股金红利。合作社共有 295 股,每股可得红利 214 元。也就是说每亩土地经营权入股合作社后可多增加收入 214 元,加上合作社保底分配股金 200 元,合计收益 414 元,比之以租赁形式的亩年租金 130 元增加了 284 元。

在此过程中,社长等几个发起人挨家挨户地上门劝说父老乡亲同意土地的流转,帮他们分析了如以自家承包的土地入股,将能得到实实在在的好处,让大家心甘情愿地同意土地的流转。要知道,这个问题若不解决彻底,会有很多后遗症产生,甚至会发生严重的冲突。合作社的发起人对待此工作一丝不苟,毫不含糊地解决了这个重大的难题,也令政府部门对他们刮目相看。

2006年4月,温州市雅发果蔬专业合作社成立了。经过三年多的发展,目前合作社共发展了1560多亩的果蔬种植面积,其中核心大棚种植基地为300亩,主要种植番茄。现在合作社共有10位核心股东,分别来自房地产、印刷、塑料等行业,许多还是村两委干部。合作社有专业的技术人员、营销队伍、固定客户。合作社在上海、杭州、义乌、宁波等地设立业务联系点,将营销网络分布到全国各地,并跟福州、常州、武汉等大中城市建立合作经销。合作社还与托运部建立条约协议,利用其将果蔬货物发至各营销点销售。

天公不怜创业初,台风冰雹齐来袭

雅发果蔬专业合作社成长的故事,充满了酸甜苦辣,有发展壮大,赢得荣誉的喜悦,也有遭遇自然灾害和其他各种困难的艰苦……

合作社创办的第一年,即2006年8月的一天,恰逢百年不遇的特大台风"桑美"。那时,刚播下的种子尚未长大,超强台风"桑美"袭击苍南等地,于是那些种子全都被台风雨淹坏了。谁知"祸不单行",11月底,苍南县又遭遇了冰雹。已经移栽的有约一寸长的作物被冰雹砸个精光,第一年的辛勤劳动和心血投入毁于一旦。合作社的社员们泪眼婆娑,心想:种田真是要靠天的,一遇天灾,所有的辛苦付出都白费了。创办的第一年,就遭遇如此难关,一帮人吃尽了苦头,精神也受到严重的打击,眼看一蹶不振。幸好,由于中央对灾区的关注和对灾后重建的重视,当时县委派人下来,调查发现合作社蒙受了重大损失,于是援助合作社4.5万元,助其摆脱困境。

借力政府提升路,精益求精不满足

走过了最艰难的创业初年,之后的路似乎相对顺畅了不少。而合作社成立以来最让人高兴的事,莫过于赢得了浙江省蔬菜产业提升项目,获得了165万元的资金支持。这证明了合作社创办的成功,多年苦心经营得到了认可。但是,合作社的几个主要领导者并不满足于做100多万元的提升项目,他们想将这个项目做到 500 万元，超额完成任务。正如社长所说："要做就要做得最好！"于是，他们按照计划，开始千辛万苦地四处张罗，筹集资金。最终，他们向农村合作银行借了 180 万元，中国农业银行 100 万元，邮政建设银行 50 万元。他们利用这些资金，新建标准化钢管大棚 202 亩，改建竹架大棚 60 亩，微滴灌 262 亩，机耕路 2325 米，三面光渠道 2865 米，初加工场地 1200 平方米，推广应用番茄长季栽培，穴盘育苗测土配方施肥、标准化和无公害等蔬菜多样化增效技术。

2008 年，在中央和省级财政的支持下，在省、市、县农业部门的精心指导下，合作社以苍南县 2008 年蔬菜产品提升项目建设为契机，共投资 687.68 万元。一期新建 8 米宽标准化钢架大棚 202 亩，标准化钢管育苗大棚 1001.25 平方米，采后处理与分级包装场地 1020 平方米，新建水肥一体化系统两套，添置农药残留检测仪一台，同时全面改造电网和硬化基地道路及排灌渠道，全面应用以优良品种、穴盘育苗和微滴灌等技术为重点的蔬菜多样化增效技术，极大地提高了基地的生产能力和科技应用水平，促进了农业增效和农民增收。

雅发果蔬专业合作社的这种精益求精的做事态度，赢得了各级领导和相关部门的赏识。省农业厅领导、市县农业局长、县委书记和副县长等都曾来到合作社的核心试验基地参观考察，并给予指导和各方面的帮助。

雅发果蔬专业合作社在当地的口碑也很好。它不仅提高了社员的收入，也带动了周围农户，使其享受合作社带来的良好经济效益和社会效益。当地的幼儿园、小学等的学生有时会在老师的带领下，来核心基地参观，领略现代化农业的风貌，增长农业方面的知识。由于看好合作社的发展前景，更多的人有意向投资合作社，要求入股。新加入的两位核心股东系民营企业的老板，区别于其他 8 位农民股东。周围的村民，说起这个合作社都竖起大拇指，并以之为傲。

目标明确长打算，为民谋福不止步

谈起合作社未来发展的目标和打算，社长说，目前最想做的是建一个自己的保鲜库。这样，就不必急于将所有收获的果蔬都销售出去了。可以根据市场的需求，有计划地销售，这将有利于农民的增收。目前的困难是土地资源短缺，建造保鲜库势必占用一定的土地。随着合作社规模的扩大和实力的增强，建造自己的保鲜库也迫在眉睫，合作社希望有关政府部门在用地、资金等方面给予支持。

目前合作社的核心试验基地以种植番茄为主，根据县农业局专家提供的信息决定每年栽种番茄的品种，现在已种植过从以色列、荷兰等国引进的优质品种番茄。过段时间，陈社长将去台湾考察，考虑引进台湾的一些高价水果进行栽培。

而关于合作社的长远打算，陈社长表示，将来可能会考虑发展以

农家乐为主题的观光旅游，将核心示范基地建成具有浙南特色的精品农业休闲观光园区。

徜徉在绿莹莹的果园，轻咬着鲜嫩欲滴的果实，我不禁顿感赏心悦目，心旷神怡！噢，我似乎已"穿越"到了那里……

访谈后记

通过访谈，拉近了我们与陈社长的距离，也增进了我们对合作社的感情。之后，陈社长热情地带领我们参观了他们的核心试验基地。时值年末，再过一个月左右，番茄就要成熟开摘了。看着大棚内一排排土墩上绿绿的优质大番茄缀满枝头，我们都情不自禁地发出由衷的赞叹。此次雅发果蔬专业合作社之行令我们获益匪浅。这个合作社创办不过三年多，就已形成如此规模，展现出蒸蒸日上的良好面貌，其未来的辉煌是可以预见的。

有了合作社　种植茭白能致富

——浙江省桐乡市董家茭白专业合作社社长访谈录

■ 文/田李静　郭红东

合作社简介

　　浙江省桐乡市董家茭白专业合作社成立于 2003 年,入股社员 11 户,年销售额 441 万元,通过近几年规范化运作,发展到现在入股社员 163 名,年销售额 2293 万元。近年来,合作社创新管理工作模式,坚持标准化生产、品牌化经营路子,实施"五个统一"管理,有效保障农产品质量安全,实现了农民持续增收、合作社持续壮大的良性循环。截至目前,合作社统一注册"董家"牌商标,通过国家绿色食品和有机食品认证,建有绿色食品生产基地 2000 亩,有机食品生产基地 162 亩,辐射面积达 10556 亩,合作社产品在长三角一带大中型蔬菜批发市场享有较高的知名度。2008 年,董家茭白专业合作社先后被评为桐乡市级和省级示范性农民专业合作社。

社长名片

　　张永根,董家村立旗桥村民组村民,43 岁,小学文化,农民技师职称,共产党员。在龙翔街道董家村,没有几家农户不种茭白,也没有一户茭农不知道张永根的。张永根是茭白种植大户、浙江省农村科技示范户,被当地农民亲切地称为"茭农增收致富的带头人"。1999—2002 年荣获省、市"农村科技示范户",2003 年被评为"嘉兴市优秀共产党员",同时被授予桐乡市"十佳农民"称号,1999—2002 年被龙翔街道评为"优秀村民组长"和"99 抗洪抢险先进个人"等荣誉称号,2002 年荣获桐乡市"十佳农民"称号,2005 年荣获桐乡市劳动模范称号。

社长感言

　　只有办好合作社,农民增收才有希望!

访谈报告

　　2009 年 6 月 23 日下午,在桐乡农业局同志的陪同下,我们到桐乡市董家茭白专业合作社进行了实地调研。张永根社长在合作社办公室热情地接待了我们，并接受了我们的访谈。

发展困难　联合才有出路

问：张社长您好，董家村种植茭白已有多年历史，当初是怎么想到要成立合作社的？

答：董家人种植茭白已有相当长的历史了，而且种的也多，产量也很大。但是这里的农户大都是小规模种植，茭白主要依赖商贩收购销售，商贩们经常将收购价格压得很低，导致农户获利微薄。另一方面，如果农户自己运到市场去卖，交通运输是个十分大的问题，运输所需的时间和费用都是农户难以承受的。另外，对于茭农本身而言，茭白丰收之后茭白的存放也是农户很烦恼的问题，病虫害也不能及时控制。村里的种植大户觉得十分有必要号召大家建立一个合作社。

问：这么说是村里的种植大户号召的？您也是种植大户吧！当时成立时您就参加了吗？

答：是的，大户们号召的，不过，也是全村人的需要。我种植茭白面积还可以，是去年才接过社长的位子的，为人民服务，呵呵！

问：能简单介绍一下合作社成立的过程吗？

答：我们先写了章程，再去工商注册，隔了几个月就拿到了证书，算批准成立了。我们发现农民合作社很受上级重视，甚至可以说是鼓励的，所以注册成立的时候非常顺利，也没多少困难，政府部门也给予了我们一些帮助。

问：第一批社员有多少呢？都是同村的吗？

答：第一批60名，现在有161名了！都是我们龙翔街道的农户。

规范管理　增收看得见

问：合作社成立之后是怎样管理呢？有相关机构建设和组织建设吗？

答：有的，我们有理事会、监事会以及社员代表大会，很齐全。理事会成员5个人，监事会3个人。社员代表大会只要是社员都有权利参加，这点我们做得很好。虽然我是小学毕业，不过农民专业合作社法，我们也都好好学习了。我们社员加入合作社要入股，刚成立时候，大概是35元/股，一定要交,因为我们合作社没有其他经济来源,政府刚开始给的资金不多,后来名气大了才开始重视补贴。我们合作社本身不是营利的,所以要靠筹来的钱寻销路、引技术,等等。现在是 100 元/股,比以前贵了。

我们的管理机构是完全按照国家法律程序的,理事会下有三个部门:一个是管营销的,一个是管技术的,还有一个是内部管理,负责制度建设、合作社的网站、合作社的文化建设,等等。

问:合作社如何为社员服务呢?

答:我们主要通过"五个统一"为社员服务。一是统一技术培训,提高农民标准化生产水平。二是统一农资配送,加强农业投入品源头监管。三是统一生产记录,实现农产品质量可追溯。四是统一检验检测,保障农产品供销安全。五是统一品牌经营,提高农民持续增收能力。

问:说到这个技术,董家茭白的技术来源有哪些呢?

答:我们有自己的技术员,他们负责开发新品种,在试验基地培育;还有就是直接引进,我们派人出去考察;或者请专家来讲座。前几天还举办了茭白高效绿色生态配套技术培训班,那天会议室里一派热闹景象,是街道农经中心、合作社邀请市农技推广中心高级农艺师沈学根给广大社员上技术课,闻讯而来的社员达 150 多人。那次培训沈老师重点围绕大棚设施早熟栽培和新品种(系)浙 9—11、龙茭 2 号栽培技术,深入浅出地分析了董家茭白发展现状和今后产业发展方向,突出绿色生态配套技术的到位率,从设施栽培提早春茭上市季节,合理搭配品种延长茭白上市期,从而实现"在田间保鲜"的目的,缓解采茭旺季销售压力,保护农民的利益。培训后我们南王村种茭大户沈建明很受启发,他高兴地说培训办得很及时,使他对发展大棚茭白信心更足了,更有把握了,回去后将合理规划,下半年准备从品种搭配上下工夫,解决采收期劳力紧张的矛盾。

问:现在您所在村多少农户种植茭白,茭白种植面积多大了?

答:我们附近几个村几乎家家种茭白。1999 年,董家茭白种植面积只有 1050 亩,2003 年扩大到 4400 亩,2004 年发展到 5200 亩,现在已经发展到近万亩,董家村也成了闻名全市的"茭白专业村"。

问:合作社都取得了哪些成就呢?农民得到了哪些切实好处呢?

答:我们已经是省级示范专业合作社了。董家茭白以无公害标准化生产和良好品牌形象行销上海、江苏、浙江等地,并打入国际市场,产品供不应求,取得了显著的经济效益、生态效益和社会效益。价钱方面是往年的一倍多,单价稳定在 1.5 元/斤左右,市场价有时会升到 2~3 元/斤,农户非常满意,利润也有翻一番的希望。

我们也获得许多奖,像无公害、绿色食品等每年市里评比我们都能评上。现在大棚茭白销售基本上已经结束了,6月份是大批量的露地茭白陆续上市的季节。2008年与平湖一老板合作种植了100亩大棚茭白,按平均亩产2000公斤计算,每亩夏茭可创收5000元以上。种植茭白应该算是农民种植类中最稳定、收入也相对较高的一项了,不用愁茭白的销路问题,每天都有来自上海、江苏无锡等地的车子来收购。因此现在村里种茭白的农户越来越多了,小小茭白为我们董家村民带来了不小的经济效益。

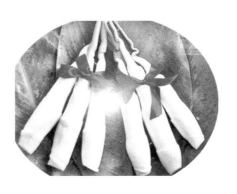

问:请您分析一下合作社帮助农民增收的原因。

答:一个是各级政府高度重视。几年来,政府通过出台相应鼓励政策、广泛宣传发动、加大硬件设施投入力度,做好引种示范工作,茭白种植面积逐年扩大,"基地＋合作社＋农户"的产业化经营模式日渐紧密,周边村种茭热情高涨。第二是合作社实施规范化生产,不断提高品质。巩固国家级"绿色食品"称号,通过品种选育、提高茭农综合素质、推广有效增产措施、使用新技术等各项措施,实现低投入产出高效益。如实施茭田套养浮萍技术、诱虫灯物理防治螟虫技术及配方施肥技术等,均取得了明显成效。另外是扩大产品市场占有率,加快茭农增收步伐。2009年春茭以销往上海、江苏、浙江等地中型蔬菜批发市场为主,形成了鲜茭直接上市和周边地区冷藏并重的局面,加上采茭期拉长,产品供不应求,产地价格一直稳定在1.4元/公斤以上,在保证营销户获利的基础上,也加快了茭农奔小康的步子。

问:在合作社发展过程中碰到过哪些困难或者问题?

答:这是肯定有的,开发新产品、发展新产业能否取得成功,关键要看其产品有无市场。早在20世纪90年代初期,董家茭白发展后,一度受过市场竞争的考验。2002年,茭白市场行情曾一度低落,为了把董家茭白打入外地市场,我在街道、村领导的支持下,多次去上海、苏州、无锡等地蔬菜批发市场摸行情、搞推销,千方百计提高董家茭白的知名度和市场占有率。我作为一名共产党员和茭白产业发展带头人,要为茭农多着想,要多为茭农排忧解难。现在行情还可以了,但是走向市场单凭绿色食品还不行,我们还需要取得通向全国的绿色通行证。

还有,董家茭白种植面积一年比一年扩大,产量也一年比一年增加,但由于相对分散的一家一户生产经营,有时质量很难保证,有时因个别个体运销户的无序竞争,既影响了产品的市场竞争力,也很难稳定占领市场,我们要保证在同行竞争中取得胜利也是十分艰苦的,因此要把握好大方向,提前做好指导工作,技术要赶在前面。问题还很多,大家还要不断努力。

信心满满,迎接未来

问:合作社未来有什么打算和规划呢? 会不会发展深加工?

答:我们进行深加工的话成本就太高了。我们统一收购的单价一两块总是要的,再进行加工。但是卖出时还不能太高,这样利润就不高,农户有意见。所以,我们一般只进行半加工。我们用小包装,清洁方便。不过,我们有好几种包装方式了,大批的用纸箱、蛇皮袋,少一点的就用塑料保鲜膜,最后小包装也就是精品包装了。我们现在集中精力在做的主要有三点:一是建设合作社大棚基地,增加种植面积,提高茭白产量。这主要是出于满足旺盛的市场需求的考虑。二是进一步拓展市场,提升产品知名度。三是开发新品种,培育早熟品种。

问:那您对合作社未来发展是否有信心?

答:非常有信心! 有政府的支持、农民的拥护,合作社的前景非常好。

问:在办合作社过程中,您有哪些难忘的事,能谈谈吗?

答:好啊,我种植茭白已有 16 年的历史了。1987 年开始我一个人去杭州引进了茭白苗,开始在自己的 4 分田里试种,运气挺好,获得了丰收。如今已发展到 5.5 亩,每年有 2 万元左右的茭白收入。后来,作为董家茭白市场的特约营销员,我就要为村民们丰收费尽心思了。2008 年秋季,由于受到外地茭白的大量冲击,再加上一些说“董家茭白因为土地整理后质量下降”的谣传,每公斤茭白仅 0.3 元。我看在眼里,急在心上,我就以每公斤 0.6 元的价格从乡亲们手里收购了 9000 公斤的茭白,开着车去了无锡,打牌子闯市场,让人们看看董家茭白到底是个什么样子! 又白又嫩的茭白被无锡居民竞相购买,才终于打开了市场,2008 年下半年我又帮当地的村民销售了 25 万公斤茭白,其价格一直稳定在 0.6 元/公斤,我心里真是开心!

问:社长谈谈您管理的感想好吗?

答:这个感想啊,呵呵,担子重啊! 这是关系到社员的切身利益的大事,我们都是小本经营 0.2 元/公斤社员也是看重的,所以我们领导机构要完善,要做得好,跟外面的交流也要做好。走向市场的时候,也走得出去。另外一个呢,要引进新品种,要有创新意识,要走在别人前面,别人有的我们做得很好,别人没有的也要开发出来。我们已经意识到前几年的问题,就是品种单一,现在呢,三个品种一搭配,总是有进步的地方。

问:冒昧地问一句,社长您有工资领吗?

答:哈哈,工资啊,现在还没有,等以后做得好了可能会有的。我们是以服务取胜的,并不是营利机构,一切为了农户们。

问:很敬佩您为合作社作出的贡献,我今天的问题就到这儿了,非常感谢您,祝董家茭白合作社越办越好!

答:谢谢!

访谈后记

整个访谈下来,我们切切实实感受到了合作社带给董家村茭农们的好处:宽敞的交易大厅、新建的冷库,不时上门收购的商贩。访谈过程中,不时有茭农们或挑或拉着他们刚收获的茭白来到合作社的交易大厅,由合作社工作人员统一过秤、储藏。合作社在董家茭白专业村里起着无可替代的作用,对茭白产业的发展壮大发挥了巨大的推动作用。

如玉茭白　扬名"江夏"

——浙江省嵊州市鹿山街道江夏茭白专业产销合作社社长访谈录

■ 文/胡恩波

合作社简介

浙江省嵊州市鹿山街道江夏茭白专业产销合作社位于嵊州市城西 7 千米的嵊义线边,无工业污染,拥有基地面积 5000 亩,品种以双季茭为主、搭配单季茭。合作社成立于 2003 年,当初的名称为"嵊州市鹿山街道江夏茭白产销合作社",于 2009 年改为"嵊州市鹿山街道江夏茭白专业产销合作社"。现有社员 105 名,注册资金 150 万元,年产茭白 1000 万公斤,产值 1000 多万元。合作社的主要工作是向社员统一提供种苗、技术培训,并以比市场价高出 0.1~0.2 元/斤的价格向社员收购其产出的所有茭白。曾获"浙江省示范性农民合作社"、"浙江省优质茭白种植领先示范基地"、"浙江省特色优质农产品生产基地"等荣誉。

社长名片

汪江宁,中共党员,初中文化。自合作社成立起就一直担任社长一职,一直就是茭白的生产、贩销大户,目前自己有 350 亩的茭白生产田。曾荣获"省科技示范户"等称号。2003 年,汪江宁联合其他 9 户茭白种植户成立了江夏茭白产销合作社,开始带动了周围数村居民面向市场、标准化生产优质茭白的科技创新之路。

社长感言

我们希望办得越大越好，但是土地的问题限制了我们的发展。

访谈报告

接到寒假调研农民专业合作社的任务后，我第一个想到的合作社就是老家附近的江夏茭白，成片的塑料棚是我自小以来关于家乡农业的深刻印象。依据经验，我想这里应该会有专业合作社的存在。果不其然，回家一打听，原来老家种植茭白的农户大部分都已经加入了"江夏茭白专业产销合作社"。更巧的是，原来社长汪江宁是我一个初中同学的父亲，这也使我与汪社长的联络更加方便了。经过一番电话交流后，汪社长痛快地答应了我的采访。2010 年 2 月 21 日早上，我来到了汪社长的家中对汪社长进行了一系列关于合作社的访谈。

困难重重　艰苦创办

问：当初为何想到办合作社？

答：从 2000 年开始，市场对于茭白需求的日益增加，客户要求的茭白量我已经供应不上了。所以就开始雇一些小户种植同个品种的茭白，给他们一样的种苗，并教他们种植，再收割后统一收购。后来，国家出台了一些合作社的法律法规，在市农业局的帮助下，我们几个人就一起办了这个合作社。当初就 10 个人，对这方面的知识也不是很了解，不过还好，从成立到现在，合作社也慢慢上了轨道，成员也从当初的 10 名发展到现在的 105 名。

问：在创办的过程中遇到过哪些具体困难？

答：万事开头难，当初资金、用地各方面都遇到了困难。信用社贷款帮助我们慢慢发展起来，而土地的问题主要集中在三方面：冷库建设用地、收购茭白的场所和茭白生产基地规模扩大所需农用地。由于茭白在每年 4 月下旬开始上市，其间的供应量会一下子剧增，价格就会大跌。所以我们就希望建设冷库存放茭白，以便持续供应，增加经济效益，但是由于国家对农业用地建设的控制非常严格，使得我们到目前在基地附近还没有自己的冷库。合作社收购茭白现在还是在路边收，没有固定的收购场所。茭白的生产需要用大量的水，所以它对于田地的要求比较高，基础设施的建设必须要跟上，这也制约了我们进一步扩大规模。

打造品牌　"江夏"扬名

问：创办以后，合作社是如何一步步由小到大成长起来的？

答：成立合作社后，我们规范了种植技术，注册了"江夏"牌商标。从农业局请来了专家对社员进行统一培训指导，并且自己培育了浙茭 2 号的新品种。新品茭白的产量增加、口感更加鲜美。同时，茭白基地严格按照"嵊州市绿色食品生产技术标准"执行，该标准对茭白种苗、栽培技术及产品质量作出了严格规定，生产的茭白在浙江省内各市场都被认定为"放心菜"，并已经打入了周围几个省份的市场。

问：成长过程中遇到的最大困难是什么？如何克服？

答：市场风险，合作社提供给社员的经济利益主要是以比市价高 0.1～0.2 元/斤的价格收购他们的茭白，但是茭白的价格波动非常大。高的时候是 2 元/斤，低的时候就只有 1.4 元/公斤了，所以我们的压力非常大，尤其是现在租的冷库无法完全冷藏全部的茭白。目前最好的办法就是希望土管部门可以把我们的土地申请审批下来。

和睦管理　农户获益

问：合作社是如何进行日常管理及重大决策制定的？

答：合作社按照相关法规成立了理事会、监事会，并定期召开社员代表大会。目前总的来说，大家对于合作社的发展都是比较满意的。日常的管理主要还是几个骨干社员一起商量着办，重大的决策都会召开社员代表大会。

问：目前合作社主要开展了哪些活动？哪些活动开展得比较理想？哪些不理想？

答：农业局里的农业技术专家会定期给我们进行技术培训，在引种方面也给予了我们很大的支持。同时，我们还经常组织一些成员去全国主要的茭白生产地进行考察，比如余姚、合肥、武汉等地。总的来说，目前合作社所开展的活动都是非常顺利的，结果也都达到了预期效果。

问：合作社的主要收入来源有哪些？

答：合作社的主要收入就是从社员那里收购茭白，再卖给外地经销商所得。因为我们出产的茭白在全国范围内都是相对比较优质的，所以外地的客商都和我们签订了比较长期的供货合同。我们也已经在江苏等地的市场建立了办事处。

问：目前是否有盈余？如何分配？

答：一年合作社大概有 100 万元的盈余，分配的方式主要是通过社员在合作社的入股比例进行分红。但是就同我刚才所讲，我们的收购价就高于市场批发价，所以社员一年的收入是很可观的。

问：目前合作社运作过程中存在哪些主要问题？

答：就是土地的问题。和土管部门沟通不畅，农业部门是非常支持我们把合作社做大做强，但是由于土地的约束，我们目前已经有点后继乏力了。

问：合作社为社员带来了哪些好处？

答：由于社员都和我们签订了合同，我们负责收购产出的全部茭白，所以他们再也不用担心茭白卖不出去了，而且又实行统一指导、科学种植，茭白的产量都有 10% 以上的提高。

问：合作社给当地其他农户和产业发展带来了哪些好处？

答：从一开始的 10 名到现在的 105 名，正是其他农户看到了加入合作社的好处，所以大家的入社积极性都非常高。我们合作社成员由周围 5 个村的农户构成，他们根本不需要动员就主动申请入社。

和谐环境　更促发展

问：在创办过程中有否得到过政府等相关部门的支持？

答：我们非常感谢农业局，他们不仅帮我们改善种植技术、引进新品种，而且农户在种植过程中遇到虫害之类的问题，都是他们帮我们建立了很好的反馈机制，"农民信箱"也会定期寄资料给我们。

问：在发展过程中有否与村民、村委会、企业及其他部门发生过利益冲突？

答：没有，大家都是为了生活更加富足，都是比较和谐的。

问：你对目前合作社发展的外部环境满意吗？

答：现在市场已经很文明了，不像以前会有一些黑社会来强行收购。我们对目前的外部环境是感到满意的。

信心十足　把握机遇

问：对合作社未来发展有何目标和打算？

答：升级基础设施，扩大种植规模，加强与农技部门的合作，更换品种。我们要规范合作社的经营，争取能在全国范围打响我们的品牌。

问：您对合作社的未来发展有没有信心？依据何在？

答：我们肯定是有信心的。虽然土地的问题还没有最终解决，但是我相信只要我们好好发展，我们就一定有机会解决这些问题。我们的茭白产品也有竞争优势，市场的开放程度进一步加大，这些都是我们的机遇，我有信心我们可以更进一步。

做好沟通　摸准市场

问：何时当上社长的？是如何当上的？

答：2003年，在农业局的指导下，我们成立了合作社，由于我是最大的生产大户和贩销大户，所以我就当上了社长，并一直当到现在。

问：从您当社长的经历来看，您认为如何才能当好社长？

答：当好一个合作社的社长并不是很容易的事，首先要有沟通的能力，不仅是和农户之间的沟通，而且和政府部门的沟通也非常重要。再有就是闯市场的能力，要对市场的发展有所了解，及时对市场变化作出反应。

问：在办合作社的过程中，有什么让你记忆深刻的事？

答：就是在2009年，我们获得了"浙江省示范性农民合作社"的荣誉称号，这是我们感到非常荣耀的事，我们也从中获得了进一步的动力和信心。

访谈后记

　　105 名社员,1000 万元产值。这就是一个普普通通的农民专业合作社成立 6 年后递交的成绩单。从生产大户到合作社社长,汪江宁不仅让自己的事业更进了一步,而且在他的带动下打造出了带动一方经济、引领群众共同致富的产业。

只有合作　笋干才能卖个好价格

——浙江省安吉县桐坑诚信笋干合作社社长访谈录

■ 文/马洪恩

合作社简介

桐坑诚信笋干合作社,位于浙江省安吉县杭垓镇桐坑,成立于2005年。目前有社员109名,注册资金96万元。合作社主要经营笋干的加工制作,目前有"桐坑"牌扁尖加工基地(笋干加工厂)一处。成立以来,成绩斐然:2008年2月,被评为"2007年度安吉县县级先进农民专业合作社";2008年6月,被湖

州市人民政府授予"湖州市市级示范性农民专业合作社";2009年1月,被中共湖州市授予"湖州市市委1010典型示范工程十佳农民专业合作社"称号;2009年2月,通过生产许可(QS)考证;2009年,被评为"浙江省示范性农民专业合作社";2009年4月,获国家农业部无公害农产品证书。

社长名片

赵世忠,46岁,高中文化,中共党员,在合作社成立之前就是村里的笋干加工大户,同时也是村干部和农技人员。从合作社成立初期就担任社长至今,为合作社争得了无数的荣誉,同时,也使个人获得了诸多荣誉,如2008年获"安吉县带头致富人"称号,2009年获"杭垓镇优秀共产党员"称号。

社长感言

合作讲团结；做人讲品德；做事讲原则；办事讲效益；生意讲诚信。

访谈报告

2010年2月28日是元宵节，是个久违的大晴天，一扫新春以来连日的阴湿，显得格外喜气洋洋。在县供销社董科长的陪同下，我们驱车赶往杭垓镇的桐坑诚信笋干合作社。

杭垓镇位于安吉县的西部，东邻孝丰镇，南接报福镇，西北与安徽省的广德、宁国交界，地理位置很是偏僻，我们自己驾车也花了一个多小时才到。在县供销社的帮助下，几天前我们就已经与合作社的赵世忠社长约好了，我们到达时赵社长已等候多时。合作社的办公处是一座平房，简洁却不失大气。一边是办公场所，各科室都在里面，另一边是食堂，旺季时为职工提供餐饭。简单寒暄后，我们就开始了访谈。

恶性竞争农户受损　政府倡导办社

问：赵社长，您好！请问最开始是由谁发起创办这个合作社的呢？

答：是杭垓镇政府提出来的。

问：那当初怎么会想到在你们这儿办这个合作社呢？是你们这儿的笋干加工业特别发达，还是竹笋特别多呢，或是还有其他原因？

答：我们村加工笋干是有一段历史的，20世纪90年代初，村里农民收入不多，因此有些村民就加工笋干，就像反季节蔬菜一样，销往邻村邻县。当时因为只有几户人家在做这个，因此产量并不是很大，销售市场也只限于杭州等邻近几个地方。到90年代末的时候呢，产量已经很大了。销量增大了，主要原因就是因为产品好，供不应求。因此那时候全村做笋干，最多的时候有一百多户，加工总量达到万斤左右。市场呢，也从杭州扩展到嘉兴、上海、苏州、无锡、常熟、宁波、常州、温州……长江三角洲这一块基本上都有市场。不过呢，这个时候，虽然销量是增大了，但是品质呢，却没上去，那么就会出现什么问题呢，那就是原材料的竞争和销售渠道的恶性竞争，从而造成1999年我们村的笋干加工户大亏本。

大亏本之后，杭垓镇政府对我们村笋干加工十年，却最后出现恶性竞争的现象进行了深刻的反思，认为只有把我们村的笋干加工业做大做强，能够长期发展,才是解决问题的唯一途径。于是当时镇政府就提出成立一个笋干协会。

问：那这个笋干协会主要是做一些什么工作呢？

答：主要是召集大家商量,统一鲜笋的收购价格,统一笋干加工盐的进货渠道,统一纸箱包装。

问：统一纸箱包装是指统一品牌包装么？

答：不是,原来是村民自己包装,因此每包重量都不同,现在就是统一包装,统一每份的重量。这个时候呢,笋干协会主要起一个桥梁的作用。但是2003年的时候,受"非典"的影响,农户还是大亏本的。

问："非典"对笋干加工的影响有这么大么？

答：因为当时我们的笋干主要销往各个城市的农贸市场。那年,我们全村亏损大概有200万元吧。因此,当时的杭垓镇政府就在想怎么样才能让这个笋干协会发挥更大的作用,把桐坑笋干加工这一块完全组织起来、提档、升级,统一加工,统一品牌,统一销售。到2006年,因为环境、安全、卫生等问题极大地限制了桐坑笋干加工的发展,因此镇政府提议,在原来笋干协会的基础上成立一个笋干加工合作社。

问：就是以笋干合作社代替笋干协会？

答：是的。合作社初期的工作也就和协会差不多,就是起一个沟通作用。但是,合作社成立后我们算是真正的统一生产了,无论是品质还是数量都有很大提高。我们还申请了一个商标,就是"桐坑"。

问：那当初发动农户成立合作社的时候有没有遇到什么困难？

答：困难当然存在。最大的困难就是号召农民加入合作社。因为农民都是很实在的,他们只有看到实在的好处了才会认可你。

前进道路困难重重　志存高远风雨无阻

问：笋干加工厂是和合作社是一起建立起来的么？

答：不是。2007年,我们镇的党委书记来我们桐坑调研,商量如何提高我们笋干的档次,提高笋干加工的经济效益。商讨之后呢,就决定在笋干合作社的基础上再建一个笋干加工基地。为了建成这个笋干加工厂,前前后后召开了170多次会议,最后决定,以2004—2007年的笋干加工总量为基础,确定了加工厂的规模和总投资额,然后按照投资额吸收社员入股。这个加工厂2007年6月9日动工兴建,2008年3月4日建成。建设之中,我们成立了理事会和监事会，共 12 个人，理事会 5 个，监事会 7 个，是没有报酬的，完全是自愿无偿地来管理建设事务。

问：那建设的资金都是村民们自己掏的腰包么？

答：差不多。按照所占股份来（出钱建厂的）。

问：那政府有没有相关的扶持资金呢？

答：政府有一些奖金和扶持资金，还有一些项目对口资金扶持。

问：那这个加工厂建成后，对于你们的笋干加工产业有哪些显著的帮助和提升呢？

答：这个好处是很显著的。2008 年初建成投产，第一年生产量就突破 1500 吨，年产值达 1200 万元，创利 204 万元，年支付社员劳动报酬和职工工资 180 万元，二次返利 96 万元。

问：那真的是很可观啊！2009 年怎么样？

答：2009 年的时候，大亏损。原因呢有两个：一个是外部的大环境——金融危机，各行各业都受到了影响，我们虽然不是直接受冲击的，但是受间接冲击还是亏损很大的；另一个原因是，销售价格出现了大跌落，同样的产品，价格从年初的 11.4 元/公斤降到后来的 6.4 元/公斤。

问：那合作社的收入主要来自哪些渠道呢？

答：我们主要靠笋干的经营收入。

问：那合作社运行的资金除了自己经营所得之外，有没有外来资金，比如农村信用社、银行贷款之类的？

答：有的。像我们已经是省级示范性合作社了，县农业局每年会帮我们向上面申请资金，而我们自己如果有生产计划或扩建计划，也可以在之后向政府申请项目对口资金。另外，农村信用联社也给了我们大力的支持，2010 年还给我们 200 万元的贷款。

问：那政府投资一般占你们资产的多少呢？

答：政府虽有投资，但是所占比例还是很小的，一般是 10％～14％。

问：那你们的资金主要用在哪几个方面呢？

答：主要是原料的采购，像 2010 年光原料采购恐怕就要上千万元；再一个就是新设备的购买，还有就是新产品的开发。

问：那这几年开发了哪些新产品呢？

答：2007 年还只是单一的扁尖产品，到了 2008 年，我们开发了淡笋干 3 个系列，包括笋球、笋丝等，2009 年在 2008 年的基础上又增加了 2 个新的系列产品：清汁笋，还有个低盐淡笋干。

问：那这些新产品的开发都是你们自主开发的吗？

答：我们合作社有自己的产品研发人员，同时我们也有和高校合作，我们和浙江林学院合作。

问：刚刚说到你们有理事会和监事会，那这些理事会和监事会成员是怎么产生的呢？

答：理事会和监事会成员都是通过选举产生的。理事会负责合作社的日常事务，监事会只起监督作用。

问：那一般若是有什么重大决策，是走怎样一个流程呢？

答：我们是这样的，就是先由社员提出，再经理事会讨论，最后由社员大会投票决定。

问：那你们合作社目前设置了哪几个部门呢？

答：以合作社社长为法人代表，下面有一个办公室，一个生产科，一个销售科，一个财务科，一个化验室，一个仓管部。像我们新产品开发这块，有技术员。生产科负责原料收购和加工，销售科主管销售。

问：那这些管理人员是怎么产生的呢？

答：当初成立那些部门是通过社员大会讨论决定的，人员也是理事会决定的。

问：那他们的职责和报酬是怎么分配和决定的呢？

答：像生产科的，就主管原料收购和加工，成员的报酬和产品的合格率、出货率等挂钩。销售科主管销售，那成员的报酬就和销售价格、数量、退货率、回笼资金等挂钩。

问：那到目前为止，你们合作社开展了哪些活动呢？

答：我们的办公室人员参加过县里有关部门的培训，主要是有关政策方面的。我们的职工也有请成校的老师过来培训。

另外，为了推广我们的产品，我们也经常参加一些农产品展销会之类的活动,也有将产品作为政府礼品送给到安吉的投资人等,来打响我们的品牌,拓展市场。

问:在合作社的发展过程中遇到过哪些困难呢?

答:那就太多太多了。最大的一个困难,就是思想的不统一。这主要是因为有些农民思想观念的问题,只认眼前的利益,看不到长远的利益。像2009年申请生产许可(QS)考证,当初有些村民就不理解为什么要花大气力来申请这么个东西,我们做了很长时间的工作。现在通过 QS 考证了,很多好处也慢慢显现出来了。比方说,以前我们的产品只能进农贸市场,现在通过 QS 考证,我们也可以进入超市和专卖店。

问:不过,最后还是有这么多农户认同并加入啊。那请问,如果我加入合作社,能得到什么样的好处呢?

答:如果你是社员,那你可以去搞你自己的事情,比如打工什么的,笋干加工这块你可以完全放下,但是年底分红不会少你的,相当于人力解放了,社员可以来加工厂上班,也可以做自己的事。

展望未来形势严峻　献身事业无怨无悔

问:您认为影响你们合作社进一步发展的因素有哪些呢?

答:一个是人才的缺乏,另一个是产品的提档升级。任何一个产品都有它的生命周期,但是产品转型资金缺乏:无论是新设备的购买,还是市场的试探、试销,都需要大量资金。还有一个就是规章的执行力度不够。大家都是一个村的,有些时候不太好意思严格执行。

问:那么您希望得到政府哪些方面的帮助呢?

答:资金问题是我们合作社进一步发展的一个主要障碍。我们目前的发展资金一是来自我们经营所得,还有就是政府的项目扶助资金,资金数量太少。所以我就在想政府能不能在这方面政策有所倾斜,能够让合作社的资产作为贷款抵押。另外,县有关部门也多次举行相关的培训,像2008年的农产品经纪人培训,这很好。所以总的来说,还是一个"钱"字,一个"才"字啊!

问:基于此,您对2010年合作社发展有没有什么设想或规划呢?

答:有啊。一个规划,是政企分开。经营这块呢,在原始股不动的情况下,以投标的方式,让愿意经营的人自主经营,自负盈亏,每年向合作社上交一定的资金。合作社现有的所有软件、硬件,所有权归合作社,使用权和保管权归合作社部分愿意经营的社员所有。这样,把责、权、利清楚地区分开来。"政"这块呢,就专心弄明白国家对合作社的政策和上级主管部门的一些沟通,还有一些合作社和政府的一些大的联系。这个是我准备在 2010 实施的一个设想。

还有一个,就是销售人员的执行力不够,私自售卖的现象时有发生。因此准备 2010 年由社长承担全部经营风险,要是再有销售人员私自赚钱的,一经查处,开除社员身份,并将他的股份充公,要是有人举报有功,则可以把被查处者股份的一半作为奖励。这个……不严不行啊……(说起这个话题,赵社长也是连连叹气)。要是管理人员管理得好,手下没出这种事,那就可以领取一定奖励。

在产品转型方面呢,我准备 2010 年要使新产品的销售量占总产品的比例从 2009 年 5% 提升到 20%,3 年内使新产品的比例上升到 50%。

一上午,我们零零碎碎地聊了很多很多。在问及觉得自己做得最满意的事是什么的时候,赵社长很是谦虚地连说"没有没有",但随后接道,"走到今天这一步,满意的就是,我们合作社终于搞起来了",言语里,是掩饰不住的自豪。看得出来,对于合作社,赵社长真的是很上心的。当问道怎样才能做好一个合作社社长时,他顿了顿说道:"首先,各方面业务都要精通,特别是要懂经营,善管理;再一个就是,政策方面要熟悉。"语气里满是感慨。当我问他有没有什么"社长语录"之类的,说是要写在文章开头的,赵社长显得很不好意思,用纸笔草拟了一遍,才略有些害羞地说了出来:"合作讲团结;做人讲品德;做事讲原则;办事讲效益;生意讲诚信",一字一句,一句一顿,言为心声。

访谈结束后,我们在赵社长的带领下参观了笋干加工厂。宽大的厂房,整洁的工作间,无一不包含着赵社长的心血。厂房外,还有一些管道和水池,赵社长介绍这是最近建成的污水处理系统:一个是废水生化系统,废水通过这个系统后可以成为绿化用的灌溉用水;另一个是废水热处理系统,从中可以提取盐分并在此利用。虽然这两套系统都价格不菲,但是赵社长深知,要想获得可持续发展,环保是必须遵循的一条原则。途中,县供销社的董科长也和赵社长就合作社的发展问题进行了探讨。

访谈后记

　　在回来的路上,我感慨颇多。要想成立个农民合作社并不难,难的是把它做大做强。作为一个农民组织,它固然有它的先天优势:农民的勤劳和热情使它并不缺一时的生命力,反而能使它如春之田野,遍地开花。然而,"成也萧何,败也萧何",也正是农民,农民在经济上的劣势地位,使得合作社难以有固定的资金来源、坚实的经济基础;农民的务实和只贪图眼前利益,使得合作社探路的双眼被蒙蔽;农民淳朴的"关系"和"人情",使得合作社的规章制度无法切实实施,合作社前进步伐因此被牵绊。如何壮大合作社,需要我们更多的思索……

做精做大做强西瓜产业　争创一流品牌

——浙江省三门县沈园西瓜专业合作社社长访谈录

■ 文/田李静　郭红东

合作社简介

　　三门县沈园西瓜专业合作社成立于2005年5月,位于浙江省台州市三门县浬浦镇西里村。合作社由贩销大户沈定祥领办,22位社员共同出资入股,并注册"沈园"商标。经过4年的发展,合作社已成为一家集西瓜育苗、种植、营销和农资供应、信贷担保为一体的省级示范性农民专业合作社,同时该合作社还兼营西兰花、柑橘等蔬菜、水果的种植和销售业务。合作社现有社员102名,拥有省级无公害西瓜生产示范基地3280亩,社员种植西瓜面积8400亩,经合作社辐射带动西瓜面积达20000亩。合作社拥有钢质连栋大棚100亩,钢质单体大棚30亩,运输车辆11辆,建设西瓜交售点面积2000平方米,仓库800平方米。合作社在上海、武汉、无锡、宁德、温州、湖州、嘉兴等地农产品批发市场建立固定的西瓜销售网点,实现年产值超过1亿元,社员户均年收入在6万元以上。2008年,合作社被评为省级示范性农民专业合作社,2009年,在浙江省优质西甜瓜评选会上获得金奖。

社长名片

　　沈定祥,47岁,浬浦镇西里村村民。从19岁开始贩销农产品,后开始贩销西瓜,从2001年开始种植西瓜,到2005年承包土地达500多亩。是当地有名的"田老板",有很大影响力。被评为"全省优秀农产品贩销大户"和"台州市首届农技标兵"。

社长感言

农业现代化之路离不开农民专业合作社！

访谈报告

"根植贫瘠圆滚滚,酷暑练就赤红心。面对长刀对天笑,奉献甘甜济世人。"张志真在《西瓜吟》一诗中如是描述。西瓜堪称"瓜中之王",甘味多汁,清爽解渴,是盛夏佳果。2009 年 5 月 14 日下午,炎炎夏日,正值西瓜上市旺季。当我们来到沈园西瓜专业合作社时,沈定祥社长正在合作社的基地里忙前忙后。见到我们到来,他赶忙招呼合作社的工作人员拿出今天刚摘下的西瓜来招待我们,"甜,脆,口感真好!"我们赞不绝口。"那是当然,"沈定祥自豪地说,"我们沈园西瓜向来重视培育新品种,采用嫁接技术,西瓜品质相当好。"一席话之后,沈社长的话匣子就打开了。

从路边小卖到专业营销

三门县西瓜种植已有多年历史。2001 年,沈定祥在六敖承包 20 多亩土地种植大棚西瓜,当年获利 5 万元,之后他的土地承包面积越来越大,至 2005 年达 500 多亩,成为"田老板"。沈定祥的成功,带动了周边村民种植西瓜的热情,家家户户开始种植西瓜,农民收入也得到了较大的提高。

经过几年发展,单门独户小生产越来越无法适应竞争日趋激烈的市场,西瓜产业发展遇到瓶颈。在这样的背景下,2005 年,沈定祥在农业局局长张玉明的鼓励下,联合了 22 名种植户,于当年成立三门县第一个西瓜专业合作社——沈园西瓜专业合作社,完成从单门独户小生产到走规模品牌道路的蜕变。"水深游大鱼",合作社的种瓜规模年年扩大,延伸到宁波、江苏、海南等地,年销售额达 2500 万元,成为县里最大的西瓜专业合作社,并在全省率先采用西瓜嫁接苗技术,突破西瓜地"种一年,歇三年"传统种植方法的限制。

规范管理，为民服务

合作社成立后，沈定祥非常重视合作社的规范管理，"刚开始的时候，困难还是很多的"，沈定祥说道，"当时三门县还没有合作社，我们一切都是'摸着石头过河'，经常去临海考察学习，回来自己探索琢磨。"经过一段时间的运作，合作社的规章制度、组织结构越来越规范完善，社员人数也从 22 名发展到现在的 102 名。

合作社为社员主要提供以下几个方面的服务：

1. 提供育苗育种服务，统一西瓜生产流程。合作社为社员提供自行培育的嫁接西瓜苗，以低于市场价的方式出售给社员。合作社统一购买化肥等生产资料，并分配给社员，既降低了成本，也为统一西瓜品质奠定基础。此外，合作社还统一了西瓜育苗（种子选择、营养土的配制、播种、嫁接、苗期管理）、定植（整地作畦、施足基肥、盖膜）、田间管理（温湿度管理、肥水管理、植株调整、授粉、疏果）、采收（采收标准：一是计算果实从开花至成熟的天数，早熟西瓜一般为 30～35 天，早春气温偏低则成熟期延长 3～5 天，夏秋季气温成熟期提早 3～5 天；二是观察瓜的外形，成熟瓜能充分表现出该品种的特征，即果皮表面具有光泽，以手触摸感观到光滑，果脐稍向内凹陷，果柄基部略有收缩，果柄上的茸毛稀疏或脱落，坐果节位卷须枯萎二分之一以上，采收时要用剪刀，防止扭伤瓜蔓并留部分瓜柄），到包装（西瓜采收后应及时擦净瓜面，并严格分级包装。包装材料采用符合环保要求的瓦楞纸箱，包装箱上印有"沈园"牌商标，标明品名、等级、净重、采收日期、产地、单位名称、电话等）、运输和贮藏（轻装轻放。在常温库中贮存，应阴凉通风）整个生产过程的标准。

2. 积极探索高效耕作模式，提高经济效益。在农业部门的指导下，合作社利用自身条件积极进行高效种植模式的探索，目前已总结出四种产值超万元的"万元田"种植模式：(1)大棚蚕豆＋大棚西瓜(套种)模式：亩产值可达 11000 元，纯利润 6000 元。(2)大棚西瓜＋小青菜＋西兰花(轮作)模式：亩产值可达 12000 元，纯利润 6000 元。(3)大棚西瓜＋西兰花(轮作)模式：亩产值可达 11500 元，纯利润 6000 元。(4)大棚西瓜＋小青菜＋马铃薯(轮作)模式：亩产值可达 13500 元，纯利润 9000 元。

3. 改善服务设施，提高服务能力。沈园西瓜专业合作社为提高合作社服务功能，建立钢质连栋嫁接育苗基地 50 亩为社员提供优质苗种，购置运输车辆 11 辆,建设西瓜交售点 2000 平方米,仓库 800 平方米,大大地改善了服务条件,提高了种植和经营效益,增加了合作社的经营和服务功能。

4. 加强销售队伍建设,统一提供销售服务。合作社专门设立了销售小组,人员 13 人,13 名销售人员在国内 11 个大型农产品批发市场负责西瓜销售。合作社强大的营销能力减少了农户的市场风险,稳定了农户的心态。

5. 加强培训,提高社员的政治、业务素质。合作社建立了社员培训制度,要求社员认真学习科学发展观等重要理论,学习时事政治、农业政策法规、市场营销、生产技术等有关知识,拓展工作思路。每周坚持利用半天时间,进行政治或业务学习交流,每两周进行一次理事会成员学习交流;每季组织两次合作社全体成员的学习培训活动。如 2008 年 3 月 25 日,邀请江苏省无锡市农科院教授对社员做关于大棚西瓜肥水管理的培训。2008 年 9 月 16 日,邀请上海农科院陈教授对全体社员做关于大棚西瓜、甜瓜田间管理的培训。通过这些培训,提高了农民自我管理能力及对合作社的管理能力。

"我们还十分注重西瓜的品牌建设,"沈定祥告诉我们,"我们吃了太多这方面的亏了。其实我们三门的西瓜品质一向不错,只是以前不重视品牌,西瓜的档次上不去,价格自然上不去。所以合作社一成立,我们就注册了'沈园'商标,并建立'沈园'牌商标内部使用等相应的管理制度,以提高西瓜知名度和市场竞争力。"合作社根据产品特性和市场需求,进行统一分级和包装销售,建立产品等级制度,合作社生产的农产品全部通过品牌销售检验,产品畅销于江苏、武汉、上海、浙江等地区。

憧憬现代农业大展身手

经过多年运作,合作社取得了很多成绩。2007 年,合作社年产值 2428 多万元,社员比全县农民人均收入多 4 万余元。合作社共培育嫁接苗 310 万株,产值 232.5 万元,可节约大棚西瓜生产成本 900 多万元。合作社总结出的四种高效种植模式,亩产值都在万元以上,纯利润均超过 6000 元,这种种植模式为全县"万元田"建设作出重要贡献。

沈定祥也坦言,合作社在发展过程中,遇到过一些困难和障碍,主要是资金不足和人才匮乏。合作社贷款难的主要原因是:合作社是新生事物,成立时间短,自身积累有限,资产总规模小,特别是小型合作社,几乎没有可供抵押的不动产,贷款抵押担保难;农业是弱势产业,周期长、见效慢、收益低、风险较大;农村信用社贷款相对方便,但结算渠道不畅,各社贷款资金不平衡,而商业银行结算便利,但贷款准入门槛高,不管是合作社还是农户都很难取得贷款。资金的缺乏,限制了合作社的进一步发展。沈园西瓜专业合作社的解决办法是社员以个人名义向银行贷款,共同筹资。人才方面的困难主要是由于合作社管理人员自身文化素质不高,工作能力和管理水平有限,技术、信息层面低,难以捕捉当今日新月异的市场动态,容易导致经营决策的片面性、局限性,囿于合作社目前的现状,招聘高级人才的吸引力又不大,这成了合作社发展成长的瓶颈。

当问到合作社今后的规划时,沈定祥黝黑的脸上泛起了一抹笑容,眼神中满是憧憬:"我们正致力于投资500多万元兴建一个'农家乐',由合作社和大股东分别出资入股,成立股份制公司,计划将种植基地改造成一个旅游景点,发展效益农业,带动农民致富。"

"考虑到市场需求旺盛,我们还计划种植大棚西瓜9000亩、露地8000亩,以满足市场需求。我们希望进一步拓展市场,提升产品知名度。合作社目前主要在上海、武汉、无锡、宁德、温州、湖州、嘉兴等地农产品批发市场建立固定的西瓜销售网点。但销售方式单一,产品知名度也较低,影响合作社扩大销售额。因此,我们目前正在策划联合其他果蔬合作社,在三门设立水果连锁经营专卖店试点。成功后经验可以推广到全国。"

访谈后记

台州是我国农民专业合作社发展最好的地区之一,在优秀合作社辈出的地区,沈园西瓜专业合作社走出了一条独特的发展道路,率先发明了西瓜嫁接技术,解决了西瓜"种一年,歇三年"的传统矛盾,大大提高了合作社和瓜农的收益。该合作社的发展实践还告诉我们,合作社的营销能力、品牌建设能力十分重要,有好的带头人也是合作社进一步成长的关键因素。在合作社发展初期,政府需要转换职能,积极扶持新型合作社发展,帮助农民增产增收。

创全国名牌　打造"中国葡萄之乡"

——浙江省余姚市临山镇味香园葡萄专业合作社社长访谈录

■ 文/舒佳璐　陈骢颖　毛曙玭　李雯琦

合作社简介

　　余姚市临山镇味香园葡萄专业合作社,位于杭州湾南岸,它的前身为余姚市临山区兰海乡葡萄协会,成立于 1986 年,2003 年改组为农民专业合作社。合作社现有社员 155 名,社员股金达 50.66 万元。合作社拥有浙江省国际先进农业技术试验园、宁波市国外葡萄引进中心、余姚市葡萄研究所,并建立党支部、工会、培训

学校、检测中心、科普惠农服务中心等机构。合作社"味香园"牌葡萄被浙江省人民政府认定为浙江省名牌产品,2008 年又被认定为浙江省名牌农产品。

社长名片

　　沈如峰,高中文化,2009 年获得省人民政府"浙江省农业'创新、创业'十佳典范"的表彰。他已担任味香园葡萄专业合作社社长三年。任社长之前曾为合作社骨干成员、种植大户,个人葡萄园占地 250 多亩。日常工作中主要负责合作社对外宣传、采购农资、优秀品种引进以及贸易洽谈等。在他任期中,味香园葡

萄专业合作社迅速发展壮大，社员人数由登记之初的 30 名增至 155 名，仅 2009 年经营总收入高达 1858 万元，纯盈余 15.8 万元。

社长感言

多年来，我们在葡萄种植领域里坚持着自己的方向，执著耕耘凝聚心血，以实现满园飘香，展现"千年临山卫，江南葡萄沟"！

访谈报告

2010 年 2 月 10 日下午，浙江省余姚市一改前些天寒冷阴霾的天气，和风徐徐，颇有暖暖春日之感。在余姚市农林局合作社负责人林旭雯的陪同下，我们一行四人乘车，驶往临山镇味香园葡萄专业合作社。还未到合作社，我们便

已被临山镇上大片广袤的土地所震撼，从车窗望出去，漫无边际，虽然还没有被青翠欲滴的绿色所披覆，但田埂之间零星的绿意已昭示着生命的涌动。

车子转一个弯，眼前的景色更让我们惊叹了。路的两侧是绵延数百米的大棚，可以看到，冷冰冰的水管支架布满了藤蔓，或粗或细，支架下面则是绿色的蔬菜。林旭雯向我们解释道，周围所有这些都是葡萄大棚，由于目前是冬季，葡萄还未开始生长，现在地里种的是榨菜，这叫做套种，尽可能地利用土地资源，而且套种可以使土质中矿物质元素增加，肥沃土地。我们这才恍然大悟。

在那条观光走廊上行进了大约 500 米，我们来到了路的尽头，展现在我们眼前的是大气、颇具规模的办公楼，上面竖立着"味香园"三个大字。

陈正江副社长热情地接待了我们，先领着我们参观了社长办公室、财务室、社员培训中心等。之后我们被领进了二楼的会议室，我们刚坐下，沈如峰就出现了。他略含歉意地跟我们说："我要急着去宁波开会，真是对不住。你们有什么问题尽管问陈副社长，对于合作社的事啊，他很懂。"待沈社长离开后，我们向陈正江副社长说

明了我们的来意,开始正式的访谈。谈起合作社的创建与发展,陈副社长显得很激动,如数家珍般将往事缓缓道来……

从协会到合作社飞跃发展

味香园葡萄合作社的建立应该追溯到 20 世纪 80 年代中期,当时由临山镇农办牵头吸收了数十个农业生产大户和一些从事营销的企业一起成立了余姚市临山区兰海乡葡萄协会。进入 21 世纪以来,为了更好地进行统一规划、管理、生产和营销,合作社就在原有葡萄协会的基础上应运而生。合作社成立之初,并没有碰到什么大的问题,镇农办亲自帮助合作社办理审批手续,各种政策优惠也及时落实到了合作社。唯一的争执来自于社员对合作社的股权控制方面,但通过协商讨论投票的方式,问题最终也得到了圆满的解决。

合作社成立以后,通过资金入股的方式,共吸收了股金 50.66 万元。目前,合作社资金来源主要包括:① 成员出资;② 年度从盈余中提取的公积金、公益金;③ 未分配收益;④ 国家扶持补助资金;⑤ 他人捐款。合作社严格遵照《中华人民共和国农民专业合作社法》的规定,单个成员入股金额不超过总金额的 20%,最高入股者社长沈如峰入股金额为 10 万元。同时,合作社制定了规范章程,对社员的权利与义务都做了详细的规定。

合作社设有理事会、监事会、办公室、培训服务部、技术服务部、销售服务部、金融服务部、农资服务部、宣传服务部、葡萄研究所、科普阵地和菜苗基地等十多个部门。理事会、监事会成员也从最初的各 3 人发展到今天的 8 人和 5 人。合作社还从人才交流市场长期聘任一名职业会计及 3 名大学生,从事日常事务的管理。

财务管理方面,味香园实行独立的财务管理和会计核算制度,所有业务交易都实名记载于成员的个人账户中,作为按交易量进行可分配盈余返还分配的依据。非成员与本社有业务交易的,实行单独记账,分别核算。年度终算时,由理事长按照本章程规定,组织编制本年度业务报告、盈余分配方案、亏损处理方案以及财务会计报告,经监事会审核后,于成员大会召开 15 日前,置备于办公地点,供成员查阅并接受成员的咨询。

利润分配方面,合作社每年提取 25% 的盈余作为公积金,用于扩大生产经营、弥补亏损或者转为成员出资。提取 14% 的盈余作为公益金,用于成员的技术培训、合作社知识教育以及文化、福利事业和生活上的补助。剩余利润则都按股金和交易量返还给社员。

合作社发展到现在已经有社员155名,并且呈现继续扩大的趋势。2009年,合作社还申请成立了党支部,是宁波市内为数不多的建立党支部的农民专业合作社之一。对于申请入社的成员,合作社有自己的审核标准,种植面积要求在7亩以上。创办至今,味香园已经逐渐成长为远近闻名的集种植、销售、加工、旅游为一体的多产业集团。

创全国名牌,帮果农致富

合作社成立以后,就把"创全国名牌,帮果农致富"作为合作社建设的宗旨,为社员提供如下几个方面的服务:

1. 农机服务。合作社专门添置了农机设备,成立了服务专业队,帮助年老体弱的果农除虫防病。

2. 农资服务。为使果农及时低价买上种植葡萄使用的农药、化肥,合作社在市供销社的支持下,开设了农资超市,及时向果农提供优质的农药化肥,并由合作社聘用的大学生进行专门的使用指导,减少药害,提高了防治效果,让果农放心使用。

3. 技术信息服务。合作社聘请南京农业大学陶建敏教授为合作社顾问,并邀请省农科院、宁波万里学院及市农林局专家定期向果农传授葡萄栽培技术。截至2009年已开办了4期培训班,受训450人次,许多外乡镇、外县市的果农也踊跃参加。从4月中旬开始,合作社专门安排逢五逢十晚上进行集中的科技咨询活动,由被誉为"土专家"的合作社副社长干焕宜坐堂,当场解答果农提出的疑难问题,每次活动都座无虚席。

4. 设施服务。合作社从大棚面积增加的实际出发,鼓励果农安装葡萄滴灌设施,合作社予以适当补助,使每亩成本降至不到200元。

5. 销售服务。合作社拥有注册商标"味香园"。同时利用无公害标准化生产技术,葡萄设施栽培技术、葡萄套袋技术、无公害生产全程质量检测技术、蔬果技术、经济喷灌技术、测土配方技术、沃土改造等各项技术,进一步提高了临山葡萄质量的科技含量,从而进一步提高临山葡萄的市场竞争力。

为了减轻果农销售压力,合作社一是与黄岩罐头厂签订青葡萄产销协议,设立两个收购点,共销售青葡萄80万公斤;二是由合作社副社长陈正江负责,与杭州市萧山区、绍兴市农产品批发市场签约,至今已帮助社员销出产品200万公斤;三是内部调剂,利用江南葡萄庄园、"味香园"观光园等采摘窗口,帮助农户销售,解决了果农销售难的后顾之忧。

在打造合作社品牌方面,一方面合作社注册了"味香园"商标,同时通过各项技术,进一步提高临山葡萄质量;另一方面通过创办味香园合作社网站和报纸,积极参加各种农业产品展览会和各种认证,不断提高"味香园"的知名度。

"味香园"牌葡萄在2003年底通过农业部农产品安全中心无公害农产品认证;同年11月通过宁波市绿色农产品和浙江省绿色农产品认证。2004年在宁波市优质名牌葡萄评比中,合作社选送产品中有"贵妃玫瑰"等四个品种获金奖,七个品种获银奖;2005年9月"味香园"牌葡萄被宁波市人民政府定为宁波市名牌产品;2006年8月合作社选送的欧亚种系列葡萄产品获宁波市"十大名果"的称号,"美人指"葡萄被评为浙江省精品水果金奖;2007年"味香园"牌葡萄被浙江省人民政府认定为浙江省名牌产品。2008年又被认定为浙江省名牌农产品。味香园合作社也因此获得浙江省"模范集体"、"科普惠农兴村计划项目先进单位"等荣誉。

随着临山葡萄知名度的提高,也引来了四方游客。七月中旬以来,江苏、南京、上海、杭州、宁波等多家旅行社组团来"味香园"观光基地采摘葡萄。

办 社 体 会

提及办社体会沈社长感慨颇深:看着味香园葡萄合作社由开始的规模成长到现在这样一个状态实在是令人欣慰。这些年我作为合作社社长,管理经营合作社最大的心得有以下三点:

一是我觉得农村合作社的成长离不开政府方面的帮助。无论是在政策方面的倾斜还是在合作社开展活动方面提供的帮助。

二是创新科技意识对一个合作社发展壮大的重要意义。我们合作社主张用工商管理的理念来经营农业,引导农民走产业化道路,实现农田标准化生产。在种植管理方面,我们通过邀请各类专家教授前来指导,以做讲座的方式向我们的会员提供最科学最实用的资讯。我们还推广果农无公害标准化生产技术，各种先进的生产技术的推广和应用，进一步提高了临山葡萄的质量和科技含量，进一步提高了临山葡萄的市场竞争力。而且我也意识到宣传工作对于销售葡萄的重要性，于是我积极鼓励合作社参加各种具有宣传意义的展览和活动，也举办了具有我们自己特色的报刊和文化节，这对于拓宽市场和增强我们社员的信心有很大帮助。

　　三是社员之间的团结和相互信任。我们社自创办以来也遇到过很多麻烦，但俗话说得好，"众人拾柴火焰高"，只要我们的社员心往一处想，劲往一处使，就没有过不去的坎。我们的合作社社员之间如同兄弟姐妹一样，一起学习，一起劳动，一起为共同目标而奋斗。我总认为团结才是最重要的，所以作为社长，加强社员之间的感情培养和情感交流是非常重要的。

访谈后记

　　在大市场与小农户的夹缝中，合作社真能这么游刃有余，开拓一条中国农村发展的新途径吗？为此，陈社长耐心地向我们一一讲述临山葡萄的发展优势，也消除了我们内心的担忧。是啊，依托传统的资源优势，抓住市场的契机，重视科研开发的投入以及基础配套设施的日益完善，味香园已经在打造"中国葡萄之乡"的路上迈出了自己坚实的脚步，而同样，中国大地上又有多少的"味香园"在茁壮成长呢？我们仿佛看到了中国合作社发展的光明前景！

草莓屯里草莓香

——山东省滕州市丰香草莓专业合作社社长访谈

■ 文/秦真森

合作社简介

丰香草莓专业合作社位于山东省滕州市姜屯镇。其地理位置十分优越,位于鲁南地区,西邻微山湖,东枕抱犊崮,北依泰山,南连苏北,京沪铁路、京福高速公路纵贯南北,交通十分便利。滕州市丰香草莓专业合作社由陈永强、张志权等9人发起,于2008年4月召开成立大会,并于2008年6月30日通过工商注册登记,成员出资总额20万元。合作社主要进行草莓的销售,同时组织农资采购,为社员引进草莓新品种、种植新技术,组织社员开展草莓种植技术培训、技术交流和咨询服务。合作社成立一年多来,销售情况良好,2009年销售额达到230万元。合作社成立至今并未吸纳更多的社员,依然为成立之初的9名,但是带动周边草莓种植户240余户。合作社成立后入选了国家"千社千品"富农工程。

社长名片

陈永强,男,46岁,中共党员,大专文化,担任社长2年,同时兼任合作社党委书记,富颜花木协会秘书长。成立丰香草莓专业合作社之前为姜屯供销社法人代表,曾经办过马铃薯专业合作社。所获个人荣誉包括:枣庄人事局"先进个人"、枣庄市"供销合作社先进个人"、滕州市市政府记"三等功"、滕州市"供销合作社先进个人"等。

社长感言

增加农民收入是我创办合作社最大的目的!

访谈报告

访谈是在虎年春节过后进行的,在此之前我联系了社长陈永强先生。起初,陈社长拒绝了我的访谈,他说:"合作社刚刚起步,没有形成规模,目前还没有盈余，合作社可能支付不出访谈费用。"之后，我耐心地向他介绍，这是国家科研课题，有科研基金，不需要合作社支付任何费用。再次确认之后，陈社长才同意访谈，但不希望我们对访谈内容进行录音。以下是访谈内容。

合作社成立

问：丰香草莓专业合作社当初是由谁发起创办的？

答：合作社是由我发起创办的，我联合了村主任，还有几个专业大户一起创办了这个丰香草莓合作社。

问：当初怎么想到要办合作社呢？

答：一方面是因为草莓种植是姜屯镇的"名牌农业"，在合作社成立之前我们这儿种植草莓就已经有些历史了，我家里种草莓10多年了。另一方面，2007年7月1日《中华人民共和国农民专业合作社法》正式实施以后，我认为机会来了，如果合作社成立，我们可以很方便地给农民提供各种信息，也可以形成规模，创造规模效益，增加农民收入，也能够为政府分忧。

问：为什么认为《中华人民共和国农民专业合作社法》实施之后机会就来了呢？

答：（陈社长笑了笑）这和我的人生经历有关，我之前是供销社的法人代表，也办过一个马铃薯的合作社，现在还是一个花卉协会的秘书长。因此，我对专业合作社还是很了解的。我觉得这个法律的出台代表了国家对合作社地位的承认，也代表政府下一步很可能会鼓励、引导创办农民专业合作社。基于这几点，我觉得机会来了。

成 长 历 程

问：当初是如何创办起来？有哪些方面的困难？

答：当初我是先联合了村主任，又去找了几个专业大户，我们商定之后共同学习新颁布的《中华人民共和国农民专业合作社法》。在创办时遇到了很多或大或小的困难，主要有土地整合困难、标准化种植困难和农民思想转变困难。

问：您能详细地说说这些困难么？这些困难又是怎么解决的？

答：拿土地整合来说，农民都是小规模的种植，一家一小块地，很多农民不愿意流转出去。最后，我们只好请镇政府土地流转中心协调。至于标准化种植，我们主要是通过网络学习一些资料，然后对农民进行种植培训，从品种改良、土壤脱毒、保鲜包装、树立品牌四个方面入手，实行无公害标准化栽培技术和管理规程，开发绿色草莓精品，推进草莓产业化经营，促进农民增产增收。当然，我们还请了专门的技术人员，是农业院校毕业的大学生。另外，很多当地农民不了解合作社是什么组织，也不清楚加入合作社有哪些好处，不愿加入合作社，甚至不相信我们介绍的种植草莓的技术、程序，还是依照传统的种植方式。于是我们组织人员到山东荣成的草莓基地参观、学习，让他们了解到草莓种植的先进技术和理念，了解到加入我们合作社可以带来哪些好处，慢慢地转变他们的思想。

问：创办以后，合作社是如何一步步从小到大成长起来的？

答：合作社 2008 年才算成立，现在看来是刚成立不久，谈不上成长起来了。

问：成立后遇到了哪些困难？是如何解决的？

答：主要是一些农户不按照我们的要求去种植，还是按照原来的种植方式去种植，自己偷偷使用农药，这样导致产品不符合质检标准，最终产品不能够通过我们的销售渠道卖出去。我们只好不断地宣传，只有按照我们给定的种植程序、种植方式才能够使产品达标，才能够通过我们的渠道卖出个好价钱。当然，2009 年我们是派出专门人员进行监督，以防这种情况的发生。

按章程办事

问：合作社目前设置了哪几个业务部门？各自的职责是什么？人员是怎样聘任的？报酬如何支付？

答：我们合作社的机构设置及其职责以及人员聘任、报酬支付等，都是按照我们合作社章程来的。由于目前我们合作社刚起步，社员还较少，合作社目前设有理事会、监事会。理事会由社员大会选举产生，实行集体领导，分工负责，民主集中制。当然，我们还聘请了专门的技术人员、财务人员，不过并没有单独设立技术部门和财务部门。至于各个部门的具体职责，合作社章程里都有写到，不再具体讲了。目前，我们理事长、监事都没有工资，至于特聘人员的工资是在赢利的基础上给予他们一定提成。

问：合作社如何进行日常管理及重大决策制定？

答：我们合作社有章程，一切事务按照章程进行，有制度就要按照制度执行。一般重大决策是由成员大会商讨决定，我们现在社员较少，这个比较容易办到。

问：合作社的收入来源有哪些？是否有盈余？盈余如何分配？

答：目前合作社收入主要来自于产品的销售收入。不过合作社目前无盈余，销售收入都返还给社员了。

问：目前合作社主要开展了哪些活动？哪些活动不太理想？

答：合作社的主要活动还是邀请专家对当地农民进行培训，学习科学的种植技术，养成良好的种植思路。还有就是组织社员到外地参观、学习。但是到外地参观学习的效果不太好，没有达到预期的目的。

问：为什么没有达到预期目的呢？

答：主要是外地的一些技术、环境和我们当地不太一样，政府的政策、农民的素质也有很大不同，因此，外地的一些经验只能借鉴吸收，另外，一些关键技术人家也不愿意透露。

问：目前合作社运作过程中主要有哪些问题？

答：主要的困难、问题包括以下几个方面：一是资金困难。在信用社贷款很难，手续烦琐，耗时很多，最后还不一定能够申请下来；另一方面，政府目前还没有专门面对合作社的贷款融资政策。二是我们的销售能力还不是很强，我们质量好的草莓送到超市，有一部分送到批发市场，还有一部分送到一些加工企业，加工成果汁、罐头等。

社 会 效 益

问：合作社给社员带来了哪些好处？

答：社员能够获得我们的技术支持和参加培训。当然，最终形成的规模效益，加上我们的管理措施、销售措施，会使得我们的社员收入能够有很大提高。我们社员的收入普遍比入社之前提高了10％以上。

问：合作社对当地其他农户和产业发展带来哪些好处？

答：合作社对当地其他农户的影响是多方面的。一方面，我们合作社在优先销售出社员产品之后，如果市场有需求，部分符合我们合作社标准的产品，可以通过我们的销售网络将其销售出去。目前我们带动了附近6个村庄的240余户村民。当然，我们必须看到，大部分没有入社社员的产品不能够通过我们的销售渠道进入一些中高端市场,不能获得高价。另一方面,我们合作社起着一种模范作用,会让农民意识到加入合作社的好处,这样会有更多的人加入到不同种类的合作社。至于对当地产业的发展,没有什么大的影响。如果说有什么影响的话,那就是当地的一些超市能够较为方便快捷地获得高品质的新鲜草莓。

外 部 环 境

问:在创办过程中有否得到当地政府等相关部门的支持?您最希望得到哪些方面的支持?

答:目前来看,政府只是起引导作用,合作社并没有获得当地政府的实质性支持。我最希望政府给予一定的资金扶持和土地流转方面的支持。

问:如果政府给予合作社相关培训,您会参加么?

答:如果政府给予合作社相关培训,我肯定会积极参加。毕竟合作社刚刚起步,还有很多需要学习、需要改进的地方。

问:合作社在发展过程中是否有与村民、村委会、企业及其他部门发生过利益冲突?

答:目前来看,没有发生过任何利益冲突,我们合作一直很融洽。我们村委会主任是合作社的经理。

问:您对目前合作社发展的外部环境满意吗?

答:满意。目前草莓市场较好,我们没有任何库存。同时,当地政府也开始关注合作社的发展。整体来说,目前是合作社发展的一个机遇期。

远 景 展 望

问:合作社未来发展有何打算和目标?

答:合作社未来3～5年的目标是:2010年进一步扩大草莓种植规模,形成规模化生产。在此基础上,2011年,准备建设标准化基地,主要是控制农民用药,提高产品的质检标准,努力争取使部分基地达到国家级标准,进行绿色认证,这个目标的实现需要一个过程,可能需要1～2年的时间。其后,主要进行销售网络的扩展。最近我走访了北京、上海的一些超市和加工企业,或许我们能在2013年打入这些大城市,打入高端市场。当然,我们还会建设一个大的冷藏库,这样才能够更好地"走出去"。还有,我们会申请自己的商标,进行自己的产品包装,打造自己的品牌。我们现在使用的"古滕缘"商标是我们整个镇的农户都在使用的,这不利于我们自己品牌的宣传。

问:影响合作社进一步发展壮大的因素有哪些?

答:主要限制因素还是土地流转方面,这限制了草莓种植规模的扩大。当然,资金也是一大限制。融资的困难我在上面的谈话中也提到了。

问:您对合作社未来发展有无信心?依据何在?

答:非常有信心。首先,草莓市场的前景非常好,我们现在的品种也很多,我们的技术人员还在研制新的品种。我们还尝试进行了草莓种植的观光,还有与花卉协会进行合作,开发了很多草莓的盆景栽培。这都可能成为以后的经济增收点。其次,我相信随着土地流转加快,农民思想的转变,加上政府的支持,合作社会有很好的发展。

办 社 感 言

问:您是怎样当上社长的,还打算继续做下去么?

答:合作社成立时,社员选举我做了合作社理事长,到现在还没有进行换届。等我任期到了之后,我还是希望继续做下去。我以前在马铃薯合作社干过,有相关经验。我做社长,可以继续带动附近的农户,使附近的农民增产增收。

问:担任社长之前您做过哪些工作?这些经历对您做好社长有哪些帮助?

答:我做了二十多年的供销社的法人代表,还曾经创立了一个马铃薯合作社,后来把它转让出去了。当然,我现在还是富颜花卉合作社的秘书长。这些经历给我带来了很多宝贵的经验,一方面让我熟悉了合作社的相关事宜,另一方面,我有了丰富的本土管理经验,让我在处理与当地政府、企业、农民的关系时候省力不少。

问:您平时是如何管理合作社的?在这些管理过程中哪些事情让您最操心?

答:我们合作社的重大事务一般是组织召开社员大会,按照章程办事。在管理过程中,最让我操心的是日常联系,比如育苗期,我们必须根据天气变化及时通知农民该做什么,如果不能及时作出调整就会带来很大问题。只有这样做了,我们才能种出符合我们标准的草莓,才能够放心地销售出去。

问：作为社长，您对合作社发展的总体情况是否满意？有哪些不满意的地方？

答：总体上是比较满意的。我们的农户总会积极配合我们的工作，我们通知什么，他们就做什么。我们合作社的发展步伐还是比较慢，这是我不太满意的地方，我想这主要是由于村民思想转变慢的原因吧。

问：从您当社长的经历来看，您认为如何才能当好社长，创办好合作社？

答：一句话，能够增加农民收入是我创办合作社的最大目的，也是我当社长的最大愿望。只有这样，才能够当好一个社长。办好合作社关键在于是否适应当地环境，如果适应了当地环境，努力提高当地农民觉悟，利用各家的土地、资产等各种资源，形成合力，就会提高市场竞争力，增加农民收入，这样合作社才能够很好地发展。

问：在办合作社的过程中，您有哪些难忘的酸、甜、苦、辣的事？能举几个例子吗？

答：主要还是合作社组建时的苦难吧，那个时候一家一户地去做工作，很多人不理解，我只能慢慢地给他们讲解相关知识。

问：那您当时有没有想过放弃呢？

答：放弃的想法倒是没有，毕竟我有过创办马铃薯合作社的经历。我想只要坚持下去就没有办不成的。

访谈后记

合作社刚刚成立，目前社员人数较少，种植规模较小，处于起步阶段。但是，社长对合作社的发展有着较为清晰的规划，这得益于其丰富的人生经历，这对合作社未来的发展起着积极的影响。合作社社长曾经很长时间工作于供销合作社，合作社的总经理为村主任，这使得合作社有着良好的群众基础。草莓种植是姜屯镇的"名牌农业"，这使得合作社有着良好的种植基础和规模基础。合作社如果能够抓住有利的条件，利用土地流转的相关政策和当前政府支持合作社发展这一大好形势，那么合作社做大做强，成为明日之星，完全是有可能的。

一夜春风带雨来　千树万树梨花开

——浙江省桐庐县钟山蜜梨专业合作社社长访谈录

■ 文/郭红东

合作社简介

　　浙江省桐庐县钟山蜜梨专业合作社于 2002 年 9 月成立,注册资金 39 万元,拥有占地 10 余亩,条件一流的办公和生产经营场所,其中办公楼、仓储、室内蜜梨市场等设施的建筑总面积超过 3000 平方米,室外批发销售场地 6000 余平方米,有库容超过 500 立方米大规模冷库以及蜜梨自动分级机、果袋加工流水线、高压植保机具等先进

农机具,固定资产超过 160 万元。社员从当初的 10 名发起人发展到现在的 104 名,带动了 2 个乡镇、20 个行政村 687 户农户,紧密联结优质蜜梨生产基地 9200 余亩。已先后获得省市县各级"示范性农民专业合作社"以及"杭州市十佳农村专业合作经济组织"称号,2007 年还被列入浙江省"强龙兴

农示范工程"百家示范性农民专业合作社重点建设名录。合作社声名远扬:日本东京农工大学、日本经济新闻社、泰国农业和合作社部以及国内中西部地区、周边县(市、区)等纷纷组团前来考察取经和采访报道。

社长名片

　　陈新照,47 岁,高中文化,是蜜梨的种植大户和销售大户,曾担任村委员会主任。自从合作社创办起来后一直担任社长。始终坚持"创一流品牌、争一席市场、富一方百姓"的办社宗旨,在各级政府和有关部门的大力支

持下,带领全体社员团结一致、艰苦创业,使合作社从小到大,由弱到强,成长为一家集蜜梨生产、管理、技术服务、收购、贮藏保鲜和包装销售为一体的实力型示范性农民专业合作社。

社长感言

办合作社不是为了个人致富,而是为了大家富!

访谈报告

在桐庐县钟山乡大市村,这里地处大山深处,方圆几十里,几乎家家户户都种蜜梨。花开季节,满山遍野的梨花竞相吐蕊斗妍,暗香浮动,玉树琼花,如皑皑白雪,似渺渺轻烟。收获季节,硕大的果实压满枝头,这里成为客商云集之地,车流将已名声在外的钟山蜜梨运到四面八方。蜜梨让大山里的农民过上了城里人一样和谐幸福的生活:崭新的洋楼、宽阔的村道、明亮的路灯、健身休闲场所一应俱全。这一切变化要归功于当地蜜梨产业的领头羊——桐庐钟山蜜梨专业合作社。为了全面了解合作社的发展情况,在桐庐县农办产业化办公室吴国荣主任的陪同下,2009 年 8 月 20 日我们对陈新照社长进行了访谈,在此基础上形成了访谈报告。

顺应民意,联合建社闯市场

蜜梨生产是桐庐水果产业化发展中的特色优势产业,全县蜜梨整体生产规模、效益均居全省前列,并被列为浙江省特色优势产业区。合作社地处全县栽培面积最大,素有"蜜梨之乡"称号的钟山乡,该乡在 20 世纪 80 年代就开始发展以黄花为主的蜜梨,90 年代后期大力发展以翠冠为主的优质早熟蜜梨,经过几年发展,目前有连片种植的蜜梨近万亩,是杭州地区最大的优质蜜梨生产基地,加上周边横村、瑶琳、莪山等乡镇种植的 5000 余亩,区域性生产面积占了全县的 50%。然而,这个蜜梨主产区早在 2002 年之前,并没有一个有序的组织,每逢销售旺季,大批分散经营的梨农面对外来水果运销贩子的肆意压级压价,一筹莫展,往往是优质不优价,增产不增收,梨农的积极性受到严重挫伤,桐庐的蜜梨产业发展因此遇到了残酷的市场瓶颈问题。

对此,县、乡二级政府高度重视,在多次深入开展调查研究的基础上,提出要顺应新形势建立农民专业合作社的意见和思路。在农业部门的指导下,以钟山乡的蜜梨重点专业村——大市村为基础,以当地的蜜梨种植和营销大户为核心,由种植大户陈新照牵头组建了桐庐钟山蜜梨专业合作社。在自愿的基础上,将一家一户分散生产经营的梨农组织起来,形成合力,从小市场挤入大市场,从而使梨农的蜜梨生产和销售步入了有序的轨道,桐庐的蜜梨产业也得到空前的发展。

合作社成立之初,为了真正兑现"统一收购、统一包装、统一销售",确保收购的梨能够销售出去,理事会组织 20 多人到杭州市果品市场开展免费品尝促销宣传活动,并在批发市场逐渐站稳了脚跟。合作社因势利导,从提升产品质量入手,迅速打开了市场。随着合作社经营正常化以及服务能力的提升,社员对合作社的归属感、向心力得到加强,越来越多的梨农主动向合作社靠拢,社员也由建社之初的 10 户发展到 104 户,他们通过合作社实现了"信息灵、渠道畅、售价高、收入增",尝到了合作社给他们带来的实惠。2006年,合作社实现销售 5160 吨,产值 1399.1 万元,盈余 196.2 万元;因价格提高,合作社增收达 128 万元;社员在购买合作社提供的农资时享受进价优惠,单价比同期市场低 10％;按照章程规定,合作社实行二次返利,2006 年返利高达 58.8 万元,据测算,2006 年社员人均增收在 1.7 万元以上,比种植农作物每亩增收 1800 元以上。2009 年合作社经营业绩再上台阶,通过各种渠道销售蜜梨的产值达到 1500 万元,社员销售的蜜梨平均价格达到每公斤3.40 元,高于周边地区的 1.40 元,仅此一项,合作社新增收入近 500 万元,获得了更加可观的效益。在合作社的带动下,钟山乡蜜梨平均单产达到1300 公斤,亩产值 4000 元,户均纯收入达 4 万余元。合作社已成为万亩优质蜜梨基地发展的助推器,已与当地蜜梨产业的发展紧紧地融合在一起。正因为如此,合作社才有了快速的发展,并蕴涵强劲的发展潜力。

依法治社,规范运营促发展

一是实行制度立社,规范运作机制。按照"合法组建、机构完整、有效监督"要求,合作社起初由 10 名骨干社员发起入股,2004 年 7 月经工商注册,取得了合作社营业执照。2005 年,按照省、市对合作社规范化建设的要求,对股金设置进行了调整,其余 104 户社员由原先的交社员费改为持股,使合作社与社员之间的经济联系更为紧密。合作社通过社员大会选举蜜梨种植、营销大户陈新照同志为理事长,同时严格执行省、市、县关于合作社的运作要求和合作社的章程规定,建立了完整的运行、监督机构:① 社员(代表)

大会。决定合作社的重大决策,审议年度社务、财务,确保每年活动不少于两次。建立社员代表议事制度,对日常生产经营事务进行集体决策。② 理事会、监事会。理事会负责日常生产经营管理事务,监事会严格执行监督制度,实行社务、财务公开。仅 2006 年就召开了 8 次理事会议和 6 次监事会议。③ 生产经营机构。合作社有专门的办公场所,并设置了财务、生产、技术服务等部门,制定了各部门规章制度,并上墙张贴,明确职责,接受监督。

合作社还建立了完善的内部管理制度:① 合作社章程。明确规定了社员、理事会、监事会的权利和义务。② 利益分配机制。与社员签订购销合同,以优惠价收购,年终对社员实行二次返利,2006 年共计返还 58.8 万元。③ 支撑发展机制。扩大服务范围,吸引周边梨农,同时努力开拓市场,谋求更大的发展空间。④ 利益保护机制。协调市场售价、规范市场行为,维护社员的合法权益,有效遏止了同行恶性竞争的行为。

合作社还坚持"民办、民管、民受益"的原则,实行自主经营、自我服务、独立核算、自负盈亏。有独立的财务核算体系和经营管理体系;以优惠价收购社员生产的蜜梨,由合作社统一包装、贮藏和销售,并为果农做好产前、产中、产后服务;年终根据经营状况向社员实行二次分配;经营管理上,在继续坚持互助、合作的同时,导入了风险分摊、利益分配等市场经济机制。

二是推行科技兴社,提高标准化生产水平。在省、市、县农业部门的大力支持下,合作社积极筹措资金,组织蜜梨生产核心示范基地基础设施建设,大力推广蜜梨标准化生产技术,统一生产技术规程和果品质量标准。不断提高生产标准,主动适应市场需求。2002 年起,合作社全面推广无公害标准化生产,同年通过省级无公害蜜梨基地认定,2004 年通过国家级无公害农产品认证。2006 年又开展了绿色食品生产技术的实施和申请认证,目前已通过了绿色食品 A 级认证。2007 年,合作社又开展了有机蜜梨的生产试点,因此出品的高档蜜梨不仅价格高,而且供不应求,明年计划进一步扩大规模,并开展有机食品认证工作。目前基地内已全部采用专用果袋、农家肥和生物农药、频振式杀虫灯等先进的生产管理技术和设备,加强基地生产的全程管理,严格控制化肥、农药的使用,实行可追溯管理,提高蜜梨品质和食用安全性;同时加强蜜梨包装更新工作,严格产品分级包装程序,提高产品的质量和品位。

在技术培训服务上,通过"请进来"与"走出去"相结合,常年聘请农技专家任合作社技术指导,经常邀请县内外有关专家来基地内授课与实地指导,选派技术人员和种植大户到县、市参加有关培训,组织社员外出参观学习,确保每个社员均受到系统的标准化生产技术培训。仅 2006 年合作社就举办各类培训 4 次计 230 人次,大力推广疏果套袋、增施有机肥、规范化修剪、无害化病虫害综合防治等标准化技术,制订标准化生产模式图,印发相关技术资料 450 份,指派技术人员深入农户和田间地头,及时解决生产中的各种技术问题。2005 年开始,合作社引进推广两次套袋技术,生产高档绿皮翠冠,使销售价格提高了 1.5 倍。

在农资供应和蜜梨销售方面,合作社专门设立了农资供应门市部,发挥集中采购的价格优势,向社员提供质优价廉的果树专用肥、农药、农膜等生产资料,仅此一项每年可节约成本在 10 万元左右。筹资建立了 6000 余平方米的蜜梨市场和 500 立方米的保鲜冷库,提高了蜜梨的加工贮藏能力,增强了销售调蓄能力,一方面较好地缓解了销售压力,另一方面蜜梨经贮藏后于春节前后上市,显著提高了产品的附加值,2006 年合作社贮藏黄花梨 100 吨,春节上市后价格翻了近一番,取得了很好的经济效益。

三是加强营销宣传,破解市场难题。随着 9200 亩蜜梨的陆续投产和进入盛产期,每年的产量都在大幅上升,加上蜜梨上市时间集中,销售压力很大,合作社管理层始终保持清醒的头脑,通过多方努力,积极开拓市场,尽力做好蜜梨的销售文章。一是打造声势,加大宣传力度。将蜜梨产业与旅游联姻,在县乡二级政府的大力支持下,两年一届的"蜜梨节"已连续举办了三届,通过电视台、报刊等新闻媒体的宣传报道,已有一定的知名度,特别是 2006 年"桐庐钟山蜜梨节"作为休博会重要活动之一,更是引人注目,"蜜梨之乡"的金名片使各地游客慕名而来,为当地以及合作社带来了商机。每年蜜梨上市季节,合作社还适时推出"采摘游"农家乐项目,以游促销。2006 年合作社还建立了自己的网站,通过网络吆喝钟山蜜梨,建立了电子商务平台。二是主动出击,积极开拓市场。按照"主攻批发市场和大型超市,开发集团消费,积极联姻旅游和加工"的销售战略,使合作社在蜜梨市场的开拓方面赢得了主动:通过开展免费品尝等促销活动,在杭州、义乌等周边城市果品批发市场上钟山蜜梨销售火爆;2006 年,钟山蜜梨摆上了"好又多"超市各门店的柜台,明显的品质优势使超市蜜梨柜台营业额明显增长,2009 年蜜梨上市前,合作社又与世纪联华等大型超市进行了广泛的接触;通过多年的营销宣传,企业集团消费成为合作社销售的主渠道,钟山蜜梨成为馈赠佳品;"采摘游"火了当地农家乐,也带来了可观的客源;与县内蜜饯加工企业的合作取得成功,企业订购的 1 万公斤蜜梨已按合同要求放入冷库保鲜,梨脯产品也已研发成功,产品上市以后,2010 年的蜜梨销量将更大。三是诚信立业,赢得客商信赖。合作社在诚信上下工夫,强化销售服务。在基地设立接待站,24 小时专人值班,让客商有地方住,有饭吃,有水喝,确保客商人、货、资金安全。凡在蜜梨销售过程中的有关问题均由合作社出面协调解决。对销售的蜜梨全部经分级机分级处理,确保果品品质,既保证客商收到高质量的蜜梨,又切实维护社员的利益。这些举措不仅赢得了客商的信赖,也赢得了长久的市场。四是调整策略,出台激励机制。在蜜梨成熟前,我社根据蜜梨质量的高低,制定销售等级。同时,根据客商的收购数量和等级,确定社员的销售价格,社员按合作社提供的计划交售蜜梨。又培育营销队伍,出台激励政策,采取合作社统一分级包装后确定出库价,营销人员对外销售产生的差价归己,此举大大促进了营销人员的销售积极性,蜜梨销量大幅度提高。通过合作社全方位立体化销售服务,最大限度地解决了销售难题,提高了农民进入市场的组织化程度,产生的效果明显。2009 年通过合作社统一包装销售的精品蜜梨每公斤售价在 8 元左右,比市场平均价高出 6.5 元,社员不仅不愁销路,反而还获得了较高的收益。合作社也因此得到较好的经济效益和社会效益,实力增强,活力增加。

创新创业,聚精会神谋发展

合作社创新思路,静下心来,聚精会神搞好生产和经营管理,通过一系列工程(项目)的顺利实施,合作社的基础设施水平、生产能力、市场竞争能力得到显著提高,促进了合作社的快速发展。

一是加强园区建设。实施水、电、路配套工程,在 2000 亩核心园区内建设道路 119 千米(其中硬化 10 千米)、埋设地下输水管网 5000 米、建造水池 12 只 1.2 万立方米、改造农用输电线路 3000 米,使园区内道路成网,采摘的蜜梨可以直接用运输车运下山,大大减轻了劳动强度,提高了工作效率;建成 60 亩喷灌节水试点,实现了旱涝保收。实施机械化植保工程,园区内全面安装了杀虫灯、购置了高压植保机具,机械化的综合应用程度达到 70% 以上,植保效率大大提高。提高园区科技应用水平,全面推广和应用良种、栽培管理、植保等方面的先进适用技术,积极示范应用新品种、新技术、新机具和现代农业设施等农业高新技术,核心区良种比例

达到 100%。园区早在 2004 年以前就取得了杭州市都市农业示范园区、杭州市十佳农业示范园区、杭州市农村科普示范基地的认定。

二是加强品牌建设。2006 年底开始试点的精品梨项目取得了十分满意的成果,该项目采用全程施用有机肥、使用有机农药、二次套袋技术生产的单个规格 325 克以上的绿皮翠冠,采用精心设计的精美礼品包装后推向市场,获得空前成功,5000 多箱 5 万公斤产品一上市便受到追捧,产品供不应求,效益提高了 5.3 倍。引进绿色、有机标准,合作社在全面实现无公害生产的基础上,2006 年在核心区引进绿色食品生产标准,2007 年 8 月获得绿色食品 A 级认证,明年计划全面实施的精品梨工程将再次提高生产标准,待全面推行有机食品标准后,合作社产品将再上一个档次。加强品牌意识和商标管理,加强对钟山蜜梨品牌的保护力度,加强合作社包装使用的管理,确保产品质量,维护产品形象。合作社下一步还将注册“大市牌”商标,采取双商标管理,“钟山蜜梨”商标及包装用于合作社优质蜜梨,“大市牌”商标及包装用于普通蜜梨和周边零散种植户,统一和规范“钟山蜜梨”商标使用,积极申报市、县级名牌产品和著名商标,打造蜜梨品牌。

三是加强配套设施建设。为提高合作社经营能力和服务能力,合作社筹资建设了占地 10 余亩的办公和生产经营场所,其中办公楼、仓储、室内蜜梨市场等建筑总面积超过 3000 平方米,室外批发销售场地 6000 余平方米;建设了 500 立方米大规模冷库,引进了蜜梨自动分级机、果袋加工流水线等先进农机具,实现了果袋自给,提高了合作社包装、贮藏、销售能力,合作社因此获得浙江省农业机械化示范基地(水果生产机械化)认定。

超前规划,满怀信心谋发展

对于合作社未来的发展,陈新照理事长充满了激情:将建设万亩绿色标准化蜜梨示范基地,在保护青山绿水的基础上,严格按照绿色食品标准组织生产,实现蜜梨的可持续发展;突破区域限制,实现跨区域发展,重点将周边乡镇纳入合作社发展,实现合作社跨越式发展;建设 5000 亩喷灌设施,提高蜜梨生产的抗旱保丰收能力;继续做好发展社员工作,发展对象面向全县,充分掌握和利用资源;在 2008 年与大型超市初次合作的基础上,继续扩大战果,提高销量;利用蜜梨已有的知名度,以及桐庐蜜梨在省内的品质优势,积极创建省、市产品名牌和著名商标,主攻精品梨市场;与旅游联姻,努力打造十里梨花景观,建设农家乐项目,吸引外地游人前来休闲度假和观光旅游。

通过三至五年的建设，以合作社为纽带，造就环境优、生产稳、市场畅、收入涨、梨农欢的良好局面，使合作社的号召力、凝聚力得到提高，从而引领蜜梨产业向优质、高产、高效的可持续的现代农业方向迈开大步。

访谈后记

访谈完陈社长后，我心里久久不能平静。地处大山深处的钟山，如果没有合作社很难说能有今天的发展水平。正因为有合作社，蜜梨不仅能销出去，并且还能卖个好价格，资源优势才转化为经济优势。钟山蜜梨专业合作社之所以能发展得好，除了有陈社长这样懂技术、善经营、会管理的能人外，当地政府的支持是功不可没的。在我们的访谈过程中，陈社长就多次提到当地农办产业化办公室吴国荣主任对合作社发展的巨大帮助。

"四有"合作社　肥桃展翼飞

——山东省肥城市仪阳供销社利农肥桃产销专业合作社社长访谈录

■ 文/李　琳

合作社简介

肥城市仪阳供销社利农肥桃产销专业合作社是仪阳供销合作社与张南阳村共同发起成立的合作社,于2008年12月经肥城市工商局登记正式批准成立的。该合作社成立一年来,致力于普及科学种植技术,搞好产销服务,开通致富渠道,增加了当地桃农的收入,促进了肥桃产业的良性发展。目前该合作社达到了有章程、有注册、有场地和有活动场所"四有"的目标,并健全完善了理事会、监事会和会员大会制度,现发展社员345名,注册资金达2万元。

社长名片

张永荣(右一),现年40岁,高中文化,中共党员,担任社长之前曾任企业负责人,现已担任社长职务一年多。他工作认真负责,积极学习先进科学管理知识,不断提高自身素质,带领合作社效益全面提升,为农民收入的增长贡献了自己的一份力量。

社长感言

合作社要科学经营,统一管理,实惠农民,才能全面发展。

访谈报告

2010年1月28日,我刚回到家乡就开始着手准备这次农民专业合作社的调研工作。在查阅了相关的文献资料、了解了一些关于合作社的基本信息后,我确定了从市社到县社,从县社到基层社的调研流程。首先,我来到了泰安市供销社,在说明了来意后,领导安排市社李昌友科长一同和我前往调研。据他提供的资料,肥城市仪阳乡供销社的运作是非常典型而成功的,其经验对其他合作社也有一定的借鉴作用。原来我就听说过肥桃的美名,听了他的介绍后,我更对肥桃基地充满了向往。

驱车约一个小时后,我们由泰安市区来到了肥城市。肥城县联社宋绍敬副主任、郝木春科长非常重视,也很欢迎大学生参与寒假的农村调研活动,就一起来到了仪阳乡供销社,并为我们引见了张永荣社长和赵燕陈理事。他们热情地接待了我们,提供了大量翔实的资料给我们,并带我们马上去肥桃基地参观。张社长向我们详细讲解了整个合作社的大致运作情况,只看到一排排桃树整齐地排列着,虽是冬末时节,我却仿佛看到了开花时的景象,看到了果实丰收的情景,也看到了农民丰收时的喜悦。

逐短利桃农害肥桃　应新政力办合作社

问:当初如何想到办合作社的?

答:合作社的成立是现实和政策的需要。成立之前,张南阳村及周边村庄村民都种植桃树。当时农民种植的肥桃品种单一,桃农为了追求眼前利益,大量使用激素,使本来深受人们喜爱的肥桃品质严重下降,价格逐年下滑,农民收入大幅减少,经济效益不高。而国务院倡导发展现代农业,要求供销合作社发挥组织体系完整的优势,积极参与构建新型农业社会化服务体系,推进农业产业化经营,提高农民组织化程度,以增加农民收入,促进农村、农业发展。正是在这种形势下,仪阳供销合作社与张南阳村共同发起成立了利农肥桃产销专业合作社。

问:合作社成立的基础条件有哪些?

答:我们所在的肥城市仪阳乡张南阳村,现有农村人口 3005 人,农业劳动力 1259 人。自然条件方面,其内部丘陵相连,沟壑纵横,形成许多山坡梯田、沟谷、台子地和斜坡。土地肥沃,土壤有机质含量>1.4%,属大陆性气候。平均气温 12.9℃,日照时间较长,六月份可达 266 个小时,无霜期一般为 200 天左右。年均降雨量为 659.5 毫米,冬春雨雪少,汛期(6、7、8 月份)集中,为丰水季节,无任何污染和污染源,生态环境良好,空气清新。且南阳村劳动力资源充足,经过几年来的发展,村民大多具有生产有机肥桃的丰富经验。

至于市场,国内需求量很大,随着人们生活水平的提高和对天然食品的认同及对健康的要求,对有机肥桃的需求量越来越大,需求品种越来越多。目前,全国有机肥桃产量已远远不能满足人们的需求。从国际市场看,日本、韩国、西欧等国家和地区,在品质价格等方面很看好我国的有机肥桃,出口量逐年加大。再加上肥城龙头企业汇源果汁厂不断开拓国际市场,国际市场前景广阔。还有科技开发,利农肥桃培优基地是山东农业大学新特技推广联系基地,有技术协作关系。另外,其周边与济青、济郑、京沪、京福高速公路及 104 国道相连接,泰(安)肥(城)一级路直达肥城市区,交通便利,邮电通信设施完备。

三部门分工协作好　明规章管理出高效

问:合作社在成长的过程中,采取了怎样的部门分工?

答:肥城市仪阳供销社利农肥桃产销专业合作社根据肥桃培优基地项目的需要,经社员代表大会通过成立了三个部门:生产部、技术部和营销部,明确了各部门的职责分工。

问:合作社日常是如何管理和运行的?

答:专业合作社由理事长、经理、执行监事组成建设实施领导小组。理事长担任项目的总负责人,负责资金筹集、合作社运行及项目后勤保障工作。经理负责生产部工作,主要抓好肥桃培优基地的扩建和配套。执行监事负责市场开拓工作,主要负责肥桃的销售工作,建立有机肥桃配送中心,在上海、安徽、青岛、济南等大城市联系客商,实现优质优价。领导小组的职责是负责项目实施过程中协调、统筹工作,研究解决实施中的重大决策问题,帮助筹集项目建设资金,并组织开展合作社运行机制创新等。

问:技术部在合作社的发展中是怎样发挥作用的?

答:我们成立了以中高级技术人员和山东农业大学有关专家、教授和历年来种桃能人为主的技术指导小组,主要由供销社负责协调,肥城市林业局、肥桃研究所、仪阳乡林果站担任技术指导。根据项目要求,制订具体的实施方案,建立示范园,引进推广新品种,进行技术培训、技术指导和推广,解决项目实施中的技术问题。基地内肥桃统一管理、统一用药、统一施肥。肥料为无公害有机肥,以豆饼、土杂肥为主,农药为无公害农药。另外,在收获季节由供销社组织统一采摘。

问:合作社是怎样加强营销环节控制的?

答：合作社依靠社员开展市场调查，先后和济南、上海等市果品批发商签订了常年购销合同400余份，为桃农们提供了购销、运输、资金结算等全程服务，仅2008年一年合作社就销售肥桃500多万公斤，占全村肥桃已销总产量的90％。2009年按照与各户签订的合同可销售肥桃800万公斤。包装箱由供销社统一设计，严格掌握包装箱的使用技术，不允许肥桃培优基地外的品种使用该包装箱，加强了对品牌的保护。独立包装，也在一定程度上提高了商品的市场价格，由论斤卖到论个卖，培优推优，不仅拥有了更广阔的市场，也提高了农民的收入。

问：合作社的运行机制是怎样的？

答：首先是采用规范产权机制，在实施过程中，扩大基地，新加入合作社的社员要缴纳股金，合作社吸收股金时向社员发"股金证"。

其次，明确利益机制。合作社按照《会计法》设立会计账目，所得收入除保证合作社运转外，其余资金年终按股金对社员进行分红。

再次，实行灵活的运行机制，合作社指导农民进行生产，按订单收购社员产品并代理销售，连同技术指导等费用，每吨收取社员20元手续费。

更重要的是，围绕合作社章程，结合规模的扩大、建立健全一系列管理制度，如人事制度、劳动制度、报酬福利制度、财务管理制度、档案制度等，以保障合作社的正常运转。例如，肥桃培优基地以张南阳村原土地承包户为员工，负责肥桃培优基地内管理，人员共58人。员工必须严格遵守培优基地员工管理制度。用工时间为每年2月15日至10月15日，共240天，保证了管理的高效。

最后是加强内部监督，发挥监督和合作社社员的作用，采取财务公开等方式监督合作社运行。同时完善监督决策机制和分配制度，保证项目的组织落实。

多路径巧推高科技　新点子扮靓生态游

问：合作社是如何在生产中利用科技手段的？

答：合作社运用多种途径和手段，引进吸收国内外先进的栽培技术和品种，积极主动地同山农大、泰安、肥城林科所等单位密切合作，定期培训桃农，并为科研人员从事科技开发与科技服务提供良好条件。目前，全村80％的种桃户都成了科技型农民，经过合作社嫁接改造、推广使用的肥桃品种达50多个，特别是与山东省农业杂志社联合推广高新技术"秸秆生物反应堆"

和高科技产品"强的纳米863",收到了良好的效果。

合作社常年聘请山东农业大学教授为技术顾问,并依托山农大,进行肥桃品种研究。肥桃培优基地成立后,引进优良品种,进行测土配方施肥,使用无公害农药,提高肥桃品质,优质有机肥桃产出率由原来的60%提高到80%,2010年培优基地预计生产优质有机肥桃150多万公斤。

问:合作社是怎样发展多元化经营的?

答:依托于肥桃种植,合作社积极发展第三产业,重点加强旅游服务业,为人们的休闲度假提供了一个生态旅游的好去处。每年四月份左右的桃花旅游节是系列活动的亮点之一,赏桃花、品桃子、舞桃木剑,吸引了大批游客前来。委托管理也是创新的一个表现,游客们指定几棵树,每年只要支付约两百元的代管费用,就可以拥有其所有权。

立项目豪情大扩规　惠农户实意求发展

问:合作社有何发展计划?在发展的过程中有没有遇到过难题?

答:合作社拟建立肥桃培优基地,求得进一步发展,资金不足就成了制约合作社进一步发展的重要因素,因此向上级主管部门申请项目资金十分必要。

项目预计需用资金80万元,吸纳农民入社进行基地扩大规模,增加设施,升级服务功能。本着以老带新、连片发展、高标准建设的要求,项目规划在现有基地扩建300亩的优质肥桃生产基地,辐射带动马郎、鱼山、王晋、黄石崖、鹿沟、小栲等村的村民加入合作社,从事优质肥桃生产。

问:具体的项目规划是怎样的?

答:基地再扩建300亩以上,达产后生产几十个品种有机肥桃,产量300万公斤,项目新增产量150万公斤,年销售收入150万元。项目的实施将有力提升肥桃产业化水平,改善农业生产环境,促进农业种植结构的调整,辐射带动周边村的种植,辐射面积1.3万亩,带动1200户。合作社计划按照建设全国一流农民专业合作社和一流的有机无公害肥桃基地的标准,在各级领导的大力扶持帮助下,按照生产有机肥桃的国际标准进行扩建,吸纳大批新成员,开展技术培训,并进行市场开拓等。

问:合作社的发展对现在的张南阳村及周边地区有怎样的影响呢?

答:项目建成后基地面积扩大到 600 亩以上,辐射带动面积 1.3 万亩,带动 1200 户农民参与肥桃生产。新发展社员 500 名,基地可年产肥桃 300 万公斤,新增 150 万公斤,实现年销售收入 150 万元,新增 50 万元。农民人均增加纯收入 4000 元,项目经济效益显著。

通过项目的实施,肥桃培优基地规模进一步扩大,服务功能日臻完善,形成"合作社＋基地＋农户"的产业化生产格局。项目辐射带动周边的王晋、黄石崖、鹿沟、小栲、马郎、鱼山等村从事肥桃生产,合作社通过升级服务功能,为农户提供有机肥料、苗木、生物农药、技术指导和全过程的服务,成为高度自治的群众性服务组织,带领农民改善了生产生活条件,优化了环境,促进了经济发展和社会稳定,社会效益巨大。

通过肥桃培优基地进行机制创新,创建肥桃配送中心,走农商联手的路子。在各大城市设立联系点,实现优质优价,探索出一条上连各大城市市场,下连农户基地的成功模式,推动有机肥桃生产的良性发展。

通过实施有机栽培,提高肥桃质量及栽培面积。充分利用土地资源,增强土壤有机质,改善土壤结构,减少化肥农药的污染,优化生态环境。

广大的农民群众受惠颇多。工资及利润分配方式采取培优基地内用工每人每天 25 元,按工时每天为 1 工时,累计 30 工时结算一次。分红方式为肥桃培优基地 500 亩,预计产优质肥桃 150 万公斤,收入 450 万元,剔除租金、人工费及生产经营费用等成本后,收益 58 万元。肥桃培优基地留 20% 为发展基金,余额按供销社 60%、农户 40% 分配。经过合作社全体入会社员的共同努力,目前张南阳村已成为以肥桃为主业,以桃花旅游为特色产业的经济强村和农业生态村。2008 年,村集体增收 40 多万元,农民人均纯收入达到了 8326 元。

问:展望未来,合作社将怎样为更好发展而努力?

答:一是要加强民主管理。建立完善的社员代表大会制度,引导社员参与经营管理活动,密切经济联系,逐步结成利益共同体。

其次要加强培优建设。推进规模化种养、标准化生产、品牌化经营,提高农产品质量安全水平和市场竞争力。

最重要的是,努力让农民获得更多实惠。为生产者提供全方位服务,帮助农民专业合作社开拓市场,开辟合作社产品进超市、进社区、进批发市场的便捷通道,把更多的利润返还给农民。加强人员培训,按照标准化生产的规范,加快建立水平较高的优质农产品基地,引导农民发展集约化、规模化生产。

访谈后记

　　山东省肥城市仪阳供销社利农肥桃产销专业合作社虽然成立时间不长,但正以迅猛的速度不断发展着,已经在支持农民经济组织发展、推进农业产业化经营、促进农民增收中发挥了积极作用。可以看出,合作社力求带动农民共同致富,在上级鼓励政策扶持下,吸纳更多农户入社,同时,合作社注意提高和完善服务功能,加大投入,改善条件,科学管理,创新经营,产、供、销环节相结合。为做大做强肥桃这一主导产业,为农民增收致富,都起到了示范、辐射带动的作用。我们也衷心地祝愿,肥桃产销专业合作社的未来更加美好!

附件　肥城市仪阳乡供销社肥桃培优基地种植管理协议

甲方：肥城市仪阳乡供销社

乙方：肥城市仪阳乡张南阳村委

一、经双方充分协商，供销社租赁的张南阳村可耕土地 500 亩用于肥城培优基地建设。

二、肥桃培优基地管理：

1. 肥桃培优基地原土地承包户为员工，负责肥桃培优基地内管理，人员共 58 人。员工必须严格遵守培优基地员工管理制度。用工时间为每年 2 月 15 日～10 月 15 日，共 240 天。

2. 培优基地内肥桃由供销社负责协调，肥城市林业局、肥桃研究所、仪阳乡林果站担任技术指导。基地内肥桃统一管理、统一用药、统一施肥。肥料为无公害有机肥，以豆饼、土杂肥为主，农药为无公害农药。统一采摘，在收获季节由供销社组织统一采摘。

三、工资及利润分配方式：

1. 培优基地内用工每人每天 25 元，按工时每天为 1 工时，累计 30 工时结算一次。

2. 分红方式：肥桃培优基地 500 亩，预计产优质肥桃 150 万公斤，收入 450 万元，剔除租金、人工费及生产经营费用等成本后，收益 58 万元。肥桃培优基地留 20％发展基金，余额按供销社 60％，农户 40％分配。

四、包装设计。

包装箱由供销社统一设计，严格掌握包装箱的使用技术，不允许肥桃培优基地外的品种使用该包装箱。

甲方：　　　　　　　　　　　乙方

代表人：　　　　　　　　　　代表人：

2008 年 7 月 18 日

湘西果农的希望
——湖南省怀化溆浦县永华果业专业合作社社长访谈录

■ 文/戴成宗

合作社简介

溆浦县永华果业专业合作社位于湖南省怀化市溆浦县低庄镇月塘村，合作社于 2007 年 12 月由当地果业生产大户李永华牵头筹备，于 2008 年 4 月经县工商局注册登记正式成立，注册资本 500 万元，现有常务理事 10 名，监事 3 名，社员 121 名。合作社成立两年多以来，通过承包果园、租赁土地等流转方式，建立柑橘、金秋梨等水果基地 9 个，总面积 1620 亩，年产水果 1000 多吨。合作社建有冷冻库一栋 1000 多平方米，购制制冷机 2 台，选果分级打蜡机 2 台，租赁储藏仓库 4 栋 2000 多平方米，累计投资 700 多万元，设立营销网点 6 个，专业营销队伍 15 人，同时注册"秋莲"牌商标，并申报绿色食品认证。2009 年合作社销售收入突破 4000 万大关，纯获利 20 万元。2009 年，合作社被评为"湖南省省级示范合作社"和"湖南省省级十佳专业合作社"。

社长名片

李永华，70 岁，初中文化，在担任合作社社长以前，是当地的果业生产大户，长期从事果业种植活动，经济效益显著，朱镕基总理曾于 1998 年参观了由其经营的枣子基地。由于经营业绩的显著以及在引导当地群众致富奔小康当中所发挥的带头作用，李永华被选为县政协委员。尽管已经年届七旬，但在其担任合作社首任社长的两年当中，李社长依然以旺盛的精力带领社员们致富奔小康，不仅把自家承包的 600 亩果园全部入股合作社,而且利用个人威望,积极鼓励农户通过土地流转等方式入股合作社,使合作社在规模和经济效益上都实现了跨越式的发展。李社长个人也因此被评为"湖南省省级科技示范户"、"县级先进个人"、"县级农村致富带头人"等。

社长感言

国家政策的大力扶持,农户观念的转变,会使合作社的前景更加美好!

访谈报告

2010年2月23日,春节刚过,笔者就踏上了合作社访谈的旅程。湘西大地的清晨,雨露润泽的山川,空气中弥漫着田野的芬芳和春天的气息,透过斑驳的车窗,我在想,当合作社的烽火在江浙大地上熊熊燃起,在这山高林深的湘西一隅,合作社又是以一种怎样的姿态悄然出世而历久弥坚的呢?也许今天就能找到答案。想起昨日里与戴局长(溆浦县农经局主管合作社的副局长)的一席谈话,我大概知道了我今天访谈的是一个年届七旬的老人,一个历经战火纷飞的年代,饱受"文化大革命"的沧桑,然后又在改革开放的春风里重新焕发青春的老人,一个在田间耕耘了数十年却依然不舍土地的普通中国农民。

车子在合作社门前缓缓地停下,略显老旧的平顶砖房,在阳光里闪耀的合作社招牌,那位在脑海里构想了无数次的老人迎上来,给了我一个真诚的握手礼。我审视着这位老人,斑白的头发,沧桑而坚毅的脸盘,眼神里透着真诚,如自己父辈一般的朴实。坐定,开始了我们两个多小时的访谈。

摸着石头过河　合作社法送春风

地处湘西山区的溆浦县,是湖南著名的水果大县,水果品种达370多种,年产量在35.2万吨以上,尤以朱红橘、脐橙、鸡蛋枣、脆蜜桃、龙潭李、腰带柿享誉全国,被誉为"全国水果之乡"。而合作社所处的低庄镇一直就是溆浦县水果主产镇。再加之周边地区麻阳、泸溪等县亦是水果大县,因此区域之间存在激烈的市场竞争,导致果品品质好而价格低的困境,果农利益受损。

20多年的果业种植经历使李永华深刻地认识到单家独户的生产始终力量有限,经济效益不大,同时容易受市场价格波动的影响,只有进行规模化、集约化、产业化的生产,只有进行合作经营,才能创造更多的收益,保护果农的利益。尽管只有初中文化，李永华却敏锐地感觉到农业的规模化、集约化、产业化经营是农业发展的趋势。正在其为自己的合作经营之路是否要承担经济、政策风险而举棋不定之时，合作社法的"春风"吹到了湖湘大地，2006年《中华人民共和国农民专业合作社法》的颁布给李永华吃了一颗"定心丸"，于是李永华毅然决定领办果业专业合作社，没想到此举得到了政府的大力支持，在工商登记、证件办理、办公场所等方面政府都给予合作社极大的优惠和扶持，这更坚定了李永华办合作社的信心。

尽管如此，对于李永华来说，合作社依然还是属于新鲜事物，合作社怎么去运作，怎么处理合作社与政府部门的关系，这些棘手问题都等着这位老人去处理。更困难的是，"人民公社"的阴影依然在群众的脑海中挥之不去。由于担心潜在的政策风险，刚开始愿意参加合作社的社员不足10名，这时候，政府给了合作社极大的支持，省、市、县三级都出台了扶持专业合作社发展的具体措施，杨泰波副省长、省经管局局长黄永明、市农经处处长以及县里面的领导都亲临实地指导合作社建设。在配套设施方面，县里面帮助合作社修通了通往果园的1.5千米水泥公路，帮助修建了1000多米的排水饮水防洪渠道。此外，村里为了支持合作社的发展，特意迁出村委会场址让给合作社使用，使合作社在经历了初期的阵痛之后能够快速地运转起来。

延长产业链　进行品牌经营

在经历了初期的彷徨之后，合作社进入了正常运转的轨道，李永华得以施展自己的才华，带领大家走上了产业化、品牌化经营的道路，合作社也迎来了发展道路上几件里程碑事件。

李永华深刻分析了在区域内产品严重趋同、市场竞争激烈的形势下，要想取得果业生产的利润，只有向下游发展，延长产业链，立足果品原料基地，经营果品加工等高附加值的产品获取更多的利益。因此，2008年12月，合作社与怀化市龙头企业维康饮品有限公司进行战略合作，龙头企业入股合作社，公司董事长舒小秋出任合作社理事，但是合作社与公司财务分开，进行独立核算。合作社成为维康饮品主打的"维康舒"系列产品的对口原料供应基地，企业有了稳定的原料供应，合作社有了稳定的销售渠道，从而实现了合作社和龙头企业的"双赢"。

与此同时，李永华也认识到，进行品牌经营也是获取高额附加值、保护果农利益的有效途径。因此，合作社也在自己品牌经营的路上迈出了坚实的步伐,合作社成立之初就积极申报合作社品牌项目。2009年4月,合作社经过了县里的现场验收,"秋莲"牌作为县里面的三个培养品牌之一得到重点扶持。李永华憧憬着"在1~2年的时间内实现品牌经营,以品牌占领市场"。

此外,合作社已经在哈尔滨、沈阳、吉林三地设立销售窗口,积极拓宽销售渠道,使合作社产品能够及时销售出去,确保合作社销售收入的增长。

六个统一　服务社员

李永华深知成立合作社的最终目的是维护社员的利益。因此,合作社一成立,李永华就极力地推动生产销售管理"六统一"、"八定"等制度的构建。"六统一"即统一生产计划、统一供应农资、统一技术标准、统一产品认证、统一指导服务、统一加工销售;"八定"即定面积产量、定质量规格、定农资农械需求、定技术服务、定安全生产责任、定产品交售办法、定加工要求、定管理人员工资报酬奖惩。

此外,合作社积极聘请经管专家、园艺专家、技术人员对合作社进行合作社知识以及柑橘、金秋梨、枣子种植技术的培训,同时,合作社规定全体社员每年集中学习培训不少于6次,本社理事会人员、监事会人员、管理人员、社员代表每月集中学习不少于1次。

这些措施的实施,使合作社产品在市场中具备竞争优势,价格上去了,经济效益明显提高。同时,也提高了果农抵御市场风险的能力,最值得骄傲的是,在2008年金融危机最严重的时候,市场对合作社产品的需求却是不降反升的,合作社从非社员那里收购了500吨水果才满足了市场的需求,净赢利超过20万元。此外,合作社利润分配实施"四六原则",即合作社净赢利的40%用于分配,60%用于三金(公积金、公益金、发展基金),既让农户能享受合作社带来的实实在在的经济利益,又能为合作社的发展积累基金,使农户对合作社的前景有良好的预期。农户看在眼里,喜在心上,纷纷要求加入合作社。目前,合作社社员已经发展到121户,并带动了低庄镇周边的三镇一乡果业的发展。

展望未来　机遇与挑战并存

随着合作社的良好运转、经济效益的提高,合作社也制订了五年发展规划:一是吸收发展新社员 1000 户;二是发展高标准新基地 4000 亩(梅 2000 亩,枣 1000 亩,金秋梨 1000 亩);三是新建水果储藏仓库 6000 平方米;四是再设销售网点 10 个;五是新办一个年产 1000 吨的果品加工食品厂;六是设立一个农资销售配送机构;七是搞好老基础设施配套工作。合作社未来五年的发展目标是"一年打基础,两年树品牌,三年出成效,五年上规模"。为了达成这些目标,合作社目前正在积极争取县里面项目的支持,枣子基地项目已经进入县项目库,1000 吨加工厂项目也已经上报县里待批。虽然目前合作社项目建设需要大量的资金,但是合作社目前还没有考虑过向银行贷款,主要依靠县级项目财政支持和自身积累。

合作社在取得显著成效和制订宏大远景规划的同时,也面临着以下几个方面的困难:一是合作社尚属新鲜事物,操作没有先例可循,因此,很多东西想搞,必须得到强有力的政府部门支持才敢实行。二是缺乏专职经营管理人员,现有管理人员文化水平低,比如,合作社的会计由村里的会计兼任,不知道如何按照合作社章程进行结算。三是土地流转不畅。合作社建立之初,入股合作社主要有三种方式:现金入股,一股 500 元,目前这种入股方式最多;果园入股,一亩一股;土地流转入股,一亩一股。目前,合作社筹划建立 1000 亩高标准种子基地示范园,需要大量的土地流转,可是由于受自然地域和农户传统思想观念的限制,目前土地流转困难,政府也没有出台具体文件帮助群众把土地流转到合作社来,因此建议政府对土地流转进行补贴。四是配套设施需要项目支持。目前合作社自建冷库 100 平方米,这个规模不能适应合作社长远发展,可是合作社缺乏单独建冷库实力,迫切希望得到政府的支持,建议纳入财政专项支持项目。

回首往事　五味杂陈

回首合作社一路走来的历程,李永华对怎样当好一名合作社社长、怎样管理好一个合作社有着自己独到的见解。

对于当好社长,李永华认为,从事果业的生产十多年的经验,使他能够真实地把握果业生产最需要的是什么，也在农户当中拥有了一定的威望；思想观念的转变很重要。农业生产必然走规模化、集约化道路；关注中央的"三农"政策，关注《中华人民共和国农民专业合作社法》的颁布使他能够及时把握国家的政治脉搏。同时，要想进一步当好社长，了解合作社和企业经营管理的知识是必不可少的。

　　对于管理合作社，李永华则认为政府政策的支持是必不可少的，除了政策的支持，还需要政府帮着建设一些配套设施，比如说道路、冷库等。合作社的发展也需要一个压得住阵脚的能人，这个能人必须在农户当中有较高的威信，能起到带头作用。农户思想观念的转化也是一个重要的因素，如果农户不转变观念，土地就没法流转，合作社就无法发展壮大。当然，合作社的经营管理、销售渠道也要能跟上合作社发展的步伐。

　　一路走来，这位饱经风霜的老人，用五个字表达了他发自内心深处的感慨："五味杂陈啊！"

访谈后记

　　透过李社长那沧桑而坚毅的脸，我在思考：为什么在偏远的湘西大山深处能够诞生这么一个运作比较规范、效益显著的农民专业合作社？我想，无外乎以下几个原因：一是选择了当地最具特色和经济价值的产业——果业。中国的农民是智慧的，不需置身庭院深深的高等学府，比较优势原则亘古以来就在他们的血液里流淌。二是拥有一位虽已年届七旬却依然睿智的领导者。二十年的耕耘、敢为天下先的勇气、善于思考的品性造就了这位老人领袖群伦的声望和人格魅力，他对于国家政治脉搏的把握，对农业产业化、品牌化经营的理解更是令我们这些受过高等教育的人汗颜无比。三是政府的大力支持。没有政府的支持，在交通闭塞、基础设施落后的中西部发展合作社显然是不切实际的。短短的两个小时的访谈结束了，我想，对于怎样在偏远地区发展农民专业合作社，这个合作社也许能够给我们更多的启示。

水果之乡的致富希望

——浙江省金华市希望果业合作社社长访谈录

■ 文/叶小婉

合作社简介

浙江省金华市金东区源东乡位于金华市东北部，是金衢盆地中的一个小盆地，这里群山怀抱，风景秀丽，盛产柑橘、白桃，是浙江省有名的水果之乡。2002年12月，金华市希望果业合作社就诞生在这里。这是一个由贩销大户组织建立的，主要帮助社员解决生产技术难题及产

品销售问题的农民专业合作社。自成立以来，希望果业合作社规模不断扩大，合作社社员从刚刚成立时仅仅两户社员发展到如今235名社员，并荣获"浙江省专业合作社示范社"、"浙江省2009年度先进农民专业合作社"、"金华市示范性农民专业合作社"等省市级荣誉称号。短短的八年时间谱写了希望果业合作社如何由小变大、越做越强的成长史。

社长名片

施广军，男，现年48岁，高中毕业后就在当地从事果业贩销生意。一个偶然的机会，施社长看到了朋友经营的农民专业合作社发展得很好，就此萌生了建立专业合作社的想法。2002年，他发起建立希望果业合作社，并担任合作社第一任社长。在他的带领下，希望果业合作社不断发展壮大，他本人也因为出色的工作表现、为农民服务奉献的精神而被评为"2006年金华市十大农业经济能人"。

社长感言

我要感谢希望果业合作社，是它让我找到了生活的意义，懂得了个人的

价值在于贡献多少而不在于获得多少。

访谈报告

2010 年 2 月 24 日,在与希望果业合作社的施社长电话联系后,我们如约来到源东乡,希望能对施社长做一个访谈。此时恰逢农历春节过后几天,元宵节即将来临之际,一路上,源东乡家家户户张灯结彩,一派喜庆丰收的景象。很快我们就在当地居民的指引下找到了希望果业合作社的办公地点,并见到了施社长。施社长非常年轻,约摸三十岁出头,一身运动装,头顶鸭舌帽,显得沉稳又很有活力。就在我们去的前一天,合作社刚刚接待了金华市农业局领导一行,此时乡里又忙着为元宵节闹龙灯做准备,施社长忙得简直没有一会儿空闲。但对于我们的到来,施社长显得非常高兴,并推掉了其他的事,热情地接待了我们。在简单说明来意后,我们便和施社长聊了起来。

从工作到事业

——合作社成立之初

施社长清晰地回忆起八年前合作社成立之初的情景。那是一个偶然的机会,施社长知道了自己的一个朋友正在经营一家专业合作社,且经营得很不错。起先,他对这一陌生的事物并不十分了解,但经过一定的调查、学习后,施社长认识到专业合作社在农产品规模化、专业化经营方面确实能起到很大的作用。加之东源乡又以盛产水果出名,因此建立专业合作社可以说是水到渠成,而且前景看好。于是,2002 年,在国家政策支持下,经当地政府的牵头,希望果业合作社很顺利地成立了。高中毕业后就在当地做起贩销生意,有着多年购销经验的施广军自然地被推选为希望果业合作社第一任的社长。合作社的主要职能有以下几方面:一是为社员提供技术指导,提高水果的总产量;二是帮助果农统一采购农资,如肥料、农药等,以尽可能低的价格购进农业生产资料,降低生产成本;三是寻找水果销路,把从果农那里收购的水果统一批发销售。这样一来,果农最头疼的销售问题得到了解决,价格也得到了保证,这就使果农更放心地投入生产,并大面积扩大种植规模。合作社则主要从购销差价当中获得主要的收入。

合作社成立之初,虽然遇到的阻力极小,但由于是由贩销大户发起,政府牵头的,普通的农民对于合作社知之甚少,甚至常常会有人把它与改革开放前的"人民公社"相比,更谈不上有加入合作社的意愿了。然而合作社却很快从成立时的两名社员发展到了上百名社员,这其中的酸甜苦辣也许只有施社长自己能够感受。施社长笑着向我们坦言,自己当初只是把经营合作社当成一份谋生计的工作,对合作社的了解也并不深入。然而,在后来的经营中,施社长通过自身对专业合作社理论和相关法律不断地学习以及在经营实践中不断地摸索探寻,才逐渐改变了原先的想法。他深刻认识到合作社在提高农民收入、发展当地水果产业以及带动整个相关产业发展方面所起到的重要作用,就像施社长所说的:"最开始我只是为生计而从事这个职业,后来才真正感觉到它的深刻意义,农民只有依靠专业合作社才能改变自身的弱势地位,才有可能切实提高收入。"同时,施广军也感到了身上所肩负的责任。"我已经自觉地在为农民服务了。"施社长说完哈哈大笑,从施社长的真诚的眼神与淳朴的话语中,我能够感受到他的自豪与对农民的真诚感情。

困难阻挡不了坚定的心

——合作社发展时期

随着合作社成员的不断增加,年交易量的大幅度提高,合作社在经营管理方面也越来越趋于规范化。合作社设有理事会、监事会、社员代表大会等相关机构,这些会议每年都会召开2~3次。五名专职的工作人员在合作社担任财会、技术、销售等方面的工作。然而,合作社规模的扩大也带了一个现实的问题——合作社办公场所问题。从日常的管理工作到水果销售季节的收购,一个专门的场地是必须的。工作场地成了摆在施社长面前亟待解决的问题。然而,要想有合作社自己专门的工作场地,必须要买地建楼或买现成的办公楼,这些都需要有一笔不小的资金。对于还处在发展初期的希望果业合作社来说,让合作社拿出这笔资金是不现实的,而以合作社的名义向银行贷款的可能性也小之又小。眼看着合作社的办公场所无着落,施社长拿出了自家的楼房,给合作社当起了办公楼。这暂时的工作场所一借就是好几年,施社长一家没有丝毫怨言,反而觉得这是自己为合作社应该做的事。从这件事情中,施社长也认识到了在壮大合作社的过程中,资金支持对合作社是何等的重要。"要想做大做强,必须要有充足的资金支持,但是当合作社处于弱小的阶段,也就是发展初期时,却很少有金融机构会为合作社提供贷款。这严重阻碍了合作社的发展,只有解决资金问题,合作社才能正常的发展。"施社长谈起资金问题，无奈地说道。

在合作社发展的道路上，并不只有资金是合作社发展的拦路虎。在施社长看来，得到农民的信任与认可也是合作社发展的重要保证。农民有着传统的小农意识，总的来说还是为自己个人的利益想得多，不会从整体大局去考虑问题。大多数的农民加入合作社是因为看到了社员所获得的好处，而一旦合作社发生困难或危机，农民就会很轻易地选择退社（由于合作社的特殊性质，农民可以自由地加入或退出合作社），这些就为合作社的管理带来了很大的困难。施社长认识到，要解决这一难题，关键在于建立起农民对于合作社的信任感和认同感，而信任感和认同感却并非一朝一夕能获得的，需要长期的积累，需要让农民认识到合作社是自己的组织。2006年发生的一件事，施社长至今记忆犹新。柑橘历来是当地最主要的农产品之一，产量多、品种好、口感佳、质量上乘，却每年只能以0.8元/公斤左右的低价卖出。施社长前往同样盛产该品种的台州某地考察，发现当地柑橘质量与源东乡相差不大，却能卖出2元/公斤的好价钱。带着疑惑，施社长仔细观察、细心比较，发现在源东乡，当柑橘还黄中泛着一些青的时候就已被果农采摘下来，而在台州当地，采摘时间要比源东乡晚好多天，果农们总是等到柑橘熟透了、完全黄了才采摘。施社长得出结论，采摘时间是影响东源乡柑橘价格偏低的原因。回到源东乡后施社长立马告诉社员通过延迟采摘的时间来提高销售价格，但却遭到了农户们的拒绝。大家已习惯了在柑橘还有些青的时候就采摘，对施社长的建议感到不可接受。无奈之下，施社长自己掏腰包拿出钱带着47名农户前往台州柑橘种植地，把事实摆在农户代表眼前。经过那次的台州考察，农户们都接受了施社长的建议，当年的柑橘收购价一下子从原先的0.8元/公斤提高到了1.6元/公斤，整整提高了一倍。更重要的是施社长的工作能力得到了社员们的肯定，农民对合作社的信心也提高了。

眼前的路越走越宽

——合作社发展的现状

经过八年的发展，如今的希望果业合作社已成为省级优秀示范合作社，拥有235名社员，销售额达到2000多万元，是一个部门齐全、制度完善并拥有"洞源"牌自主商标的合作社。除收购水果统一销售这一经营模式外，合作社还获得了由政府审批的400亩、拥有50年经营权的自有基地。这400亩自由基地将为合作社带来另一笔可观的收入。施社长还兴奋地告诉我们,合作社的办公楼马上就要动工了,这一办公楼占地三亩,估计会在2010年年底完工。有了固定的办公楼,合作社的日常经营与收购销售工作将变得更加规模化、专业化、有序化。说着合作社这一桩桩令人振奋的喜事,看着合作社越走越宽的道路,施社长的脸上露出抑制不住的喜悦与欣慰。他说,通过合作社的帮助,要让农户放心地扩大生产规模,让农民也当上老板。

未来无限精彩

——合作社未来的展望

合作社良好的发展态势给了全社人对合作社未来充足的信心。施社长向我们谈起了他对于当今中国合作社发展现状的看法。他认为,农民专业合作社开始发展也才是近几年的事,就发展程度来说还处于初级阶段,就像中国还处于社会主义初级阶段,不可能一下子跳跃到共产主义社会,专业合作社的发展也不可能一步到位,所以专业合作社未来发展的目标是发展成较为理想的专业合作社,部门齐全、制度完善是起码要求,最重要的是能抓住当地特色,充分利用资源,带动相关产业的发展,真正带领农民脱贫致富。

对于专业合作社,施社长还有自己另外的想法,他希望专业合作社作为一个自愿联合、民主管理的互助性经济组织,所扮演的角色不仅仅在于向成员提供农资采购、技术指导、商品销售等服务,还能在公益慈善事业上发挥自己的作用。施社长有一设想,希望未来能以合作社名义设立一个基金会,每年将合作社收入的50%捐给基金会,帮助农民中的困难户。范围由小到大,先从本乡开始,随之扩展到整个区,甚至更大的范围,帮助农民自力更生,真正实现农民的共同富裕。"其实要说感谢,是我要感谢希望果业合作社,是它让我找到了生活的意义,懂得了个人的价值在于贡献多少而不在于获得多少。"施社长动容地说,"要说赚钱,乡里已经有很多的百万元大户了,而我却每月拿着固定的工资,但是我很满足,因为我获得了更珍贵的东西。"施社长简单的一席话顿时感动了我们在场所有的人。是的,个人的真正价值不在于获得多少,而在于付出多少。如果中国的农村能有更多像施社长这样怀抱理想、真正为农民着想的人,笔者认为,中国农民的全面富裕则指日可待了。

访谈后记

　　就全国来说,希望果业合作社算不上是规模很大、影响很广的合作社。然而深入其中,近距离地接触它,却会发现它是一个真正从农民利益出发,按照自己的实力一步步努力、前进奋斗的合作社。接触这个合作社,我总是能感到一股莫名的感动与温馨。细细想来,也许是整个合作社从上到下的那股干劲、淳朴、乐观感染了我。从社长到社员,总能从他们身上感受到一股强大的力量、一种自信与希望的力量,真切感受到他们对于未来美好生活的憧憬。当然,在希望果业合作社发展的道路上也遇到了很多的问题,如资金的借贷问题、农民的认识与素质问题、合作社的分红问题,这也是中国其他的专业合作社在发展中不得不面临的问题。然而,没有问题又如何实现进步呢?相信只要有信心、有冲劲,这些中国当代最早的一批合作社一定能为合作社的发展开拓出一条宽阔的道路。

创办合作社　橘香飘四方

—— 浙江省临安市乐平乡西乐柑橘专业合作社社长访谈录

■ 文/傅家桢

合作社简介

　　浙江省临安市乐平乡西乐柑橘专业合作社创办于 2004 年,注册资金 5 万元,目前拥有社员 50 名,年平均销售额达 225 万元。合作社致力于加强无公害水果基地建设,开展无公害生产技术培训,控制农业投入品的采购和使用,拓宽柑橘采购销售渠道等一体化工作,为社员提供幼苗选种、农资采购、技术培训、产品包装销售等服务。经过这几年的努力,该柑橘生产基地被省农业厅认定为无公害水果基地,且其产品被农业部认证为全国无公害农产品。2004 年西乐柑橘合作社被评为临安市先进农村专业合作经济组织,2005 年被设立为临安市农业(水果)示范基地。

社长名片

　　江兵,现年 42 岁,高中文化,中共党员,现任西乐村党支部书记。2004 年起开始担任西乐柑橘合作社社长一职,总计 6 年,在职期间主要负责合作社的整体运营管理。江社长事事亲力亲为,作为村党委书记的他时刻牵挂村民的切身利益,为村民谋福,树立了党员的先锋模范形象,是西乐村村民眼中最实在、最肯干的好干部。曾获得"乐平乡优秀共产党员"等称号。

社长感言

　　自己是社员们选出来的,我领导社员更要服务社员,要有一份引导大家走出增收创利道路的责任,绝不能辜负了大家的信任。

访谈报告

2010年2月1日,笔者一行乘坐大巴由杭州驶入临安,这个国家级的生态建设示范市尽显着原生态的曼妙,把城市的繁华嚣杂暂且搁置在了一边……笔者在熟人的介绍下组团走访临安一偏远村庄——乐平乡西乐村。那里虽盛产柑橘,但在市场上却一直扮演着默默无闻的角色,而临安西乐村柑橘专业合作社的诞生终于改变了当地柑橘被市场边缘化的局面。了解合作社的发展现状,见证柑橘的蜕变历史,是笔者此番走访的用意所在。抵达西乐村的时候已接近黄昏,笔者随即与同行人前往合作社江兵社长的办公处。由于事先与江社长约好了时间,故笔者在熟人的介绍下顺利地见到了江社长。

创办合作社　橘香飘四方

在和江兵社长的交谈中笔者了解到,西乐村的柑橘种植已经历了30多个年头,柑橘销售收入已成为当地许多农民主要的经济来源。但这靠天养地的日子就像许多橘农抱怨的"可不优哉"。那些年村里橘农个体种植、零散经营,在这销售的门路上吃了不少亏,价格让收购方压了又压,大年愁销路小年愁收入。而培植橘树技术差,橘子肉汁不鲜甜,自然橘香也飘不出巷子……为了提高橘农组织化程度,改变橘乡不景气的局面,2004年在乡党委和政府支持下,由村干部牵头组织柑橘种植大户筹建了西乐柑橘合作社,结成了"风险共担,利益共享"的共同体,采取产销结合的经营模式。得到了政府的大力支持,有想法的村民一拍即合,10名柑橘生产大户在江社长的带领下,踏上了转变西乐村柑橘命运的征途!

西乐村柑橘合作社的成长主要做两件事:一是狠抓品质,二是千方百计促销售。

为了提高柑橘的质量,合作社植入创新理念,坚持把调优品种结构,推广新品种、新技术放在首位。江社长特别提到,针对早熟品种不足、中、晚熟品种偏多的不利局面,合作社经过反复筛选,最终决定采办特早熟优良品种"日南一号"接穗,并无偿供给橘农,还扶持本村育苗户自繁自育"日南一号"嫁接苗。几年来,合作社一直专注于优化产品品质,引进并自主培育了不少新的柑橘品种。此外,合作社牢牢把握产后监督工作,实行统一质量、统一价格、统一销售管理的办法,严禁社员抢上市进行摘青,实行分级销售,改变统货上市的旧方法。生产过程中,合作社严格按照《国务院关于加强食品农产品安全监督管理的特别规定》的精神,努力实行无公害化栽培,坚决使用生态农资以确保农产品质量安全,获得"国家级无公害水果产品"殊荣。

为了搞好产品销售,一方面,合作社积极主动地了解市场行情,摸清柑橘需求旺期、辨明价格走势,不让社员在市场竞争中吃"哑巴亏";另一方面,合作社千方百计拓宽销路,通过代理销售、合同收购销售等方式统一使用"天目山"牌注册商标壮大柑橘市场,并充分运用"农民信箱",从网上为橘农生产销售打开窗口。而讲到网上经营,江社长有意强调了"农民信箱"这条特殊的销售途径,因为每年都有不少外地客户通过网上的信息找到合作社,给村里消化了大批量的柑橘。笔者在整理资料时也发现,正如江社长介绍的那样,浙江省"农民信箱"上遍布农户的求售信息,说明此网站在农产品的销售上已建立了不小的知名度,能在一定程度上帮助农户缓解产品的滞销。而此外江社长自己也得益于多年工作建立的良好人脉,为合作社解了不少销售上的燃眉之急。在社长的热心指导和全体社员的悉心经营下,合作社收入年年创新高,这几年合作社的收入是成立时的近 3 倍,纯盈余也达到了近 2.6 倍之多。

制度化管理　规范化运作

谈起合作社的日常经营,江社长介绍说,合作社现设生产部、销售部、技术部等几个主要核心部门,并有兼职会计、出纳人员负责合作社财务方面的运作。为了优化柑橘从选苗至采摘的系统化培育,合作社专门请来农业局的技术人员挂职传授柑橘种植经验。至于相关人员的报酬,江社长补充说,报酬一律采用工作日结算制,出一天工记一天账,这笔费用主要从利润剩余额里扣除,也有部分是直接拨用政府补贴费用的。

至于日常事宜的商议,江社长坦言合作社正朝着规范化的方向努力。江社长特意讲解了合作社成立的社员代表大会、理事会、监事会等机构,并指出合作社确保每一位社员都通晓社里日常经营状况。遇到重大问题需要决策时,理事会便召集社员代表大会,按照一股一票制,共同商议对策;要是碰到局部的利益摩擦,社里会专门召开理事会,并知会相应社员间协调利益,努力使合作社上下齐心,共创辉煌。

目前合作社开展了一系列具有针对性和实效性的活动。为了转变橘农粗放经营理念,提升产品市场定位,合作社特地邀请市农业科技人员和建德柑橘种植专家辅导讲课,为橘农分期分批举办柑橘管理培育、保花、保果、保甜、防虫的专业知识培训班。推广了杀虫灯、悬糖醋瓶诱杀虫法以及高效、低毒、低残留生物农药的使用。为了降低生产风险、保产保收,合作社适时向橘农传递开春防冻、冬季施肥等信息,提高集体对抗自然灾害的能力。江社长说道:"我们合作社就是要全心全意地履行'为农民服务'这一宗旨,一切为了农民的利益着想,少说话、多做事,切切实实增加我们农民的收入。"

头疼窝里斗　难掩好处多

要说合作社运作过程中存在的问题,江社长也不由得发起了牢骚。由于村民的思想观念相对落后,在某些长远问题上会更注重眼前收益,因而想开展投资回报慢、但经济效益高的项目总得要下不少嘴皮工夫,有时候难免会发生社员间的利益冲突。

江社长举起了吃力不讨好的例子。过去山上没有水池,一遇干旱,就见着橘农们挑着两桶重重的水一趟一趟忙着往山上跑。合作社成立后,为了方便橘树浇灌和土壤保湿,和社员们协商着在合适的地方建几个水池,正所谓"一劳永逸"。可是社员们谁也不肯在自己地上出钱造这个宝,最后政府也补贴了不少钱,可社员们还是心疼自家的费用,不能理解社里的苦衷,在一片埋怨声中才把水池建了起来。

江社长把社里的问题归结到社员们能否顾全大局上,因为让江社长操心的是已有几个大户表现出自立门户的苗头,他们利用合作社长期建立的经销关系,私下降价交易,使原本打好的市场,在自家翻了船,这极大地损害了其他社员的根本利益。这些都是合作社运作中最让人头痛的事。按江社长说的,只要团结一致对外,有了好的产品、好的政策,摸透了市场,就不怕没个出路;可要是窝里斗起来,最好的机遇也会失之交臂。

而说到合作社为社员带来的好处,江社长就滔滔不绝起来。自从合作社创办之后,橘农增收是不用说的。据江社长介绍,社员比非社员年均增收约2万元。而且西乐村作为临安唯一的柑橘故乡也闯出了名声,靠着自身的努力和政府的支持,不仅被评为临安市水果示范基地,还被浙江省农业厅认定为无公害水果基地。这个名不见经传的小村,更是生产出获得国家级无公害农产品认证的优质柑橘,这都给西乐柑橘合作社的社员增了不少的光。有了这许多的荣誉,西乐村的柑橘再也不愁销路了,非合作社成员的橘农也沾了不少光,夸张的时候更有外地橘农冒充西乐村柑橘种植户在路上叫卖柑橘……江社长感慨道:"我们盼望的是长期效益,只有销路广阔了,社员们才敢放心大胆地种下去,收益也才能提上来。"借着柑橘的名声,合作社打起了搞旅游产业的主意,观光旅游项目正如火如荼地建设着。为了保证一年四季的客流量,合作社组织村民栽培杨梅树、桃子树,又圈养了土家禽家畜,尝试着把西乐村建成一个农家乐园。"要是真能办起来,"社长笑道,"这将给社员增添一笔大收入!"

政府好政策　踌躇而满志

随后江社长由衷地感谢政府对合作社创办以来的大力支持,特别是在办社指导、品牌建设、设施投入等方面,政府都给予了合作社极大的帮助。

正如许多社员说的,要是没有政府的好政策,哪有合作社今天的效益啊,农民增收是遇上了实实在在的好日子了!江社长很看好合作社发展的外部环境:市场方面"天目山"牌柑橘已渐渐站稳了脚,要扩大销量关键还是看销售门道,江社长盼着怎么把外省的大客户也给吸引过来,所以品牌升级还是今后发展的重点,这也是合作社长期以来坚持柑橘品质建设的由来;政策方面合作社向来都不用愁,这几年中央"一号文件"一直聚焦"三农",惠农好事接连不断,农民有困难我们政府是毫不懈怠的。为了帮助西乐柑橘合作社打开销路,政府是连着软件硬件一起干:柑橘品种更新、技术培训搭桥、"天目山"品牌建设、水池建造、道路铺设……市里乡里都给合作社最大的扶持力度,减轻橘农们的产后负担,让他们一门心思种好柑橘。

谈到对合作社未来发展的信心,江社长可谓踌躇满志:"我们柑橘的品质是跟着市场需求走的,销售基础也打得不错,道路设施更是畅通无阻,如今这品牌在周边也名声不小,不少客户都慕名而来了。我们今后要做的就是翻出新花样,千方百计让社员增收,打破仅靠柑橘创收的局限。"

当社长要有责任心

访谈的最后,笔者向江社长讨教了管理合作社的良方妙计。江社长笑言,合作社的打理并没有外人想象的那么操劳,毕竟这不是一个企业,没有每天上下班的烦琐,只是遇上生产培训、采购销售、设备筹建这些事,合作社里的工作量才会大起来,而平日里主要还是忙于和客户打些交道,建立较为稳固的交易关系。江社长亲身感受到,要当一名好社长,首先要爱农村这片广阔且具有发展前景的乐土,喜欢和淳朴的农民共处事。其次要有责任心,正如江社长所说:"自己是社员们选出来的,我领导社员更要服务社员,要有一份引导大家走出增收创利道路的责任,绝不能辜负了大家的信任。"另外,还要理解城乡不同的生活模式,接受并努力帮助农民同志转变他们保守的思想。最后要有做大市场,共同创利的信心。六年的社长经历,如同一本耐人寻味的书,这里面蕴涵着的酸、甜、苦、辣,都在江社长六年的无私奉献中挥洒淋漓。

访谈后记

在此次调研活动之前,笔者完全没有想到合作社简单的运营、朴素的宗旨竟会对农村经济产生如此大的影响。它帮助农民走出了单纯的低附加值的生产模式,切切实实提高了农民的收入。通过和社员的接触,笔者更有理由相信,合作社是为农民办实事、受农民群众欢迎的好组织。

办一个合作社　兴一方果业

——河南省郸城县东风永惠林果种植专业合作社社长访谈录

■ 文/刘志宇

合作社简介

永惠林果种植专业合作社位于河南省周口市郸城县东风乡,成立于2007年11月。合作社前身是拥有600亩土地的东风大刘杏李示范园,主要种植杏李、桃等杂果。成立之初只有11名社员,资金180万元,如今已发展到140名社员,总资金260万元。合作社目前已完成服务、销售一体化建设,社员人均收入比非社员高出27%,并先后获得"河南省无公害农产品产地"、"周口市示范农民专业合作社"、"河南省农民专业合作社示范社"等荣誉称号。

社长名片

牛明信,男,61岁,中共党员,高中文化。曾多年从事杏李、桃等杂果的生产与销售,一手创建东风大刘杏李示范园,并顺利使其通过无公害基地认证,逐渐形成自己的品牌。为了将林果产销做大做强,也为带动乡亲们致富,牛明信于2007年11月组织成立郸城县东风永惠林果种植专业合作社,并担任合作社理事长至今。

社长感言

办合作社是个好事,但是想把它办好,难啊!

访谈报告

2010年2月4日,临近春节了,我跑到郸城县农业局找到了负责农民专业合作社这一块的韩局长,向他了解了我县东风乡农民专业合作社的大致情况。"合作社的确能够带动一方人致富啊,推动了周边乡镇经济发展,你来采访该社,这是个好事,是给我们合作社做宣传了!"韩局长对合作社的评价很高,通过韩局长,我和东风乡永惠林果种植专业合作社的牛社长约了采访时间,预定在后天进行采访。2月6日上午,刚抵达目的地,就受到了牛社长的热情招待,简单地互相介绍后,他带着我参观了园区,接着就开始了访谈。

富己不忘富乡亲

想当初,乡里边每家每户都是零散地种一些果树,产量不高,品种也不是太好,自然影响到销量。农民都老实勤朴,对于销售这方面也不擅长。作为乡里面比较富裕的人,牛社长自然也希望大家都跟着富起来。后来,在乡政府的指导下,牛社长逐渐对合作社有了较为深入的认识,感觉这的确是一个能让农民真正富起来的模式,同时也能带动周边经济的发展。统一培训、引进新品种、扩大生产规模、统一销售、建立知名品牌,这对村民都是有很大好处的。再者,牛社长考虑到自己以前也做过销售,经验相对丰富,况且有自己的果园,种植杏李、桃树等杂果600亩,已经投入运营,产销两旺。园区产品获得无公害认证,有自己的品牌,牛社长对于带领大家办好合作社有很大的信心,绝对不会让农民吃亏,于是就在2007年组织成立了永惠林果种植专业合作社。

紧接着牛社长开始动员周边林果种植户加入合作社,准备把林果生产和销售这块"面包"做大做强。谈到动员农民的时候,牛社长露出了一丝苦笑,难啊!刚开始只有11户加入,好多人都怕上当受骗,持观望态度。首先要解决的是普及农民专业合作社这个概念。这是个新概念,大家对此都不了解,听都没听说过,就连社长自己也是好长时间才彻底搞清楚。那年夏天,为了让村民们都了解这个好事,几个核心社员为大家宣传《中华人民共和国农民专业合作社法》。一村一村地讲,章程、管理办法等都印给他们看,人手一份,有不明白的地方可以随时电话咨询。每天下来,衣服都像雨淋过似的,能拧出半盆水来,嗓子也是直冒烟,回到家喝碗凉水,倒床上就睡着了。那几天实在是太累了,做完宣传嗓子疼得厉害,几乎都不能说话。不管大家对这些东西是否全部了解,不管村民还会观望多久,"科学种植"、"农民专业合作社"的理念确实已经在这片土地上"生根发芽"。当看到村民都积极加入,几位创始人感觉吃再多的苦也值了,付出总算有了回报,足够了。另一难点是调动大家科学种植的积极性,而积极性来源于价格——最看得见的利益。为此,又给村民展示其他地区办起合作社后带来的影响,让他们感受到合作社带来的巨大效益,激发他们的积极性。"只要有动力,啥事都好办",牛社长深有感触。

痛并幸福:产与销

对于合作社来说,销售绝对是一个最重要的环节。2008年夏季,果园迎来了第一次丰收,望着那么多上好的水果,每个人的脸上都挂满笑容,走起路来都特有劲,但是牛社长却是无论如何也笑不出来。

"看着这么多的水果,村民们脸上的笑容,我作为社长的压力是相当大的,我们的主要利润是树苗和水果,如果这些产品卖不出去,卖不了个好价钱,我可真没脸在社里面混了,我丢不起这人,什么时候卖完了,卖了好价钱,我才能安心!"

这个夏天,注定是痛并幸福的。顶着烈日跑销售绝对是个苦差事,为了能把产品销售出去,一切可以利用的关系网都跑遍了。牛社长曾在县里企业跑销售,认识的经理、老板等还是比较多的。

"一个星期的口水仗,又是联系又是应酬的,基本上没有回过家,费了好大劲,终于把价格给定下来了。这一年下来,净利润就有十几万元,我也算是没有白跑那么多趟,汗也没有白流,虽然人比以前更黑了,但心里的大石头终于可以放下了。"牛社长笑着说。

有了第一年的经验,合作社运作就变得简单多了,接下来最大的问题就是"怎样种出高科技产品,如何科学种植"。村民接受的教育有限,大部分都是小学文化,科学种植意识不强,也没有好的技术去提高果树产量。对此,合作社邀请专家给村民们提供技术上的指导,每月定期给村民培训一次。再者,就是统一购置优质树苗来提高果树的质量和产量。以目前的资金状况来说,只能做到这些,至于自己来开发新品种,还没有那个实力。

科学管理领致富

随着合作社的发展,经济效益有了显著的改善,越来越多的村民开始加入到合作社,使得资金越来越充足。然后用这些钱开始建立健全各种管理机制和制度,完善服务及销售网络。合作社经过一年的打拼,完全达到了技术服务一体化、外销一元化、投入品供购一元化的标准。社内成员人均收入比非成员农民高出 27%，较好地影响和带动周边农民发展农村经济，使得越来越多的农民加入到合作社。到 2009 年年底，已经发展到 140 户社员，总资金 260 万元。

各种制度也越来越合理化。目前合作社设置的部门有办公室、科技开发部、农资服务部、财务部、生产服务部、销售部。其中，办公室主要负责统筹协调各个部门的运行，做好宣传、接待、管理档案等日常工作；销售部负责建立健全营销网络，及时掌握市场信息，组织好成员的收购工作，建立稳固的产品销售市场；生产服务部制定产品生产技术规范，严格要求社员按技术规范组织生产，及时发布产销信息，做好生产环节的技术服务；科技开发部加强与各农业技术、科研单位的联系和合作，积极开发、引进实验和推广新品种、新技术、新设备、新成果，解决杏李生产难题，拟订落实杏李栽培技术管理培训规划和措施，加快技术更新建设；农资服务部主要推广"新、准、省"用药、施肥技术，帮助社员提高农资质量鉴别判别能力，把好杏李生产资料进货关，以优质农资物品供应社员，杜绝出售假、劣、次、过期失效及禁用的农资物品；财务部负责年初预算、年终结算，清理各种应收、应付款的善后工作，使各项资金的流入与流出透明化、合理化。日常管理工作直接由理事会负责，重大决策的确定则需要召开社员大会统一、公开投票，每次需要有半数社员通过方可实施，确保各项工作正常进行。

"像我，就是在三年前通过社员代表大会选举出来的社长。我们的所有工作都是透明化的，尤其是财务，更不敢马虎，2009 年的盈余有 30 万元，按成员与本社的业务交易量比例返还，返还总额不低于总交易量的 60%，返还后的剩余部分，以成员账户中心记载的出资额和公积金份额，以及本社接受国家财政直接补助和他人捐赠形成的财产平均量化到成员的份额，按比例分给本社成员，并记入成员个人账户中。这是村民对我们的信任，每分钱都要花到正道上，要不然良心上过不去啊，他们都不富裕，就是靠这些水果养家糊口呢，一定要把他们带上致富路。"牛社长的语气很坚定！

办社带来真实惠

聊着聊着，牛社长大发感慨地说："办合作社是个好事啊，政府对此也是相当重视。"合作社在创办过程中得到了政府部门的大力支持。一是农业、畜牧、水利部门积极主动展开技术培育，发放技术资料，请专家授课，在技术、市场等方面给予帮助；二是工商、公安、技术监督等部门加强对农资市场的管理,为无公害农业的发展创造良好的外部环境;三是财政、税收、发展计划等部门积极配合,减免税收,在项目开发上给予优惠,等等。

另一方面,合作社成立之前,镇上的加工企业、运销大户、种植农户三者利益不一致。产品畅销时,加工企业和运销大户间就出现争抢货源、哄抬价格、种植农户则以次充好等现象;产品滞销时,加工企业和运销大户则抬高标准,种植农户相互压低价格,加工企业与运销大户之间也争抢客户和销售渠道,彼此之间存在着恶性竞争。组建合作社后,由合作社控制生产总量、销售价格等,合作社内部的合同则由生产小组来执行。良好的制度安排产生了显著的市场绩效,合作社的农产品市场价格明显提高,农产品的品质显著改善,农产品品牌的附加值和市场影响力日益增长,种植农户收入明显提高。

旁边的一位村民也是感触颇多。"起初,还没有成立合作社的时候,我们都是各自发展,果树品种差,产量低并且不好卖。自从加入合作社,种植新品种果树,参加多次技术培训,我们的科技意识逐步加强,管理农田更加科学,产量有了很大提高。由于是在一个集体中,同一个目标、统一购买、统一销售,降低了风险,再也不用为卖不出去而发愁,况且利润也比以前好了很多,比一个人单干的时候好得多了。"这位村民如是说。

问题多多阻发展

对于合作社目前存在的问题,牛社长也是颇为担心的!

第一是资金短缺。引进新品种、发展新项目、建立基础设施等都需要有庞大的资金作后盾,地方财政支持有限,社里面流动资金也不多,迫切需要大量流动资金来推动技术发展,搞创新。第二是销售网络。现在的销售渠道单一且范围小,这限制了果树的大面积种植。第三就是人才短缺。虽然成立了许多部门,机制完整,但是合作社的经营者多数是农民,文化、管理、技术等方面的素质都不高,只能依靠农业部门、乡镇科技人员提供技术指导。面对农业产业化的要求,没有专业人员进行规划和管理,难以适应新型规范化经营,而现有的资金状况根本聘请不了高端人才。第四是产品品牌影响力不大。仅在周边地区有点名气,而产品规模也不大,不能大量生产。对于这些不足,理事会也经常开会讨论,争取拿出最优的方案解决这些问题。

现在能做到的就是开发新项目,多元化发展;引进其他种类的果树,特别是经济价值高的;对村民的技术培训再频繁一些;增加基础服务设施建设;专门划拨一定资金用于引进管理人才和销售人才……争取在五年内使年纯利润达到百万元大关。对此,牛社长信心满满。

毫无保留谈办社经验

访谈已接近尾声,我问牛社长:"您做了几年的社长,有什么经验没?"

"合作社生存发展的关键是产品销路问题。解决这一问题的有效途径是选好龙头企业,保持稳定的市场销售渠道,使农民真正能够从加工和流通环节中得益。选择对接的龙头企业可以是系统内的农产品加工、流通企业,也可以是社会上其他部门或民资兴办的农业产业化龙头企业。其次,要坚持开放办社,强化经营管理,促进农民专业合作社的规范发展。合作社要坚持按照合作制原则创办,避免组织体制的企业化倾向。要按照自身追求的目标和价值,以特有的组织方式和运行机制运作,保持独有的社会和经济功能。另外,要逐步提高社员股金在专业合作社的比重,以提升和强化其民办、民管、民享的因素,鼓励社员积极交售产品,按交易量分配,实行二次返利,使合作社经营与农民社员的利益紧密联结在一起,增强农民对合作社的凝聚力和向心力。同样重要的是,要依靠科技进步,不断提升农民专业合作社的经营服务水平。发展专业合作社没有科技支撑,就难以赢得市场和取得较好的收益。合作社必须依靠科技进步,面向社会多渠道引进各类适用技术人才,比如农技大中专院校毕业生,还要注重对合作社干部、职工和业务骨干理论与实践的培训,以提高合作社队伍的整体素质。同时,采取多种形式,加强与大中专院校、科研院所的合作,积极引进市场前景好、科技含量高、增收潜力大的种养项目,提高合作社产品与品牌的综合竞争力。要及时向农民社员传递科技信息,加强对入社农户的技术培训。最后,应加强对流动资金的筹募。任何活动的举办都要靠资金支撑起来,有了资金,任何事都好办了。"

"个人富了不算富,集体富了才算富;老百姓过上富裕的生活,是我最大的目标。要始终保持办事认真、处事公正、经营廉政的工作作风,始终坚持'三平'(政策水平、管理水平、技术水平)、'三守'(守法、守约、守信誉)、'三不倒'(难不倒、夸不倒、吓不倒)的精神。'家有黄金数吨,一天也只能吃三顿;豪华房子独占鳌头,一人也只占一个床位。'作为领导人要乐于奉献,要明富、不要暗富,明的少拿、暗的不拿,钱再多也带不进棺材里,我的目的是让大家富起来而不仅仅是我个人。有效益的发展最科学,没有效益就不科学。作为社长,你不能让大家走弯路,要时刻保持清醒的头脑,办事认真踏实,及时地和村民们沟通交流,多听听他们的意见,集中大家的智慧,这个社是大家的,做什么决定最起码要让大家满意吧。"

最后,牛明信意味深长地说:"办合作社是个好事,但是想把它办好,难啊! 不过,我有信心带领大家致富!"

访谈后记

听到牛社长对未来的期许,看到乡亲们得到实惠的喜悦,我打心眼儿里为他们高兴。然而,在这高兴中,我却多了一些担忧。合作社对于带领众乡亲致富固然有其无可比拟的优点,但也有相对于企业来说天生的弱点:凝聚力不强,社员积极性不能得到充分发挥,很难做大做强。另外,该合作社并未做到生产一体化,这对于产品的质量控制、打造合作社品牌来说终究是拦路虎。

水果协会变合作社　作用不一样
——山东省青岛浦湾泊果品专业合作社社长访谈录

■ 文/王明强

合作社简介

　　青岛浦湾泊果品专业合作社位于山东省莱西市浦湾泊村,于 2007 年 7 月成立,是当地最早注册成立的农民专业合作社。经营范围主要包括:果品销售、生产资料采购以及技术推广,等等。合作社注册资本为 10 万元,现有社员 108 名,包括农民社员 107 名以及 1 个团体社员。该合作社主要依托生产大户成立,主要解决果农在农资采购、生产技术以及产品销售等过程中出现的问题,曾被评为"山东省十佳规范化合作社"。

社长名片

　　王振红,男,48 岁,大专学历,中共党员。自 2007 年合作社成立起担任社长,至今已有 3 年。担任社长的同时,也兼任浦湾泊村支部书记。合作社成立前,王振红主要在当地从事果品销售,也是村里的生产大户,合作社成立后,其个人出资额占合作社总出资的约 10%。

社长感言

　　合作社的成立,不仅仅提高了社员的收入,同时,在很大程度上也提升了社员对于品牌和质量的认识。

访谈报告

　　莱西市孙受镇浦湾泊村位于莱西市西南部孙受镇东北 2 千米处,是一个拥有 211 户农户的自然村。该村是青岛市农业委员会确定的社会主义新农村建设试点村。浦湾泊村的生态果园,被青岛市命名为"生态果树栽培示范园"。

　　大年刚过,在农业局领导的推荐下,我就踏上了前往浦湾泊村的路程。刚走到村口,就被眼前一片片果园深深地吸引了。虽然是初春时节,果园尚没有什么绿意,但却能感受到其中的勃勃生机。通过跟村里的老乡交谈,我了解到,这个村家家户户都种植果树,数量不一,果品收入是本村村民重要的收入来源。

浦湾泊果品专业合作社就坐落在村的一头,进入合作社,社长王振红亲自接待了我,一番自我介绍后,我们的访谈在新年的愉快气氛中开始了,并在访谈的基础上形成了这个报告。

立足协会办社 依托品牌发展

浦湾泊果品专业合作社是在原有的浦湾泊果品协会的基础上发展起来的。《中华人民共和国农民专业合作社法》颁布之前,该村果品主要是村民分散生产和销售。果品种植缺乏必要的技术指导,村民只重视产量而对质量有所忽视。同时,缺乏必要的销售渠道和品牌,销售只能依靠果品商贩。为了增加收入,享受国家的扶持政策,浦湾泊村以王振红为首的一些生产大户在浦湾泊果品协会的基础上,在《中华人民共和国农民专业合作社法》施行的第一时间便积极筹备成立了浦湾泊果品专业合作社,并在莱西市率先登记注册。

最初,由于对合作社缺乏了解,对其发展前景认识模糊,村民只是做初步的尝试。除少数农业大户外,其他人基本上都只愿意缴纳 100 元的股金,而不愿更多地参与到合作社当中来。但随着合作社的不断发展,经济效益的不断提高,村民们不断从中得到实惠,对于合作社的发展也逐渐有了更深入的认识,慢慢接受了这一新型的农业组织形式。

为了促进合作社更好更快地发展,浦湾泊果品专业合作社不仅充分利用本村的资源,同时也积极与其他社会组织合作,寻求发展机会。例如,合作社积极与附近的养殖协会合作,依靠养殖协会提供的有机肥料来提高果品的质量。这不仅扩大了该合作社产品的影响力,还很好地整合了有利资源。合作社积极推动品牌建设,积极申请相关的绿色认证,目前已获得无公害、绿色食品等相关认证。

部门分工明确 拓展销售渠道

合作社目前主要包括三个部门:农资供应部、技术推广部(产品宣传)、产品销售部,分别负责农资、技术和销售。

农资供应主要负责为社员果品生产提供统一的资料设备,包括储藏冷库等,这在很大程度上为社员生产提供了方便。技术推广部主要负责给村民进行必要的技术指导。据王社长介绍,合作社成立之初,为了打出自己的品牌,必须提升果品的质量,但那样可能会造成产量的减少。对此,社员们起初不很理解,于是,王社长带领技术推广人员,深入社员中间说服指导,耐心陈述其中的利弊,才使品牌观念渐渐被果农所接受。果品质量提高了,虽然产量上可能有一些折扣,但品牌的作用慢慢显现。产品销售部则主要负责产品的销售和市场的开拓,表现在:一方面联系大客户批量收购,积极打入周边地区超市;另一方面,在上海果品批发市场设立销售点,使自己的"浦湾泊"苹果品牌为更多的消费者所熟知。

成就足够辉煌　前途依旧迷茫

合作社成立三年来,确实给社员带来了很多实惠。通过统一农资供应,使果农种植成本大大降低;通过技术培训,使果农掌握了科学的种植技术,产品质量得以提高;通过品牌推广,产品销售渠道得以拓展,使果品能够以高价及时迅速地卖出去,不再出现果品滞销。用王社长的话说就是:"合作社的成立,不仅仅提高了社员的收入,同时,在很大程度上也提升了社员对于品牌和质量的认识。"

总体来讲,尽管合作社取得了一定的成就,但是在发展过程中,依然存在很多的问题,表现在:

1. 虽然有较为完备的组织机构,但大部分社员对于合作社仍然缺乏足够的认识,对《中华人民共和国农民专业合作社法》更是知之甚少。甚至包括合作社理事在内的很多合作社领导也对《中华人民共和国农民专业合作社法》以及合作社知识缺乏了解。合作社的发展,在很大程度上依赖政府督促推动和几位骨干的带头,并没有很好地调动起广大社员的积极性。

2. 缺乏资金限制了合作社进一步发展。资金问题主要体现在相关硬件的建设上,包括冷库、水利灌溉设施等。原本的冷库容量较小,已经无法满足销售需要。但是冷库的扩建需要大笔的资金,可是合作社缺少有效的融资渠道,自身积累又不够,政府也没有相应的扶持基金,合作社由于自身的局限性导致融资能力弱、偿债能力低,从而也得不到银行、信用社的贷款,这给合作社的发展造成了很大的阻碍。在访谈过程中,王社长谈到最多、感到最头疼的也是融资问题。

3. 尽管合作社已经通过了相关绿色认证,并着重打造"浦湾泊"苹果系列,苹果质量也不断提高,但客观来讲,还没有形成具备较大影响力的国家级、省级品牌,销售工作还主要集中在周边县市。

4. 政府扶持流于形式,政府在推动合作社发展上仅仅注重形式上的数量和框架,而没有切实深入地对农民进行必要的教育和引导,也没有从根本上认识到合作社对当地果品发展的意义。尽管在创办过程中,政府等相关部门也出台了相关支持政策,但都没有落实到关键点,对合作社融资、合作社知识培训等事关合作社长远发展的问题没有给予应有的重视和扶持。

访谈后记

采访该合作社前,我先是到当地农业局了解了具体情况。相关负责人给了我青岛市的合作社注册资料,我根据注册资本从中选择了家规模比较大的。但采访时却发现,实际情况与统计报告资料不甚相符,单从注册资金来讲,就差很多。规模和发展程度上,更是没有资料上显示的那么华丽。结合我了解到的家乡周边情况,感觉政府在推动合作社发展方面忽视了质量和规范化。很多情况下是每个村都有具体指标,要求建立几个合作社。在各村负责人自己都没有真正了解合作社知识的情况下,如何能真正将合作社发展起来呢?结果大多只能是形同虚设的"面子工程"。基于农民的文化素质普遍不高,政府应该做更多的努力,将合作社的各项发展工作落到实处才是。

团结一心　勇夺中国皇帝蕉冠军

——广东省皇帝蕉专业合作社社长访谈录

■ 文/稻安团队

合作社简介

皇帝蕉专业合作社位于广东省广州市南沙区万顷沙镇,合作社由当地皇帝蕉种植户于2008年1月联合组建成立,现有社员30名,下设多个分社,固定资产80万元,建筑面积12000平方米,冷库面积30平方米。无公害皇帝蕉种植基地达3000亩。到2009年年底总资产为100万元。合作社为社员提供农资

采购服务、技术培训服务、产品销售服务、产品加工服务等,架起市场与社员间的桥梁,合作社以农业为基础,提高产品质量。合作社有皇帝蕉自己的品牌"的贡"。2009年获得"省级农民专业合作社示范单位"称号。

社长名片

梁耀林(图中右三),54岁,大专文化,2008年1月成为合作社首任社长,担任社长前曾在当地农办工作,现在除担任合作社社长外,还兼任广州市水果产业协会会长。

社长感言

当好农业排头兵,服务农民,为建设新农村作贡献。

访谈报告

2010 年 2 月 8 日,我们按照之前与梁社长的约定,乘车前往合作社。一路上,我们看见了许多蕉林,还有众多的河流,小桥纵布,的确具有岭南特色。经过大概三个小时的颠簸,终于来到了皇帝蕉合作社。合作社给我们的第一印象是比较朴实,简单,很实在。没有太多的宣传,给人一种安静的感觉,是一个很实在的现代化庄园。在访谈开始前,梁社长首先向我们简单介绍了合作社培训班内大匾的含义。合作社的目标是希望所有的社员始终记住两点:一是科学种植,二是创造品牌。最终目的就是增加社员收入、共创美好家园。梁社长希望通过品牌的创造,不仅使当代人受益,也让后辈人更多的受益。梁社长拿"新奇士橙"品牌举例,表达了合作社放眼全球、走向世界的愿望。梁社长还带我们参观了收购部门、育苗场、技术部门等,并向我们简单介绍了整个销售流程。参观完以后,我们坐在一起,开始了我们的访谈。

问:据我们了解,社长您还是广州市水果产业协会的会长,在已经存在水果行业协会的情况下,怎么会想到要创立皇帝蕉合作社这样一个组织呢?

答:其实道理很简单,建立合作社主要是将利益切实地送到农民手中。因为中国农民的朴实勤奋是令人感动的,但为什么一直贫穷,原因就在于缺乏引领他们走上致富道路的组织。

从计划经济转到市场经济,这是历史的潮流。而在这个转变过程中,工业、服务行业由于国家的重视以及行业本身资本、人才的积累,能够迅速地实现转型。唯独农业由于人才的缺失,一直停滞不前,不能实现向现代农业的转型。因此,怎么去维护农民的利益,实现农业产业的提升和转型是社会越来越关心的问题。而合作社正好能够较好地解决这个问题。

对于皇帝蕉这个产业来说,大果型香蕉向小果型香蕉的转换是市场选择的必然结果,皇帝蕉作为小果型香蕉中的佼佼者自然备受市场的青睐,而人民收入水平的提高也增加了人们对于皇帝蕉的需求。同时,广东优越的气候、地理条件也决定了皇帝蕉种植的高产,农民也乐于去种植。但是以往的散户种植又容易受市场价格波动的影响,因此,通过组建合作社,实现规模经营,规避市场风险,是皇帝蕉产业发展的必然选择。合作社成立以后,要做的就是提供技术服务、信息服务、种子种苗服务、产后服务等,切实帮助农民提升产品产量和收入水平。

问:合作社刚成立时只有你们 5 个社员,你们都是属于专业大户吗?

答:任何一个行业的发展都需要最初的启动力量,合作社的发展也是这样,需要一批人去探索,去证明它的可行性,所以我们5个人带了头。当然,我们肯定都是专业大户。

问:那农民是不是见到你们做得很成功,于是争相加入呢?

答:农民的加入过程是一个农民意识觉醒的过程。农民有一个最大的特点,就是没有利益就不会跟你走。因此,我们创办这个合作社,我们赚到钱了,农民看到了切实的利益,所以肯定会纷纷要求加入合作社的。

问:你们合作社社员主要有哪些类型?

答:现在我们的社员是分三种类型的:完全分离型、连带型和紧密型。完全分离型社员只是在信息上与合作社发生关系。连带型社员则接受合作社的技术培训,但不参与合作社的统一销售。紧密型社员则全方位参与合作社的活动:接受技术培训、统一采购、统一技术标准、统一销售,等等。

问:平时重大决策都是怎么制定的呢?

答:我们所有决策不需要请示政府,也不受任何团体的干预。一般由发起人提出自己的想法,然后大家一起讨论,大家一致觉得可行,就放手干,不行就先冻住,大家回去想一想,以后再做决定。

问:合作社的主要收入来源是什么?利润怎样分配?

答:合作社的收入主要来源于收购农民的香蕉。然后出售从而获利。在当前阶段,还没有进行过盈余分配。尽管我们也讨论过盈余分配的问题,但是由于存在成本和风险的问题,所以实行起来有很大的困难。农户宁愿以固定的价格卖给

合作社,也不愿承受市场价格波动的风险以及销售过程中的质量损耗。因此,合作社没有二次返利,但有股份分红和合作社公共积累。

问:合作社的资金主要来自哪里?自筹,政府扶持,还是合作社办夜校的收入?

答:说实话,做合作社感觉像做公益事业,而所有做公益的人必定是负债的。商会会长、协会会长等,有了这个名号就必须付出,只有付出才能符合这个名号,绝不可自私。所以,初级阶段所有的资金投入必须是发起人负责的。我做这个社长,必须首先付出。因此,这第一笔资金必然是我付出的。所有成功的合作社大多是这样的。但合作社成立以后该怎么走,从哪里去获取资金,则是合作社目前正在考虑的问题。

问：目前合作社产品的销售区域主要是哪里？

答：目前合作社规模和产量都不大，主要销售区域就是珠三角一带，包括澳门、珠海、广州、佛山、东莞、深圳、惠州等地及其附近。此外，北京、上海、重庆等大城市也对我们产品有需求，每个城市每天都有不低于5货柜车箱的需求。特别是北京，每天向国家机关、外国的驻京机构等配量很大。对于未来，我们打算开发中原、东北、西北的大片市场。合作社最近还和海南进行了一些互动。

问：我们从网上得知你们合作社参与了《无公害皇帝蕉生产技术规程》的制定，可不可以讲讲为什么要参与呢？

答：是的，我觉得参与这个规程是大势所趋的。现在的农产品行业是一个极度不被大众所信任的行业，喝奶不安全、吃药也不安全，好像吃什么都不安全。在这样一个年代，只有讲究信用，合作社才能生存。因此，参与这个规程的制定，使合作社能够提高市场的信誉度，让消费者放心地食用我们的产品。我们的口号是"产品是基础，品质是生命"。因此，参与技术规程的制定，从而对合作社进行产品认证是合作社发展的必然要求。

问：您所在合作社目前发展过程中存在哪些突出问题？

答：皇帝蕉专业合作社是市级示范社，其发展取得了一定的成绩。但是当前合作社仍然面临着很多问题，合作社想要进一步发展必须突破这些问题。一是资金的问题。虽然广大的农民社员已经通过合作社获得了收益，但是对于合作社本身，至今仍处于负债的状态。二是技术的问题。皇帝蕉的种植也面临着来自海南、泰国等地的激烈竞争，其中技术是关键。合作社当前的技术还需要有突破才能有资本与其他皇帝蕉产地进行竞争。三是外部环境的问题。政府至今仍未给合作社以足够的关注与支持。虽然有不少社会热心人或团体给合作社提供帮助，但这还远远不够。合作社发展到现在的情况，需要更多方面的帮助，尤其是来自政府的，不然发展举步维艰。第四是农民素质的问题。和农民打交道不是一件容易的事，目前只有提高农民素质。

问：合作社打算怎样应对来自市场的竞争，打算怎样打造自己的品牌？

答：合作社面临来自海南、泰国方面的竞争，合作社应对的方式只有两条：一是增强品质；二是提高产量，实现规模经营。合作社也讲究营销策略，针对不同消费人群有针对性地进行宣传。为了打响合作社品牌，合作社提出了"农民朋友团结一心，夺中国皇帝蕉冠军"的口号。

问：合作社有没有参与相关技术合作？

答：我们与省科院建立了定点合作关系，省科院每月派人给我们提供免费的技术协助。我们也经常提供一些课题给他们攻关，比方说皇帝蕉的味感、裂皮，等等，然后他们会跟美国的相关机构合作攻关，获得一些资料等。我们也会不定期地请一些教授来讲课，另外，我们也会请社员当中的一些种蕉能手传授经验。我们也会与我国台湾、新加坡、泰国的农业组织进行一些技术上的交流等，例如台湾曾经派技术人员在我们这里驻点半年，与我们开展技术合作。

问：您认为政府、社会应该为合作社提供什么样的帮助？

答：我认为政府应该给予合作社政策、资金等方面的援助。当合作社羽翼未丰时，政府应该承担其帮助合作社成长的责任，当合作社取得了成功以后，合作社就应该回馈社会。此外，合作社也不能孤军奋战，还需要外援，需要整合相关社会力量。

问：能谈谈您当合作社社长的经验吗？怎样才能做一个好社长？

答：我觉得成为一个合作社社长，最重要的是精神，而不是财富。我个人由于经历比较特殊，在政府里面呆过，后来又去了事业单位，专门从事农业技术工作。这些经历给了我很多的感受。有人摸黑赶官场，有人辞官归故里，但我却想退下来为农民办点实事。尽管这个工作过程很辛苦，但是回味起来很幸福。因为我们真的帮助了很多人，改造了很多人。对于怎么当好一个社长，这取决于一个人的个性和社会责任感，取决于一个人能否切切实实地帮助农民赚钱。

问：合作社希望引进大学生吗？

答：最希望的就是社员子女读了大学回到农村，重拾农业，与我们一起搞好农业。

访谈后记

　　通过这次调研活动，我们不仅对合作社有了了解，还锻炼了自己。从起初组队、选点、联系、了解对象、制订访问提纲、实施访问，到最后撰写访问稿，我们小组齐心协力，每天例行讨论，各抒己见，畅所欲言。合作的过程让我快乐，活动的成功让我鼓舞！身为大学生，我们更应该重视对外部世界的了解。多关心国家大事，多了解社会发展。

有了合作社　荔枝走世界

——广东省廉江市良垌日升荔枝合作社社长访谈录

■ 文/林嘉颖

合作社简介

良垌日升荔枝合作社成立于 2003 年 10 月,是广东省首批农民专业合作社之一,位于广东省廉江市良垌镇。合作社成立之初,在市委副书记陈亚德牵头下,与香港日升果蔬公司合作,以"公司＋合作社＋基地"的模式进行运作。后香港日升撤资,合作社自找出口渠道,实行产加销一体化发展模式。经过 6 年的发展,合作社社员由最初的 28 名发展到今天的

302 名,社员遍布廉江、遂溪、坡头、化州县等市,辐射带动高桥、新民、河唇、吉水、红江场、红湖场等多个镇和农场的 3000 多户果农。合作社现有果园面积 15000 亩,拥有资产 600 万元,其中固定资产 250 万元,合作社股金 52 万元,2006 年营销收入 3317.2 万元,盈余 25 万元,股金分红 16 万元。2005年,合作社"广良"牌荔枝获得中国绿色食品 A 级认证。为更好地开拓国际荔枝市场,合作社于 2006 年投资 180 万元建成 600 平方米的冷库和 6000 平方米的荔枝出口加工场,并获得荔枝、龙眼及其他农副产品的出口权证,成为广东省首家具有出口权证的农民专业合作社。

社长名片

马洪俊,具有多年荔枝种植、销售经验,2003 年成立全省首家企业法人合作社——良垌日升荔枝合作社,以绝对优势当选社长,是全省第一个具有企业法人身份的合作社法人代表。

社长感言

国家政策是好的,难就难在如何落实到合作社手中!

访谈报告

苏东坡诗云:"日啖荔枝三百颗,不辞长作岭南人。"唐代诗人白居易也曾这样描述过荔枝:"叶如桂,冬青;华如橘,春荣;实如丹,夏熟。"因此,走进良垌荔枝合作社,也就走进了荔枝背后的春夏秋冬。怀着好奇与期待,2010年2月10日上午,我们来到了廉江市良垌镇日升荔枝合作社。进入合作社办公室,首先映入眼帘的是高高悬挂的"省级优秀品牌"的横幅,简朴干净的办公室因此显得充满喜气与活力,原来,合作社的"广良"牌荔枝刚通过了认证。办公室的前厅设有一柜台,摆放着种植荔枝所需的各种农药与肥料,不时见到有农民来采购。就是在这里,我们见到了合作社理事——杨主任。

杨主任正值壮年,文质彬彬,举止得体,对年轻人也非常尊重。我们道明来意后,他便侃侃而谈,向我们讲述了合作社成长的历史。

回首过去——点滴见辉煌

合作社成立于2003年9月,是广东省首批农民专业合作社之一。当时是在市委副书记陈亚德牵头下,与香港日升果蔬公司合作成立最初的合作社,并以"公司+合作社+基地"的模式进行运作。当时社员只有28户,荔枝种植面积仅2000亩。后来香港日升果蔬公司由于在保鲜技术方面存在问题退出了合作,但是合作社坚持了下来,自主开辟销售渠道。秉着"民办、民管、民受益"的原则,实行经营自负盈亏、自我服务、民主管理、利益共享、风险共担的营运机制。合作社创品牌,努力开拓国内超市和国际市场,促进荔枝产业化发展和农民增收。到目前为止,合作社社员已经发展到302名,遍布廉江、遂溪、坡头、化州县等市,辐射带动高桥、新民、河唇、吉水、红江场、红湖场等多个镇和农场的3000多户果农。合作社荔枝面积也发展到现在的15000亩,拥有资产600万元,其中固定资产250万元,合作社股金52万元。2006年实现营销收入3317.2万元,盈余25万元,股金分红16万元。2005年合作社生产的"广良"牌荔枝通过了中国绿色食品发展中心的A级认证。合作社于2006年3月被廉江市国家税务局认定为一般纳税人。为更好地开拓国际荔枝市场,合作社于2006年投资180万元建造600平方米冷库和

6000多平方米荔枝出口加工场,并获得荔枝、龙眼及其他农副产品出口权证,成为广东省首家具有出口权证的农民专业合作社。这为出口农副产品提供了更大的服务平台,使农民专业合作社也能适应当今的世界多极化、经济全球化和中国企业国际化的需要,合作社之路越走越宽。

立足今日——信息化促发展

今天的合作社方兴未艾,为社员提供了各种各样的服务,具体体现在:

1. 解决了产品的销售问题。合作社给农民提供销售渠道,帮助农民找到买家,使农民收入的实现有了保证。比方说,如果农民单独销售荔枝,由于对市场的不了解及一些商家的压价,每公斤荔枝售价仅为 6 元。有了合作社的协调控制后,集体售价能升至每公斤 6.2 元。若一个社员有 10 亩地,每亩可种 60 棵树,每棵产量 75 公斤,这样便能使农民一年增收 9000 元。

2. 解决了生产技术问题。合作社经常举办一些培训讲座,允许社员和非社员都参加,因此,虽然正式社员只有 302 人,但每次参加人数都有 1000 人左右。越来越多的农民意识到生产技术的提高对荔枝种植的重要性。

3. 解决了产品保鲜加工问题。合作社拥有冷库设备,供荔枝保鲜之用,使广良荔枝远销海内外,其中大部分销往欧美、俄罗斯及东南亚国家。

4. 推进了良垌镇新农村建设。"加快新农村建设,走信息化道路"的标语赫然贴于办公室的墙上,表明合作社的决心。合作社利用计算机技术调控生产,对社员的施肥、喷药、整枝修剪等进行统一管理。同时,通过手机短信方式将施肥喷药时间、荔枝上市信息、荔枝培养技巧等信息及时告知社员,使合作社与社员之间的交流更方便有效。

5. 丰富社员生活。每年该社都对产量高、品质好的农户进行表彰,并组织他们到各处旅行。北京、张家界等地都留下他们的身影,而今年他们计划前往马来西亚。

合作社以最淳朴的方式阐述了合作社的定义:联合在一起好好干。也正是这个信念支撑着合作社走到今天。

展望未来——新时代的困惑

合作社目前发展面临的最大问题就是资金的短缺。由于资金短缺,政府部门也没有给合作社足够的资金支持,合作社冷库等基础设施难以进一步增加。因此,尽管有更多的农户希望加入合作社,而该社却显得有些有心无力,难以继续扩大规模。

与此同时,尽管国家免征农业税及颁布《中华人民共和国农民专业合作社法》后,一方面减轻了农民负担,而另一方面却无形中激化了合作社与工商局、税务局等单位的矛盾,一些政策与工商局、税务局的利益和原有政策相冲突,使一些优惠政策执行起来有困难。此外,即使合作社有国家专项拨款,但是由于官场的猫腻和行业的潜规则,这些下拨款在经过层层下拨后也已变得微不足道。一心希望扩大生产规模、办好合作社的杨主任对于这一切只能摇头叹气,无可奈何。

走访农户——甜蜜后的辛酸

推开虚掩的铁门,我们走进了一个社员的荔枝园。正值荔枝等待开花的时节,一串串小小的花蕾挂满枝头,虽带着一份青涩,却是那样饱满爽朗,仿佛在努力呼吸着带有阳光味道的空气。几经迂回,我们找到了在树上忙碌的社员。在这个季节,他们都需要爬到树上,摘掉荔枝花旁的树叶,以保证花蕾得到充足的养分。种植面积较大的农户,还需要雇请几个工人,共同完成这项看似简单实则繁杂的工作。

一位社员从树上爬下,愉快地和我们聊天。从谈话中,我们了解到,每个社员的产品去向大致分为三块:一些"大老板"会到荔枝园收购部分产品;自己会销售一部分;剩下的产品将由合作社代销。当问及近几年收成如何时,她却直摇头:"不行啊,不行啊……"原来,这几年来,由于物价上涨,荔枝所需的各种农药化肥都涨价不少。同时,由于供过于求,荔枝的价格却是不升反降。例如,在20年前,"贵妃水果"价格为每斤二十元,而现在则逐年下跌,由几年前每斤十元跌至现在的每斤三到四元,甚至更低的每斤两元。但是社员一家的生计都得靠这几亩薄田,即使将荔枝树砍掉改种其他作物,这也是得不偿失的。"我们年纪也大了,进城打工人家恐怕也不收我们喽……"这位社员员感慨地说。当被问及国家税改和合作社销售保护是否对这一现状有所改善时,她表示是有一定帮助的,但是在这种大环境下,国家对合作社的帮助显然是杯水车薪。

粤曲《荔枝颂》中曾这样唱道:"说荔枝,一果一木来非易,多少园丁挥汗雨,换来万紫与千红。枝垂锦弹含春意,隔山隔水,心连心,献给四海五洲兄弟,万般情意。情如荔蜜甜,心比荔枝果核更细致……"也许正是出于对这片土地的热爱,让他们选择坚守在这片土地上,然而坚守换来的却是生活的举步维艰。通过这次调研,我们深刻感受到,要想解决社员的实际困难,必须使国家下拨的款项真正落到实处,用到合作社当中去,让社员真正受惠。而这不仅仅取决于国家的政策,更取决于官员的廉洁与执行。

告别了社员,我们离开了郁郁葱葱的荔枝园。阳光下的叶子镀上了金边,一番欣欣向荣的景象,不知道它们是否也知道身后主人的苍凉与辛酸?

访谈后记

我相信良垌日升荔枝合作社面临的问题,也是众多中国农民专业合作社在成长中所难以避免的。唯有以经济作基础,一切上层建筑才能得到很好的建设。在这次采访中,我们真正地接近了现实的中国农村生活,也看到了社会的严峻现实与中国农民的困惑。作为岭南人,我们又能为家乡的发展做些什么?这成了采访后我们思考最多的问题。希望该合作社在今后的发展中能战胜困难,取得质的飞跃,也希望国家能够把优惠政策落实下去,让老百姓得到真正的实惠!

云腾苍岭茶千亩　鹤飞长空寿百年

——浙江省湖州市云鹤茶叶专业合作社社长访谈录

■ 文/郎　斐

合作社简介

位于浙江省湖州市德清县著名风景区——莫干山附近的云鹤茶叶专业合作社成立于 2003 年。合作社成立以来，紧密联系茶叶种植加工及销售大户，按照"自愿、有偿、互助、互利"的原则，目前已发展社员 118 名，茶叶种植面积达 3000 多亩，带动农户 1000 余户，辐射面积达 1 万余亩。主要经营茶叶品种——莫干黄芽。在 2008 年，合作社实现销售收入 918 万元，税利 183.6 万元，被评为浙江省级示范性农民专业合作社。合作社自成立以来，多次参加了茶叶博览会，均取得好成绩，颇受业界的赞赏。

社长名片

沈云鹤（左一），47 岁，自合作社成立伊始便担任了社长一职，至今已有 7 年，高中毕业的他，当过村书记，做过技术工人，从事茶叶经营已有 21 年。在政治上，他是德清县第六、七届政协委员，省级农民负担监督员，对现有的法律条例及政策了解十分透彻，他也曾经参与相关法律草案的拟订，亦积极投身于为农民争取权益的行动中，受到社员及当地人民的好评。

社长感言

大公无私，脚踏实地，要做好事首先要做好人！

访谈报告

2010 年 2 月 24 日下午,我来到云鹤茶叶专业合作社在武康镇的售货店对沈云鹤社长进行采访。在采访过程中,我发现沈社长的合作社知识非常丰富,健谈又可亲的他,对我的到来十分欢迎,下面就是我们访谈的主要内容:

政府拨款　社长挑大梁

问:您好,沈社长,很高兴今天您能抽空接受我的采访,非常感谢!

答:我很高兴能够接受采访,请尽管问吧,我知无不言,言无不尽。

问:那我就直接开问了,请问当初是由谁发起创办合作社的,您个人还是政府或是另外的什么组织?

答:是政府发起的,当初是政府直接给我 10 万块钱,让我挑大梁,当这个合作社的社长。

问:那您知不知道为什么政府要创办这个合作社?合作社刚开始创办的过程中遇到了哪些困难呢?

答:当初政府成立合作社是因为想把农民组织起来。你也知道,虽然我们县种植茶叶的总面积不小,但是规模都不大,散户太多,也没有自己的品牌,在市场上竞争不过人家,所以,政府就打算让这些散户联合起来,于是就创办了这个合作社。而创办初期的问题么,肯定是有的。社员们的文化水平都不高,相当一部分人都没读过书,对于政策问题、市场方向等都无法把握,而且,其中最大的问题就是,他们的小农思想根深蒂固,只想捞好处,却不想付出,可天底下哪有好处让人白捡的呀。所以当初在对待社员的问题上,着实费了一番工夫!

取经温岭　辛苦只自知

问:那合作社创办以后,是怎样一步步成长起来的?又遇到过哪些困难,是如何解决的呢?

答:浙江的合作社在全国范围内都算办得比较成功的,我们合作社也是县内最先成立的几家合作社之一,在本县基本上没有可以借鉴的合作社,所以我们就组织人员去温岭(温岭是浙江省农民专业合作社创办比较早和成功的地区)参观学习考察。现在我们合作社的许多规章制度就是那时候定下来的。我们还对社员进行培训,并请技术人员对社员的茶叶种植进行技术指导。而我主管的销售这一块,也积极地开拓销售渠道。其中的辛酸和辛苦也只有真正参与其中才能体会得到,所以,现在看合作社创办得那么成功,自己真的感到很欣慰,觉得付出都有了回报。

运作规范　专攻有机茶

问:合作社目前设置了哪些部门?是如何进行日常管理和重大决策制定的?

答:我们合作社下设了销售部、农资部、研发部几个部门。销售部是我在负责,相对其他部门,是比较独立的。合作社拥有一个大型的加工厂,负责那些小产量社员茶叶的加工,而一些比较大的生产大户则拥有自己的小型加工厂,本部就负责质量的验收和包装。员工聘请的基本上是相关专业的全职人员,而有些像会计、技术顾问等并不是需要每天都在的,为了节省支出,都是兼职的。目前合作社主要是我个人在负责管理,毕竟我对合作社是最为了解的,而碰到重大决策问题,像入社退社之类的,就会召开社员代表大会或者理事会会议决定。

问:合作社近几年来的财务情况如何?目前合作社的运作过程存在哪些问题呢?

答:就近几年而言,合作社的发展状况是相当好的,收入也比较稳定。我们是专攻有机茶,近几年的市场反响不错,而我们绝大部分客户也都是熟客,客源相对比较稳定。虽然现在有很多企业都是按股分红的,但这对于我们这样的合作社显然是不现实的。先不说当初社员入社都没缴纳股金,现在每年社员的供货量都不稳定,这让合作社很难调配。所以我们是实行返利,按每个社员最终的交易量进行利润分配的。而目前最主要的问题是合作社达到一定的规模后,很难发展新社员,因为我们的社员都是精挑细选的,对想要入社的人员要求比较高,因而合作社规模很难进一步扩大,再上一个台阶比较困难。

服务社员　外部环境好

问：合作社为社员带来了哪些好处？对当地其他农户和产业发展又带来了哪些好处呢？

答：对社员的好处是显而易见的。合作社为他们提供了技术指导，这些都是免费的；为他们提供一个品牌，他们基本上是没有付出什么；另外，合作社为他们开辟了更多的销售渠道，提高了他们的销售价格。以前，许多散户因为规模不大、产量不高、质量参差不齐，在销售过程中常常碰壁，而现在合作社统一

收购销售，规模扩大很多，质量也有了保证，出去与人家谈判时，底气就很足，会为社员争取最大的利益。而对其他产业的好处肯定也是有的，例如，看我们合作社创办得那样成功，德清县就兴办了很多合作社，将农民的力量联合了起来，这算是为社会做了一个好榜样吧！

问：您对现在合作社发展的外部条件满意吗？比如政府的支持。

答：我上面已经谈到，我们合作社也是由政府创办的，所以政府对我们合作社工作还是很支持的，特别是农业局等主管合作社的部门更是给了合作社许多的帮助，给我们免税的待遇，这大大减轻了我们的负担。但是，你也知道，尽管我们合作社规模较大，但是和一些企业相比，那是远远不如人家的。所以政府的关注和支持度相应的还不是很够。除了政府，外界也给了我们合作社许多的帮助与扶持。总体来说，我对合作社现在的外部条件还是很满意的。

做大做强　管理要跟上

问：请您谈谈影响合作社进一步成长的因素和远景展望？

答：其实我本人觉得，对于合作社的发展光说是没有用的，最关键还是在于行动。所以我也不能很具体地说，只能说个大致的方向，那也是我们全

体合作社成员的愿望,就是把合作社进一步做大做强。就如我上面提到的,社员的茶叶种植规模限制了合作社的进一步发展,所以,要进一步扩大合作社的规模,我们就需要吸收更多的社员,但由于我们要保证产品的质量,我们对社员还是有一定标准的,所以,我希望以后,保持准入标准的同时扩大社员人数。但是社员人数增多也会给我们合作社的管理增加难度,因为农民大部分以利益为先,缺少诚信,他们会私自违反规定,擅自把茶叶卖给其他价高的收购者,又不会听从合作社的建议,所以管理将会成为一个大问题。所以下一步我们也将在管理上有所运作,引进高水平的专业管理人才。总体来说,我对合作社前景还是十分看好的,因为我相信自己,也相信社员7年来对合作社的感情,会使我们克服困难,一步一个脚印地走向未来。

一路走来　感触何其多

问:现在我要问一些相对个人的问题了。您当初是如何当上社长的?是否一直想做下去?以前的工作经历对您担任社长有何帮助?

答:首先政府打算组建合作社时,就把建立地点选在了庾村,因为我以前就是这个村的村干部,在村里威信较高,而且我本人又多年从事与茶叶相关的买卖,对这方面的工作比较了解,所以,政府就选定让我挑大梁,带领大家一起致富。刚开始我觉得这个差事责任大,又麻烦,不是很想干。说实话,那时候心里想自己办个私营企业,钱赚得肯定比合作社多,但后来想想,不应该只考虑一个人致富,也要帮助乡亲们一起致富,所以就同意了。而我个人的性格是要么就不做,要做就要做好,所以我一旦承担起社长的责任,就绝不会半路放弃,一定会坚持做下去,哪怕将来遇到再多的困难也不会轻易放弃的。这么多年,在这个职位上,我已经习惯了,也越来越得心应手,而且,看着合作社慢慢成长,就像看着自己的孩子长大一样,感情真的是很深了,所以,我会一直做下去的。

问:您平时的工作主要是哪些?您是怎样管理合作社的,哪些事最让您操心?

答:我刚才说了,我主要负责销售这一块,还有加工厂。而像研发部、有机厂,因为我只有高中毕业,文化水平低,对这些不了解,所以主要交给专业的负责人,我只是定期看一下成果。但是就销售来说我是很在行的,从销售点的选址、装修、销售员的招聘、大型客户的联络,都是我亲自负责的,也负责定期召开社员代表大会和理事会,听取社员的意见,对工作的方式进行修改。其实,虽说合作社是有许多社员共同联合的一个组织,但是,他们并不参与合作社的管理,甚至可以说,他们只管自己家的有关事宜,另外的一概不管,全部都是我在负责。而管理过程中,销售部、加工厂等都是比较好管理的,毕竟人数不是太多。最头疼的是社员的统一组织,因为人都是自私的,而他们又没有多大的远见,所以,要把他们统一组织起来着实不容易。

问:从您当社长的经历来看,您认为如何才能当好一个社长?

答:其实这个问题很难回答,因为就和你们学习一样,问你怎样能把学习学好,你会怎么回答呢?应该说每个人的情况不一样,应该找最适合自己的方法。当社长也是如此,我只能说我的做法比较适合我们合作社,所以我成功了,但同样的方法放到别的合作社就不一定会成功。而从我的角度来说,我认为当好一个社长,魄力和威信是必不可少的,这是一个领导者所必需的,不管在哪一个行业都是。而合作社中,领导者更需要大公无私、一视同仁。因为,合作社是由社员组成的,虽然也有利益关系,但这并不能成为社长区别对待

的理由!还有就是要使合作社规范化,因为合作社是农民组成的企业,本身就不如那些正规的企业规范,如果再不强调,那很有可能导致合作社秩序的混乱,无法再运营下去。不是有句话叫"没有规矩,不成方圆"嘛!此外,还要跟着政府的政策走,只有这样才能更好地发展。

问:从合作社发展的经验看,您认为如何才能办好合作社?

答:关于社长在其中起到的关键作用我就不多说了,虽然社长真的很重要。另外,就是需要社员的配合以及政府的支持,其实外部的环境是很重要的,现在国家很重视"三农"问题,加大对农村发展的投入力度。所以,现在合作社发展的外部环境很好。社员的凝聚力也很重要,但是社员的凝聚力不是短期就可以产生的,只有通过慢慢渗透,通过合作社有意识地去引导,才能形成合作社的凝聚力,这需要耐心。再者,对市场需求的把握也很重要,比如我们在做广告时,我们就应该着重迎合市场对有机茶的需求,大力打造我们的品牌——"莫干黄芽"有机茶。其实,有关的因素真的很多,我这里只简要地讲这几点。

问:那当社长对于您个人而言有什么收获?

答:这个问题真的说到我心坎里去了,其实,当了社长之后,对于我个人

的能力真的有很大的提升。虽然一开始我把合作社当做一个负担,但随着合作社工作的开展,我真的喜欢上了这份工作。因为每次只要一想到自己帮助了那么多农户提高了收入,改善了生活水平,我就觉得很满足。精神上很富足啊!而且,合作社遇到的大大小小的困难,也锻炼了我,使我敢于迎接挑战。

问:问题就这些,再次感谢您接受我的采访。谢谢!

答:不用这么客气,希望下次还有机会。

访谈后记

采访之后,我发现,对于合作社而言,一个优秀的社长是多么重要和可贵,社长将直接决定一个合作社的兴衰与成败。在社员不理事务,资金又有限,不可能聘请高级管理人才,几乎所有的管理工作都是社长一力承担的情况下,我们可以想象,这对社长的能力要求是多么高的。现在,"三农"问题已经引起国家的高度重视,国家也对农村的建设投入了更大的力量,那作为农村产业链中很重要的一个组成部分,农民专业合作社更需要引起社会各界的广泛关注和重视。

千岛云云　茶香四溢

——浙江省淳安县云源茶果合作社社长访谈录

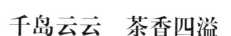

■ 文／吴露晖

合作社简介

云源茶果合作社位于浙江省淳安县宋村乡镜洪村,成立于2008年7月,现有社员102名,注册资金100万元。2008年注册了"千岛云云"牌茶叶商标。社员共发展良种茶叶基地2000亩,无公害茶叶基地1500亩,平均亩产值达3000余元,年度产值达450多万元。它是一个实行合作经营,集名优茶的栽培、加工、销售为一体的"独立核算、自负盈亏"的农民专业合作经济组织。近年来,在各级党委政府的重视、支持和业务部门的精心指导下,合作社紧紧围绕"农业增效、农民增收"目标,充分发挥本地优势,大力推进茶叶产业化,在合作社内强质量、扩规模、创品牌、增效益等方面取得较好成效的同时,千方百计帮助农户解决在茶叶生产、加工、销售过程中存在的实际问题,真正发挥了农民专业合作社的桥梁纽带作用。

社长名片

张志木,男,55岁,任社长时间为1年,2009年后由其儿子接任,但合作社大小事务主要还是由他来决策、处理的,实际上仍然是他在肩负着整个合作社的担子。张社长是个老实淳朴的生意人,工作上踏实肯干,勤勤恳恳;生活上朴实忠厚,简简单单。在创办合作社之前,张社长也是从事茶叶销售工作的,由于他工作努力,在2007年被评为"淳安县宋村乡茶叶销售大户",并得到了一定的物质奖励。

社长感言

一定要尽自己的能力,一心一意为老百姓办点实事。

访谈报告

2010年2月22日,我来到淳安县云源茶果合作社门市部,对张社长进行了访谈。通过这次访谈,我对淳安县云源茶果合作社的创立、成长和未来的发展有了一个基本的了解。

立足市场　合作生存

张社长在办合作社之前是做茶叶销售生意的,在宋村乡属于茶叶销售大户。2008年,在国家政策扶持、政府引导下,他和一些亲戚朋友一起成立了淳安县云源茶果合作社。

合作社所在的宋村乡镜洪村历史上就是一个茶叶生产大村,而且形成了自己独特的茶叶生产销售模式——"采茶不制茶,制茶不售茶,贩茶不种茶"。虽然在茶叶生产销售的各个环节都有分工,但是各家各户之间都是分散经营,没有统一的销售渠道,也没有良好的市场信息平台,因而都未能形成一定的规模,各家也是小买小卖,很难形成品牌效应。张社长希望能通过各个农户之间的联合,整合村里的力量,形成一条较为稳定的产业链,使各个农户的利益最大化,能够让大多数的农户都受益。因此,他在村中首次提出了创办农民专业合作社的设想,加之当时县政府正在大力推广农民专业合作社,对创办农民专业合作社有一些政策上的优惠。趁着政策的春风,张社长在2008年7月正式领办云源茶果合作社。

得益于县政府、乡政府的大力支持,合作社在创办之初较为顺利,没有遇到较大的困难,唯一让张社长觉得比较麻烦的是办理合作社需要的各种证件。创办合作社,需要办理经营许可证、卫生许可证等四种证件,而且每种证件的办理周期都很长,需要的手续也很烦琐。最后张社长还是在熟人的帮助下完成了这些证件的办理。在创办的初期,由于合作社还没有完全走上规范运作的道路,收益并不是那么乐观,而农户们又比较注重眼前的利益,因而对合作社产生了一些质疑。但是在张社长优先保证农户利益,并开办培训班等惠民措施的推动下,大家纷纷打消了疑虑,加入到合作社的行列中来。

规范管理　创新发展

淳安县云源茶果合作社成立之后,为了能够更好、更快地发展,进行了一系列的体制和机制创新。合作社按照合作制原则和现代企业制度的要求,结合自身的特点,在自主经营、民主管理、利润分配、原始积累的基础上发展和建立了自身独特的运行机制。在创办初期,合作社就制定了《章程》,并将其作为合作社的基本纲领。《章程》确定了社员代表大会为合作社的最高权力机构,理事会为日常执行机构,实行理事长领导下的总经理负责制。根据业务需要,合作社下设质管部、营销部、财务部、办公室、生产加工等部门,各部门各司其职,互相配合。为了降低千家万户农民分散进入市场的风险,确保社员的利益不受损害,合作社对社员产品采取保底收购价。保底价比当日平均每公斤茶叶的市场价高 10 元以上。为了方便社员,合作社规定,不管天晴下雨,不管白天黑夜,社员凭社员证随时都可以与合作社交易。社员除了能按时获取初次交易的利润外,年终还按与合作社的茶叶交易量,享受合作社的二次返利。

合作社成功的关键和难点均在于利润分配。为了明确利润形成、分配的"来龙去脉",合作社《章程》又规定了所有资产经营收支等财务必须设立明细账,合作社当年经营所产生的利润按 40% 用于股份分红,20% 用于设备改进、技术培训、品种引进等积累基金,20% 用于社员二次返利,10% 用于社员困难互助基金,10% 用于企业公益金分配,并规定任何单位或个人未经社员代表大会同意,均无权平调社内的资产。

为了增强社员的凝聚力,提高合作社内在的活力和发展的生命力,合作社建立了一套民主管理、民主决策的机制:一是民主的选举制度,实行一人一票,合作社理、监事会成员民主选举产生;二是民主决策,每年召开一次全体社员大会,并不定期地召开社员代表大会,民主讨论和决策重大问题,使每个社员能充分发表各自的意见和建议;三是提高财务管理的民主、公开制度,制定了符合本社实际的《财务管理制度》,定期实行财务公开,接受社员的监督,并主动请镇政府相关部门进行审计;四是制定了各项规章制度和管理制度,如车间卫生制度、仓库管理制度、安全生产责任制度、生产操作人员职责等,使各项工作都能有章可循。

在扩大生产的同时,合作社进一步拓展发展空间,派出专职营销人员积极开拓当地、外地市场,努力寻求志同道合的茶叶销售商加盟。同时,合作社积极建立健全销售网络,一方面在浙西茶叶市场寻求好的销售商,另一方面,通过建立介绍自身产品的网页和扩大宣传广告等方式,进一步扩大品牌的市场知名度。2008 年,合作社注册了"千岛云云"牌茶叶商标,积极推动了有机茶的生产发展,产品享誉省内外。通过申请茶叶商标,合作社已经在品牌化经营的道路上迈出了坚实的步伐。

团结农户　争取双赢

合作社涉及茶叶种植、加工、销售等各个环节。为了进一步组织、带动农民闯市场,合作社紧紧围绕茶叶的种植、生产、加工等环节开展标准化建设、技术信息共享、资金互贷等活动。一是严格生产规划,狠抓茶叶质量。合作社本身设立监督机制,对自身存在的不规范处进行改进,并通过社员代表大会等形式,使合作社的成员形成信息共享、民主监督、利润分配、风险共担的机制。为了把好产品的质量关,合作社建立了一套完整的管理方法和企业执行标准。如统一防病治病标准,统一施肥、培育标准,统一鲜叶采摘标准,统一制作工艺流程标准,统一产品的包装标准,等等。凡在生产加工过程中发现有弄虚作假,或是以次充好行为的,合作社均予以除名,并取消其产品的品牌使用权。二是开展技术培训,努力为社员排忧解难。依托茶叶专家的指导,为社员提供产前、产中、产后的技术服务。合作社先后安排5万元作为开展技术培训、交流、示范等活动的经费,2009年在乡政府的帮助下组织了两次培训,邀请县茶叶专家授课,经常请有技术的社员对其他社员进行名优茶的栽培、采摘、加工等技术上的辅导,同时根据市场需要,及时把各有关茶叶的信息传递给合作社成员。三是切实履行信息共享、资金互助、资金互贷的原则。合作社每年从经营利润中提取一定的资金用于社员生产资金的周转或下年度科技培训费用,以利于社员和茶农扩大种植规模,确保产量稳步上升。此外,加工企业还可以通过合作社对社员施肥和用药的控制,保证茶叶的质量,提高产品(茶叶)的等级,增加合作社茶农的收入。四是树立忧患意识,积极开创自己的品牌。在狠抓生产质量的同时,积极参与品牌的创立、推广和宣传。

由于这些措施,合作社在当地农户中的威望越来越高,信誉越来越好。如今在镜洪村中已经有80％的人加入了专业合作社,并且村里的村长、村支书也都在合作社中任职,帮忙看管每年茶叶的种植和采摘过程,村里对合作社也提供了很大的支持和帮助,使得合作社的发展更为顺利。随着专业合作社的不断发展壮大,入社茶农的收入也不断地增长。2008年,一般茶农一亩茶叶纯收入为3000元,2009年达到3500余元。社员都这样说:"加入合作社风险小了,收入高了,生活水平也提高了。"

面对合作社如今发展的良好态势,张社长对合作社的发展充满了信心,他希望自己的合作社能够在2010年成为淳安县"县级示范农民专业合作社",希望"千岛云云"商标能获评为淳安县知名商标,希望合作社的社员人数能超过 1000 名,能使镜洪村的村民 100％加入,希望合作社未来的年销售总额能突破千万元。虽然这些目标比较遥远,要走的路还很长,但我在张社长的眼里看到执著与希望。2009 年,张社长让他在杭州电子研究所上班的大儿子辞掉了工作回来打理合作社。张社长说自己年纪大了,精力不如年轻人,而且自己也没什么文化,而读过大学的大儿子一定比自己强。张社长表示会领着自己的儿子再做一两年,等他完全上手,能担大任后自己就可以退休好好休息一下了。或许大学毕业的儿子回来帮助张社长,才使得张社长对合作社未来的发展有了更多的期待。而政府在这方面的大力支持也使得张社长对合作社的未来充满了信心,他希望能让更多的农户享受到合作社的好处,能通过自己的踏实努力、诚信交易,打响自己的品牌,能为家乡的农村建设贡献自己的一份力量。

访谈后记

　　在对云源茶果合作社进行走访后,我看到了这个新生的还在成长的合作社所具有的旺盛的生命力,也感受到这个合作社一定能够在未来走向辉煌。张社长朴实诚信、艰苦努力的作风,加上他儿子专业的知识和先进的理念,必然能使云源茶果合作社踏上快速的发展道路。有一点缺憾的是,虽然政府支持并大力倡导发展农民专业合作社,但是在淳安,合作社大多都只是个体户经营的类似于家族式企业的组织,合作社的各种决策都是由几个人谈谈了事,真正规范的农民专业合作社很少,而且都缺乏一定的规模。

茶叶里的芬芳与苦涩

——安徽省天方大山有机茶专业合作社社长访谈录

■ 文/常光虎

合作社简介

安徽省石台县大山村是全国闻名的富硒村、长寿村,安徽省天方茶业集团大山有机茶专业合作社就位于这块宝地。该专业合作社是由天方茶业集团牵头成立的,创办于2005年11月,是石台县第一家茶叶合作社。合作社注册资金10万元,地点设于大山村村委会办公楼。现有社员110名左右,2009年销售总额80余万元。大山有机茶专业合作社主要经营茶叶,开展与茶叶有关的各项活动,如统一采购农资、在茶农与公司之间协调沟通、对茶农进行技术指导、收购农民合格茶叶等。合作社的创办受到相关部门和机构的支持,农委及供销社等部门都曾提供技术及资金等方面的支持。成立后的合作社给大山村的村民带来了丰厚的收入,同时也带来了相关产业的发展,提升了大山村及周边村的经济水平。

社长名片

王自健(左一),42岁,大山村人,中共党员,高中文化。2008年起任大山村村长,同时兼任合作社社长。王社长担任社长和村长双重职务,平时工作很辛劳。除了村里的事务,还得忙于协调社员们、合作社理事们与公司间的沟通。王社长家里2009年有茶园约20亩,采摘到的茶叶都统一交给了合作社,和其他社员的茶叶一起卖给天方茶业设在大山村内的茶叶厂,约获得人民币8000元。

社长感言

合作社的创办对大山村的经济有不少拉动啊！

访谈报告

2010年农历正月初九,笔者走访了位于安徽省池州市石台县的大山有机茶专业合作社。由于年前已经去过该县的省级农业龙头企业天方集团(合作社是由它发起创办的),采访前的铺垫都准备得差不多了,事情进展得比较顺利。

大山村地处偏僻,道路崎岖不好走,笔者早上9点出门的,下午1点左右才到。在大山村较为简陋的办公室里,笔者见到了合作社的王社长,简短的交谈之后,我们开始了正式的访谈,以下是访谈的主要内容。

龙头企业领办的合作社

问:为什么想到办个合作社?

答:我们这个大山村位置比较偏僻,山坡多,平地少,比较适合种植茶树。合作社未建立之前,村民们靠茶叶吃饭的人就已经比较多了,只是当时茶叶价格比较低,销路不怎么好而已。2005年,天方茶叶集团在这边搞了个茶厂,跟我们村建议一起搞个合作社,村里开会商量,这是个好事情啊,起码茶农茶叶的销路有了保证。一合计,大山有机茶专业合作社就这么成立了。

问:合作社是如何办起来的?在合作社创办的过程中遇到过哪些困难?如何解决?

答:当时天方茶叶集团派人来和我们接触,我们选择了部分村民代表,加上村委会的几个干部一起开会研究,包括成立合作社的可能性,成立后对村民、大山村和天方茶业集团的好处,等等,还有就是企业要保证收购合作社茶叶产量的80%以上,这对于我们茶农来说是个不小的好处。当然了,也有些村民反对,他们大多是些种植技术比较强的,茶叶卖得比较好的人。这些人认为合作社成立了,对他们而言价格可能会降下来,因为他们认为自己卖,价格肯定比大规模地被收购要高,而且那些人对自己的销路比较自信,认为成立合作社反而可能给一些销售渠道少的茶农带来好处,对他们而言就没什么益处了。为此,我们和天方茶叶集团讨价还价,最后达成一个妥协,即茶农保质保量提供茶叶,天方茶叶集团分等分级地收购茶叶80%以上。根据茶叶的采摘标准给茶农钱。还有一点,可能最让那些人放心,就是保证给茶农的价钱在市场价之上,并且每年按照合作社跟茶厂交易额的10%返利给茶农,同时给大家提供技术指导以提升茶叶的产量,从而消除了各种障碍。

平稳运作

问:你们合作社具体是如何运作的?比如有哪些成员,哪些部门,他们平时主要都干什么呢?

答:我们合作社现有社员110多名,基本上村子里的农户都加入了。社里有理事会和监事会。这张表你先看看(王社长递给我一张表,表上是合作社第二届理事会和监事会名单),理事会有9人,村里的村长任理事长。前年我被选上当了村长,理事长也就我来当了。其他的还有副理事长3人,委员5人。监事会有3人,监事长由上任理事长也就是上任村长担任。这个组织结构还是比较科学的吧。我们社里的大多数事情是由我做决定的,比如讲日常的管理、和外面茶厂的接触、协调动员社员等。重要的事情是我们理事会商量的,像采购农药和引进新品种啊。这些大一点的涉及利益的事情不和委员们商量,他们会有意见的,也不便于工作的开展,他们有些也是村里的干部,我们在村务上也是要在一起共事的。

问:有没有财务部门和专门的会计?

答:这没有,但财务的一些基本的账面还是每年都记的,都放村里呢,由村里请的会计和出纳帮忙做。

问:那他们的薪酬也是放村里算喽?

答:对,因为我们合作社的资金本来就很紧张,没多余的钱另请人啊。你看我们这个办公室平时也都没人的,只在开会或是要采茶时才有人专门坐这儿。

以服务茶农为宗旨开展活动

问:目前合作社主要开展哪些活动呢?

答:活动也就是联系农业技术部门,每年给专家们一些经费,让他们过来帮忙搞技术培训和茶树改良。再就是统一买农药什么的,价格也便宜一点。还有,合作社在天方茶业集团和茶农之间做协调工作,向公司反映基层工作的落实情况,同时也督促茶农按公司的要求去做,施什么肥料、怎么施、施多少,采摘的时候老嫩叶分开,等等。最后也是最重要的就是收购农民的茶叶,把质量高低分出来,跟茶厂讨价还价,拿到钱分给社员。主要就是这些活动吧。

问:那开展的这些活动哪些比较理想,哪些效果差一点呢?

答:效果基本上都还是有的。像没有合作社之前,茶农作为散客去买农资肯定都很贵,现在这一项就节省了不少钱了。还有茶叶的收购工作开展得也很不错,这几年跟茶厂的销售额都是以 5% 的增长率上升的。技术指导也还不错,就是次数少了点,有时候一年都没来一次,可能也是农业部门事情多吧(王社长的话里流露出乡下人的质朴)。

问:那合作社目前的收入来源就是靠销售吗?

答:这占绝大部分,还有少量是来自供销社和政府的补贴。

问:那合作社每年的钱有盈余吗?

答:没有盈余。钱一到账了之后,扣除统一的开支就按交易额的多少分给茶农了。

问:没有盈余?那王社长,您认为这样的情况合作社是不是可以继续呢,合作社的运作有没有什么问题存在?

答:还好吧,大家都还比较满意。你也知道乡下人的要求也没那么高,今年的钱比去年多就已经很高兴了。如果真要说有什么问题的话,可能还是土地的开发和管理这一块吧,没有足够的坡地生产高质量的茶叶,合作社的规模就上不去。

问:王社长,如您所说,合作社使茶农的收入有很大提高,那么对于周边其他村的农户和产业发展有哪些好处呢?

答:我们村所有村民都加入了大山有机茶专业合作社,农民从单纯的种植茶叶到成立合作社,走"茶农+合作社+公司"的路子肯定利益要大一点。同时也带动了相关产业的发展,像天方茶叶集团的有机茶主要基地就在我们这里,没有我们合作社,公司企业的成本也会增加。吸引了这样一些公司和企业落户我们村子,会带动一部分人就业,增加农民的收入。

未来的发展　深山里的困惑

问:在合作社成长的过程中,您提到了有供销社这些机构的资金支持,那还有没有其他的一些相关部门给予帮助呢,也就是合作社的外部环境怎么样?

答:农委也提供了技术支持和少部分的资金。

问:合作社和相关部门发生过矛盾吗?

答:合作社从刚成立就和搞运输的部门关系不好。因为我们节省了开支,他们也就少了许多收入,这也是没办法的事情,也只有通过政府和龙头企业调解啦。我县作为茶叶的重要产地,政府对茶叶的扶持还是比较大的,对发展茶业过程中的一些阻碍因素,他们都会想办法解决的,我们合作社没什么需要做的。

问:听您说了这些,合作社的发展的确比较稳健,那对合作社未来发展有何打算?您觉得目前影响合作社发展的主要因素有哪些?

答:我们这个合作社情况有点特殊,它不是那种由社员自己发起的,产品呢也不是在自由市场上买卖,而是在龙头企业牵头下创办的。合作社的发展和公司还是捆绑得很紧的。我们合作社和公司之间签了合同,这就决定了我们的茶叶只能卖给这一家企业,至于剩下的公司消化不了的,我们才跟一些小的茶厂交易或者拿到市场去销售。另一个情况就是大山村这么一个小村子,人口有限,而且大多数青壮年劳动力都出去打工了,每到采茶时节茶叶都没那么多人去采摘,茶叶的采茶期很短,不及时采摘的话就不能用了,这是个很现实的情况。还有就是茶叶不同于其他的农产品,它对土质和气候的要求很高,我们的土地有限,茶叶产量要想提高也很困难。再加上交通十分不便,运输成本也很高,所以近些年来发展得并不快。但社员规模上小的成长还是有的。这主要是周边的一些村子的村民,他们看到我们加入合作社的好处,也有部分加入了,发展了几十户。所以我们的合作社想发展壮大比较困难,毕竟先天条件在那摆着。我们的发展跟公司的发展是挂钩的,但也不能完全依靠公司,公司要是原料不够了还可以在别的条件好的村再建合作社。据我所知,天方茶叶集团现有4个合作社与其合作。但我们就不行了,要走出这个偏僻的村子很困难,我们能把现有的这块开发好就不简单了。

问:王社长,您对大山有机茶专业合作社还是很有感情的啊,看得出来您对于合作社的发展还是比较满意的。

答:算是这样吧。

问:说了这么多,真是麻烦您了,我们来聊聊您吧。比如说您以前的工作。

答:呵呵,我以前也就是一个普通的农民。前年当上村长和社长,现在也还是农民。

问：社长谦虚了。您过去的经历肯定对现在的工作有很大帮助吧。

答：是的，农民更懂农民，在大山里生活了这么些年，跟人处得熟了，做事情也就很方便，外来的人要处理好我们这里合作社的事可不容易呢（王社长意味深长地说）。

问：哦，您觉得该如何做一个好社长呢？

答：我认为要有服务的意识，不要认为自己是官，把自己看的和人家一样，和农民融在一起，就很好了。多听听下面人的看法，改掉一些坏作风，做到让大多数人满意。

很快，一个多小时过去了，笔者和王社长的对话也接近了尾声，带着一份感激的微笑，笔者道别了社长，道别了质朴的大山村。

访谈后记

访谈王社长归来，自己有不少的感触和收获。首先要表示对大山村村长王自健的感谢，没有他的认真配合，就没有这份报告。其次，笔者想说一下对大山有机茶专业合作社的看法。该合作社是龙头企业领办成立的专业合作社，合作社的成立提升了当地茶农的收益和发起企业的效益，有着很好的经济意义；同时也解决了相当一部分农民的就业问题，具有一定的社会意义。大山有机茶专业合作社从创立之日起就稳健发展，但由于多种客观因素的制约，合作社的发展较慢。但社长和社员们相信随着障碍的打破，合作社必将会越来越好。笔者也坚信这一点。

依靠合作社　做大做强果蔬产业

——浙江省义乌市义红果蔗合作社社长访谈录

■ /吴文超

合作社简介

浙江义乌市义红果蔗专业合作社是集甘蔗科研、繁育、生产、服务、销售于一体的农民专业合作社。合作社建有百亩果蔗试验场,千亩果蔗无公害标准化核心示范园,万亩无公害果蔗生产基地。合作社技术力量雄厚,具有高级技术职称人员5人,中级技术职称人员7人,以甘蔗行业具有较高知名度的福建农林大

学甘蔗综合研究所和浙江省农科院所为技术依托,开展各种科研项目。其中多个项目被列入科技部重点星火项目、省级重点科技项目。合作社建立了国内规模最大品种最多的果蔬种质资源圃,自主选育的"义红1号"果蔬新品种获得省级认定。

合作社已获荣誉有:2002年"国家级农业科技示范场",2003年"果蔬星火特色产业基地",2003年"金华市示范性农村专业合作组织",2006年"浙江省示范性农民专业合作社",2006年、2007年"义乌市十佳农民专业合作社"等。合作社产品也获得了无数荣誉,如2002年、2007年浙江省农博会金奖,2004年义乌市优质农产品,2005年金华市优质农产品金奖,2007年亩产8000公斤,创造了浙江省首个农业吉尼斯纪录,并获中华供销总社优质农产品奖,2008年浙江省名牌农产品,金华市著名商标等。

社长名片

吴德锋,59岁,大专文化,中共党员,高级农艺师,2000年获人事部、农业部一等功,2006年被评为浙江省政府"农业科技先进工作者",金华市委、

市政府"专业技术拔尖人才",义乌市委、市政府"科技突出贡献者"。主持国家、省、市县科技项目十项，其中获金华市科技进步一等奖两次、义乌市科技进步一等奖三次。1972 年至 1992 年 5 月在有关区、乡农技站工作，1992 年至 2010 年就职于佛堂镇政府农办，其中 1992 年至 2001 年任佛堂镇农办主任，2001 年

合作社成立时一直就任社长至今，除了负责合作社的全面工作，还直接负责合作社的百亩果蔗试验场和百亩番薯示范基地，自负盈亏，赢利上交合作社，但种植九年从来没有亏损过。

社长感言

　　要办好一个合作社，不但要有事业心、科学的头脑，还要有奉献精神。

访谈报告

　　2010 年 2 月 25 日下午，我按照之前所约前往位于义乌市佛堂镇的义乌市义红果蔗合作社。一路打听，终于找到了合作社办公楼。社长正忙着接待上一批来访的客人，我在工作人员的陪同下参观了一下合作社的生产基地，也通过工作人员顺便增加了一点对合作社的了解。社长在送走上一批客人后都来不及休息就来接受我的访谈，让我很感动，社长在简单地介绍了合作社的基本情况后，我们就用家乡话聊开了。

专业大户联合办社　注册困难副市长帮忙解决

　　问：当初是由谁发起创办这个合作社的？

　　答：2001 年的时候，我发动了 20 个专业大户一起创办了义乌市义红果蔗合作社。

　　问：当初为何想到要办合作社？

　　答：甘蔗和红糖在义乌有着悠久的历史，佛堂是我省甘蔗的发源地，甘蔗种植历史久远，种植面积广泛，达到 15000 亩，占了全市的 50% 以上。我是佛堂镇农办主任，在日常的工作中，我发现甘蔗种植存在很多方面的问

题,一家一户难以解决。比如在销售、品牌建设上,要想卖得好,建设知名品牌,就要做到无公害生产,分散的种植没有统一的生产标准,不仅在农药残留方面无法控制,在产品质量上更是参差不齐。佛堂镇"十一五"工作目标之一是"打响义红品牌,拓展全国市场",因此如果一家一户的经营不组织起来,很难把我们的产品销售到全国市场。

问:当初是如何创办起来的?遇到过哪些具体困难?是如何克服的?

答:2001年的时候我们在工商局登记,开了成立大会以后就正式成立了。当时因为政策上的原因,注册登记的时候遇到了一点困难。我们合作社是义乌市第一家在工商局注册登记的合作社,因为之前工商部门也没有遇到过类似的情况,所以一开始没有注册成功,最后是由义乌市常务副市长出面,才登记成功。由于当时国家在法律法规政策上没有做出明确规定,一开始,我们是作为合伙制企业的。2005年,《浙江省农民专业合作社条例》出台以后,我们又去做了变更,改成法人制。但当时的合作社没有"专业"二字,2007年《中华人民共和国农民专业合作社法》颁布实施以后,我们又按照法律要求办了相关手续,才更名为义乌市义红果蔗合作社。

问:合作社目前设置了哪几个业务部门?其主要职责是什么?人员是如何聘任的?其报酬是如何支付的?

答:目前合作社有科技开发部、产业服务部和财务部。其中科技开发部主要负责科研工作,比如培育新品种;产业服务部主要负责产品销售、农资供应和技术培训等,收购社员和附近农户的产品,在义乌市农贸城,还有上海、南京等地设立门市部进行销售;财务部负责财务工作,配备有专职的出纳和会计。各部门分工明确,合作默契。合作社的工作人员中有一部分是合作社的社员,一部分是另外聘请的。他们的报酬是用合作社的收入支付的。

问:合作社是如何进行日常管理及重大决策制定的?

答:农民在平时都很忙,要想把他们全部找来讨论不太容易,所以需要作出重大决策时,通常会召集各位理事、合作社的核心成员以及部分代表大会的代表共同讨论决定。

问:目前合作社主要开展了哪些活动?哪些活动开展得比较理想?哪些不理想?为何?

答:首先是科研方面,我们在研究无公害生产技术的同时,也在选育、示范、推广新品种。其次是制订统一的生产技术标准,为会员和周围的农户提供统一标准的农业生产资料,同时,我们也组织了生产技术培训。

我们在科研攻关上取得了巨大的突破,我们的"义红1号"果蔗新品种

2006年通过了浙江省农作物品种认定委员会认定。"义红1号"的产量比原来种植的品种提高了50％以上，原来大概是每亩收甘蔗5吨，现在每亩至少7.5吨。同时"义红1号"果蔗的品质也有了很大的提高，蔗肉松脆、口感清爽、汁多味甜。另一方面，我们的推广工作也做得十分到位。现在"义红1号"的种植范围扩大到了长江中下游的9个省市，年种植面积达到了50万亩。

目前，我们又与浙江省农科院、福建农林大学甘蔗综合研究所联合攻关，采用辐射育种，成功开发出了新一代果蔗品种，暂定名为"义红2号"。"义红2号"使得果蔗的成熟和上市期提早了20天以上，原来大概是10月上旬上市，"义红2号"能提早到9月10日前后。同时，我们又开发出了特早熟糖梗，准备今年到浙江省农作物品种认定委员会进行认定。

目前碰到的主要难题就是果蔗没有做到机械化去皮，现在还都是人工去皮。要是能实现机械化去皮的话，这个产业的发展前景和市场份额将相当可观。

问：合作社的主要收入来源有哪些？目前有否盈余？盈余是如何分配的？

答：目前合作社的收入主要有四部分：一是经营农资，为社员以外的农户供应农资产品所得的收入；二是合作社为非社员销售果蔗所得的收入；三是合作社（果蔗研究所）开发出的新品种推广的收入；四是合作社生产的一些新产品，比如2009年种植了100亩的番薯，也取得了一些收入。

目前有盈余，盈余中一部分用于合作社的日常开支，比如支付工作人员工资，添置办公用品等。剩下的一部分作为积累，用于合作社的发展。对于盈余的分配，我也做过考虑，合作社要发展，无论是购买机器设备，还是搞科研，都要用到资金。如果把盈余都分配给社员，当合作社发展需要用到钱的时候，再想从他们那筹集资金，是没有那么容易的。所以合作社决定，盈余的部分不做分配，留作合作社发展用。

跨区域发展　茁壮成长

问：创办以后，合作社是如何一步步由小到大成长起来的？

答：在刚成立的时候，我们有21名社员，之后我们每年吸收社员，到现在已经有了106名社员，其中有80多名是种植大户，范围也从最初的一个镇发展到现在的跨地区、跨省。

问：在过去成长过程中遇到过哪些困难？是如何解决的？

答：在成长发展过程中遇到的困难很多啊。技术服务是我们合作社给社员提供的服务之一，在我们合作社下面还有一块牌子是义乌市果蔬研究所，研发高产的新品种。搞新品种的研发首先需要的就是人才，但是我们这里的条件太差，生活条件太艰苦了，合作社所在的地方是向村集体租来的，只允许盖平房，不能盖高楼，雨季的时候，一楼地上会很潮湿，对人的健康有影响，所以留不住人才啊！

另外，我们合作社制定了统一的生产技术标准，对农资，比如化肥都有统一的标准。但由于合作社不允许经营农资产品，我们没有办法给社员和周围的农户提供统一标准的农资，最后我们通过和义乌市农业生产资料有限公司合作，将义乌市农业生产资料有限公司佛堂门市部交给我们合作社经营，才解决了这个难题。

问：在创办过程中有否得到过政府等相关部门的支持？如果有，在哪些方面？如果没有？为何没有得到？最希望得到政府哪些方面的支持？

答：有，前面提到在注册成立的时候，市政府、工商局在手续上给我们提供了很大的便利。还有在科研资金方面，有关部门也给了很大的帮助，上次有一个省级重大科研项目提供了60万元的科研经费，还有在研究新品种技术的时候也给了30万元的经费。

问：发展过程中有否与村民、村委会、企业及其他部门发生过利益冲突？如果有，为何发生的？如何解决的？

答：没有和他们发生过利益冲突，自己做好自己的事，不会和别人有矛盾的。

问：您对目前自己合作社发展外部环境满意吗？如不满意，在哪些方面？

答：总体比较满意。

社员得益　带动一方百姓

问：合作社为社员带来了哪些好处？

答：农民加入合作社后有很多的好处：一是他们不必再为农产品的销售问题发愁了，一心一意把精力花在生产上，保证产品的质量；二是合作社为他们提供了统一、便利的农资服务；三是合作社制订了一套统一的无公害生产标准；四是合作社有先进的种植技术，经常为他们提供技术培训，帮助他们提高产量,种出更好的农产品;五是合作社有"义红"牌商标,"义红"牌商标被供销社全国总社评为"千社千品"富农工程优质农产品,借助这个品牌,产品的销量也有了很大的提高,社员单独的生产经营很难创造出知名品牌;六是合作社能为社员提供一些市场、政策方面的信息。

问:合作社对当地其他农户和产业发展带来了哪些好处?

答:合作社在为社员服务的同时,也为佛堂镇以及周围的果蔬种植农户服务,我们帮助周围的农户销售产品。与此相对应,我们对他们的产品也有无公害的要求,所以也为他们制定了统一的生产标准,为他们提供农资服务、技术培训、育种服务等。总之,合作社帮助社员和周围的农户不但实现了增产,还实现了增收。

我们合作社的口号就是"做大做强果蔬产业",在品牌方面的建设推动了果蔬的产业化发展,在科研技术上的突破更是为果蔬产业的发展提供了技术保障。

困难难阻全国第一的梦想

问:对合作社未来发展有何目标和打算?

答:首先,我们要把"义红"牌建设得更好,准备申报省级著名商标。除此之外,我们还致力于开发生产新产品。这几年,我们在研究番薯品种,2009 年种了 100 亩,并在开发更为优质的品种。同时我们也在做推广工作,让周围的农户和合作社的社员也种植部分番薯。在合作社的运作模式上,合作社想发展订单农业,减少种植方面的工作,更多从事收购、包装、销售等服务社员和周围农户的工作。我们制定产品的要求,规定生产标准,让社员和周围的农户按要求种植,然后再由合作社包装加工,销售到市场上。合作社有品牌,这样做能达到双赢。比如农户种植的番薯,市场上的收购价是0.7元/公斤,我们会以 1 元/公斤的价格收购进来,因为我们可以用合作社建设出来的品牌在市场上以 2 元/公斤的价格销售出去。这样做,农民得到了实惠,合作社也有了发展所需的资金,在技术以及品牌建设上进一层,又能更好地为农民服务,合作社呈螺旋式向上发展,实现良性循环。

问:目前影响您合作社进一步发展壮大的主要因素有哪些?

答:首先遇到的是人才的问题,我前面也说到我们这里条件差,留不住人才。每年都有新来的人走掉,本科生、研究生都有,今年也有。其次呢,我们搞技术研究,和其他科研单位合作需要经费的支持,我前面提到的果蔬机械化去皮的研究,就需要一大笔的科研经费。

问:您对自己合作社未来发展有无信心? 依据何在?

答:有。我们有处在全国先进行列的技术,又和一些科研单位合作,有很强的技术优势。同时,我们又在很多方面得到了政府的支持。在全国我们还有健全的销售网络。如各方面条件成熟,政府加大扶持力度的话,我有信心在果蔗行业做到全国第一。

老而弥坚雄心依旧　历尽酸甜心想事成

问:您何时当上社长的? 是如何当上社长的? 是否希望一直做下去? 为何?

答:2001年合作社成立的时候我就当上了社长,当时是我动员组织了20个专业大户成立了合作社,所以他们就选举我当了社长。

这几年还是打算继续做下去的。一个是我在合作社工作了将近10年,对合作社有了一定的感情,感觉自己现在虽然58岁了,但还能为合作社继续作贡献,就这么离开还真有点不舍。第二是我从合作社成立以来一直管理合作社,对合作社的各方面我最熟悉。从另一个角度来说,目前还没有找到能够代替我掌握全局的人。现在我正在物色人选,准备培养接班人。

问:担任社长以前您做过哪些工作? 这些经历对您做好社长有哪些帮助?

答:担任社长以前我是佛堂镇农办主任。在农办工作,我可以第一时间了解政府有关这一方面的政策,信息比较畅通。同时,我的工作经验对我做农村工作和平时管理合作社也有很大帮助。

问:从您当社长的经历来看,您认为如何才能当好社长?

答:要做好一个合作社社长,首先要有奉献精神,农民专业合作社是市场经济中弱者的联合,注重的不仅仅是经济效益,还有社会效益,说通俗点,就是为农民谋福利。这么多年以来,我没有向合作社要过一分钱。其次,还要有事业心,有百折不挠的精神,在合作社的发展过程中,各种风浪都会经历到,要经得起困难的考验。然后,还要有科学的头脑,比如说我们搞新品种开发,一定要有科学的方法,蛮干都是要失败的。

问:从您合作社发展经验看,您认为如何才能办好合作社?

答:要办好一个合作社,首先要有一块合作社自己的基地,有合作社自己生产的农产品精品,面积以50~100亩为好,少也没关系,但一定要有。其一,可以为社员、周边的农户起示范作用;其二,当需要产品的时候,合作社自己马上就能有产品,供应市场需求,很方便。

其次,还要有一个坚强的领导核心,我们现在的管理团队有 7 个人,每个人分工明确,配合默契。

问:在办合作社的过程中,您有哪些难忘的酸、辣、苦、甜的事情? 能否举几个例子?

答:我们搞农业种植业的,受天气气候的影响很大。科研和平时的生产都是如此。有一年,我们辛辛苦苦栽培了好几年的一批新品种都被台风刮断了,我们辗转找了浙江省农科院和福建农林大学的专家,最后在他们的帮助下勉强保住了一部分,差点前功尽弃。2009 年合作社种了 100 亩番薯,根据我的经验,11 月 10 日前是不会有重霜的,结果在 11 月 2 日我们毫无准备的情况下,来了一个重霜,2℃的低温,把番薯的藤全部冻死了。我们迫不得已只好抓紧全部收上来,同时开足马力加工,结果过了半个月没来得及加工的有一半左右全部烂掉了。

在搞科研的时候,前面几次遇到了很多失败。有时候辛辛苦苦研究了一个周期,结果失败了,是会感到很惋惜,也很心酸。不过我们不放弃,最终都攻关下来了,总体来说,还是能心想事成的。

访谈后记

虽然农民专业合作社在中国还是一个新事物,但由于这个模式对农民和农业发展贡献突出,在很大程度上获得了农民的认可。政府和有关部门也对农民专业合作社给予了相当的重视,为其提供有利的条件,使其在各地如雨后春笋般发展起来。无论是合作社的管理人员还是社员,看起来都是那么朝气蓬勃,对自己从事的事业都是那么有信心。尤其是我采访的吴德锋社长,他那无私奉献的精神和以天下为己任的责任意识深深感动了我。在他们身上,我看到了希望。

供销领办　绿意飞扬

——浙江省杭州萧山城厢花卉苗木专业合作社社长访谈录

■ 文/廖思展

合作社简介

杭州萧山城厢花卉苗木专业合作社成立于 2001 年 9 月,由杭州萧山城厢中心供销社牵头组织社区内 9 个苗木种植专业大户组建,在萧山工商行政管理部门注册登记,依法取得法人营业执照。成立之初,花木种植面积 3000 多亩,截至 2008 年底,合作社已有社员 152 名,注册资金 55 万元,合作社本级基地 150 亩,社员种植基地 12500 亩,其中区外、省外基地 4000 亩。2008 年,合作社实现销售 8057 万元,利润 54.2 万元,社员分红及二次返利 44.18 万元。合作社以服务为宗旨,主要提供信息、技术指导、销售、农资供应等服务。合作社已注册使用了"绿飞"商标。2003 年至 2008 年,该社先后被杭州市委农业和农村工作办公室、杭州市供销联社、萧山区政府、萧山区供销联社评为"农村示范专业合作社"、"先进专业合作社"、"三星农民专业合作社"。

社长名片

施叶根,57 岁,中共党员,大专学历,园林工程师。自 2001 年合作社成立以来就一直担任合作社社长。担任社长之前,曾在杭州萧山城厢中心供销社从事农资供应等工作多年,并历任萧山城厢中心供销社党总支委员、副主任,党总支书记等职务。

社长感言

农民要增加收入，农村社会要发展，农民兄弟团结协作是关键。

访谈报告

天堂"飞"来一抹绿

地处长江三角洲的萧山，土壤肥沃，地理位置优越。20世纪70年代以来，勤劳的萧山农民利用得天独厚的地理和气候条件，历经三起三落的曲折历程，培育出了具有品牌形象的"萧山苗木"，并发展成为全国最具规模和效益的产苗区之一。萧山苗木以质量好、土球好、移栽成活率高而闻名全国，主要种植在新街、宁围、衙前等乡镇。

2001年9月成立的杭州萧山城厢花卉苗木专业合作社，前身是萧山新街供销社下属的花卉苗木专业合作社。该合作社曾受到全国供销总社的表彰，是全国先进单位。进入21世纪，随着新街供销社的撤并，其下属的合作社也不得不自动解散。

而此时，萧山的苗木专业户早已尝到了农业专业合作社带来的甜果——顺畅的销路、质优价廉的农资供应、细致专业的服务……而改制后新近成立的萧山城厢中心供销社在"惠农"宗旨的指导下，充分意识到成立专业合作社的必要性，期望以此为平台更好地服务农民，增加其收入，因此双方一拍即合。于是，由萧山城厢中心供销社出面，组织供销社社区内9户具有较大种植规模的苗木专业户组建了杭州萧山城厢花卉苗木专业合作社，经萧山工商行政管理部门注册登记后宣告成立。

从组建之初入社社员的9名到如今的152名；种植面积的3000多亩到如今的12500亩；合作社注册的"绿飞"商标，正在市场上获得越来越多消费者的青睐，2009年合作社的销售收入更是冲过了亿元大关……谈起合作社实现的跨越式发展，做了9年合作社掌舵人的施叶根颇为自豪。他介绍说，随着《浙江省农民专业合作社条例》《中华人民共和国农民专业合作社法》的先后出台，城厢花卉苗木专业合作社的框架、结构也一直随着国家相关政策的变动而调整，以更加符合法规标准。

目前，合作社的日常管理机构为理事会，由5名理事组成，设理事长1名，副理事长2名，执行监事1名，下设数个社员代表小组，每个小组的组长多由区内较大种植规模的苗木专业户担任,以更好地发挥种植大户的带动、示范作用。一般情况下,合作社接受订单后都会与相应的小组长联系,由组长组织组内成员提供相应的苗木。

货源供应的分散使得提供给客户的苗木难免有些参差不齐,对此施叶根也有自己的办法。"我们会在大会上强调,也会派人不定期地去巡查。"如果碰到一些屡教不改的社员,合作社便会祭出"杀手锏"——长期不给该社员介绍生意。"这个威慑力还是很大的",他笑着说道。正是源于这份狠抓行业自律的决心,合作社成立 9 年来,社员之间没有发生过压级压价等不正当竞争行为。而凭借质量、服务在市场上逐渐站稳脚跟的"绿飞",正给天堂杭州增添越来越多的绿色。

惠农服务是宗旨

作为供销社领办的合作社,合作社的日常管理大都由供销社职工负责,即我们习惯说的"两块牌子,一套班子"。这样的设置,无疑在很大程度上减轻了合作社的负担。因为合作社工作人员的工资主要由供销社支付,而合作社的经营利润却完全归社员所有。

城厢中心供销社指导下的城厢花卉苗木专业合作社,践行"惠农服务"的宗旨,为社员提供产前、产中、产后的各项服务,主要包括六个方面:

一是信息服务。"我们建立了'中国萧山花木网',每天都会收集全国各地甚至国际上花卉苗木的需求和价格信息,提供给合作社里的社员,还可为搞园林工程的社员设计工程图案、工程预算等。"施叶根说,网站是纯公益性的,没有赢利,每年需要净投入 20 万元左右维护网站。合作社不仅坚持日日更新网站信息,还编撰了名为《合作社之窗》的内部月刊。月刊不仅聘请了业余通讯员,为刊物提供各种花卉苗木的种植技术、试验推广和防病治虫等方面的报道,还登载了与社员息息相关的政策法规、行业市场分析等。可谓内容翔实,包罗万象。

二是技术服务。"我们合作社聘请了专业技术员,为社员提供种植技术、防病治虫咨询服务。平时社员有花木疑难病症的话,只要一个电话,技术员就会上门服务。"此外,在城厢花卉苗木专业合作社里还活跃着一批以技术入股的社员。据施叶根介绍,近年来,合作社的技术员已上门服务近千次,培训总计超过 1200 人次。与此同时,合作社还主动与大专院校、科研机构结对,通过技术推广、技术培训、技术改进、技术开发,将花卉苗木最新科技成果迅速转化为现实生产力。早在2004年,合作社就开辟了60余亩示范区,先后引入了40余个新品种。经试种后,合作社将具有较高经济价值的品种推荐给广大社员。

三是销售服务。"我们在中国(萧山)花木城里租了专门的店面,开展联购联销,推荐社员的产品,也为社员和客户之间接洽搭建一个平台。"在市场竞争日趋激烈的今天,坐等生意上门无疑太被动,合作社因此也会组织社员去外地参加展销会,把"走出去"与"引进来"演绎得淋漓尽致。

四是做好农资服务。合作社充分利用了萧山城厢中心供销社搭建的农资网平台,为社员提供花卉苗木种植培育所需的生产资料,如化肥、农药、农膜、工具等。"这些生产资料我们全部是以批发价供应给社员的,数量较大的还提供送货上门服务。"在施叶根看来,农资供应是供销社的强项,作为供销社领办的合作社,这一优势无疑得天独厚。

五是帮助社员向外拓展,建立基地。据施叶根介绍,几年来,通过牵线搭桥、帮助谈判等各种形式,合作社先后帮助社员面向萧山区的南片地区,区外的临安、建德、衢州,省外的合肥、黄山、上饶、临沂等地拓展基地4000多亩。"对方看到我们是组团来的,而且是由供销社领办的合作社,都特别信任我们。有了信任,相互办事就方便了!"

六是从事延伸服务内容。"2002年下半年,我们充分利用合作社的现有优势,组建了园林绿化养护队,把服务领域伸向学校、医院、工厂等企事业单位。"说起园林绿化养护队这一"神来之笔",施叶根颇为得意。据介绍,虽然城厢中心供销社每年都会向合作社拨部分款项用于合作社的日常运营,但作为一个市场经济的参与者,鲜有赢利,难免让大家有些气短。通过几年的实践,园林绿化养护队的运营情况良好,既拓展了合作社的服务领域,也为社员推销了一定的产品,更为专业合作社取得了一定经济效益,增强了合作社的服务能力。

充满信心迎未来

谈起合作社的未来,施叶根满怀信心。合作社近十年的发展给了每位社员一个最美好的承诺和期许。然而,正如合作社一路走来的深深浅浅、山重水复,发展至今的城厢花卉苗木专业合作社也面临着更大的压力与更多的挑战。

作为供销社领办的合作社,施叶根坦言最大的压力来自税收。他说,根据相关政策文件精神,合作社是可以享受税收政策优惠的。但税务部门认为合作社办的绿化养护队是独立于合作社的市场经济主体,不得享受国家对于合作社税收减免的优惠政策,曾一次性罚缴了养护队百万元税费。

当问到如何办好合作社的问题时,办社多年的施叶根也有自己的看法。"没有经济上的实惠,农民是不会听你合作社的。"办一个农民可以得到实惠的合作社,施叶根说有三点必不可少——推举一个合适的理事长,制定一整套涉及标准化生产、财务控制、售后服务的规章制度,树立牢固的服务意识。至于社会上讨论热烈的"公司＋农户"的合作社发展模式,施叶根认为在实际操作中还是存在许多困难。"龙头企业一般都有自己的生产、供应基地,由于质量控制等方方面面的原因,企业一般都不带农户玩。农民要增加收入,农村社会要发展,农民兄弟团结协作是关键。"

谈及自己未来的打算,已经在供销社战线上奋斗了数十年的施叶根说道:"只要社员们需要,这个社长我会一直干下去!"对花卉苗木的喜爱,对农资业务的熟悉,对惠农服务的热情……这一切密密编织着施叶根的合作社图景。

有了这么一位甘于奉献、坚定执著的领路人,有了这么一群全力配合、积极进取的合作社社员,我们完全有理由相信,杭州萧山城厢花卉苗木专业合作社的明天必将更加美好! 祝福杭州萧山城厢花卉苗木专业合作社,祝福施叶根!

访谈后记

在萧山区供销合作社联合社合作指导部专员小裘的陪同下,我第一次走进合作社,让这个挂在嘴边多时的名词变得真实可及。总是下意识地认为"公司＋农户"的经营模式,才是最先进的,最能实现农民利益的最大化。与施叶根的一番交谈,在合作社里的一番参观,让我意识到,供销社领办的合作社有着无可比拟的先天优势。它让供销社在履行惠农服务的承诺上有了更多的选择,让农民得到了更多的实惠。

依靠合作社　月季走四方

——河南省南阳卧龙区石桥月季合作社社长访谈录

■ 文/何金广

合作社简介

石桥月季合作社成立于2008年7月,是在具有"中国月季之乡"美誉的河南省南阳市石桥镇成立的首家月季专业合作社。目前拥有资产350万元,社员近280名,月季专家和专业技术管理人员30名,种植面积2000余亩,可供应8大系列700多种国内外名优月季品种,年产各类月季成品苗1500万株以上。至2009年底,年经营收入600万元,是目前中国最大的月季专业合作社之一。合作社在满足国内市场需求的同时,以"南阳锦绣月季进出口有限公司"为龙头开拓国际市场,打造"锦绣月季"品牌,逐步开拓了欧洲、东南亚、美洲等世界各地的合作渠道。合作社设有月季研究所、种苗繁育基地、鲜花生产基地和种苗销售网络,形成"四位一体"的专业化月季生产基地,以技术为先导,依托中国农业大学和河南农业大学为技术支撑,先后完成了十多项国家、省、市级科研成果,并先后获得"全省新农村建设科普宣传工作先进集体"、"河南省引进国外智力成果示范基地"、"2009年度全国十佳苗圃"、"全国农业科普示范基地"、"河南省农民专业合作社示范社"等荣誉称号。

社长名片

王超(右一),38岁,毕业于信阳师范学院,曾从事建筑行业工作,2003年起专门从事月季种植及销售,并四处考察学习。2007年,其经营管理的200多亩月季,每亩创收5000元,年收入超100万元,成为远近闻名的月季种植大户。2008年7月,在其牵头下成立南阳卧龙区石桥月季合作社,并被选举担任合作社理事长至今。2008 年 12 月王超被评为"河南省农村科技致富带头人",2009 年 7 月取得河南省民营科技促进会颁发的"农艺师"专业技术职务资格证书。

社长感言

办好合作社最难的是统一思想。

访谈报告

2010 年 2 月 20 日,喜洋洋的太阳终于探出脑袋,将连日雨雪带来的寒冷与萧瑟赶走。我几经波折,踏上了访谈之路。与我同行的还有一位同学,是一名大学生村官,因迫切希望找到村子的出路,打造村级产业,也去寻访经验。

因时间关系,我们租了辆面包车。当得知我们此行的目的时,健谈的司机师傅也说起这些年政府的农村政策,对政府的表现是啧啧称赞,虽然还有很多问题,但毕竟已经走在了路上。

初 见 社 长

聊着聊着,车窗外出现了"月季专卖"、"月季大世界"等字样的招牌——到石桥镇了! 真不愧是"中国月季之乡",道路两旁遍布着这样的招牌,反倒使矗立其中纪念"科圣"的张衡博物馆都有点"非主流"了。一转眼,一个拱形的金色招牌跳入眼帘:"石桥月季合作社"——终于到了!

下车后,王社长见到我们,热情地上前迎接。只见社长西装革履,精神饱满。强健的体魄,红润的面容,一点都不像已近不惑之年,倒像是二十几岁的小伙,以至于后来我们称其为"超哥"。

超哥将我们引入办公室,一进门便看到左边墙壁上挂着一个大相框,里面放的是合作社成立一周年之际,河南省人大常委会副主任、市委书记、区长等三级领导一行来合作社考察。只见领导们开座谈会,到田间地头,尽显公仆风范。

而另外一面墙壁上一块红底金字牌匾特别显眼,上书"诚心诚意、

以身作则,团结合作、共创双赢",这应该是合作社的经营理念。屋内陈设完备,电脑、书籍、办公用品一应俱全,一边还整齐地排放着一列报纸——《中国花卉报》。其后挂着一轴书卷,叙写人生哲理,也给室内平添了一股文化气息。

坐定后,很快进入正题,超哥的思绪也翻飞到了数年前……

梦 起 奥 运

2001 年 7 月 13 日,一个让全球华人都激动无比的日子,怀揣几代人的梦想,中国的体育人终于抓住了举办夏季奥运会这个四年仅有一次的机会。

然而,当多数人还沉浸在无限的喜悦当中时,一些能人已经敏锐地嗅到了商机,而超哥就是其中一个。身在"月季之乡"的他深知,奥运会必将需要大量花卉,而有"和平之花"美誉的月季也必将成为奥运花卉的主角之一。

说起月季,这似乎是一般人并不很看重的一种花。经常听到的都是玫瑰啊、康乃馨啊、郁金香,等等,而古诗词中也常是咏梅、咏荷、咏菊的,很少听到有咏月季的。

然而,就是这种寻常人家一年四季都能见到的再寻常不过的花,却有着"花中皇后"的高贵称号,还有长春花、月月红、斗雪红、瘦客等别称,是国内包括北京在内的 50 多个城市的市花。更让人惊讶的是,花店里卖的所谓象征爱情的玫瑰,实际上九成九以上都是月季中的切花月季。其实这都是中西方差异造成的结果,中国蔷薇科蔷薇属的三姊妹月季、玫瑰和蔷薇,若在西方,统称 rose,这就使月季和玫瑰经常不分。

其实,咏月季的诗词也不少,南宋大诗人杨万里就作过一首《腊前月季》:"只道花无十日红,此花无日不春风。一尖已剥胭脂笔,四破犹包翡翠茸。别有香超桃李外,更同梅斗雪霜中。折来喜作新年看,忘却今晨是季冬。"将月季的特点抒写得淋漓尽致。

带着对月季的感情与期许,超哥最终放弃了过去稳定的工作,一门心思地扑到月季种植与销售上面。

艰 苦 创 业

万事开头难！石桥镇的月季种植虽有很长历史，但月季花的种植却几经起伏，价格不稳定，收入没有保障。当然，这也是中国农业的常态——增产不增收。超哥在开始时也吃了不少苦头，有时月季苗因为卖不上好价钱，甚至被挖出来当柴烧。

超哥明白，必须靠知识改变命运，靠市场来决定种植结构。从 2005 年开始，超哥先后到云南、江苏等地考察学习，订阅《中国花卉报》等实用技术杂志、报纸等，学习掌握电脑网络知识，掌握最新的花卉产业发展动向和信息，紧跟市场需求。在种植上，他使用日光温室、滴灌和微喷、单芽腹接的嫁接，等等多种新型技术方法，使良种壮苗的繁育更加简便快捷，也提高了月季苗的成活率和质量。

艰苦奋斗带来了收获，2007 年，超哥的 200 多亩"锦绣月季"（商标），每亩创收 5000 元，年收入超 100 万元，成为远近闻名的月季种植大户。

首 倡 合 作

照理说，如此发展下去，前途肯定一片光明。然而，事实并非如此。前面已说到，石桥镇遍布着月季产销户。小小的石桥镇，居然有 20 多家月季花卉企业，更不用说数不清的产销大户、散户，其竞争之激烈可想而知，经常会出现大吃小、大欺小现象，整个一现实版的股票市场。超哥的经营规模虽说不算太小，但终究是单打独斗，在市场上免不了吃亏。

而就在 2007 年 7 月，《中华人民共和国农民专业合作社法》由国家颁布正式实施，并相继出台了多种鼓励发展农民专业合作社的好政策。敏锐的超哥再次看到了机会，办合作社既能减少恶性竞争，又能提高收入，更能获得政府扶持，何乐而不为？正如他说的："一花独放不是春，百花齐放春满园。"他经过多方奔走，很快就拉到了 58 个种植户，在各级政府的支持下于北京奥运前夕在石桥镇成立了首家月季专业合作社——南阳卧龙区石桥月季合作社。超哥被选举为合作社理事长，而村党支部书记兼任合作社党支部书记。

奥运会终于到来了，超哥五年前的判断没错，石桥镇的月季最终染遍了北京的大街小巷,月季甚至成了颁奖花束的主角。

制 度 说 话

合作社将农户手中分散的土地、资金、人力等资源进行整合,改变了千家万户分散生产的传统模式,适应了千变万化的市场需求。看到合作社的好处,主动要求加入的农户也越来越多,不只本村、邻村,甚至邻县的农户都争相加入。

随着合作社规模的不断扩大,管理的问题逐渐凸显出来,为此,超哥花费了大量的心思,主要方法就是靠制度来管理,这也是现代企业管理的要求。

合作社最初成立时,就遵照国家相关法律法规,仿照当地大企业的规章制度,制定了一系列合作社章程,包括组织结构、财务管理,等等,并严格地照章办事。

合作社确立了以"民办、民管、民受益"的原则,并通过"六个统一",即统一生产计划、统一供应农资、统一技术标准、统一产品认证、统一指导服务、统一加工销售,大幅度节省了生产成本和交易成本,提高了产品质量和市场竞争力。而对于不服从统一,尤其是私自销售月季的社员,章程中有严格规定,要通过社员大会处理,严重的甚至要取消其社员资格。

而对于理事长的位置,超哥也毫不讳言。他看得很开,理事长四年选一次,有能者居之。他自己其实有时也不想干了,太辛苦了,年前为合作社忙到了年三十下午,年后也闲不住,差点连接受访谈的时间都没有。就是这样,也会有社员产生情绪。但是,既然身在其位,这些都是不可避免的,一定要有宽大的心胸去对待,并在合作社运营过程中始终做到以身作则,不断地总结学习,完善自我,只有这样才能使社员心服口服。

香 飘 万 里

问题挡不住合作社前进的脚步,为解决合作社最重要的生产与销售问题,超哥依然像过去一样重视知识,重视市场。

合作社建立了自己的科研基地、育种基地、保鲜仓库等;到高校及人才市场聘请高级人才,建立员工队伍;在政府帮助下,对社员及务工者已进行30次生产技术培训,2009年还请了荷兰专家到合作社出谋划策。而超哥自己,也是读万卷书,行万里路,多次远赴江浙,学习成功及失败合作社的经验教训,并经常亲自参与研究开发新品种、新技术方法。2009 年 8 月,在他的带领下,合作社就大胆尝试了月季的提前扦插方法,并请外地专家指导。这种方法比传统扦插方法的销售足足提前了半年,并延长了月季的生长期,提高了月季质量。

为了提高品牌知名度,合作社创建了网站,并在多家商业网站注册,还与《中国花卉报》建立了合作关系,成为这位"老师"的理事单位。另外,合作社通过阿里巴巴、淘宝网等开展网上交易,走在了当今销售方式的最前端。

此外,超哥还瞄向了国际市场,依托合作社创办了"南阳锦绣月季进出口有限公司"。如今,合作社产品,尤其是种苗已经销往欧洲、东南亚、美洲等地的自由贸易区。当然,现在合作社的生意主要还在国内,金融危机导致的国际市场不景气以及出口的高品质要求、高风险都限制了对外贸易。

酸 甜 苦 辣

在提到办合作社发展过程中难忘的酸甜苦辣时,超哥没有提跑业务的辛苦,管理合作社的艰难;也没有说赚大钱的喜悦,见省领导的兴奋。他只提到了两件事:一次是合作社被评为"全国农业科普示范基地",一次是前不久市里送来的省级示范社与市级示范社两块牌匾。

辛酸苦辣算什么,而钱有时似乎也不是最重要的,只要做到了想要做到的事情:成绩获得肯定,努力得到支持,亲手培养的孩子——合作社能苦壮地成长,乡亲们能奔上小康。不只如此,作为示范基地、示范社,也带动了其他产业的发展,为各种合作社或企业的创办立下了标杆,还有什么比这些更重要的呢?这是自我价值的实现,是高成就需要的满足,也是真正的企业家所为。

而真的非要说到合作社的难处,也有划拨土地难、贷款难(当地农信社等金融机构对合作社几乎没有优惠政策,且门槛较高)等。其实超哥最苦恼的是社员的思想问题,从开始筹办到现在一直存在。前面已经提到管理合作社的"六个统一",其实还要加一个:思想统一。

一般农户,尤其是小户,往往只看到眼前利益,追求短期的个人利益最大化。而一些大户也会为了权力、利益产生不满情绪,不能始终跟合作社一条心,凝聚力差。要改变这种状况,除了尽力提高他们的收入外,还要让他们参与各种各样的培训,从根本上转变他们的观念,提高他们的素质,这也可能是目前最有效的办法。

锦 绣 前 程

俱往矣,更重要的是当下与将来,合作社拟订了 3 年、5 年和 10 年的发展规划。建设高标准月季精品园、鲜切花示范生产大棚、加强工厂化育苗及设施栽培技术的研究、开拓国际市场等都在计划之内。实际上,2009年 8 月底合作社已获得省政府备案,由合作社自筹投资 4800 万元建设南阳卧龙区月季种苗规模化、标准化生产基地项目。项目占地 1 万亩,总建筑面积 2430 平方米,新建连栋温室、节水型自控日光板温室、月季研发培训楼、鲜切花生产大棚、月季花卉交易大厅等。项目建成后,年可繁育月季种苗 8400 万株。

超哥甚至自豪地说,现在合作社已经与当地的两家龙头企业"南阳月季集团"、"南阳月季基地"形成三足鼎立之势。虽与它们也有竞争,但更多的不再是恶性竞争,都是可以坐下来通过谈判协商来解决的。超哥甚至提出在巩固合作社基础、打造一流品牌的同时,还要学习资本运作知识,以后可能会跨行业投资,勃勃雄心,溢于言表。

最后,在我对社员做调查时,同学和超哥聊起了当前在全省村级组织推广的"4+2"工作法,又叫"四议"、"两公开",即党支部会提议、"两委"会商议、党员大会审议、村民代表会议或村民会议决议;决议公开、实施结果公开。我虽未听到他们具体谈些什么,但似乎看到了中国农村的希望。这些"幽寄荒郊"、"不争国色得天骄"的"月季"们,终有一天会"才人相见都相赏,天下风流是此花"! 中国农村未来辉煌的天空,也必将由他们去缔造、去撑起!

访谈后记

　　访谈时间虽短，但感触颇深。首先，在这里，我看到了社员们欣喜的表情，对理事长的敬佩、感激与对合作社的深厚感情，也看到了理事长对合作社发展的满意与对未来的无限期许。这多少打消了之前对中西部农民专业合作社是否真的在为社员办实事，切实提高农民收入的疑虑。其次，当今合作社的发展依然困难重重，缺资金，缺土地，缺技术，缺高级人才，缺名牌，政府扶持力度及方法仍有欠缺……尤其是合作社成立初期社员的思想观念与各方面素质问题突出，这就要求合作社必须加强对务农人员的教育培训。另外，访谈时超哥提到中央政策好，到下面就什么也没了。我没做过调查，不敢说一定存在层层盘剥的情况，但至少政府造成了人们的这种感觉，哪怕是错觉，这还是政府工作不到位。而让人欣喜的是，超哥对政府的扶持并不是太在意，因为那终究是外部的，一切还需要自己的努力。是啊，也只有把农民自身那种创造财富、追求卓越的动力彻底激发出来，中国的"三农"问题才能得到彻底解决！

金蛋银蛋，不如仙绿土鸡蛋

——浙江省仙居县仙绿土鸡蛋专业合作社社长访谈录

■ 文/李　越

合作社简介

仙居县仙绿土鸡蛋专业合作社位于浙江省仙居县白塔镇良潭村，成立于 2001 年，现有社员 1245 名，拥有资产 180 多万元。仅 2007 年合作社的销售收入就高达 1318 万元，利润 48 万元，其中返还社员 46 万元。该合作社是集仙居土鸡蛋（土鸡）生产、加工和销售于一体的省级示范性合作社，现有注册商标"仙绿"，并于 2004 年通过国家无公害认证。合作社所有的仙绿土鸡蛋基地都已获得省级无公害农产品基地认证，仙绿土鸡蛋也获得"省级无公害农产品"称号。合作社提供的包括良种引进、技术培训、产品销售等方面的公共服务覆盖了合作社所有的养鸡户。自成立以来，仙绿土鸡蛋专业合作社一直致力于服务广大鸡农、扶助低收入养鸡户、带动农村经济发展，并已取得了可喜的成绩。

社长名片

吴立新（右一），41 周岁，中共党员，已担任合作社理事长 10 年，同时也是合作社的总经理，拥有好几万只鸡的个人基地。1986 年初中毕业后，凭学习成绩，吴立新完全有资格升上高中学习，他却放弃了，选择了一条自主创业之路。1987 年 1月，仅半年时间，就取得了畜牧兽医资格证书，并于 1993 年 12 月至 1995 年 5 月参加中央农业广播电视学校兽医卫生检疫检验中专专业证书培训学习，考核合格。1996 年，他担任了白塔镇兽医站站长，良潭村党支部书记。他与他人共同承担的项目获得了省农业丰收一等奖；被本市评为首届"农技标

兵"、"双带"好党员、"防治禽流感先进个人";被县评为"优秀共产党员"、"动物防疫先进个人"、"十大杰出青年"、"优秀畜牧兽医员"、"农业工作先进个人"、"新农村新家庭建设示范户"。

社长感言

高质量的产品和服务,才能使我们走得更远,飞得更高。

访谈报告

2010年2月22日,在热心的仙居农业局工作人员的陪同下,我来到了位于白塔镇良潭村的仙居县仙绿土鸡蛋专业合作社,并受到了合作社社长吴立新一家人热情的接待。虽然我之前在农业局对该合作社的材料已经研究了不少时间,补了不少课,但身临其境,还是让我颇有感慨。一栋两层的楼,一个不算太大的院子,院子的一角还种着绿油油的蔬菜;办公室十分简洁,豪华的装饰被成摞的书籍、文件取而代之。我之前"颇具规模的合作社的办公场所也该颇有气派"的想法被彻底颠覆,崇敬之情油然而生:好的合作社不是靠花园洋楼撑出来的,钱该花在最需要的地方。整个合作社散发着一种朴实的美,美得自然而亲切。当我说明了来意之后,吴社长很高兴地接受了我的访谈。

打造品牌　蛋价步步高

问:合作社当初是由谁发起创办的?

答:那时我担任村长,抱着带动村子发展致富的念头,根据本村的实际与特色,做了各方面的权衡与评估。后来村里就决定办这么一个合作社。

问:当初为何想到办合作社?

答:一个人做的话力量太小,办成合作社的话就有一定的组织能力,风险也相对降低,还能保证一定的货源,产品的质量也能提上去。

问：合作社是如何一步步成长起来的？遇到过什么困难？是如何克服的？

答：合作社刚成立的时候，合作社只有 5 名社员，为了打开局面使合作社正常运转起来。我们第一年的时候将 2000 只鸡送给本村村民饲养，然后收购其鸡蛋，收购价格是三角一个蛋。然而此时，合作社面临着来自"古民居"（村附近的一个旅游景点）的竞争。由于我们这里土鸡蛋质量高，因此在"古民居"旅游的游客都大量购买我们这里的土鸡蛋，价格也高于合作社，因此，合作社面临收购困难的不利局面；第二年，我们分送了 3000 只鸡给本村村民饲养，收购价也提高到五角一个蛋，但是"古民居"的收购价格也随着提高了好几角，仍然比我们高，因此收购难的局面依然没有改变。合作社意识到这不是长久之计，因此转变方向，积极打造合作社的品牌，申请了"仙绿"牌商标。到第三年的时候，我们分送了 8000 只鸡给本村及其周边的 8 个村，将收购价提高到八角一个蛋，尽管"古民居"的收购价也上调到一块钱一个蛋，但是此时，这种价格差异对合作社的冲击力已经不大。因为合作社有了自己的品牌，销路也打开了，天台、玉环、温州、杭州各地客商都到我们这儿订购土鸡蛋，相比于游客的分散、小批量的收购，合作社已经形成了规模优势。

问：游客的出价比合作社的要高，照一般人的思维，大多都会把蛋卖给他们。那咱们合作社是怎么应对的呢？

答：我们不会强求说一定只能卖给我们，想卖给别人的就卖，卖剩下的我们照收。不过我们也有优势——保护价，比如 8 角钱一个蛋，那么市场行情好的时候我们照这个标准收，行情不好的时候我们也会照 8 角收的，哪怕蛋的市场价比 8 角还低，我们不会因为害怕亏空而下调收购价的。这就给养鸡户吃了定心丸。此外，我们的收购价也在逐渐上调，有个报道就评价说"蛋价步步高"。

问：几年前的禽流感可谓是养鸡户的噩梦，您的合作社也遭受了一定的冲击吧，能谈谈吗？

答：冲击肯定是有的。2005 年那一年，由于人们对于禽流感的恐惧，导致市场需求萎缩，行业普遍不景气，合作社也一样，上万斤的鸡蛋滞销，最后全喂了猪。事后我们总结反思，其实那些蛋可以做成五香蛋的，那样一来，保存时间就大大延长了。哪怕每个五香蛋只卖 5 角钱，至少能减少损失。

统一技术培训　组织娱乐活动

问：合作社目前设置了那些部门？人员是如何聘任的？

答：目前合作社设有理事会和监事会，另外销售环节也有相关的部门。像出纳、会计等人员都是从专业的机构部门聘请的。

问：合作社如何进行日常管理及重大决策的制定？

答：我妻子是副社长，她主要管理合作社的一些日常事务，我的大部分精力则在合作社销售这一块。我们合作社每年都会开社员代表大会，每个月会开一次股东大会，理事会则是一周一次，都采取一人一票的表决方式。

问：目前合作社主要开展了那些比较理想的活动？

答：主要的活动有：一是对社员进行统一的技术培训。现在这个社会发展得太快，不学习是行不通的。我们就想通过邀请相关方面的专家来指导，传授经验，不断提高自身的水平。到目前为止我们已经组织了相关培训45次了。二是在合作社内组织各种娱乐活动。我们养殖基地的地理位置是很好的，春天的时候，成片的桃花开得别提多好看了。每年那个时候我们就会到附近踏春、烧烤。现在不都在提倡构建和谐社会吗？我觉得大家在一起玩一玩就挺好的，彼此以礼相待，客客气气的，同时和谐的人际关系有利于增强合作社的凝聚力，工作的开展才能顺利，合作社才能办得好。

问：合作社的主要收入来源有哪些？目前是否有盈余？盈余如何分配？

答：收入来源主要是销售土鸡蛋和土鸡，此外也销售其他的一些土特产。盈余是有的，按股份占有率分配，但提取其中的20%会用于合作社的风险基金。

问：假如我是一个潜在社员，加入您的合作社对我有什么好处呢？

答：我们提供免费的鸡苗和免疫，定期组织社员参加各种技术培训。此外，你还能共享合作社畅通的销售网络，等等。良种引进、技术培训、产品销售等方面的公共服务是覆盖合作社所有养鸡户的。总之，赚钱会更方便，腰包也会更鼓。

良性竞争　外部环境好

问：您是如何看待你们的合作社与其他同类合作社之间的关系呢？合

作社对当地其他产业的发展带来了哪些好处呢？

答：对于同行，竞争是在所难免的，但我们始终坚持良性竞争。虽然我们合作社的土鸡蛋生意在本行中已经小有名气了，也有了一定的实力，但我们坚持绝不欺压同行。因为我们对自己的产品有信心。至于对其他的产业，我想主要的帮助是打开了知名度吧，许多被仙居土鸡蛋吸引来的客户也开始对我们当地的其他产业产生了投资兴趣。

问：在合作社的创办过程中是否得到过政府等相关部门的支持？如果有，主要在哪些方面？

答：当然有。特别是土地流转、建房方面，政府在政策上给了合作社极大的支持。省里市里的领导对我们合作社也十分关注，省长、省农业厅厅长、市长等高层领导都曾多次来视察工作。

问：合作社在发展过程中有否与村民、村委会、企业及其他部门发生过利益冲突？

答：没有。

问：您对目前自己合作社发展的外部环境满意吗？

答：满意。

问：咱们"仙绿"的土鸡蛋打的是环保牌，那如何保证养殖户们都能严格执行相关的生产标准呢？

答：合作社的养殖基地有专人管理，土鸡的饲料都是经过严格把关的，是绝对的无公害产品。至于合作社内的散户，由于养殖规模较小，所以不会去购买大批量的激素等，平时喂的无非是菜叶啊、玉米啊。所以消费者对我们的蛋完全可以放心。

完善加工　办农家乐

问：您对合作社的未来发展有何打算？

答：要完善产品的加工环节。现在加工厂已经在建设中，预计在2010年内就能完工。此外，我们打算将养殖与旅游相结合，想办农家乐等。我们还在搞立体养殖，在养殖基地种果树，采取生态养殖方式。

问：目前影响您合作社进一步发展壮大的主要因素是什么？

答：产品冷冻保藏这块。不过我们已经在考虑建立较好的冷冻库。

问：您对自己合作社的未来发展有无信心？依据何在？

答：有。首先，产品凭借其优秀品质已经打出了知名度。2007年我带我们的土鸡蛋去杭州参加农博会,会后有 17 个人打电话来要求我们全年供应土鸡蛋。这使我们信心大增,从而有了在杭州开土特产店的想法。其次,社员们也都很尽心地工作,生意越做越红火,大家的积极性也越来越高。

办合作社,还得靠文化

问:您是何时当上理事长的? 如何当上的? 是否希望一直做下去? 为何?

答:我是 2001 年开始担任理事长的。当时是大家选出来的。从我自己来说,当然是希望能为大家多做些事。但是为大家服务也不非得当理事长、社长,如果有人比我更适合这个位置,能带领合作社发展得更好,我肯定是愿意让出来的。

问:您曾是村里的畜牧兽医,您觉得那段经历对您担任理事长有何帮助?

答:首先主业比较对口吧。其次,都是我喜欢做的事,当合作社的理事长延续了我对家禽养殖的兴趣,使我能全心全意投入其中。

问:从您当理事长的经历来看,您认为如何当好社长?

答:创业还是得靠文化,像我有时候上报项目,心里是那样想的,但是不知道怎么表达,心里很有压力。

问:从您合作社发展经验来看,您认为如何才能办好合作社?

答:在大方面,大家的配合还是非常重要的。在工作中发现问题要及时摆到桌面上,大家一起讨论解决。不要认为自己是最棒的,要虚心倾听他人的意见。

问:在办合作社的过程中,您有哪些难忘的酸、甜、苦、辣的事情? 能举例说说吗?

答:养殖业的抗风险能力还是比较弱的,特别是抵抗自然灾害的能力。最近一次的龙卷风就吹倒了六个鸡舍,两个广告牌。所以我常开玩笑说干我们这行的心理素质一定要好,不然这一阵风就卷走了几十万,一般人心理上肯定是承受不了的。还有就是像杭州这些大城市的市场对食品安全问题非常敏感,稍有风吹草动,比如说前一阶段饲料掺激素的传闻,杭州的超市的反应就很快。因此,合作社也必须迅速行动起来,在搞好市场促销的同时,及时地作出质量承诺。

访谈后记

一到吴叔叔的家,阿姨(吴叔叔的妻子)就热情地用土鸡蛋招待我们。青菜玉米造就的鸡蛋吃起来就是有种别样的香味,这种香味是那些饲养场里的鸡蛋无法给予的,让我顷刻间也明白了为什么"仙绿"的土鸡蛋能够成为人们心中的"凤凰蛋",为什么合作社能够声名远播,客源如流。用吴叔叔的话说就是,高质量、高品质的产品使合作社飞得更高、更远。虽然只是短短三个多小时,我却深切地感受到了"仙绿"的魅力:实干、勤勉、顽强,为谋发展千方百计,为民创收不遗余力。"仙绿"人凭借着他们特有的精神与信念,必将在农民致富这条大道上越走越远,越走越顺畅!

逼出来的养鸡合作社

——四川圣康蛋鸡养殖专业合作社社长访谈录

■ 文/李沛、陈姝兴

合作社简介

四川省绵阳市安县圣康蛋鸡养殖专业合作社是一家由蛋鸡养殖大户和村委会牵头而组建起来的农民专业合作社。合作社主要依托四川省绵阳市安县花荄镇的丘陵蛋鸡养殖区,以全镇 316 户蛋鸡养殖户为主体,辐射本县的四个乡镇,以及周边的江油市、北川县和绵阳市涪城区。圣康蛋鸡养殖专业合作社成立于 2007 年 7 月,其前身是成立于 2001 年的安县圣康蛋鸡养殖专业协会。合作社目前拥有386 名正式社员,资产总值达 901.7万元,养殖蛋鸡 110 万只,年销售额1.56亿元。合作社主要提供和开展蛋鸡鸡苗供应、鸡蛋包装和销售、淘汰蛋鸡销售和鸡粪有机肥加工等服务和业务。合作社以"五统一分"的

经营模式为主要特色,即"统一购苗、统一防疫、统一购饲料、统一销售、统一包装和分户饲养",并且正在向集中饲养和集中加工方向发展。合作社现为省级示范合作社,旗下拥有"圣吉康"无公害鲜鸡蛋。

社长名片

刘玉华(右一),45 岁,中共党员,高中文化程度,改革开放初期曾任生产队长,1985 年开始在本地水泥厂和砖瓦厂工作,1994 年尝试养殖蛋鸡并获得成功,1996 年因成为蛋鸡养殖能手当选村主任,2001 年

7月在市科协的帮助下牵头组织圣康蛋鸡养殖专业协会,2003年当选支部书记至今,2007年7月在圣康蛋鸡养殖专业协会的基础上成立圣康蛋鸡养殖专业合作社,并担任理事长一职至今。获得"四川省优秀农村人才"称号。

社长感言

作为一个合作社的领头人,需要付出太多太多。只能有公心、为老百姓服务之心,不能有贪心。

社长访谈

2010年2月1日上午,在经过绵阳市农业局和绵阳市专业合作社办公室的推荐和介绍之后,我们通过电话联系到了圣康蛋鸡养殖专业合作社的理事长刘玉华先生。在说明了来意之后,刘社长爽快地答应了我们对他进行访谈的请求,地点就在合作社的办公楼。

下午一点,我们从市区出发来到了15千米外的安县新县城花荄镇。合作社的办公楼,虽然看起来没有城市里的办公楼那样豪华,但是作为专业合作社的办公场所,这座办公楼不仅容纳了整个合作社的管理和决策机构的办公场地,还有社员活动室、防疫服务点和综合仓库,可谓功能齐全。

逼出来的合作社

在办公楼前,我们见到了刘社长。简单寒暄之中,我们走进了他的办公室,开始了访谈。

"这个合作社的每一步都是给逼出来的,从创办到办好这个合作社都经历了很多坎坷。"在为我们讲述合作社的创办与发展经历的最后,刘社长用这样一句话作出了总结。

作为当地的蛋鸡养殖大户,早在1994年,刘社长就开始饲养1000只蛋鸡。而当时,全村养殖蛋鸡总共也就几户人家,且规模都很小。虽然规模小,但由于当地丘陵地区圈养蛋鸡的比较优势,养殖蛋鸡创造的价值还是可观的。"我们丘陵地区养殖蛋鸡有着很好的优势。只要把山包围一圈,把鸡赶进去,就不用担心蛋鸡到处乱跑造成的损失和养殖户回收蛋鸡的麻烦,但坝区就不行。"刘社长如是说。当时鸡蛋的销售市场也不用发愁,农户直接将鸡蛋背到周边的镇上去销售,基本上都能销售出去。

但是当人们都发现养鸡的好处之后,便都加入到了养鸡农户的行列当中。到 1998 年,养鸡农户增加到 10 户,两年之后又增加到 30 户。很快,周边的城镇需求能力就饱和了,农户只好选择到更远的绵阳市的批发市场销售鸡蛋。"在批发市场里你必须要跟鸡蛋贩子(批发中间商)打交道,这些人营利的方法就是赚差价。一方面,他们压低鸡蛋批发价格,提高零售价格;另一方面,农户为了鸡蛋尽快销售出去也互相砍价,你出三块五一斤,我就三块一斤,这样下来蛋鸡养殖就遇到了危机,"刘社长边回忆边说,"到了2001 年,蛋鸡养殖户增长到了 50 户,蛋是越来越难卖了。当时是村主任的我就与一些大户商议,在当地科协的帮助下建了圣康蛋鸡养殖专业协会,实质上就是合作社的前身。所以说,我们这个合作社是被互相压价这个事情逼出来的,最初目的也就在于保护我们自己。"

协会就这样组建起来了,在协会成立之初,农户加入协会并没有缴纳会费。协会的作用仅仅在于制订一个统一的鸡蛋批发价格,并且代表农户与批发市场的蛋贩子们打交道。农户们还是自己收蛋并用背篓背到市场上去卖。这时的协会更像一个鲜鸡蛋价格联盟和蛋鸡养殖农户谈判代表。"协会是组建起来了,农户之间互相压价的问题也解决了,农户跟蛋贩子谈判的能力也增强了,"刘社长接着说,"但是由于我们当时组建协会只是为了解决压价问题,没有考虑到协会办公经费从何而来,所以组建协会之后我们很快就遇到了没有办公经费和办公地点的问题。由于当时我们这些协会的管理者和工作人员主要是村委会成员和蛋鸡养殖大户,因此最初也只能是我们来垫支,但这绝对不是长久之计。所以我们作出了向农户所销售的鸡蛋收取销售费用的决定。所有的管理费用和后来的包装费用都来源于这五角钱,这个规定一直延续到现在。"

有了市场上议价的能力,有了自己的组织和办公经费,协会带领着蛋鸡养殖农户开始走上了致富之路。2003 年之后,入会的会员增加到上百人,带动农户也有所增加,协会发展到了较大的规模。"组织一大,问题又出来了。一是卖蛋变难了。以前我们的蛋能够被周边场镇和绵阳城区消化,现在养鸡的人多了,市场又消化不了了。对此,我们建立起了一个专业的营销队伍,专门打通川内的几座大城市和川外的重庆、广州的销售渠道,创立了'圣吉康'无公害

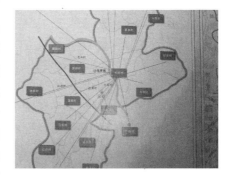

鲜鸡蛋的品牌和自己的蛋托和包装生产公司,这样才为圣康打下了一个稳定的销售根据地,"刘主任停了一下继续说,"这是我们遇到的第一个问题,可以说是市场逼我们打通了销售渠道,创建了自己的根据地。但是我们还有第二个问题,就是养殖户多起来之后,家家户户都养鸡,整个养殖是分散的。当时又没有经费搞集中养殖,出现的最大问题就是鸡粪的处理。整个村被鸡粪污染得很严重,环境很差。我们当时就觉得这样下去绝对不行,因此出资 600 万搞了一个鸡粪处理厂,将鸡粪处理成有机肥料,既解决了鸡粪污染的问题,又带来了上千万元的收益。而且我们的鸡粪肥是有机的,对环境没有污染。"

销售渠道和环境污染的问题解决了,但不久质量问题又出现了。一些远方市场,如广州和重庆的批发市场传来的反馈显示,圣康的鲜鸡蛋有质量问题,主要是破损和超过鲜鸡蛋保质期。刘社长告诉我们,经过抽查他们发现,这样的问题并不是运输造成的,不能向运输商推卸责任,而是一些农户受小小的利益驱使故意把不好的蛋混装在好的蛋里。鉴于这样的情况,圣康将大量的包装工作统一到合作社进行,并且开始自行生产蛋托和包装盒。"这只是减少了质量问题,但还是不能根治。我们对那些不遵守质量规定的农户都要罚款,但是还是少不了出问题。我觉得根本还在于提高农民的素质,改变很多农民只看到眼前利益的现状。但是这又不是仅靠我们合作社就能解决的,要靠教育啊!要问我现在我们最大的困难是什么,我觉得就是这个。"刘社长显然对提高农民的素质充满了期盼。

分户饲养到集中经营的理想与现实

"以前我们合作社的最大特点叫做'五统一分',也就是'统一购苗、统一防疫、统一购饲料、统一包装和统一销售'和'分户饲养'。这也是从合作社成立之初到现在一直实行的一套整体制度。整个合作社也按照这种模式稳定地运作。统一购苗的主要作用在于减少鸡苗采购成本和统一防疫时间;统一防疫不仅是防疫时间的统一,也要求药品种类和剂量以及防疫技术的统一;统一购饲料主要是减少农户采购饲料的成本和提供最优质的饲料,由于饲料在养殖成本中占额最重,对那些资金较为紧张的农户采用赊欠代购的方式;统一包装则是为了控制质量和树立品牌;统一销售则是由合作社统一安排销货,保证没有积压;分户饲养则是沿用合作社成立之前的分户饲养模式。"

这样的模式,在中国现今的很多合作社中都能见到相似的影子。在中国的农业大环境下,分散经营情况在很多专业领域很难得到改变。但是,刘社长告诉我们,圣康人在合作社成立之初就立志要在 2010 年实现集约化的经营。而现在,属于圣康自己的蛋鸡养殖和鸡蛋加工工厂正在加紧建设之中,集中养殖和加工的梦想很快就要实现了。

刘社长说,搞集约化和标准化生产,在合作社成立之初就考虑过,但是当时条件没有成熟。首先就是资金问题,还有土地租赁的问题。这也是圣康在整个成长和圆梦的过程中所面临的最大的外部压力。"尤其是 2007 年《中华人民共和国农民专业合作社法》还没有颁布实施之前,贷款就是空话,协会根本贷不到款。后来《中华人民共和国农民专业合作社法》出台之后,情况有所转变,但还是比较困难。地震之后搞重建,钱也主要是投到公路和楼房里去了,那是没有办法的事,真正直接进入农业的不多,给给合作社的更少。我们搞的化肥厂都是用自有资金建的,集中养殖基地和加工厂也一样。"

"土地一直是比较难解决的事情,我们又是村干部,土地所有权这条线我们是绝对不敢动的。所以只能是租赁土地,我们的办公楼也是租的,工厂也是租的,所以搞集约化还是要走这条路。这需要政府的支持啊!当时政府说我们可以先行使用土地,再等待批准,这是我搞合作社这么多年最高兴的时候,政府为我们解决了一个很大的难题。"

不管追求属于自己梦想的道路有多坎坷,刘社长和圣康人都会为他们十年前立下的誓言而奋斗。"做鸡蛋这行能走集约化的道路,做深加工能够产生更大效益,那么农户就能有更大的收益。走这条路是圣康必然的选择!"刘社长如是说。

利益分配、民主和廉洁

——合作社组织与管理的重心

从有关农民专业合作社如何做好组织与管理的部分访谈内容来看,刘社长给我们强调了三个词——利益分配、民主和廉洁。合作社从它诞生之日起就制定了很多对未来经济发展历程产生巨大影响的原则,而中国农民专业合作社的组织与管理也仍然必须以这些进步的原则为指导,结合中国农业农村和农民的具体实际来形成自己的组织与管理原则。

按刘社长的说法,合作社最难搞的就是利益的分配问题。虽然合作社按照《中华人民共和国农民专业合作社法》和合作社的原则形成了按照交易额大小来分配利益的基本原则,但是这样一来并不能使所有社员感到公平和合理。有人会认为养殖大户与小户之间本来就存在不平等,按照这样的分配原则会拉大这种不平等。同时,一些社员为了私利也会存在挪用公共资产来谋私利的动机,尤其是骨干社员和管理层人员,圣康曾由于这样的情况变更过理事人员。

对第一种情况,刘社长告诉我们圣康的三个办法:一是年终二次分利法;二是对有困难的社员提供赊欠甚至担保贷款;三是建立风险基金,防止不可测事件对养殖户造成的损失,这在汶川地震之后起到了一定的缓冲作用。

对于第二种情况,则只有依靠民主和廉洁这两只手。圣康现在的一般决策和重大决策分别由理事会议和社员大会表决进行。尤其是社员大会,每年都要举行几次,专门表决通过吸纳社员入社和理事任免的问题。圣康规定,社员入社并不需要缴纳费用,只需要写好申请交由社员大会讨论表决即可,但是申请入会还是很严格的。另一方面,理事的任免通过满意度测评来实现,未达到满意者都会被替换。这些措施从进口处防止腐败和贪污。

面对利益分配、民主和廉洁这三个问题,刘社长说,一个合作社的管理者没有公心不行,尤其是像我们这样的既是村干部又是合作社领导的人更是这样。村务和合作社要分得开才行,也要能够妥善处理社员之间的各种矛盾冲突,这在很多时候十分重要。在这一点上,只有靠人的自律性和实际的能力。"我敢说我自己在这方面还是做得很好的。"刘社长说。

教育与培训

——真正的合作社成功之路

正当刘社长结束了访谈开始填写我们的调查问卷时,一户来自广元市剑阁县的农民正等在门口准备向刘社长请教饲养鸡的经验。由于问卷涉及一些会计数据,刘社长就专门请了旁边的会计帮忙填写,开始接待这几位慕名而来的客人。一开口,刘社长便问道:"是打工回来创业的吧?"

"是的,打了十几年工了。"

"现在打工是能挣钱,但是把下一辈的教育也耽误了。"

教育,这是刘社长在访谈过程中时时提到的词,他认为,一个农民专业合作社要实现良性发展,最终只有依靠对农户和社员的教育与培训。圣康自己在做教育和培训这一块的时候主要还是从专业的方向出发,一是组织养殖专业技术的学习,主要是组织社员到外地的专业合作社或者农科机构参观学习和邀请大学相关专业的教授为社员开设讲座;二是通过每年举办的社员文体活动和培训会议来进行教育与培训。

"我们举办这些活动对于农民的养殖专业技术的提升是起到了很大效果的。但是我常说光靠这些培训是不够的,很多情况下合作社是没办法真正地起到引导农民致富的作用。"

"现在农户懂养殖,也不用操心防疫,最大问题是不懂市场。有很多人面对市场是很盲目的,看到别人赚钱了自己就立马跟进,但是往往是用光积蓄也没法赚到钱。不懂市场是很大的问题,说到底就是没有商业头脑的问题,我觉得在这点上我们应该向浙商学习。我所认识的一个浙商在安县县城创业的时候,蹲在街口守了几天观察人流车流,做足了市场调查。我觉得我们的农户也应该有这样的商业头脑才行。"

"我不赞成外出打工,打工对于一家人来说能够摆脱贫困,但是却耽误了下一辈人的教育,很有可能陷入几代人都打工的恶性循环。"

"从某些方面来说,现在的农民素质还是显得不太高,主要是贪图小便宜,喜欢投机取巧。从合作社内部说,比如鸡蛋的质量问题,即使加大监管和罚款力度,也还是有人会掺杂不好的鸡蛋进去。从外部说,我们所依靠的社员和农户之间的小矛盾也很多,很复杂,这让社员和农户放在生产上的精力就会减少,同时也增大了我们合作社工作开展的难度。"

刘社长最后说,教育和培训很大程度上不是合作社能够单独胜任的,但是有时候合作社也不得不面对这些问题。往往就是这些看似很小的问题和矛盾,让合作社遇到困境,让社长和理事们感到十分头疼。因此,教育和培训是合作社需要考虑的长远问题。

社长那些事儿

在前往圣康蛋鸡专业合作社调查之前,我们已经通过网络、市农业局和专合办的介绍,了解到了很多关于刘玉华社长的故事和事迹。既有关于合作社的经营与管理的文章,也有他担任村干部期间为新农村建设作贡献的宣传资料,还有关于他在蛋鸡养殖的科技创新上作出突出贡献的报道,更多的是汶川地震期间他带领村民和社员抗震自救的简报。从这些文献里,可以看出刘社长不仅仅是一名合作社的社长，同时也是科技能手、优秀的村干部、村民的主心骨。

刘社长给人的第一印象是普通农民的那种精明能干和平易近人。但是通过一下午的交流，我们也看到了他身上的商人气质和很强的领导能力。"我在20世纪80年代初就已经是生产队长，从那时起也就开始积累管理和领导农民的经验。农村里挣钱实在不容易，我就为周边的水泥和砖瓦厂打工，能挣十块、二十块，但我始终认为打工是不能从根本上解决问题的，所以在1994年有了一定积累之后开始养鸡。当时同村的人养鸡都是副业，最多百十来只，而我就养了一千只，我觉得这就是商道，一开始养鸡你做小了别人不会理会你，只有做大的才能赢得市场，而后来的实际结果也是如此。"

从那以后，刘社长就成为村里的养殖大户和村主任。到2001年，由于跟风的农户太多，促使圣康蛋鸡专业协会这个以统一批发价格为目的的专业合作组织成立，刘社长又众望所归地被选为会长。从此，他就能在专业合作组织这一片天空施展才华和创造力。

刘社长说，当一个合作社的社长，没有付出不行，没有公心不行，没有服务之心也不行。当好一个合作社社长，不仅仅要搞好合作社的经营和管理，创造更大的收益，更重要的是为农民百姓谋福利，这与他担任村干部的工作宗旨是一致的。

"尤其是我们这种既是村干部又是合作社领导的人，整天都在为老百姓的事情所忙碌，帮助解决一些困难和纠纷。现在地震灾区重建工作繁重，很多人为了土地和房屋的承包与重建问题头疼。这是老百姓切身利益问题，虽然头疼也必须去落实好，所以搞合作社是不能像搞公司那样的。"

"现在我们搞合作社的经营和管理，很多时候与村务是相关的，是分不开的，这加大了办好合作社的难度，但我们只要把最紧要的财务理清就不会出现问题。村里的事务即使与合作社相关，只要涉及钱，在财务上也会有很明晰的区分，这上面含糊不得。"

谈到对合作社的未来想法时，刘社长觉得圣康有着很光明的前途，在集约化养殖基地和加工厂建立起来之后，圣康将以全新的面貌面对市场竞争。现在的圣康需要做的是处理好灾后重建所面临的问题和困难，并且争取到更多的政府政策支持和信贷，这样才能为圣康走向下一个十年提供充足的动力。

访谈后记

经过对圣康蛋鸡养殖专业合作社的调查，我们发现圣康之所以能够取得今天的成就，首先是因为它从创建之初就明确了自己的长期目标——做集约化的蛋鸡加工养殖。更为难能可贵的是，合作社能够始终朝着这个目标努力。这就给了合作社一个长期发展的动力，更容易将成员凝聚起来。其次，合作社能够长期稳定地为农户增收服务。从访谈中我们可以知道，这一方面要归功于合作社将农户的饲料、鸡苗采购、防疫服务都统一在了一起，节约了农户单独采购的成本，另一方面要归功于合作社对鸡蛋的统一销售渠道的构建。再次，合作社为自身的发展创造了一个很好的外部环境：一是合作社在供应链和销售端都享有了价格上的话语权；二是严格的质量监管保障了鸡蛋的质量，在市场上赢得了消费者；三是与政府、涉农企业、农技单位、大学建立起的良好关系，给予了合作社一定的政策、资金和技术上的支持。最后，合作社采用循环经济的模式，既减小了环境成本，也为合作社自身带来了巨大的利润。

立足养鸭传统　实现三赢

——安徽省庐江县绿宝蛋鸭专业合作社社长访谈录

■ 文/高钰玲

合作社简介

庐江县绿宝蛋鸭专业合作社成立于 2006 年 9 月 28 日,位于安徽省巢湖市庐江县柯坦镇工业园区,主要从事蛋鸭养殖、屠宰、鸭蛋收购加工、销售,为本县及周边鸭农提供饲料配送业务。2007 年 10 月注册,注册资本 10 万元,由庐江县供销社和庐江县绿宝禽业有限公司共同参股领办,其中县供销社股份占 40%,入社社员 20 名。2009 年入社社员达 191 名,其中农民成员 172 名。2008 年实现销售收入 4980 万元,年创利税 68 万元;2009 年实现销售收入 5878 万元,年创利税 82 万元。现有总资产 680 万元,其中净资产 230 万元。多年来为 481 户鸭农提供蛋鸭饲养、蛋品收购销售、饲料配送及技术服务,带动广大鸭农走上规模化、标准化和产业化养殖道路,扩大了就业,增加了收入。合作社成立以来,通过二次返利,社员户均年增收 0.8 万～1.4 万元。

2008 年合作社被巢湖市市委、市政府授予"市级示范合作经济组织",巢湖市科技局授予"巢湖市农业科技专家大院";2009 年被安徽省供销社授予"先进专业合作社",安徽省农委、巢湖市供销社授予"先进农民专业合作社",庐江县人民政府分别授予"先进农民合作经济组织"、"文明单位"等一系列荣誉称号。

社长名片

夏春杏,中共党员,42 岁,高中文化,庐江县农村合作经济组织联合会副会长,自 2006 年 9 月合作社成立之初便担任社长一职,至今已有三年半的时间。高中毕业后，就在安徽省庐江县冶山水泥厂工作，先后担任过技术人员、合肥办事处主任、销售部经理，2000年与另外2人承包水泥厂，于2006年退出成立了绿宝禽业有限公司、科普饲料有限公司，紧接着在多方帮助下创办了庐江县绿宝蛋鸭专业合作社。2007年获"庐江县2007年度创业明星"称号，2009年

荣获"巢湖市劳动模范"和安徽省民营企业"农村致富带头人"等荣誉称号。

社长感言

我们不先说利润，而是要考虑每个社员与社员的家庭，我们合作社的作用要体现在方方面面。

访谈报告

2010年2月5日，我在网上搜索到了合作社的具体地址以及社长的具体联系方式，没有经过任何介绍，直接给夏社长打了电话，夏社长很爽快地答应了访谈，但是由于年底较忙，怕访谈时间不够充分，当天就没有过去，约了正月初九或初十。初九得知夏社长有时间后，立马坐车去了合作社所在地。当我到达合作社时，夏社长刚刚到县城里面去开会了，在门卫的指引下，找到了合作社的办公室主任，主任热情地接待了我，虽然他刚来合作社不久，但是主任对合作社相当的了解，对绿宝合作社的相关情况都进行了详细的介绍，并带领我参观了摆放合作社规章制度、荣誉奖章以及活动策划的会议室和鸭蛋加工厂房。夏社长一个多小时后回来了，知道夏社长的时间比较紧迫，简单地寒暄之后，我们直接就合作社的发展历史、现状以及愿景进行了深入的讨论。

立足传统产业　实现社企双赢

问：合作社当初是由谁发起创办的？当初为何想到要办合作社呢？

答：绿宝蛋鸭专业合作社当时主要是由我发起创办的。当初创办合作社原因主要有二：一是因为庐江县是一个农业大县，县里历来非常注重有关

"三农"政策的普及宣传。《中华人民共和国农民专业合作社法》没有正式生效时,县农委、县供销社的工作人员就找过我,把一些政策给我讲解了,替我分析了创办合作社的利弊。二是我成立的绿宝禽业有限公司刚好是涉农企业,在当地也有一定影响,而且庐江县柯坦镇养鸭农户比较多,有些规模还比较大,便于联合起来创办蛋鸭专业合作社。

为何要创办合作社呢? 其实说心里话,当时一方面是想让我的企业能够更好地发展,另一方面通过合作社带动当地农民发家致富,希望可以取得合作社与企业的双赢。当然,现在觉得合作社的社会价值更大,希望通过合作社与公司的相互依托、相互促进使它们都能很好地发展,更好地为社员服务,为社会服务。

问:当初是如何创办起来? 有哪些困难? 如何解决的?

答:绿宝蛋鸭专业合作社是依托绿宝禽业有限公司而创办的。资金、固定资产、专职人员等方面都有绿宝禽业有限公司支持。合作社的创办过程中得到国家有关政策性文件的指导,再加上县农委、县供销社的支持和帮助,我社创办得比较顺利,在创办申报的阶段基本上也没有什么困难。

部门分工明确　温馨服务社员

问:合作社目前设置了哪几个业务部门? 各自的职责是什么? 人员是怎样聘任的? 报酬如何支付?

答:合作社主要是依托绿宝禽业有限公司存在的,所以合作社的业务部门与公司的业务部门有一点重合。设有销售部,主要负责产品的销售工作;财务部,有一名会计和一名出纳,负责合作社的财务工作;饲料供应部,主要负责为社员上门提供饲料;还有后勤部,负责员工的吃、住,还有一些福利活动,比如员工旅游等。合作社的人员聘用基本上都是推荐,报酬都是每月按时结算的,以现金方式支付。

问:合作社是如何进行日常管理和重大决策制定的?

答:合作社基本上都是按照国家的有关规定及合作社的规章制度进行日常管理和重大决策制定的,没什么特殊的地方。生产活动都是按照《种畜禽管理条例》、《标准化法》、《庐江县蛋鸭养殖标准化生产简明手册》等法律制度进行的。

问:合作社的收入来源有哪些? 是否有盈余? 盈余如何分配?

答:合作社的收入来源主要是合作社产品的销售,包括鲜鸭蛋、咸鸭蛋、松花蛋、蛋鸭以及饲料的销售。合作社近年来一直都有盈余,按照交易量返回的比例占80%,合作社的累积比例占20%。

问:目前合作社主要进行哪些活动?哪些活动开展效果比较理想、哪些活动不理想?为何?

答:我社主要开展了"五统一"系列服务,即统一引进鸭苗、统一供应饲料、统一蛋品收购、统一集中技术培训、统一指导进行标准化生产的全程服务。这些服务大多数是比较理想的,其中统一集中技术培训不是太理想,我觉得效果不太好,可能鸭农知识文化水平不够。其实我们开展的活动是比较多的,一些活动也很有特色。比如我们开展了给社员送生日蛋糕的活动,就是后勤部会记录每个社员的出生年月,到了生日的那天我们领导会祝福他,还会送给他生日蛋糕。这个活动反响很好,对我社的文化建设很有帮助。每月和

年终我们都会评出优秀员工,并免费给优秀员工们提供旅游的机会。这个活动的反响也不错,但大家都觉得规模太小了,毕竟我们合作社的资金有限。此外,我们还有自己的文化节,我们也会经常参与当地的一些慈善活动。

强化配套服务　推行品牌战略

问:创办以后,合作社是如何一步步从小到大发展起来的?

答:因为以前在水泥厂的工作经验,我做起事来比较有计划、有策略。合作社成立后,主要做了以下几个方面的工作:

第一,强化配套服务。合作社成立后,在建立组织架构和完善各项规章制度的同时,想方设法为社员提供优质服务。合作社着力做好"五统一"系列服务。2009年发放养殖技术资料2500份,与庐江县阳光工程办公室签订培训协议。同时,与社员签订养殖服务协议,即按订单现金回收鸭蛋,定期免费技术指导和集中培训,及时解决社员在生产过程中出现的技术问题。

第二,推行标准化蛋鸭养殖小区建设。绿宝蛋鸭专业合作社依托市级

龙头企业庐江县绿宝禽业有限公司,2008年在柯坦镇建设第一期蛋鸭标准化养殖小区,饲养蛋鸭5.5万只,是庐江县最大的标准化养殖小区;2009年,在庐江县同大镇建设第二期巢湖麻鸭种群场和养殖示范小区,饲养巢湖麻鸭种2800只和商品蛋鸭6万只,该小区是巢湖市最大的标准化蛋鸭养殖小区,是庐江县财政局重点扶持项目。2009年10月,在安徽省农委、省财政厅的支持下,又建设第三期蛋鸭标准化养殖小区——郭河养殖场。该小区建成后,将饲养蛋鸭10万只,届时将成为安徽省最大的标准化养殖小区。三期工程投产后,我社将存栏蛋鸭21.5万只,蛋鸭养殖已成为我镇经济的重要支柱产业之一。

第三,强化内部管理,提升产品质量。几年来,我社狠抓内部管理、规范操作流程、定岗定责定人、严把质量检验关,确保进入市场的产品优质、安全。

第四,推进品牌战略,走向大市场。我社生产的"晨露"牌无铅松花蛋、红心咸鸭蛋参加各种大型博览会和推介会,深受广大消费者的青睐。建立合作社网站和做好新闻媒体宣传工作等,使"晨露"牌无铅松花蛋、红心咸鸭蛋的品牌信誉和知名度不断提升。另外,合作社还瞄准高端市场,重点是大型超市、高档

酒店和礼品市场。合作社先后在联华等10多家大型超市设立产品销售专柜或为其供货。

问:在成长过程中遇到过哪些困难?又是如何解决的呢?

答:合作社发展过程中最主要的困难就是缺乏专职技术人员。2009年下半年刚聘用了一个专门腌咸鸭蛋的技术人员,今年就要走了(作者注:就在我和社长进行访谈时,经理过来向社长报告了这一事,那名技术人员说是这边生活太无聊,也比较寂寞),如果他说待遇方面的事,我们可以商量,他一个月3500元的工资,我也不过3000多元,但他说这边比较无聊就没办法了,毕竟这是农村,娱乐设施肯定是缺乏的。

其次就是技术培训方面的困难。虽说现在我们合作社每年基本上都给社员提供两次左右的集中技术培训,但是基本上都不是完全靠我们合作社自己操作的,一般都是县里有什么项目或惠农措施,我们去争取的。我个人认为一年两次的集中培训是不够的,合作社要发展,社员必须具备一定的专

业技术素质。不是说我们合作社不愿意自己花钱出去请专家来做培训,而是大部分农民社员不理解,觉得这钱是白花了。他们认为与其花钱请一些专家来讲课,不如把这些钱拿来分掉好了。

再次就是资金方面的困难。短时的资金困难也可以找社员商量,社员也都比较好说话,一般都能主动集资,然后很快就会还给他们。一般合作社发展需要资金时,公司是全力支持的。虽说,合作社、企业都是我创办的,但我的原则是优先发展合作社。

社员受益　产品远销

问:合作社给社员和当地农户和产业带来了哪些好处?

答:农民专业合作社服务的宗旨就是为社员服务。所以,首先我们的社员优先享有很多合作社的服务:合作社成立了专业服务队,合作社与四名养殖专家签订养鸭子技术咨询服务协议。每到天气变化,各专家均会与社员进行电话沟通,上门服务,与非社员相比,每户每年可节约药品费 400 元;社员享有饲料供应上门服务的权利,电话联系,及时发送。与非社员相比,每户每年可节约饲料开支 2000 元;合作社社员所产的鸭蛋均由合作社组织收购后销售至公司,每斤鸭蛋与非社员相比要提高 0.05 元,户均增加收入3000 元。

随着社会生活水平的不断提高,人们的食物需求向多样化、高品质化发展,对营养丰富、色香味美、简便易食的禽蛋产品需求越来越大,质量要求越来越高。鸭蛋含有丰富蛋白质、脂肪、维生素和多种对人体有益的微量元素,具有清凉、解热、除火等功效,属安全健康产品。我社生产的"晨露"牌无铅松花皮蛋、红心咸鸭蛋又是无公害产品,深受广大消费者信赖。目前产品已销售至上海、南京、杭州、合肥等大中城市,提高了我县蛋鸭及其产品的知名度,改变了我县蛋鸭及其产品以初级品销售的历史,使我县甚至我省的蛋鸭产业得到很好的发展。

特别是拿到了"巢湖麻鸭"(作者注:2009 年 7 月,久负盛名的"巢湖麻鸭"被列入省级畜禽遗传资源保护名录之中)的保种权及保种经费后,相信我社可以更好地为社员、当地农户以及整个产业发展服务。

各方支持　社长满意

问：在创办过程中有否得到政府等相关部门的支持？

答：我社创办过程很顺利，当然离不开县农委、县供销社、县工商局、村委以及绿宝禽业有限公司的支持，现在与它们的合作关系也都在维持。创办过程中政府部门一般都是给予政策讲解、手续优先办理等支持，也会享受到一些惠农政策。绿宝禽业有限公司主要是资金、固定资产、人员方面的支持，其实合作社就是依托公司而成立的。

问：在发展过程中是否与村民、村委会、企业及其他部门发生过利益冲突？

答：合作社的发展一直都受到各方的支持和帮助，从来没有与谁发生过利益冲突。

问：您对目前自己合作社发展的外部环境满意吗？

答：满意。合作社这几年发展的都比较顺利，不能不说是有一个比较好的外部环境。

加大投入　前景美好

问：合作社未来发展有何打算和目标？影响合作社进一步发展壮大的因素有哪些？

答：2010年，我社将在县供销社的扶持下，加大对巢湖麻鸭饲养的投入，在泥河镇新建巢湖麻鸭养殖基地，计划租赁土地300亩，扩建麻鸭种群基地，力争标准化、优质化、规范化、品牌化，以此辐射带动更多的农户从事麻鸭养殖，提高巢湖麻鸭的品味，促进品牌的形成，使"晨露"牌无铅松花皮蛋、红心咸鸭蛋走向大市场。

加大对饲料厂的投入，使生产的饲料满足合作社社员的要求。同时，也能面向鸭农，积极引导他们加入合作社。加大力度进行定期培训，继续聘请专家学者来社区传授养殖技术，提高鸭农养殖水平。建立合作社网站，及时向鸭农推广新品种、新技术。

办好橱窗、图书馆，提高合作社的科技水平。使合作社成为名副其实的"农业科技专家大院"，成为农民致富的一面旗帜。

问：目前影响您合作社进一步发展壮大的主要因素是什么？

答：其他的我都不想谈了，我就想说下社员的自身素养问题。我认为影响我们合作社进一步发展的主要因素还是社员自身素养，特别是社员对合作社的信赖程度。但社员对合作社信赖程度的提升离不开国家和政府的帮助，单靠合作社本身的力量很有限。我一直感觉社员始终不是从心里关心合作社的长远发展，都只图短期利益，因为他们没有从根本上了解农民专业合作社，不放心把一切都寄托在合作社上，始终有防备，怕国家政策变了，怕合作社不灵光了。我觉得这些是大环境，靠我们合作社自己或其他任何合作社都是不可能的，我觉得国家应该花更大的力气来宣传相关的政策，目标不仅仅是一部分农民，而是所有的农民，包括已经是合作社社员的农民，也包括非社员的农民。让所有的农民都知道合作社的服务宗旨和发展前途，让其他社会组织或个人也相信农民专业合作社的产品或服务。

问：您对合作社未来发展有无信心？依据何在？

答：我不仅对我自己的绿宝蛋鸭专业合作社的发展有信心，而且对所有正规的农民专业合作社的发展都比较有信心。《中华人民共和国农民专业合作社法》正式实施才两年多，各地的农民专业合作社就如雨后春笋般出现，而且发展得都挺好。就我社而言，不仅仅有国家的法律保驾护航，各级政府都给予了极大的支持，并寄予厚望，所以我相信合作社的未来是美好的。但我希望未来合作社可以独立运行，而不是依托绿宝禽业有限公司。以现在的条件看，合作社缺乏固定资产投资，想独立发展壮大有很大困难，只能说是与公司一起发展壮大。

回首过往　任重道远

问：能谈谈您是如何当上社长的吗？是否希望一直做下去？为何？

答：我是自合作社成立之初（2006年9月）就担任社长的，当时主要是由政府人员推荐、大家选举当上的。我当然希望一直做下去，这个合作社可以说是我一手经办的，而且创办不久，要走的路还很远。我也还年轻，我的人生梦想就寄托在绿宝蛋鸭专业合作社和绿宝禽业有限公司上了，我会把我的精力都放在上面。

问：担任社长以前您做过哪些工作？这些经历对您担任社长有哪些帮助？

答：高中毕业后我就在安徽省庐江县冶山水泥厂工作，先跟随一个德国技术人员从事水电方面的技术工作,后来他推荐我去搞销售,水泥厂就让我去合肥办事处担任主任,这一干就是 8 年。当时我们办事处的销售额占到全厂销售额的 40％,因此我获得了省级表彰。1998 年我又回到水泥厂担任销售经理,也有一定的业绩。2000 年企业改制,我与另外 2 人承包了水泥厂。后来水泥厂又要改制,由于没有资金,我就重新成立了自己的公司——绿宝禽业有限公司,我担任董事长。

不用说,这些经历对我做社长当然是有好处的。经营管理经验的积累、还有经济实力的提升、人脉关系的积累都是我做好社长必不可少的。经济实力直接促成了合作社的创办,经营管理经验让我更加科学、完善地管理合作社,人脉关系使我更好地帮助销售合作社的产品、更好地为合作社提供服务。

问:作为社长,您对合作社发展的总体情况是否满意? 哪些方面满意? 哪些方面不满意? 为何?

答:我对合作社的总体发展情况比较满意。合作社的发展当然离不开社员的发展。我最满意的是社员、最不满意的也是社员。不满意的地方是他们目光不够长远,有钱就要分,不考虑合作社的长远发展。但满意的地方是虽然社员普遍素质不高,但是他们守信,诚实度高,合作社暂时有困难,可与他们通过协商解决,他们都是很好商量的。

问:从您当社长的经历来看,您认为如何才能当好社长?

答:当社长首先当然要身体健康、品行端正,还有就是本行业的专业技术的掌握。我以前是在水泥厂工作的,可以说对禽业技术方面一窍不通,但是现在对饲料、蛋鸭有关的基本常识以及一些专业技术我都是能掌握的,不然合作社有一些突发状况就很难处理了。而且与一些专家交流时,如果你对本行业很陌生的话,都不知道如何交流。

问:从合作社发展经验看,您认为如何才能办好合作社?

答:从合作社发展的角度来谈吧。我觉得要办好一个合作社,离不开项目的支持。因为合作社的资金来源不广,基本上就是社员股金和盈余积累,我们合作社都不收取股金了,盈余积累比例稍大,社员意见就很大,所以我觉得合作社的发展一定要有项目的支持。

问:在办合作社的过程中,您有哪些难忘的酸、甜、苦、辣的事? 能举几件事吗?

答:甜:我们合作社得到了多方的认可,比方说我社 2009 年被安徽省供销社授予"先进专业合作社",安徽省农委、巢湖市供销社授予"先进农民专业合作社",这些是虚的,更实在的是我们合作社产品的销售量逐年走高,养殖基地也越办越多,越办越大。

苦:我们是在办农民专业合作社,我们不仅仅给社员的农业生产活动提供帮助,在他们平时生活的方方面面我们都给予帮助,只要他们有困难,我们知道了就一定尽力去帮助! 但是,大部分社员都只考虑他们的权利,而不考虑他们的义务。

访谈后记

> 从夏社长的言谈举止中,我能感觉到他是一个有耐心、有抱负的人,最重要的是他还是一个责任感很强的人。诚如他所说"我们不先说利润,而是每个社员与社员的家庭,我们合作社的作用要体现在方方面面"。从他口中得知,2009 年有个社员出车祸了,合作社找肇事者、协调解决等都全程包办,使受害者的权益得到了很好的维护。2010 年 2 月 11 日上午,夏社长还专程来到柯坦镇第二敬老院,送上 3000 元爱心款,为 50 多位孤寡老人发节日"红包"。我们的农民专业合作社正是需要这样有能力、有魄力、有责任感的社长。

依靠合作社　发展高山生态鸡养殖

——浙江省松阳县箬寮养殖专业合作社社长访谈录

■ 文/阚敏慧

合作社简介

松阳县箬寮养殖专业合作社成立于 2006 年 3 月，注册资本 400 万元，总部坐落于千年古镇——浙江省松阳县古市镇，注册了"箬寮"商标，采取"合作社＋基地＋农户"的经营模式，是集产、供、销一条龙服务的合作社。合作社先后被评为"省级示范性农民专业合作社"、丽水市"规范化农民专业合作社"、省级"现代畜牧生态养殖示范区"。合作社现有社员 138 名，拥有一批养殖技术好且经验丰富的专业技术人员，合作社建成黄山头高山生态养殖基地，拥有有机基地面积 500 多亩，按照有机鸡饲养管理规范进行生态养殖鹊山鸡、绿壳蛋鸡。合作社出产的鸡和鸡蛋已通过有机认证，鸡蛋更是获中国浙江农业博览会优质奖。2009 年，合作社实现销售收入 1200 万元。

社长名片

高峰,46 岁,高中文化,在担任合作社社长以前,曾经担任过机械厂工人、供销科科员、科长等职,后决定下海经商,自己开办工厂,同时被聘为物资局业务经理,从事茶叶、苦丁茶加工销售和农副产品系列开发,2006 年起就担任合作社社长。曾获丽水"百名致富能人"、"优秀企业家"、"优秀厂长"等荣誉称号。

社长感言

我只做质量最好的产品！

访谈报告

带着对箬寮养殖专业合作社的好奇和期待,我决定在 2010 年 2 月 20 日对合作社社长进行一个访谈,希望对合作社有更加全面的了解。拨通了高社长的电话,电话那头的他和蔼而热情,一番商榷之后,高社长派来专车接我们去他的办公地点,并亲自接待了我们。我不禁想,合作社能有今天与其有一个具有亲和力的社长是分不开的。甚至在访谈的过程中,社长都推掉了好几项业务来帮助我们完成访谈,心里不禁更加感激高社长。

合作社的创办

问：合作社当初是由谁发起创办的？

答：是由本人发起创办的。

问：当初为何想到办合作社？

答：当时我考虑到松阳这一带原材料多,创办时主要考虑两个方向：第一是农副产品加工,第二是茶叶种植。最后,经过比较,觉得养殖业可行,所以就选择了养殖业。

问：当初是如何创办起来的？成立时遇到哪些具体困难？是如何克服的？

答：当初是由我联合七八个朋友一起发起创办起来的。创办过程中主要遇到了两大困难：一是创立初期没经验,合作社缺乏技术人员,一般只能到外面请教专家、看书或者上网搜索资料。二是资金问题,政府资金支持少,银行一般不给合作社贷款,只能通过合作社自身积累解决,但我们坚持下来了。迄今为止,合作社都没有向银行贷过款。此外,合作社的人才问题也比较棘手,招聘主要面向中专生、大专生。由于合作社利润不高,大部分的利润还得返还社员,因此没有高薪,人才引进困难,基本采取管理自助的方式,社员遇到问题再问合作社。

合作社的成长

问：合作社创办以后，是如何一步步由小到大成长起来的？

答：合作社成立的第一年，效益不怎么好，品牌没有知名度，处于亏本状态。第二年，在质量和包装上有所提高。比如鸡蛋用土办法检验。每个鸡蛋都用灯箱照孔，检测鸡蛋新鲜与否，保证每一个都检验合格。包装也是请专人设计，用的是最好的包装原料。为了保证包装的质量，合作社不惜将之前的第一批包装全部毁掉，重新设计，跟上现在的标准和做工。

2010年是合作社创办的第五年。合作社的目标就是打响品牌，拓广市场。主要的方式是在丽水、杭州等地设立经销点、门市部。

问：在合作社成长过程中遇到过哪些困难？是如何解决的？

答：困难主要是四个方面：一是养殖问题；二是如何做品牌；三是资金不足；四是农民信心不足。

养殖问题体现在两个方面：鸡的销售和蛋的加工。蛋的销售非常好，必然会导致鸡的产量过剩，一只鸡产两年的蛋，之后就无法处理。如果不帮助农户卖掉这些鸡，那么就会挫伤他们的积极性。所以我们在积极寻求鸡的销售方法，打消农民后顾之忧，包括用传统方法深加工。我提出是否可以跟肯德基合作，不过显然犯了常识性错误，放养的鸡跟肯德基的鸡不一样。目前合作社正跟宁波方面合作，搞深加工。鸡蛋的加工也是合作社面临的一大问题。新鲜的蛋不易储存，因此需要进行加工。现在我们考虑用传统方法制作成盐蛋进行销售。

目前最主要的困难是如何做品牌，如何把市场做大。第一是包装，包装一定要有特色；第二是电视宣传，在地方电视台宣传得比较多，从近到远，先在本地做稳，占领本地市场，再慢慢向外发展；第三是质量，人们买产品主要看知名度和质量，在价格上保持稳定，别人的产品价格夏天和冬天差别很大，我们的产品没有差价，采取统一定价。宁可在淡季采用送赠品的方式，也不会随便搞价格战。

还有在资金上也存在困难。我们发起者都是从企事业单位里出来的职工或者是农民，没有多少资金积蓄，都是借钱创办起来的，因为合作社是无法贷到款的。

还有就是农民对合作社信心不足的问题。农民对合作社前景不看好，没有信心，不愿意加入合作社。前期，我们都是免费提供种鸡种苗，让农户养鸡,给合作社提供鸡蛋。为了动员农民,我们连饲料都一并提供,技术也是我们提供的。农民尝到甜头,自然都要求加入,银行也开始支持我们合作社。

合作社的管理

问:合作社目前设置了哪几个业务部门?主要职责是什么?人员是如何聘任的?其报酬是如何支付的?

答:目前合作社由于人员较少,没有分业务部门,只分财务、仓库保管之类。但是工作方式基本是什么忙做什么,除了管好自己的工作,其他事情都可以大家一起做。招聘是通过招聘单子、招聘广告的形式招聘人员的。广告主要是在人才市场和合作社门口张贴。员工一个月休假两天。每个月实付工资每人1000元,再加上保险金、每个月奖金、年终奖和意外保险。

问:合作社是如何进行日常管理及重大决策制定的?

答:社员自主管理,合作社提供帮助,重大决策基本自己定。

问:目前合作社主要开展了哪些活动?哪些活动开展得比较理想?哪些不理想?为何?

答:活动不多。主要是人员培训,现在合作社是省扶贫人才实验基地,省示范区,平时会有省领导到合作社的基地视察、了解业务,活动都进行得比较理想。

问:合作社的主要收入来源有哪些?目前是否有盈余?盈余是如何分配的?

答:主要是产品销售。有较多的盈余,2009年有30多万元的利润,目前还没分配。到时候基本会拿利润的一半给社员分红,按照股金多少进行分红。

合作社的好处

问:合作社为社员带来哪些好处?

答:能够给农民带来实际好处。首先,农民可以学到技术,产品可以以较高的价格卖出去,统一得到技术防疫,种鸡种苗。农民是很现实的,有钱才会来合作,谁的价格高卖给谁。其次,资金投入合作社,能够得到利润分成。

问：合作社对当地其他农户和产业发展带来了哪些好处？

答：也会给其他农户提供技术。对养殖产业发展也有好处，市场集中，规模上去了，可以相互调节。以前产品都是社员各顾各的。现在是集中起来一起卖出去。

合作社的发展环境

问：在创办过程中有否得到政府等相关部门的支持？如果有，在哪些方面？如果没有，为何没有得到？最希望得到政府哪些方面的支持？

答：政府也有支持。最大的优惠是可以免税。国家在项目资金方面给了合作社很大的支持。政府对带动农户多的，社会效益好的合作社重点扶持。我最希望得到政府项目资金的支持，目前合作社也确实得到了一两个项目支持。

问：在发展过程中是否与村民、村委会、企业以及其他部门发生过利益冲突？

答：没有，我们相处得都很和谐，关系很好。

问：您对目前自己合作社发展的外部环境满意么？如果不满意，在哪些方面？

答：满意。现在合作社人脉广了，事情就比较好办，对合作社的发展也有好处。政府政策支持也给合作社的发展扫清了障碍。而且，现在银行也逐渐开始支持我们了，合作社因此发展非常顺利。

合作社的发展目标

问：对合作社的未来发展有何目标和打算？

答：首先，要争取拿到省著名商标。目前已经拿到了三个市级名牌了，分别针对茶叶、鸡蛋和茶油。其次，开设丽水、杭州门市部。2010 年或者最迟明年实现目标。至于更长期的目标，目前还没有打算，只是希望短期目标先实现，其他的以后再说。

问：目前影响合作社进一步发展壮大的主要因素有哪些？

答：合作社发展过于依赖政府政策和资金的支持。最棘手的就是人才不够,招聘困难,也想到高校招聘。

问:您对合作社未来发展有无信心? 依据何在?

答:非常有信心。近年来,每年销售额翻一番,政府支持力度加大。不管是外部环境还是内部条件都表明着合作社正朝着非常好的方向前进。

办合作社的体会

问:何时当上社长的? 是如何当上社长的? 是否希望一直做下去? 为何?

答:当上社长是在 2006 年创办合作社的时候。发起人一致表态通过的。我希望一直做下去,但最好有得力助手一起帮忙。

问:担任社长以前您做过哪些工作? 这些经历对您做好社长有哪些帮助?

答:最早在机械厂,从一开始当工人,后来是供销科科员,再后来成为科长。后来下海,自己办厂(自行车零件厂)和开公司,那时是最大的钢材/物资开发公司,同时还被聘请到物资局当业务经理。之后由于借钱给朋友至今未还,经历了四五年低潮期。再之后进行茶叶、苦丁茶加工销售和农副产品系列开发。一直到 2006 年创办了合作社。这些经历让我增加了社会经验,积累了丰厚的资源和人脉,对我担任合作社社长是很有帮助的。

问:您平时是如何管理合作社的? 在管理过程中哪些事情让您最操心?

答:合作社管理主要依靠制度管理,制度都是我自己制定的,每个工作职位都有详细的工作制度。最操心的是质量问题,质量要把关,不能出现差错。

问:作为社长,您对目前合作社发展总体情况是否满意? 其中哪些方面最满意? 哪些方面最不满意? 为何?

答:最满意的是利润和销路。现在合作社不愁销路,并且利润每年翻一番,每年都有几十万元,现已被评为"省示范合作社"。

问:从您当社长的经历看来,您认为如何才能当好社长?

答:管理要人性化;制度制定出来就要实施;待遇提高;制度要更严密。合作社相对公司更松散,跟社员的切身利益相关,平时跟社员多沟通,并对他们多进行技术培训。

问:从合作社发展的经验,您认为如何才能办好合作社?

答:合作社我是一手创办起来的,我认为要办好一个合作社,首先要打好品牌，这是销售的关键。品牌的关键是品质和宣传，现在好东西也是需要宣传的，有了好品质才有可能在市场上立足。第二要做好内部管理。最后还要学会创造机会，我们不是坐着等待机会的到来，而是主动寻找机遇，比如我们可以主动寻求资金支持，拓展人脉，申报项目，这些都是合作社长远发展所必须做到的。对于我们合作社的未来，我非常有信心。

问：在办合作社的过程中，您有哪些难忘的酸、辣、苦、甜的事情？能否举几件事例？

答：合作社刚成立的时候承包了几座山作为合作社的基地。当时非常辛苦，承包的山交通不便，一切都没有建好，条件非常艰苦，只有自己亲自监工。自己都是早上五六点钟出去，晚上七八点钟回来，整整晒掉了两层皮，但看着基地从一无所有到初具规模，那时候，我是感到多么的高兴！

访谈后记

高社长带我去参观了合作社的基地，那么高的山却建好了路，车子可以直接开上去，山上也建好了员工宿舍和接待客人的大厅。社长说一般农忙时，他找农民上山帮忙，都是自己亲自把他们一趟趟地接上来的。社长指着一片片的树林告诉我这是梨树，那是香榧树。看着高社长那饱经沧桑的脸，感受他那种指点江山的豪情，我不禁感慨，这需要付出多少艰辛才能换来合作社辉煌的今天啊！看着这些正在成长中的树苗，我脑海里不禁浮现起几年以后硕果累累的树前，社长那心满意足的微笑。

平阳有"蛋佬"

—— 浙江省平阳县瑞祥禽蛋专业合作社社长访谈录

■ 文/邵日炼

合作社简介

浙江省平阳县瑞祥禽蛋专业合作社成立于 2007 年 2 月,经工商部门登记注册,注册资金 10 万元,社员 26 名。2008 年 3 月,依法经工商部门规范更名为平阳县瑞祥禽业专业合作社,注册资金 200 万元,社员人数发展到 115 名,辐射平阳县万全、宋桥等 8 个乡镇及周边的瑞安、苍南等地,蛋鸭存栏达 6 万羽,带动非社员农户 200 多户。并与宁海、金华等地鸭农贩销大户挂钩。合作社年产鲜蛋达 500 吨,年产值达 600 万元,为鸭农年创利润达 20 多万元。合作社拥有 2100 平方米的禽蛋加工标准化生产基地,主要生产无公害鲜鸭蛋,合作社下属禽蛋加工厂加工"蛋佬"牌皮蛋、咸蛋、熟制咸蛋、蛋黄等系列蛋品。禽蛋加工基地 2007 年已全面通过 QS 食品生产和 ISO9001—2000 质量体系认证。2008 年,通过省级无公害产地认证。"蛋佬"牌系列产品被评为平阳县名牌产品,2007 年至 2009 年"蛋佬"牌系列产品荣获省、市农博会优质产品奖。在此期间,合作社先后获得浙江省"示范性农民专业合作社"、市级"优秀农民专业合作社"、平阳县"示范性农村经济合作组织"等荣誉称号。

社长名片

薛茂琪,男,46 岁,大专文化,中共党员。合作社成立以前担任平阳县宋桥镇章底村村干部,自 2007 年合作社成立起担任社长至今。年轻时在蛋厂工作,掌握了蛋鸭养殖和蛋品加工的技术。投身农业二十多年,对农业有着深厚的感情。

社长感言

做农业生产就是太辛苦,如果不热爱农业,真的是很难做好的。

访谈报告

　　2010 年 2 月 21 日，虎年伊始，当人们还沉浸在新春的喜悦中时，我便一个人敲响了瑞祥禽蛋专业合作社的大门。

　　浙江省平阳县瑞祥禽蛋专业合作社地处平阳县宋桥镇章底村，坐落于一座小山包下。东临 104 国道，西靠温福铁路瑞安客运站，路平山青。合作社建筑为农村现代型建筑，南面为鸡场，北面为农田。初到合作社，合作社社长薛茂琪先生正在合作社里工作。这些天，社长整天在农户、合作社、农业部门、客户之间忙碌，直到今天下午才有空与我进行短暂的交谈，访谈开始阶段在厂房边的一简易办公室进行，后来又转到办公室继续进行。

合作社创办　实现双赢

　　问：合作社是什么时候建立的？主要依托什么建立？

　　答：合作社是依靠龙头企业建立起来的，2003 年以前，龙头企业一直在瑞安，在那边整整 15 年。后来觉得平阳这边条件较好，就搬过来了。站稳脚跟以后，2003 年企业就注册了合作社，2007 年 2 月正式成立。

　　问：合作社选址为什么选到平阳这边来，主要有什么考虑？

　　答：我们之所以从瑞安搬来平阳，就是想带动平阳蛋鸭养殖的发展。而且这边蛋鸭养殖历史悠久，一般养鸭户都有十来年的经验，所以搬到平阳来，能充分利用这些优势。还有一个，就是我是平阳人，想把企业搬回家乡来发展。

　　问：搬来平阳，平阳政府支持吗？

　　答：历届平阳政府都十分关心农业，对农业企业也很支持和关心。而我们企业以"做大做强农业企业、农民专业合作社，促进农民增收"为宗旨。政府自然是十分支持的。但是农业毕竟是一个靠自然生产的行业，所以老是遇到一些天灾，所以合作社主要还是要靠自己的努力才行，光靠政府也是做不好的。

　　问：那社员主要分布在哪些地方？

　　答：我们的社员大多是蛋鸭养殖的农户，主要分布在平阳县万全、宋桥等 8 个乡镇及周边的瑞安、苍南等地。我们这儿是合作社的加工基地，饲养基地。社员是分片分布，属于松散型。实行"分散养殖，统一收购，统一加工、统一销售"。社员产品基本通过合作社销售。比如说,没有参加合作社以前,农户产品卖到哪里去都是不知道的。有了这个合作社,只要符合我们章程里的规定、标准,我们就会统一销售社员的产品,让社员吃上定心丸。同时,鸭蛋价格、效益也是比较可以的。合作社与社员的关系稳定,社员安心养殖,标准化生产,合作社也有了稳定的、高质量的原料来源,从而实现了合作社与社员的"双赢"。

问:现在合作社设立了哪些设置? 具体是如何运作的?

答:我们成立了社员大会、理事会、监事会。合作社分工明确,有销售部、技术部、生产部、服务部、产品自检部。合作社重要决策都实行一人一票制。此外,会计制度、人员培训、会议记录合作社都有,我们是按照规章制度来运营合作社的。另外,合作社也制订了技术标准,社员产品只有符合这些标准合作社才给予接收。

问:合作社有没有聘请专职管理人员?

答:目前还没有。我们这一方面已有多年的生产加工经验,技术方面是没有什么问题的。我们自己可以解决。

问:合作社主要发挥了什么作用?

答:合作社主要是带动农户,把农产品组织起来统一销售,搭建农户与市场之间的桥梁。合作社还将销售利润的 60% 进行二次返利,合作社自身没有什么利润积累。

行业竞争激烈　资金、员工流动困扰

问:行业竞争怎么样?

答:肯定有竞争的,因为现在是市场经济。在平阳区域内就有跟我们从事同样行业的合作社,所以存在同业竞争,但是我们合作社是占据绝对竞争优势的。

现在市场竞争依然很激烈,外面的合作社也在抢占我们的市场,比如说温州那边的合作社。

问:合作社产品都销往哪里呢?

答:大量都是销往本地区,但也有一部分通过中介,走出国门,远销欧美。只是现在合作社还没有自营出口权。

问:合作社品牌建设怎么样?

答:合作社有自己的品牌"蛋佬"系列,这是平阳县"名牌产品",2007 年至 2009 年"蛋佬"牌系列产品还拿过省、市农博会优质产品奖。品牌其实是能产生很大效益的，如果没有品牌的话，客户也不认可，现在社会都提倡健康产品、绿色产品。因此，我们加大投入，积极创建无公害基地，打造县级品牌，现在都已经通过，下一步就是申报市级品牌。同时，也加大了品牌的宣传。不过，真正以品牌打开市场还是需要一点时间的，合作社目前的品牌效益并不明显。而且有人认为，禽蛋加工这一块，老百姓是不认品牌的，而是以价取胜的，谁便宜买谁的，我是不认可的。

问：那政府方面有一定的支持么？

答：政府方面的支持呢，国家和地方政府近年来加大力度扶持农业生产。但不是说你要资金政府就会给，合作社自身必须符合扶持条件，并有一定的基础，能够带动农户致富，政府才按一定比率给予扶持，而且要通过有关部门的实际考察、验收以后才能兑现。此外，政府还在税收方面给予合作社免税待遇，在科技投入方面，也帮助合作社解决农业生产技术问题。

问：合作社成立以来，有没有和村委会、农户等发生什么利益冲突啊？

答：这不会的，村委会是很支持我们合作社的。毕竟我也担任了一段时间的村干部啊。而且合作社帮助村民致富，这正是村委高兴看到的。至于农户，如果参与合作社的话，我们有责任把他的产品销售掉，但是你没有参与的话，我们也管不着。如果农户有过来要求合作社帮助的话，我们也是很支持的。我们可以帮助他们销售掉他们卖不出去的产品，所以农户也是很欢迎我们的。

问：合作社目前主要面临哪些困难？

答：最困难的是资金问题。市场行情不好的时候，我们产品就得先储存起来，等市场行情好的时候再拿出来卖，因此资金回笼很慢。但是合作社资金周转天天得进行，因此容易出现资金缺口，资金运作就会发生问题。

还有一个员工问题。比如说一个老员工在这里干一年或几年，春节到了，回家了，回家以后就不过来了，而是让一个没有经验的新人过来。因此，合作社又得投入资金给他培训，指导他。但是过了一段时间，这个员工又回去不来了，这样让合作社很头疼。

问：没有什么合同限制吗？

答：合同限制也是有的，但他们心不在这里，想留也留不住啊。员工法律意识也比较淡薄，而且即使毁约，合作社也没有那么多精力和资金跟他们打官司。再说你就算把他硬留住了，他天天在这里磨洋工，你还得天天给他吃，给他工资，根本就得不偿失啊！

问：没有通过贷款解决资金问题吗？

答：贷款，数额小的话是还比较方便的，但是大的贷款就很难，要求很高。

合作社跟公司有区别的。银行认为合作社组织结构松散，偿债能力差，所以对合作社的要求很高。合作社又缺乏抵押的东西，土地抵押政府又是不允许的。所以政府应该帮助合作社解决资金问题，最好为合作社贷款提供担保，而银行也应该给予合作社与公司一样的待遇。

问：有没有想过把合作社联合起来组织联合社？

答：这个问题，上次省里也发过一份调研，我给他的回答是：同类型的可以组织起来，但不同类型的组织起来就没有意义。

问：合作社的下一步打算怎么做？

答：下一步打算在依托龙头企业的基础上，把合作社做大做强；然后就是进行产品改良，拓宽销售渠道，让合作社"走出去"。

要当好社长　必须得懂行

问：在您担任社长的这些时间里，您对如何当好社长有什么体会呢？

答：要当好合作社社长——这个话说长也不长，说短也不短，一下子是讲不清楚的呐——我想首先必须自己要了解这个产业，而且要从事农业生产，有从事这个行业的多年经验。假如你搞工业的来当社长，肯定是不行的。以我来说，我是农民，在农村长大的，天天围着鸭子转。对鸭子怎么养殖容易下蛋率高，鸭蛋怎么加工肉质会更好，还有选择什么时候销售都了如指掌。此外，当社长个人素质和文化水平也是需要的。我在蛋厂里工作了很多年，对企业经营管理、销售这一块也接触过，所以还比较懂。

访谈结束之后，薛社长带我参观了合作社的技术培训室、会议室、文体活动室、产品车间。薛社长一直忧心于合作社未来的发展，在设施的建设上也考虑长远，比如合作社的技术培训室除了布置精美以外，还装备了多媒体数字设备等现代技术装备。临别前，社长交给我一份关于鸭蛋研制中遇到的一个技术难题，希望我带回学校后能有机会帮助解决。

送我走出合作社的大门，社长又转身投入到自己的工作中去……

访谈后记

　　农业始终是我们国家发展当中最重要的问题。众所周知的，"农民真苦，农村真穷，农业真危险"，这种状况已经存在了很多年并且可能会持续下去。农民专业合作社，是一个真正为农民谋福祉的组织，但在其发展过程中问题依然颇多。通过对薛社长的访谈，我更深地体会到农民不易、农业艰辛。工业挤压下的农业，在公司脚边生存的农民专业合作社……也许我们在关注中国农民生存状态的问题上做得还远远不够！

依靠合作社 养鸭富百姓

——浙江省桐乡市洲泉镇坝桥养鸭专业合作社社长访谈录

■ 文/陈 敏 郭红东

合作社简介

桐乡市洲泉镇坝桥养鸭专业合作社,位于杭嘉湖平原腹地的桐乡市西部,与湖州、德清毗邻,属典型的江南水乡,具有得天独厚的养鸭环境。2002年5月,在原坝桥鸭场的基础上,由原养鸭场场长曹阿二和养殖大户发起,组建成立了桐乡市洲泉镇坝桥养鸭专业合作社。到2009年,合作社已是一个拥有固定资产1000多万元,社员107名,拥有年产300万羽小鸭的孵坊一座,年饲养种鸭万羽以上的生态养殖示范基地一个,饲养种鸭5万羽、产种蛋840多万枚的专业养鸭生产基地一个。带动包括湖州市德清县、练市镇及周边的众多养殖户。合作社先后被浙江省农业厅、嘉兴市、桐乡市人民政府命名为"效益农业示范基地"、"示范性专业合作社"、"优秀农民专业合作社"、"优秀示范性农民专业合作社",合作社所在地坝桥村被桐乡市政府命名为"养鸭专业村"。

社长名片

曹阿二,52岁,中共党员,大专文化。先后被评为优秀营销大户、优秀共产党员、十佳农民、嘉兴市十佳农村技术人才、嘉兴市十佳农村实用人才、浙江省百名突出贡献农村经纪人、嘉兴市劳动模范、浙江省劳动模范等,并当选为嘉兴市人民代表。

社长感言

一个产业百家姓,家家连心才成金。

访谈报告

2009 年 6 月 23 日上午,在桐乡农业局同志的陪同下,我们到桐乡市洲泉镇坝桥养鸭专业合作社进行了实地调研。曹阿二社长在合作社办公室热情地接待了我们,并接受了我们详细的访谈。

艰辛的创业历程,合作社辉煌的起点

洲泉镇坝桥是传统的养鸭基地。然而,当初各养鸭户分散经营,技术、防病、饲料等环节存在成本高、效益低等问题,更突出的是销售方面的问题。时任坝桥养殖场场长的曹阿二看在眼里、急在心里。为稳定这个产业,提高农民的养鸭积极性,他开始想方设法寻找合适的长期合作伙伴。一次偶然的机会,曹阿二获悉了嘉兴文虎酱鸭厂销路特别好的消息,他马上前往该厂进行联系。刚开始,对方始终没有合作意向,但曹阿二并没有放弃,经过多次上门自我推销,对方终于被他的精神所打动。1991 年,双方签订了 20万羽肉鸭的购销合同。以此为起点,曹阿二终于在企业与农户之间架起了一座桥梁,建立起“企业＋基地＋农户”的合作关系。1994 年,坝桥养殖场与嘉兴文虎酱鸭总厂以合同形式建立了稳定的“企业＋基地(养殖场)＋农户”长期合作关系。为此,他对原来肉鸭、蛋鸭共养的模式进行了又一次重大改革:除场里统一养殖供自繁自育需要的种鸭外,所有养殖户全部改养肉鸭,商品鸭专供文虎酱鸭总厂。因饲养肉鸭周期短、见效快、销售稳,养殖效益迅速增长,到 1998 年底,养殖场年销售肉鸭达到 60 多万羽,销售额800 多万元,养殖户户均年收入突破 2 万元大关。2000 年,曹阿二投资120 万元从湖南引进亚洲第一鸭——樱桃谷鸭 SM3 改进型种鸭,用于改良肉鸭品种。这些年,曹阿二每年都调引纯种,以肉精、皮薄、生长快、成本低的肉鸭来占领市场。

2002 年 5 月,由 65 名社员组成的坝桥养鸭专业合作社宣告成立。

一个产业百家姓,家家连心才成金

"一个产业百家姓,家家连心才成金",这是曹阿二建社之初的心声。他说:"当初倡导建立合作社的出发点,就是为了把农民组织起来,更好地保护农民利益,增加农民收入。让我们坝桥的养鸭业从副业走向专业,从弱小走向强大。"作为一名共产党员,曹阿二是这么说的,也是这么做的。2003年"非典"和2004年、2005年"禽流感"时期,养禽业受到了很大的冲击。合作社与嘉兴文虎酱鸭厂联手解决难题,照常按批次收购,价格按保护价收购,帮助农户渡过难关,稳定了洲泉及周边地区的养鸭业。合作社自成立以来,在镇党委、政府的正确领导下,在上级主管部门的关心支持下,为养殖户提供了全方位的服务,即从品种、苗鸭、饲料到技术、防疫、购销全程服务,与养鸭户捆在一起,风险共担,利益共享,用服务壮大了自身的力量,合作社的事业得到了快速发展。七年多来的合作经营,取得了前所未有的成效。2008年,合作社总销售额达到了6286.76万元,养殖社员收入达700万元。总生产规模从建社初期的年产肉鸭130万羽发展到现在的250万羽,种鸭养殖存栏从1.2万羽发展到5.2万羽。

规范的经营管理,严格的质量标准

合作社自成立以来,一直按照"民办、民管、民受益"的原则,在自主经营,民主管理,盈余分配、积累与发展上,坚持在探索中求完善,在完善中求发展。在全体社员大会上修订通过的合作社《章程》,明确了每个社员的权利和义务,选举产生了新一届合作社理事会、监事会。合作社下设营销部、技术部、环保部、安全部、信息部和财务办公室,明确各自的职责和任务。强化内部管理,制定了《兽医卫生防疫制度》、《上市检验制度》、《疾病综合防治措施》等一系列制度,明确分工,责任到人。实行社务公开、民主监督制度,每季度公示一次,每年年初召开社员大会,对合作社的经营方向、财务、分配等重大事项进行民主讨论。

在质量监控方面,合作社坚持立足长远,努力扩大合作社的市场竞争优势。整个生产经营流程,从种鸭到商品鸭"一条龙"生产经营,由"五部"专人分别负责社员的培训、建棚指导、鸭苗投放、生产管理、肉鸭回收、售后结算、生产记录、档案管理等事宜。对商品鸭社员养殖实行严格的统一供苗、统一供料、统一供药、统一防疫、统一收购的"五统一"服务管理。合作社在制订执行养殖生产标准同时，还更加注重操作环境和安全控制。一是对社员生产过程中饲料、药品100%实行统一采购供应，并由专人负责进出台账，生产过程记录，档案存档工作。二是建立肉鸭质量安全追溯制度和检验检测体系，建立自律性检测制度，依托桐乡市畜牧局每年对合作社进行重大动物疫病检测，至今无一例动物传染病或省级防疫部门规定的其他传染的病原、阳性动物检出。三是开展合作社生产基地省级无公害农产品产地和无公害农产品认证。四是严格履行使用商品肉鸭、种鸭、苗鸭的出栏合格证，常驻业务单位的质量监督员负责做好售后服务工作，并及时做到信息反馈。

质量打响品牌，品牌铸就辉煌

严格的质量控制管理和"五统一"服务，促进了鸭产品质量逐年稳定提高，得到了权威机构对合作社生产基地、生产产品无公害的认定，赢得了老客商们对产品的信心和新客商的青睐。合作社成为"浙江第一鸭"生产商——嘉兴文虎酱鸭厂唯一指定的肉鸭原料供货单位。

2006年6月，合作社申请注册了"阿二"牌商标，并建立了商标使用和管理制度，合作社社员生产产品100%通过"阿二"牌商标销售。合作社还积极组织参加了2006年浙江省农业博览会，"阿二"牌肉鸭荣膺农博会金奖。通过自己建立的网站，信息的传播和媒体的宣传，农交会和推介会的积极参与，"阿二"牌产品的品牌信誉和知名度不断提升，销售价格已非其他同类产品所能及，"阿二"牌肉鸭价已到了令鸭贩子们咋舌的地步。用社员们的话来说："博览会一个金奖，让我们的每只鸭子无形中增收了五毛钱。"

合作社先后被浙江省农业厅、嘉兴市、桐乡市人民政府命名为"效益农业示范基地"、"示范性专业合作社"、"优秀农民专业合作社"，合作社所在地——洲泉镇坝桥村被桐乡市政府命名为"养鸭专业村"。

展望未来，信心十足

谈及合作社未来的发展前景，曹阿二认为目前合作社面临的最大问题就是销售问题。具体到如何来解决这一困难时，曹阿二告诉我们合作社未来会在以下几方面不断努力：

一是延伸产业向终端发展，壮大社员队伍。在满足本区域生产需求的前提下，实施"走出去"战略，跨区域式发展，吸收更多的养殖户入社，进一步提高合作社自身的综合实力和覆盖带动能力。同时，合作社打算将产业链往纵向延伸，开始搞加工业，提升产品的经济价值，扩大经营范围。

二是打响品牌，拓展市场。积极实施品牌战略，组织参加农产品展示、展销和名牌产品、著名商标评比，力争在下一个五年计划里获得市级以上名牌或著名商标称号。合作社已经打算在嘉兴市区开专卖店(已有 4 家店面获得工商批准)，同时，在长三角一带(特别是上海、江苏)由专门销售人员负责销售，拓展营销渠道。

三是强化科研，提高科技含量。继续与科研单位、技术部门以及四川华英公司等保持良好密切的合作关系，强化与科研部门的合作，引进专业技术人才和加快人才培养，全面实施"社员知识化工程"，扩大专家顾问队伍，努力提升种禽示范基地及研究工作站的科技含量，切实提高标准生产水平。

访谈后记

曹阿二，一个亲切的合作社领导，一个伟大的农民企业家。在跟他的访谈中，字字透露出他那勤劳节俭的生活习俗。他心系合作社，关心社员，为了合作社的明天、为了广大社员能共同致富，他不断地努力着，合作社也在他英明的领导以及全体社员的共同努力下，不断地向前发展，我们衷心地祝福他们，期待他们的明天会更好！

有了合作社　山区养猪能致富

——湖南省浏阳市高坪镇养殖科技专业合作社社长访谈录

■ 文/盛　涌

合作社简介

浏阳市高坪镇养殖科技专业合作社,位于美丽的浏阳河畔,成立于 2005 年 12 月。该社以"公司＋合作社＋基地＋农户"的模式发展养猪业,较好地实现了贸工农一体化的服务,实行种猪、饲料、防疫、培训、销售的"五统一"管理模式。社本部现有 29 栋猪舍,有一个存栏达 5500 余头的养猪场,一家年产 5000 吨的饲料厂和占地 120 亩的高档花木场,成立了 4 个分社,建有 8 个专业养殖场。2009 年,合作社出栏商品良种猪 7 万多头,年产值达一亿多元,为当地农民增收 1000 多万元。截至 2010 年 2 月,该社已有入社农户 2176 名,专业养猪人员 5000 多人,社员所属地域范围也由最初的浏阳市高坪镇发展到浏阳市永和、三口、七宝山等 24 个镇的 42 个行政村。该社 2006 年被长沙市、浏阳市评为先进专业合作社,于 2009 年获得"科普普农兴村计划"表彰,并获 20 万元专项资金扶持。

社长名片

宣桔仁,46 岁,大专文化,社长,浏阳市穗泉农牧实业有限公司董事长,长沙市女能手协会会员,主要从事生猪养殖、种猪繁殖销售及饲料销售。先后获得"全国十大农民女状元"和"全国三八红旗手"的光荣称号。

社长感言

挺过去,前面是一片晴朗的天!

访谈报告

2010 年 2 月 18 日新春刚过,整个高坪镇都还沉浸在春节喜庆欢快的氛围中,我敲开了在这个镇上被称为"女强人"的宣桔仁女士的家门。宣女士脸上洋溢着新春的喜悦,非常热情地接待了我.简单几句寒暄过后,我们开始了关于合作社的访谈。为了能更直观生动地记录宣社长的讲述,下文采用一问一答的形式记述。

迷茫无措中女社长毅然创业
风雨飘摇中合作社艰难跋涉

问:据我所知,您在创办合作社之前还经历过一次刻骨铭心的创业经历,提到办社不得不提到您那段创业史,您能不能跟我们仔细讲讲这其中的来龙去脉呢?

答:谈起创办合作社,还得从 1996 年说起,那是我人生中永不会忘的一道坎。

1996 年,我当时所在的高坪供销社陷入困境,企业决定利用废弃的仓库办养猪场,因为流动资金不足,企业决定向职工和社会集资。我冒着极大的风险为近 200 万元的社会集资进行了担保,开出了签有自己名字的 200 万元筹资借条。

但世事难料,2000 年 9 月,养猪场已难以为继。企业欠集资款已高达 142 万元,特别是职工购买养老保险金的 50 万元无从着落。想起那些没钱购买基本养老金的同事,想起对养猪场抱着极大希望却无法收回集资的邻里乡亲,我实在心绪难平。经过几天几夜激烈的思想斗争之后,我鼓足勇气,顶着家人的强烈反对,以近 200 万元的价格收购了养猪场,毅然踏上了创业之途。

2000 年 10 月,我注册成立了浏阳市穗泉农牧实业有限公司,接纳安排原供销社下岗职工 22 人。在我的带领下,员工都尽心尽责,养猪场配种成功率、产仔率、育肥率都有了较大的提高,企业效益明显好转。养殖场的生猪养殖和产销渠道虽然走上了正轨,但市场价格的波动却令人担惊受怕,忧心忡忡,2001 年至 2002 年,连续两年肉价大幅下跌,原本已有起色的经营再次面临危机。屋漏偏遭连夜雨,2002 年春节期间,因资金周转困难,防疫工作不到位,引起生猪疾病流行,几百头猪挣扎在死亡线上。接踵而至的打击令我备受煎熬,但风雨过后终于见到了彩虹。2003 年起,生猪行情看涨,公司开始赢利。后来公司经营得越来越好,终于走上了正轨!

问:这段创业史真可谓是历尽艰辛呀!那后来,您又怎么会由经营公司想到创办合作社呢?

答:那时公司是走得挺顺利的,但我清醒地认识到,公司规模太小、科技含量不高、抵御市场风险能力不强,必须走规模化、集约化发展道路。为此,我多次走访浏阳另外三家最大的养猪场,我真心与他们交流,诚恳地同他们协商,最后达成价格协商、信息共享的松散联盟,增强了企业应对市场风险的能力。同时,我加强了与周边有一定规模农民养殖户的联系,渐渐达成了组织经济合作体的共识。2004 年,在长沙、浏阳两级供销社、畜牧局和妇联的大力支持下,我联合几家大型养殖场和 100 户专业养殖户成立了浏阳市高坪镇养殖科技专业合作社,以"公司+合作社+基地+农户"的模式发展生猪养殖业,开始实行贸工农一体化的现代运作模式。2005 年 12 月合作社正式注册。

问:当时政府有没有及时提供过什么支持呢?

答:有的。

问:那主要是哪些方面呢? 能不能跟我们具体地聊聊其中一两件让您记忆很深的事呢?

答:在我社创办的时候浏阳市高坪镇各级政府都给予办社指导,资金贷款等方面的帮助,在合作社成立之后,又陆续在技术培训、设施投入方面送来"及时雨"。让我记忆最深的一件事是,2003 年春节过后,浏阳市委、市政府在了解我艰难创业的情况之后,带领浏阳市供销社、畜牧局等 8 个单位的负责同志到我公司,充分肯定了我的刚韧与坚强,当场拍板下拨扶助款 10 万元,并鼓励我不要灰心,顽强地干下去。一个普普通通的下岗女工、一个地地道道的平民百姓,能得到如此的关怀和评价,这是我此前做梦也不敢想的事。瞬间,我抑制不住自己的感激之情,泪水夺眶而出。在最艰难的时候,这场"及时雨"滋润了我的心田,也更坚定了我沿着创业与办社之路走下去的决心和信心。

纷繁琐事中女社长身体力行
茁壮成长中合作社利民四方

问：养殖业其实也有点风险的，像上次猪流感来袭时，是否给贵社带来一定程度上的损失？贵社有没有设立什么保险制度来最低程度地减小社员的损失？

答：上次猪流感来袭时，我们合作社基本上没有受太大的影响。因为高坪还是处于浏阳交通不便、位置偏僻的山区，流动人口很少，基本都是祖祖辈辈住在这儿的农民，所以基本上我们没有什么损失。至于减少社员的损失，我们建立了风险基金制度。合作社规定在送交成品生猪时，每头生猪收1元风险金。由合作社进行专户储存。当社员户生猪发生疫病非正常死亡时，合作社即可动用风险金对农户进行赔偿，赔付金为养殖成本的70%～80%，赔偿金自申请日起经调查核实5日内发放到社员手中。从而大大降低社员的养殖风险，切实减少社员的后顾之忧。

问：现在国家都提倡科教兴国，那贵社在科技创新方面有什么特色呢？

答：我们社在技术创新方面做得很出色。合作社在技术创新上一方面是科技创新：引进生物发酵技术和设备，解决了养殖场气味浓、污染大的难题。通过长沙市科技局、浏阳市妇联等单位的多方联系，我们依托湖南农业大学和长沙市、浏阳市两级畜牧局，探索生物饲料技术的研发和应用，对高母源抗体仔猪进行科技攻关，委托有关部门进行雏殖抗体检测，逐步走上绿色养殖之路。另一方面队伍创新：采取技术"联姻"的模式，强化与大专院校的技术合作，常年聘请湖南农大动物科学院的教授为技术顾问。在此基础上，我社注重抓好人才队伍建设，以技术为先导，向科技要效益，引进10多名大学毕业生，培训合作社成员，养殖队伍综合素质大大提高，为科学养殖奠定了坚实基础。入社社员中本科以上学历的12人，专科14人，有高中级畜牧兽医3名，逐步形成了具有一定规模的大型科技型养殖基地。

问：俗话说"万事开头难"，合作社开办的时候肯定经历了很多挫折和困境，在吸纳社员方面，贵社是否也曾经历过低迷状态？

答：我自己也是农村土生土长的，我天天和农民打交道。我知道，其实真正淳朴的就是这些农民了。刚开始，他们可能不知道你的好心，甚至会误会你的好意，因为他们自己没有什么心计，但又害怕被别人算计，所以会对一些新事物、新尝试比较抵触。但是一旦他们明白了你的好意之后，他们回报你的就是热情与感激。农民虽然书读得不多，但是深知滴水之恩，当涌泉相报这个道理。他们说得最少，却做得最多！当初我办这个合作社，身边很多人不理解，甚至抵触或反对。他们往往把合作社和以前的人民公社弄混，甚至压根就不明白合作社是用来干什么的。所以刚开始的时候，社员不多，大多数人都抱着观望的态度。但是两三年下来，社员比非社员年收入平均多了三四千元，这让社员们尝到了甜头，得到了实惠，也使他们对合作社的意义和宗旨有了一定的理解。同样，观望了几年的非社员看到收入的差距，自然就会积极地争取入社。所以，总体来说，低谷是有的，不过持续的时间不长。

问：您的分析真够细致的！那请问，你们在吸纳社员方面提出过什么政策？怎样打消一些农民的顾虑呢？

答：为了打消农民的顾虑，合作社推出了一系列优惠措施，对入社农民按每养 20 头猪垫付流动资金5000 元的帮扶形式组织生产。合作社内部实行"五统一"：一是统一组织供应种猪，按批发价计算分发到社员家饲养；二是统一提供饲料，按低于市场价的标准分送到各养殖户；三是统一防疫，合作社聘请多名

专职技术人员，统一制订落实防疫措施，并规定因防疫不到位造成的损失，由合作社承担赔偿责任；四是统一技术培训，聘请专家教授每三个月对社员进行一次技术培训和现场指导，开展技术咨询；五是统一组织销售，合作社与社员签订销售合同，市场价高于保底价时按市场价收购，市场价低于保底价时按保底价收购。以上措施极大地提高了农民入社的积极性。

问：合作社现在办得红红火火的，但其中也应该会存在一些问题的，贵社现在面临的最大的难题是什么呢？

答：毫无疑问是资金贷款。当我们要用于购买生产资料等流动资金投入时，这个问题就显得越加让人头疼。我们是向信用社贷款，但不是以合作社的名义。要资金周转时，只能是我们这些信誉好的、还款能力较强的拿着自己的房产证去抵押，而且贷到的钱也是有限的，有时根本解决不了燃眉之急。

问：我知道，四川省乐山市有个五通桥区花木种植协会，它是五通桥区信用协会评审委员会评定的首批"信用协会"，为会员提供信贷担保推荐服

务,协助会员更容易取得信贷支持。协会会员有贷款优先权,作为信用协会的会员,贷款条件适当放宽,信贷额度较其他农户高,贷款利率优惠。协会为会员提供借贷推荐书,并帮助会员获得联保信用贷款。浏阳有这种信用合作社吗? 政府在资金借贷这方面给合作社的帮助多吗?

答:没有这样的信用合作社,像这样的协会在中国应该也是屈指可数的,像乐山市这样实实在在为合作社服务的政府同样是为数不多的。现在我们的情况就是政府有支持和帮助,但不多、不精、不长。我们当然不是要政府一手包办,这于我们无益。有些问题我们处理起来很棘手,但只要政府相关部门推我们一把,很多事就能轻而易举地完成。其实,有些领导根本就没认识到合作社的作用,甚至有些领导就从来没把合作社当回事,以为我们只是一群没有知识的农民在这里瞎闹着玩。你看,现在很多农民都选择进城打工,不再守着自己的一亩三分地。这就直接导致很多田都被抛荒了,家猪等家畜都不养了。就拿浏阳来说,本来是农业大市,而今却要从其他的地方购进粮食,说起来都让人觉得不可思议。但现实就是这样,国家资金补贴和政策扶助也无法遏制这种不良趋势。但是,合作社这种集体经营管理,统一养殖销售的模式就可以解决这个大难题,集体农机耕收,种田就不会再那么辛苦;统一技术培训、销售,合作社承担风险,养猪的就不会为猪价下跌或猪流感来袭而担惊受怕。

名利双收时女社长淡然处之
红红火火中合作社前程似锦

问:您现在在整个高坪应该是无人不知,无人不晓的,而且最近几年也获得了很多实至名归的荣誉,您是怎样看待这些光环的呢?

答:光环是别人给的,但成绩是自己做出来的! 我不在乎别人是怎样看我。在刚办养猪场那会儿,我什么苦都吃过,什么脸色都受过,现在什么苦都熬过来了。别人的看法是次要的,最主要的是自己心里的感受。外面的人再怎么说我宣桔仁能干心好,都是空话,只有当我办的合作社实实在在为大家挣了钱,使农民脱贫致富时,我才会觉得自己确实没有白活一场! 你之前问我,觉得在管理合作社中的酸甜苦辣分别有什么,其实酸甜苦辣就两件事:让我最觉得欣慰的事就是社员有钱挣,最心酸的事就是社员养猪赔钱了。

问:我相信这个问题肯定有不少人也问过您,那就是,其实当初在您的公司业绩蒸蒸日上的时候,说句实在话,不办合作社而专心发展公司可能对您更有利,您当初是怎么考虑的呢? 您有没有后悔过当初创办合作社的决定?

答:当初合作社是我提出来要办的,至少到现在,我还没有后悔过。我没想过如果当初我没有创办合作社,现在我会是怎样。我只知道,人不能忘本,不要求自己做一个伟大高尚的人,但人生在世,应该做一些对他人、对社会有益的事,哪怕就一件也行! 高坪是浏阳市较为贫困的山区镇,交通不便,工业基础薄弱,农业技术落后,农民收入较低。经过几年的奋斗,公司实现了较大的发展,这与当地农民的支持是分不开的。喝水不忘挖井人,作为先富起来的人,我有责任帮助当地农民发展生猪养殖,让乡亲们走上共同富裕的道路。我现在有这么一个大公司,确实不用靠合作社来增加什么收入,相反合作社还占去了我不少的精力和时间。但我想说的是,高坪镇还有几千户农家要靠着合作社来养家糊口,来脱贫致富。所以,我非但没有后悔,反而投入更大的精力到合作社的建设中去,希望让乡亲们得到更大的实惠。

问:合作社帮助了高坪一些原本生活处于底层的农民走向了致富之路,这是毫无疑问的。数据是最能直接体现出建立合作社的作用的,能不能提供一些具体的数据来证明呢?

答:当然能的,我们有会计专门统计这些数据。如合作社 2006 年销售生猪 8 万余头,销售额 8000 多万元,为农民增收 1000 多万元,养殖户年平均纯收入为 1.2 万元,再如 2009 年刚进行了年度总结,合作社出栏商品良种猪7 万多头,年产值达一亿多元。合作社现有社员 2000 多名,养殖户年平均纯收入 1 万多元,加入合作社的养殖户,比不加入合作社的养殖户一年可增加收入 4000~5000 元,带动了高坪镇以及周边六个镇的养殖业的发展。

问:那有没有什么值得一提的社员例子,来更实在地说明合作社的确是利民四方呢?

答:有的,如高坪村上马组的刘信义,由于家庭人口多,底子薄,在没有从事养殖业之前,是当地比较困难的农户。后来通过参加合作社,在 2004 年即获利 13000 多元,不但家庭摆脱了贫困,而且他本人也逐步成为合作社的中坚力量,在 2005 年当选为理事会成员。再如高坪村大屋组劳改释放人员胡重阳,工作无着落,生活没保障,几乎失去了生活的信心。2004 年,他经人介绍加入合作社,以 500 元入股,合作社为他垫付全部生产资金,当年养殖两批生猪即获纯利 11000 元,2009 年他又进一步扩大了规模,计划养猪 200 头,目前已出栏 150 头,他的家庭生活和精神面貌都焕然一新。

问:合作社现在办得红红火火,不用问,您对合作社一定是充满希望与信心,我想问的是,贵社有什么具体的设想吗?

答:我们的设想就是在整个浏阳市都有我们合作社的社员,覆盖我们浏阳市乃至周边地区,江西望城都可以延伸过去。往后我们合作社,还要办个加工厂。

热情好客的宣社长腾出自己宝贵的春节假期,用她独特的视角向我讲述了高坪镇养殖科技专业合作社发展的点点滴滴,这其中有一路走来的坎坷,有苦尽甘来的欣慰,还有对未来合作社发展的无限期望和信心!

访谈后记

访谈在意犹未尽中告一段落,但我的思绪却未曾停驻,我的疑问一个个萌生:国家为数不多的拨款能否一级一级下拨,真正发挥好作用?合作社的借贷问题到底怎样才能得到切实解决?……这些问题在我的脑海里萦绕、回旋,我却无力回答。

有了合作社　养猪有希望

——甘肃省徽县三农生态养殖专业合作社社长访谈录

■ 文/杜永堂

合作社简介

徽县三农生态养殖专业合作社位于甘肃省陇南市徽县伏家镇,合作社组建于 2006 年 6 月,正式登记注册是在 2007 年,注册资金为 138.98 万元,合作社现有社员 150 余名,发展专业养猪村 5 个,带动养殖户 1000 余户。合作社成立后,每户平均收入增加 2000 元。合作社已经建成完全自动化饲料加工厂,占地 5 亩,年生产能力达 9000 吨。建成良种繁育基地 15 亩,存栏母猪 260 头,良种种猪杜洛克、大约克、长白等 12 种之多。建有仔猪保育圈舍 8 栋,母猪产房 2 栋,母猪限位圈舍 1 栋,妊娠母猪圈舍 8 栋,配套有化验室、药房、兽医室、人工授精室、办公楼等设施。合作社以有机养殖、饲料加工、屠宰、冷藏、销售一体化建设为宗旨,以建设国家一流大型综合养殖龙头企业为目标,打造养殖业的航母,完善合作社一条龙产业链的建设。增加养殖业在未来国际市场中的竞争力,有效带领当地养殖户脱贫致富。2008 年荣获陇南市"优秀农民专业合作经济组织"的称号。

社长名片

韩蓓,41 岁,1989 年天水师范(原天水师专)英语专业毕业后被分配到徽县一所高中代课。不甘于平淡生活的她,任教几年后毅然辞去了工作,和丈夫吴隆鑫弃文从商,先后在深圳、孜然等地从事花椒等农产品出口贸易。2005 年,在生意场上功成名就的她决定回到家乡陇南投资规模养猪场。尽管这一想法遭到了家人的强烈反对,但性格倔强的她决定坚持做下去。2006 年,她联合

当地的养猪大户一起组建了今天的徽县三农生态养殖专业合作社,同时筹资建立了三农生猪养殖基地。经过两年的努力,合作社走上了迅速发展的轨道。在合作社获得了无数荣誉的同时,她自己也被当地政府评为"致富带头人"。

社长感言

大爱无疆,开弓没有回头箭!

访谈报告

对于这次的采访完全可以说得上是一种偶然,因为在 2010 年 2 月 4 日的早上,我从家里坐车出发去我们当地县城采访"甘肃省徽县绿资源新农业开发专业合作社"的社长,当我到之后,社长由于临时有事情在我到达之前出差了。我无奈之下打电话和他们社长取得联系,他告诉我说"他现在已经在外地,如果我需要什么可以经过他的秘书了解"。但是,秘书只能给我一点基础资料让我了解。我再三考虑,决定放弃这次采访,但是从网上可以找到的合作社只有这一个,其余的我自己又不知道,并且去了也没有一点准备。我自己一个人就像无头苍蝇一样,在大街上拎着电脑漫无目的瞎逛。一直到中午,一个陌生人告诉我说,他们那边(伏镇)有个最大的养猪户,不知道是不是你要找的合作社,叫我过去看看。我根据那人提供的电话联系了韩蓓社长。开始的时候,她说不接受采访(原因:最后了解到怕收费,因为他们遇到好几次了),还没有等我说明就结束了通话。最后她丈夫打电话过来问明我这次采访的意图后,答应让我过去,接受我的采访。下午 2 点多钟,我坐车去他们合作社所在地。在车上,我向坐车的人以及司机打听了点他们合作社的基本信息。快 4 点多钟的时候到达了合作社,这是我第一次走进这么大的养猪场。合作社建造在公路旁,看到好多房屋都是新建的,唯独养猪的圈舍看起来已经有好多年。合作社的办公室、图书资料室,在某种意义上来说就是他们自己的客厅,紧接着是三间不大的小屋子,分别是化验室、药房。进入办公室后,我们寒暄几句后,我直入主题地向他们夫妇问及合作社的相关情况。于是访谈开始了。为了更好地为读者反映合作社的发展历程及其存在的问题,我主要以问答的形式展示这次访谈的内容。

力排众议　回乡创社

问：合作社当初是由谁创办的？

答：合作社主要是由我联合养猪户一起创办的，合作社正式成立是在2007年。之前2006年的时候已经组建，但是没有通过工商登记。

问：是什么理由让你决定办合作社？办社过程中遇到了哪些困难？

答：首先，我想说的是，我自己出身于农民家庭，对于农业有着特别的感情。其次，是我自己后来去了深圳做农产品贸易，使自己对农业有了更深入的了解，也看到了国家对农业诸多的优惠政策。在外面跑的时候，我也看到外面一些合作社的良好发展态势以及在带动农民致富过程中所发挥的重要作用。2006年，我和丈夫就放弃了在深圳的生意，回到了家乡徽县，准备筹办合作社。忙忙碌碌了将近六个月，基本上算是完成了合作社的组建，但由于当时当地政府对合作社的关注力度不是很大，自己找了好多关系，才在2007年正式完成合作社的工商登记。

问：您对于当初的这个决定有没有后悔过？家人都支持吗？

答：我是一点都不后悔的，但是当时家人是强烈反对的。2006年大年三十的晚上，我们一家人在吃年夜饭，我向公公婆婆敬完酒，就提出了自己办合作社的计划，当时全家人一下都傻眼了。等反应过来，公公婆婆，兄弟姐妹甚至自己的丈夫都来劝导我，他们认为，我们现在在深圳的事业正处于蒸蒸日上的时候，放弃那边的事业回乡创业是不合适的。而且家乡陇南这边经济、交通、信息都比较落后，投出去的钱不一定能收回来，很可能血本无归，那么我们在深圳辛辛苦苦打拼这么多年都白费了。另外，当时还有一个问题也让我头疼，就是一旦我们决定回到家乡，那么孩子也得跟着我们回乡。孩子正在深圳一所重点高中上学，成绩很好，我们期待他考一所好大学，可是一旦跟我们一起回到家乡，这边的教学质量根本就没法跟外边比，这样对孩子的成长是很不利的。但我坚信，回到家乡办合作社是长远之计，因此经过多方面的考虑，也认真做了家人的工作，最后他们都同意了我的想法。

问：您为啥这样执著呢，就不怕失败吗？

答：哈哈……这主要是由我的性格决定的。我是一个比较执著、倔强的女人，说话快人快语，做事雷厉风行。再者我掌握了充分的信息，也相信自己的直觉。最主要的还是国家的惠农政策以及农业的光明前景，坚定了我到农村去创业的信念。

初战告捷　倍感欣慰

问：在合作社发展过程中，最让你感到自豪的是什么？

答：合作社才建立不足 5 个年头，设备以及管理制度都在逐渐完善之中。没有什么特别的事情让自己骄傲与自豪，有的只是自己的不断努力与小有成就时的那点欣慰。感受最深的还是合作社刚成立那会儿，我和丈夫白天跑到天水、西安去购买材料和种猪，晚上我还要辅导孩子做作业，忙得自己一天只能吃上一顿饭，那时候，体重一下子从 110 斤减到了 92 斤。孩子和老公看到我这么操劳，都劝我不要太累了，要注意休息，我自己却笑着对他们说："我吃的是'三合一'，是浓缩的精华，你们不要担心我的身体。"功夫不负有心人，那年仔猪出栏赶上市场畅销，卖了个好价钱，合作社 260 头母猪产下的

5000 头仔猪都卖完了，年纯利润达到了 80 多万元，社员们平均增加收入 2000 余元。在丰厚的利益回报面前，曾经的那些对合作社有看法的农户，从心底里改变了看法，纷纷加入合作社，社员也从最初的 20 余名迅速增加到了 150 余名。最让人感动的就是有些社员们，给我们家送来一大筐一大筐的白菜和鸡蛋，他们希望我保重身体，带领他们更快地致富。看到那种情形，真得感到无比的欣慰。更让人欣慰的是孩子也争气，学习成绩优秀，甚至拿过全国中学生英语竞赛三等奖。

扩大规模　土地是关键

问：合作社的生猪养殖已经达到了一定的规模，有没有想过再扩大规模？

答：想过，但是想要扩大规模需要考虑多个方面的因素。首先考虑的就是资金、土地以及扩大规模后的销路，这些都是令我们头疼的事情，合作社正在努力解决这些问题。合作社目前还处于起步阶段，政府在资金、土地方

面给了我们一定的帮助，比如政府给我们喂养的每头母猪都给予了一定的补助。合作社的建设资金都得靠我们自筹，农民土地的租金大部分也要由合作社来出。

问：可不可以让农户以土地折价入股合作社，让他们分享股份分红，从而减少土地租金方面的投入？

答：这办法我们想过，也实行过，但事实证明是行不通的。主要因为农民把眼前利益看得比较重，再者他们害怕入股合作社后会导致土地的丧失，所以不愿以土地入股合作社。在土地租金等问题上，合作社与农户之间甚至发生了一些不愉快的事情。比如，合作社现有土地都是合作社花钱从当地农民手里租用过来的。当时我们以高额的租金和他们进行了签约，那时当地农民都很高兴地接受，签订了合同。但是，现在合作社效益显著，有些农民则开始对租金不满意了，要求我们提高租金。刚开始我们也按照他们的意愿涨了租金，但是到了最后有位农民越来越"狮子大张口"，不断地要求增加租金，我们经过多方面考虑，坚决地拒绝了他的要求。但要求遭到拒绝后，合作社便遭到了一些人为的破坏，但是我们又无法拿出充足的证据来指证是谁干的，最后只好用法律的方式来解决。后来，又有农民以合作社破坏他家的坟墓为名把合作社告上法庭，而法院根据我们两者所签的合约认定合作社并没有违约，从而使合作社的利益得到了保证。但我们也不想把社群关系搞得很僵，在政府和村委的调解下，合作社给这些农户增加了一定的土地租金，才使这件事缓和下来。

对于发生这种事情，我们也是不希望看到的，我们当初还考虑过放弃他的土地，但是由于这块地处在通往成县、兰州的必经路段上，换地一定会给我们带来诸多的不便；另一方面合作社已经投入建设了一些配套设施，一旦放弃，前期投入就作废了，合作社承受不起这种损失。

完善基础设施　建饲料加工厂

问：合作社成立以来，主要做了哪些工作？

答：合作社刚成立的时候，只有最基本的生猪的养殖、繁殖设备。随着经营效益的提高，合作社增加了化验室、药房、兽医室、人工授精室等，配套设施日臻完备。最重要的是我们建立了自己的饲料加工厂，这是合作社发展的里程碑。一直以来，我们都是购买别人的饲料来喂养猪仔，质量、价格都得不到保证，导致猪仔质量不高，后来，经过合作社集体讨论，决定兴建饲料加工厂。饲料加工厂的建成,能够很好地保证猪仔的质量,增加社员的收入。

问:对于你们饲料加工厂来说,所做的饲料有何特色?

答:饲料加工厂刚建成时,所生产的饲料跟别的加工厂差不多,只是我们给饲料中加入猪仔生长所需要的微量元素,所选的原料为本地产的小麦、玉米等。

随着合作社的发展,我们开始在饲料的特色上做文章,我们充分从祖先遗留下来的中医文化当中吸取养分,大力发展有机饲料来喂养仔猪,使猪肉具有更高的营养价值。同时,从猪仔到猪肉上餐桌的整个流程,我们都强调"无公害—绿色—有机",从而使合作社的饲料加工得到了市场的极大认可。目前,合作社饲料加工厂占地 5 亩,年加工生产能力已经达到 9000 吨。合作社也将进一步扩大饲料加工厂的规模。

克服困难　引领百姓致富

问:合作社在资金和技术方面是怎么解决的?

答:是啊,资金和技术也是合作社目前最为头痛的。资金方面,主要依靠自身积累是远远不够的,需要政府的支持以及农户的资金投入。特别希望政府能够帮助我们解决土地问题,从而使我们能够节约用于农户土地租用的租金。在技术方面,值得高兴的是,经过两年的观察和实践,合作社自己设计出的"全光照屋顶平移式圈舍"等获得了专利权。同时,合作社和甘肃省科研所达成了一定的协议,从而使合作社在技术上得到了保证。此外,合作社还变废为宝,通过科技的手段把猪粪便制造成有机化肥,来供社员家庭种植使用。这既不污染环境,又实现了废物的二次循环利用。

问：您是如何看待农民专业合作社的发展？

答：对于农民专业合作社的发展，我从两个方面来看待：一是合作社可以提升当地农民收入和文化素养，促进当地人的就业。二是能够带动一个地方的发展与富强。就以陇南为例，在合作社成立前，农民都是靠外出打工和种地赚点钱，收入不高。但是通过建立合作社，农户可以不用出去打工，在家就能赚到比出去打工更多的钱，又可以不离土也不离乡，这样的好事老百姓当然都极力欢迎。

问：当地政府对合作社的扶持力度怎么样？

答：前面已经提到了政府在资金、土地等方面对合作社的扶持。但是，我认为在陇南这个交通不便、信息不发达的地区，政府应该积极组织合作社"走出去"，去学习外面成功的合作社经验，也帮助合作社把销路打出去。同时，也希望政府能够在合作社的宣传上花大力气，提高农民对合作社的认识。比如联合报社出刊《三农新视野》等报纸，然后免费发放给农民，使农民了解更多的三农知识，而不是把这一块工作交给合作社去做。

访谈后记

通过这次的访谈，使我有了以下几点认识。首先，徽县三农生态养殖专业合作社是一个发展潜力极大的合作社。韩蓓夫妇的辛勤劳动，合作社资金、技术、人力的不断投入，基础设施的不断完善都昭示着合作社有着光明的前景。其次，农业是一个极具发展潜力的产业，在工业产业、服务产业几乎已经达到饱和的情况下，农业却有着充足的发展空间。最后，让我倍感欣慰的是家乡人民在合作社的带领下终于走上了致富的道路，这也是我最希望看到的！

抱团闯市场　养猪才能富

——浙江省永康市绿丰生猪产销合作社社长访谈录

■ 文/田李静　郭红东

合作社简介

浙江省永康市绿丰生猪产销合作社成立于 2003 年 9 月 25 日,经永康市工商部门注册登记,现有社员 105 名,其中龙头企业 3 家,固定资产 2800 多万元。合作社以"合作社＋龙头企业＋农户"的经营模式,为社员提供产前、产中及产后服务。合作社拥有"绿三鲜"商标,产品销往上海、温州、丽水等大中城市,深受消费者好评。2005 年被评为金华市"示范性专业合作社",2006 年被评为浙江省"示范专业合作社"。

社长名片

胡平生(左四),永康市绿丰生猪产销合作社社长,永康市唐先人,从事养猪行业多年,个人养猪场母猪存栏量150 头,肉猪 3000 多头,是当地闻名的养猪大户。

社长感言

希望政府在合作社的土地方面给予更大的支持!

访谈报告

2009 年 11 月 4 日秋高气爽的午后,在金华市农经站负责人的陪同下,我们来到了永康市唐先镇的绿丰生猪产销合作社进行专题调研,胡平生社长热情地接待了我们,并接受了我们的访谈。下面是我们在访谈基础上形成的报告。

抱团闯市场,才有力量

生猪养殖是古老的产业,永康市唐先镇农民有多年养猪的经验,几乎家家户户都养猪。随着经济的发展,家家户户小规模饲养越来越不适应市场经济的发展。作为养殖大户,胡平生越来越感觉到,个人单枪匹马闯市场已越来越困难,加上生猪业特有的风险,养殖户之间只有相互联合才能增加收入,将养猪产业发展下去。为了发展规模养殖,提高养殖技术,适应国内外市场,胡平生联合吕永峰等10人倡议本市各地47户养猪大户成立生猪产销合作社。在市农经站指导下,绿丰生猪产销合作社于2003年9月成立。"创办合作社真不容易,成立之初还是经历很多困难的,还好挺过来了,"胡平生感慨道,"合作社是新鲜事物,对像我们这样没什么文化的普通农民来说,真的很难把握。由于资金缺乏,合作社成立时,连办公场所都没有,到现在这个办公楼也还是租用的。"尽管如此,合作社经过几年发展,还是取得了很大的成效,社员从成立时的47名发展到现在的105名,养殖规模从原来的4万多头增加到现在的15万多头,占永康市生猪产量的60%。

规范运作,服务为民

合作社成立之后,胡平生当选理事长,开始进行规范化管理。合作社实施理事长负责制,有健全的理事会和监事会,设有技术科、供应科、销售科、建设科和办公室,分工明确、责任到人。合作社积极开展活动,为社员提供服务,主要体现在以下五个方面:

一是规范管理,紧密联系社员。合作社建立了明确的管理制度。每季度至少召开理事会、监事会各一

次,重点讨论合作社经营内容和重大事项;每年至少召开社员代表大会两次,通报合作社工作开展情况,实行财务公开,确保社员的知情权、决策权和咨询权,真正做到"民办、民管、民受益"。合作社专门设有社员活动室,将每月25日定为社员交流日,社员之间相互交流养殖经验、市场信息、技术等内容,既融洽了社员关系,提高了社员参与合作社事务的积极性,又给社员们带来了技术、市场等实用的信息。

二是开展良种、饲料和销售服务。自2003年成立以来已为社员供应生猪良种6000多头,统一采购玉米等饲料600多万吨,统一调运10.8万头商品猪。2006年,在市供销总社支持下,由社员入股筹集50万元注册资本组建了绿丰生猪产销合作社饲料兽药公司。该饲料公司的建立进一步扩大玉米、豆粕、蚕蛹、鱼粉等猪饲料经营,增强了合作社为社员提供产中服务的能力,解决了社员单家独户到金华采购饲料运费贵、不安全的困难,省时、省工又省钱,使社员真正得到实惠,降低了养殖成本,提高社员的养殖效益。

三是重视技术创新,积极改良生猪品种。合作社十分重视以技术创新求发展。从2004年起就对生猪品种改良项目进行立项,该项目得到有关政府部门支持,先后建立了两个配种站,引进大约克、长白、杜洛克公猪,方便了社员母猪配种。增加瘦肉型"杜长大"商品猪7.5万头。"杜长大"杂交商品猪,生长快、出栏早、肉质好、成本低,大受消费者欢迎,效益明显,平均每头生猪收益比饲养"长金"生猪高出59.44元/头,比本地猪高出123.18元/头,而饲料等每头降低成本47.50元,具有较高的经济效益和社会效益。

四是重视生猪的品牌建设。合作社成立后,为了提高产品质量和知名度,争创无公害农产品品牌、绿色食品,注册了"绿三鲜"商标。远大猪场、绿川养殖有限公司被浙江省农业厅评为无公害生产基地,为今后合作社生产标准化农产品奠定了基础。

五是加强科技培训,提高社员素质。合作社十分重视提高社员素质,积极组织社员到外地参观学习。如到杭州参加生猪绿色饲养管理技术培训班,到余杭、萧山等地参观学习先进经验,参加浙江省、金华市农博会等,将取回来的经与其他社员分享。合作社还积极开展养殖技术培训,提高社员养殖技术,受训人数已达1300多人次;此外,合作社还组织社员参加职业技能考核,目前已取得合格证书的已有35人;组织社员参加家畜繁殖员培训,已有11人考试合格。

合作养猪　成果渐显

经过几年运作,合作社取得了不少成果,主要表现在通过合作社的运作,广大社员逐步形成了规模化、良种化、品牌化、标准化、生态化的养殖模式。通过合作社外联市场,内联农户,避免了一家一户饲养的局限,消除了无序竞争、自相残杀的局面,提高了产品的销售价格。此外,合作社解决了饲料管理技术不过关、仔猪死亡率高、出栏肥猪销售难的问题。正如养猪大户应三明所说:"通过合作社的成立,搭起互相学习的平台,促进养猪业的迅速发展。定期召开各种经验交流会,不仅可以互通信息,交流经验,传授养猪知识,而且有效扭转了单家独户养殖规模小、技术水平低、市场竞争力弱的局面。"合作社让更多养殖户走上品种优良化、产品质量标准化的道路,并尽量控制永康毛猪从外面调入的局面,控制疫病的传入。

展望未来,任重而道远

谈到合作社未来的发展,胡社长充满信心,表示将从以下几个方面努力做大做强做优专业合作社:

一是进一步开拓市场,建立更多生猪销售渠道。目前合作社主要通过商贩上门收购的方式销售社员生猪。此外,养殖大户社员在永康市区建立直销窗口,消化一部分社员的生猪产品,销售渠道较为单一。为了进一步打开市场,合作社策划近期在永康全市的重点镇建立自销点,扩大市内"绿丰"知名度;积极拓展上海、温州、福建等外销渠道,解决销售难的问题,实现合作社统一销售。

二是建立合作社网站,加大品牌宣传。合作社网站目前已在建设当中,旨在加强"绿三鲜"品牌的宣传,搭建网上营销平台。通过网站对社员生猪养殖情况进行信息化管理,动态掌握社员养殖情况,发布生猪供销信息,促进合作社与商贩签订购销合同。

三是投资建立中转站,搭建交易平台。合作社计划建立面积1亩多的交易中转站,用于集中社员的出栏生猪,便于商贩统一收购。中转站作为临时存放社员成品猪的平台,大大降低了合作社与商贩双方的交易成本。此外,合作社还可以借助中转站平台,收取每头猪一定数额的中介费,提高合作社营利能力。

四是强化科研,继续提高科技含量。第一,加大生猪改良,继续大力推行"杜长大"品种改良;第二,加强饲料管理,实行母猪高床产仔和仔猪的网上饲料技术;第三,统一饲料原料购买,降低养殖成本;第四,加大与各大科技院校合作,聘请专家授课,提高猪场的生产力。

五是投资建立合作社的办公场所。目前合作社的办公场所是临时租借的,胡平生社长认为,合作社长期发展,必须要拥有自己长期固定的办公场所。当前,合作社已在积极申请政府项目资金,希望尽快建立自己的办公场所。

六是建立合作社屠宰场。为了提升生猪产业的附加值,延长产业链,切实提高社员收入,合作社自2007年开始计划筹集合作社屠宰场。合作社自办的屠宰场优势有:第一,有稳定的生猪供应;第二,确定成品肉猪的安全;第三,大大降低合作社运营风险,提高合作社营利能力。目前屠宰场已选好地址,最大的困难在于土地审批。

但合作社在进一步发展中也存在一些困难,其中最主要的是用地困难,土地流转不畅。胡平生感叹道:"规划建设中的交易中转站、屠宰场都是因土地难以审批而停滞不前,合作社办公场所所需的土地也无法落实。为了土地,我们跑政府都不知道跑了几趟了,还是没结果,真不知道该怎么办了。"土地流转是个大问题,短期内难以解决。此外资金不足,也阻碍了合作社的进一步发展。目前,合作社利润主要来源于饲料公司,营利能力较弱,资金积累薄弱。后备资金的不足,阻碍合作社基础设施的完善和新品种的改良。另外人才缺乏也限制了合作社的发展,目前合作社中无论是社长、理事还是其他核心社员,均是土生土长的农民,文化基础相对较差,工作能力、管理水平都很有限,难以捕捉当今日新月异的市场动态,容易导致经营决策的片面性、局限性。囿于合作社的发展现状,对高级人才的吸引力又不大,这成为合作社发展成长的瓶颈。

访谈后记

合作社集资创办饲料兽药公司延长产业链的做法,值得学习。我国专业合作社发展起步迟、历史短、规模小,大多数合作社仅仅提供技术服务、培训等产中服务,产前、产后服务较少。这样,产业的利润大多被他人占有,养殖户并不能获得高的产品附加值。合作社通过创办饲料兽医公司,一方面提高了合作社营利能力,另一方面降低原料成本,真正给社员带来了好处。合作社遇到的土地问题是目前最棘手的,合作社未来的发展很大程度上依赖此问题的解决,这还需要政府、社会与合作社的共同努力。

联合起来　养长毛兔才能富

——山东省枣庄市薛城区金典养兔专业合作社社长访谈录

■ 文/徐　宁

合作社简介

　　薛城区金典养兔专业合作社位于山东省枣庄市薛城区陶庄镇皇殿村,2008 年 8 月 15 日注册成立,主要从事长毛兔养殖。成立初注册资本 100 万元,社员 18 名,销售收入达 700 余万元,合作社自成立以来,带动本镇及周边村民 1000 余户从事长毛兔养殖。合作社本着服务会员、方便会员的宗旨,统一进行技术

培训、提供饲料、兔毛销售的一条龙服务,社员每年通过销售兔毛可增收 6000~10000 元,被评为"县级示范合作社"。

社长名片

　　王维军(右一),47 岁,高中文化,陶庄镇皇殿村农民。成立合作社之前,王维军是当地的养兔大户,三十年来一直从事长毛兔养殖。担任社长近三年,家中饲养长毛兔五千余只。2008 年牵头办起了金典养兔专业合作社,入股 30 万元,占 30%。2009 年 11 月参加了山东农业大学举办的"山东省新型农民——农民专业合作社组织负责人第五期创业培训班"。

社长感言

如果你给社员服务不好，社员得不到利益，你这个社长也就当到头了！

访谈报告

2010年2月23日，农历春节刚过，这天天气不错，只不过春意还没有来到鲁南这个不知名的村子，我和同行者来到了陶庄镇的皇殿村。虽然之前已经在电话中联系过了，但当我们到达的时候，社长王维军并不在办公室。他的女儿说他刚刚去临近的养殖场了，并不远，说着就要去叫他。我们在等待之余也不禁感叹到，老话说"不出十五便是年"，这个社长的年可并不清闲呐。

皇殿村养兔历史悠久，来的路上便见到路边散布着许多规模不一的兔舍，金典合作社自然是中心，这社长必是闲不下来的。

见了面，简单的寒暄过后便开始访谈，之前并未仔细观察，坐下来才留心看了看社长的容貌。一张国字脸，身板结实，很是干练，颇有点意气风发的味道，典型的山东汉子。也许是年龄的差距加上性格因素吧，采访中社长并不是很健谈，言语中透着朴实的味道，我们俩是用方言交谈的，所以整理时难免损失些神韵，有些可惜。

问：为什么想到办合作社呢？

答：这个第一是国家政策；第二为了促进兔毛流通，好销售。

问：那就是说以前不大通畅？

答：一家一户的规模太小了，现在成立了合作社，跟外面收兔毛的谈判起来也好谈了。

问：是怎么创办起来的呢？

答：都是同行，都是养兔专业户，我想起来的，很多人都觉得办合作社挺好，就一起来干。

问：原来都是一家一户的，现在在一起办合作社有没有遇到过哪些困难？

答：(这个呢)也没有什么困难，国家很支持，执照申请下来很方便。

问：那合作社成立以来都有哪些活动呢？

答：比如说出门去获取外面的先进经验，理事会的几个成员，哪里有好的经验，随时都去参观学习。

问：那具体都去过哪里呢？

答：浙江宁波、山东莱州等地方。

问：那么王社长，像咱们这个合作社，收入来源……

答：这个比较单一，就是兔毛，往外销兔毛。

问：那么盈余如何分配呢？

答：按照入股的股份分红。

问：咱们这个合作社成立以后给当地这些加入合作社的兔农带来了哪些具体的好处？

答：嗯，他们比没加入之前增加了收入。

问：那么具体是通过什么方式增加的收入呢？

答：第一是技术提高了，兔毛产量高了，再有就是销售的兔毛价格比没加入之前贵了，好比说你一斤只能卖九毛钱，那到我这里一斤就能卖一块钱了。

问：这就是相比那些没加入的散户的优势吧？

答：哎，就好像是……"客大压行"这么个意思，我货多了（价格就能抬高），干什么事都是这个样。

问：社长您也说了，政策方面没什么困难，真正到了生产销售方面有没有难处呢？

答：养兔这个东西标准不好弄，各家养各家的，兔毛有的长有的短，关键是资金回笼困难，也缺少资金。

问：您的意思是回笼周期比较长？

答：对！（比方说）卖到厂里去，拉走 100 万元的货，这个厂里呢给咱 50 万元，就是这个资金不好回笼，资金没有回来就不好进一步扩大生产。

问：除了这些社员，有没有专门的业务部门，比如专门负责销售的？

答：这个没有，直接找理事会。

问：那理事会的成员也不是专职人员的，而是同时参与生产养殖的，是吧？

答：每一个成员都是直接进行生产养殖的，他不生产养殖不能进入咱这个合作社。

问：理事会的几个核心成员，好比说您，肯定是负责生产的同时也负责销售，费的心比其他人多，那这个在收入上怎么体现呢？

答：我是大股东，只能在股金分红上体现出来，按股东的（股份），我是 30 万元，其他人只有 5 万元。

问：那主要还是一个服务者的角色？

答：哎！关键得体现出服务。

问：如果合作社有一些重大决策的话，这个流程是怎么样的？

答：理事会决定，我们几个人商量着来。

问：对那些没加入合作社的兔农，或者说对咱们养兔这个产业，合作社成立有没有带来哪些好处？

答：咱能提供技术方面的服务啊，只不过你没入社就享受不到对外面的价格的优势，也没有那个分红的待遇。

问：刚刚说到政府方面的支持，合作社没有享受到，这到底是怎么回事？

答：（略微为难）这个咱不能说。政府呢，对咱很支持，你说要是不支持，咱也办不起这个合作社，只能说（资金）没到手呢，是咱运作不好（笑），那个南常的王宁（音）运作到手了，去年（2009年）拿到了28万元，咱呢你是知道的，我实在是没这个精力，先上市里，市里跑完上区里，区里跑完又上镇里，太累，太麻烦了！

问：需要付出一定的时间和精力。

答：那肯定哟，得畜牧局给报上去，报完之后那你就去跑，这个事你是不知道，王宁申请了50万元，到手的数……（说着伸出了两根手指头）。

问：那么无息贷款有贷吗？

答：这个有支持，但是关键还是一个"人"的问题。

问：我听说农发行每年都有无息贷款啊？

答：有，那你也要有人管才行啊。我认识你，到那边就拿来了，你没有朋友、没有亲戚，你申请他也不给你。

问：除了跟政府打交道这方面，跟社员、其他农户、村委会之间有没有一些合作的不愉快？

答：这个倒没有！村里边很支持，因为咱带动了全村以及周边村的农民致富了。

问：那跟收购（兔毛）企业之间呢？买卖有没有谈不拢的时候？

答：那肯定有啊，买卖肯定是矛盾的，我想卖高他想压低。还有一个资金回笼，咱想这100元一块给咱，他却只想给咱80元。

问：就是说现在主要的问题是企业资金不能一步到位？

答：哪个（行业）都有一个三角债的问题，在咱们这里就这个制约着合作社的发展。

问：您对目前国家农业大环境，比如国家的农业政策以及像村里、企业这样的小环境还满意吗？

答：这个还行，还是很满意的。

问：那刚刚说这个贷款，咱们合作社贷过款吗？

答：贷过，（笑）无息的不好贷，一般的也不好贷。我上区里的发展银行问过，有这个项目，就看你有没有这个关系。

问：只要跟它们（银行）熟就行吗？还有政府这方面……

答：咱拿着这个（拿起工商执照），假设说你要是行长，要是区里来了500万元，给你王维军200万元没事，区长也制约不了。

问：那手续、立项……

答：立项？这不是吗？我们这个农民专业合作社，需要流动资金，得走一整套手续，得上区里、镇里那些单位，这些都得去（旁边的人补充道，还有发改委、经管局），数量少的话，三万五万元的，到信用社还不就是一句话的事嘛，关键是没有人。

问：您对合作社的发展有什么打算？

答：养兔数量要增加，规模要扩大，还有销售渠道也要扩大。

问：目前的话，合作社兔子的存栏量大概是多少？

答：合作社社员得有3万只（兔子），算上周边带动起来的农户，得有五六万只，还不止，要是整个皇殿呢，得有10万只。

问：看来这边养兔的产业基础还是很好的。

答：咱薛城这个养兔啊，兔毛啊，这在全国都是有名的，原来皇殿村是山东省养兔的一个基地。

问：未来的发展还是得依托这个基地啊？

答：养兔的人越来越多，出现规模效应了，越来越有名。

问：您这个社长打算一直做下去吗？

答：那当然，如果你给社员服务不好了，社员得不到利益了，你这个社长也就当到头了。

问：您在当社长之前都做过哪些工作呢？

答：一直就是从事养兔这个（行业），30多年了，用那个话怎么说的，业内资深人士。

问：平时管理合作社，除了您自己这部分的养殖，身为社长，为整个合作社都做些什么工作？

答：安排技术服务、兔毛的销售、饲料的采购、种兔的选育等。

问：那么种兔、饲料这些都是您亲自把关，统一采购的吗？

答：饲料基本上是统一采购的。

问：这几个方面，哪个您操心最多呢？

答：技术，关键是技术方面，每到一户都得去观察、指导，发现什么情况，得及时告诉他们应该怎么解决。

问：您对目前合作社的发展还满意吗？

答：养殖扩大了，数量增多了，比较满意，但销售方面还特别困难。

问：怎么才能当好这个社长呢？

答：这个怎么说呢，关键就是为社员好好服务，提供好这个技术，态度得端正，有责任心，得抱着一颗为社员服务的心。

问：怎么才能办好合作社呢？

答：第一得有规模，这是最主要的，你一只兔子没法办合作社。第二你还得有场地，得有服务场地，为社员服务的地方。第三你还得有技术。第四还得有领导能力，有大户才能牵头，没有的话，就根本牵不起来。

问：就在这办合作社的几年里，有没有让您比较难忘的、印象很深的事，高兴的、不高兴的都说说好吗？

答：最不高兴的就是，社员反映，兔子不好喂（旁边人笑），出现了一些毛病什么的。最高兴的是，咱去卖兔毛，资金一下子回来了……

访谈后记

合作社的社长社员都是地地道道的农民，国家的政策给了他们一个联合起来的机会，社长很能干，也很朴实。社员与社长之间的关系基本就是村里面熟人之间的关系，只不过多了层合作伙伴的羁绊。面对机遇就敢于向前，虽然有各种困难也从容乐观，这就是我心目中枣庄的新农民，我没有去采访最为成功的徐庄土地合作社，因为规模太大或太小普遍性都不那么强，在王社长这里，我听到了农民们质朴的心声。

依托供销社　打造"兔农之家"

——浙江省新昌县兔业合作社社长访谈录

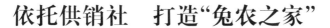

■ 文/陈聪聪

合作社简介

　　新昌县兔业合作社位于浙江省绍兴市新昌县,成立于 1996 年 10 月 4 日。自成立以来,坚持"科技先导,股份合作,系列服务,利益共享"的办社宗旨,建成了集生产辅导、科技服务、购销加工于一体的经营网络,把千家万户的生产同千变万化的市场紧密地联系起来,推进兔业产业化。目前,全社有良种引繁中心、合资毛纺企业等经营实体,总资产达 1200 多万元,入社社员 900 多户,带动了全县 25000 户兔农共同发展。每年可向毛纺企业提供优质兔毛 400 多吨,提供优良种兔 5 万多只,兔皮近 100 万张,并可为兔农提供长毛兔生产的全部技术指导。合作社的成绩得到了政府和社会的充分肯定,先后获得了浙江省"模范集体"、全国供销系统"示范合作社"、浙江省"示范性合作社"、浙江省"十佳畜牧专业合作社"等荣誉称号。合作社"白雪公主"牌兔毛、种兔是绍兴市著名商标、绍兴市名牌产品,曾多次获得浙江省农博会金奖。

社长名片

　　石松春,男,40 岁,研究生学历,中共党员,担任合作社社长之前是新昌县某企业负责人,担任合作社社长至今已达 10 年。任职期间,石松春积极培养经纪人队伍,解决兔毛销售,2008 年销售额高达 1.56 亿元;推行品牌战略,使"白雪公主"系列产品成为绍兴市著名商标、绍兴市名牌产品,并多次荣获农博会金奖;由于贡献突出,石松春获评全国"百佳优秀农产品经纪人"候选人。

社长感言

　　要办好合作社，就必须少一点行政干预，多一点民主；少一点形式主义，多一点实际；少一点硬套硬搬，多一点创新。

访谈报告

　　2010年1月30日下午，在和石松春社长电话联系后，我来到位于县城中心的新昌县兔业合作社。年关将至，办公室坐满了人，一派忙碌景象。走进行政办公室，与石社长寒暄几句后，访谈就在一片忙乱中开始了。

依托传统优势产业　合作社应运而生

　　问：您这个合作社是1996年10月创办起来的，在这之前为什么就没有想到过办合作社呢？

　　答：合作社成立那会儿，新昌县还没有像今天有那么多（400多个）合作社的。当时大家都没有想过办合作社，而且在合作社成立前的一段时期，家庭承包制还是比较有优势的，各家各户自产自用或者自产自销，成本不是很高，竞争也不激烈。还有一点就是，当时政府也没有鼓励政策。

　　问：那1996年的时候为什么要办合作社呢？

　　答：当时是有一个契机的。就是在1995年11月的时候，县兔科所因为景区建设而搬迁到县府招待所办公。兔科所也因此而失去了实验兔场，为了保持新昌兔业的传统产业优势，县里面决定成立这个兔业合作社。

　　问：当时县领导和兔科所有关人员是如何确定发展本县长毛兔产业的？

　　答：这是通过大量实地调研和商讨之后才得出来的。从1995年12月到1996年2月，兔科所的同志深入到村、户当中去调查，并多方联系，经过比较，他们认为在新昌发展养兔业是有利可图的。而在市场调研中，兔科所的同志发现当时全国的长毛兔存栏量在大幅度地下降，兔毛的生产总量也在大幅下降。但是从国内毛纺行业看，1995年是较好的一年，毛纺厂订单比较多，必然要消耗大量的兔毛。因此，可以预见1996年下半年的兔毛价格一定是会上涨的。兔科所的同志敏锐地意识到这个市场契机，迅速反映给相关部门，于是县领导立刻拍板成立了由养兔大户、县有关部门及龙头企业共同参股的兔业产销合作社（那时候更多叫兔业商会）。

　　问：那当时有没有什么生产计划，比如说要一年养多少长毛兔，生产多少兔毛之类的？

答：有的。在 20 世纪七八十年代，新昌的兔业生产一直被列入县国民经济发展计划，在 1985 年兔毛放开经营后，"计划"色彩渐渐淡化。为了使全县的发展目标落实到各个乡镇以及有关职能部门，起到指导、落实、考评作用，兔科所和县纪委完成了《新昌县兔业生产"九五"发展计划》，确定了 100 万只的发展目标。同时，当时的范雪坎县长还提出了产供销、贸工农一体化的要求。这些对兔业合作社的筹建和发展都具有重要意义。

问：合作社是如何筹建起来的？

答：筹建工作主要包括以下几个步骤：首先就是办社资料的收集以及宣传提纲和合作社章程的草拟，这些构成了合作社基本的框架；然后就是座谈会，确定"自我发展、自我服务、自我保护"为合作社办社宗旨，确定"利益共享、风险共担"的利益机制。最后召开会员大会选举产生社长、理事会、监事会成员。

问：合作社成立之初有多少社员？合作社资金状况怎么样？

答：合作社刚成立时，入社社员有 67 户，合作社总股本 12.75 万元，其中，单位（兔科所、畜产公司、饲料公司）股金 10.75 万元，兔农缴纳股金 2 万元，每股 500 元。

问：社员入社要经历哪些程序？社员可以得到哪些好处？

答：根据社章有关规定，兔农入社自愿，退社自由。入社兔农须向理事会提出申请，缴纳入社费 100 元（退社时不退）。股金以 500 元为一股，每个社员至少缴纳一股，多则不限。股金按银行一年期保息。兔农加入合作社后，生产的产品由合作社统一销售。年终盈余分配时，除提取有关基金外，按各社员上交的兔产品数量、质量和股金数实行二次分配。我在上面也提到过，兔业合作社的经济运行原则就是："利益共享、风险共担"。

问：当时社员积极性怎样？

答：很踊跃。当时县领导，还有县供销社的领导都非常重视，而且各个乡镇的宣传工作也做得非常到位。当时就有一些思想比较先进的村民抓住了这个机会，成为养兔致富的第一批人。我们当时组建合作社的主要目的就是推动整个新昌县的兔业发展，它是以从事长毛兔养殖的农户为主体，依托供销合作社建立起来的，因此兔业合作社的目标就是为兔农提供信息、技术、物资、贮藏、运输、销售等产前、产中、产后服务，解决一家一户解决不好、解决不了的问题，把千家万户的小生产与千变万化的大市场连接起来，使产品直接变成商品，直接进入国内国际大市场，以提高养兔者的经济效益，增强兔农抗御市场风险的能力。这是推进农业产业化的有力举措，是实现农村经济增长方式由粗放型经营向集约型转变的最佳选择。

问：当时合作社设置了那些业务部门？到现在有什么变动吗？

答：差不多没变化。成立时也是根据章程规定，合作社下设生产技术开发部、兔毛经营部、行政财务科三个部门，现在仍然是这几个部门。社长是合作社的最高负责人，对重大问题经一定民主程序后有决定与决策权。理事会是合作社的常设机构，负责日常生产、购销业务、人员聘用等九方面工作。理事会主任是合作社的法定代表人。监事会是合作社的监督机构。监事会全部由兔农代表组成，主要负责对理事会工作的监督、财务审查、接受社员来访等五方面工作。理事会、监事会人员不享受本社的工资和福利待遇。合作社的专职工作人员由理事会聘用，有固定工资。

问：那在人员上有什么变动吗？

答：这是肯定有的。像退社的话都是因为年老，或者转产等正常情况；而更换社长，理事会、监事会成员及工作人员都是因为退休或者岗位调动。这些都是要经过理事会、监事会商议，经有关人员投票表决的。

问：可以这么说，兔业合作社是新昌县所有专业合作社中办得最早的一个了，那么在您看来能说是办得最好的一个吗？

答：以后我不敢说，但是，照已经过去的十多年来看，我认为成绩还是可以的。不是自卖自夸，而是和其他的合作社比起来，兔业合作社算是老资格了，而且赢利也是比较多的（笑）。

回首来路步步艰辛　展望未来风雨无阻

问：回首合作社走过来的十几年艰苦历程，合作社主要做了哪些工作？

答：这十多年里，在合作社全体人员共同努力下，已经把我们合作社打造成了名副其实的"兔农之家"。同时我们也不负政府的期望，顺利并且强有力地推动了全县兔业生产的发展。合作社主要做了以下几方面工作：

一是普及了科学养兔知识，带领兔农走出了一条科技兴兔的道路。科学养兔是兔业兴旺发达的根本，合作社建立了生产科技网络，以合作社生产科技开发部和长毛兔良种场为中心，以万兔村，千兔户，"三百式户"（百只笼，百只兔，百公斤毛）为基地，建立服务网点20个。每年都举办多期科技培训班，并根据不同季节在广播、电视中宣传养兔知识。对全县80个人工授精站工作人员进行了规范化培训，提高了兔农技术素质，加快了长毛兔品种改良步伐。同时建立了一支由13人组成的专业辅导员队伍，分片蹲点，抓生产发展,科技辅导,防病治病。

二是建立了规范化的育种户,推进适度规模经营,这也是很重要的。通过开展良种评选、赛兔会等活动,促进良种培育,提高养兔效益。像在1997年1月举行的县第十一届赛兔会上,参赛64只兔,73天养毛期平均产毛397.08克,其中养兔大户俞千渭的一只母兔产毛607克,折年产兔毛3035克,打破了单产世界纪录。又如合作社理事、专业大户王永生,20世纪50年代就开始养兔。一直注重品种选育,在历届省、市、县赛兔会上先后有31只兔子获奖,其中多次荣获冠、亚军。在老户、大户的典型示范和合作社的引导、帮助下,全县新发展养兔户9000多户,许多兔农走上了规模饲养的路子,加快了兔农致富奔小康的步伐。

三是推动品牌建设,抓好经营管理,积极参与市场竞争。这个就不多说了,在许多网站上都能看到"白雪公主"兔毛的品牌,种兔也多次获得浙江省农博会金奖,是绍兴市著名商标、绍兴市名牌产品。这些都大大拓宽了销售半径,提高了新昌县长毛兔的知名度。

四是开展扶贫结对赠送种兔活动。2008年3月份,合作社组织了21户老户、大户与21户新户、小户进行结对扶贫,向新发展贫困户各赠送一对良种兔,开辟了救济式扶贫转向开发式扶贫的新途径。这一活动得到了县委、县政府领导的肯定,有关部门纷纷仿效,送兔扶贫已成为我县结对扶贫的主要手段。

问:合作社目前的产品结构有没有调整?

答:现代社会日新月异,人们的观念、喜好转变很快。前几年,合作社重心还放在如何提高长毛兔的兔毛产量和质量上,但是近几年,毛纺织品的地位日益下降,因此继续养殖长毛兔必然受到影响。合作社经过市场调查,发现獭兔养殖具有更广阔的市场前景,因此合作社及时进行调整,大胆地进行獭兔养殖。合作社主要做了以下几项工作:首先是明确育种目标。根据国内外市场要求,确定獭兔育种目标——以白色为主,绒毛丰厚、平整,皮板足壮、质地坚韧、肉质鲜美、生长速度快、体型大、产仔多、母性好。然后就是抓好选种选配、提纯复壮,根据育种目标,制订了獭兔种兔质量等级标准。每季度对各繁殖场基础种兔筛选一次,采取随时淘汰更新,使繁育场种兔年轻化、繁育能力较强,确保种兔质量逐步提高。同时,对外供种,也按质量等级标准进行检验,检验合格后方可出售,并填写好种兔质量合格证。在抓好选种的同时,抓好选配工作,严格按照选配原则。第三步是建立健全种兔系谱档案,防止品种退化。此外,合作社积极普及新的獭兔养兔技术,培养技术人员,掌握国内外最新消息,深入基层走访社员,开办"社员活动日",印发

《新昌兔业》等宣传资料。通过结构调整,合作社力求做到"獭兔从无到有,从小到大,长毛兔、獭兔两手都要抓,两手都要硬"。

问:目前合作社经营管理还存在哪些问题?

答:目前合作社经营管理主要存在以下几个方面的问题:

一是农民合作素质比较低。加入专业合作社的意愿不强,缺乏大局意识,社员议事意见难以统一。一些不愿加入合作社的农户主要对合作社的管理不放心,怕麻烦,加入了之后又对合作社的一些决策抱怀疑态度,从而使合作社的组织优势得不到充分发挥。

二是服务层次还较低,目前合作社大多数服务还停留在信息服务、技术咨询及初级产品包装、销售的层面上,而真正能进行深加工、精加工等提高农产品附加值的服务很少。仅靠初级农产品买卖所得的利润非常有限,这在一定程度上也影响了农民的积极性。

三是人才缺乏,严重影响组织活力。在农村,既有公平公正、无私奉献、甘愿为众人服务的思想品德,又有经营管理素质的带头人少之又少。

四是政出多门,合作社有问题时不知道该找哪个部门负责。目前我县主管农民专业合作社的是农业局,农村经营管理总站是具体的指导服务机构。而县农办、林业、渔业、工商、供销社等部门各自对农民专业合作社的发展具有一定的职责。但是由于缺乏沟通协调机制,部门各自为政,各类政府扶持资金得不到有效整合,合作社规范化建设步伐缓慢。

五是合作组织知识宣传普及不够,效果不佳。当前干部、群众包括合作社成员对专业合作社知识的缺乏也是影响合作社发展的重要因素之一。

六是要素制约严重。表现在:① 资金缺乏,发展后劲不足。合作社自身积累相当有限,加上融资环境差,限制了合作社的发展。② 合作社发展必须的仓储、冷藏、加工、办公等的用地得不到及时解决。

问:针对这些困难,合作社下一步打算怎么做?

答:党的十七届三中全会指出:"扶持农民专业合作社加快发展,使之成为引领农民参与国内外市场竞争的现代农业经营组织。"中央一号文件也明确要求:加快发展农民专业合作社,开展示范社建设行动。这就意味着,发展农民专业合作社,是关系到我们全县农村经济发展和建设社会主义新农村的重大问题。因此,下一步我们要做的概括起来就是:① 加强宣传,提高认识;② 健全机制,形成合力;③ 加强教育,规范发展;④ 注重服务,支持发展;⑤ 破解难题,保障到位。社会在进步,所以合作社也要不断进步,不断创新,否则就会不适应社会发展的需要,从而导致失败。这也更督促着我不断努力,争取将合作社办得更好!

访谈后记

　　在访谈中我领略到了石社长那见多识广、目光长远的领导者风范，也了解到了一个合作社从几十个人的小规模发展到现在的将近千人，需要付出的努力与汗水，又有多少不为人知的辛酸。从石社长的言语间，我能够深深体会到他的自豪与成就感。墙上的那一块块金黄的奖牌，不正是石社长对兔业合作社的一片心，为农民尽一份力的见证吗？我想，他一定为此而自豪着，也不断努力着。通过此次访谈，也让我了解到了许多东西，包括合作社的运行方式，也感受到了合作社给当地百姓带来的好处。

有了合作社　养獭兔也能富

——浙江省温岭市盛广獭兔产销专业合作社社长访谈录

■ 文/吴　浩

合作社简介

浙江省温岭市盛广獭兔产销专业合作社于 2003 年初经市农业局审核批准,在市工商行政管理部门注册登记成立,注册资金 30 万元,经营范围包括獭兔(公羊兔、盛广改良白兔、野兔、新西兰兔等品种)饲养、加工、销售。现有社员 108 名,如今资产 300万元,年销售收入 1498 万元,纯盈余658 万元。合作社注册了"盛广"牌商

标,"盛广"牌獭兔皮荣获 2006—2007 年浙江省农业博览会金奖,"盛广"牌獭兔肉被认定为无公害农产品,2006 年盛广獭兔被国家认证为有机农产品,2008 年又被评为台州名牌产品。创建了温岭市兴旺獭兔繁殖场,作为省一级种兔场,被评为台州市、温岭市"农业龙头企业",台州市、温岭市"扶贫助残示范基地",温岭市"农业调优增效示范基地",温岭市"农业标准化示范养殖区",箬横镇"农、科、教示范场"。合作社目前为温岭市"A 级规范化合作社",台州市"规模型合作社",同时也成为财政部试点单位。

社长名片

周余斌,大专文化,市政协委员,担任社长前是当地獭兔养殖大户,从合作社成立之初(2003 年初)就开始担任社长。1997 年 3 月,周余斌在收看中央电视台七套《致富经》栏目时,了解到獭兔养殖是一个投资少、见效快、

风险小、收益高、前景好的致富项目，便萌生了养兔的念头。于是他只身北上到河北、北京等地的獭兔皮毛市场考察。回来后，他就开始搞獭兔养殖，边学理论，边练技术。就是凭着这么一股倔劲，经过几年的努力，周余斌终于实现了自己养兔致富的愿望，1998年养殖场创收5万多元，"养兔也能致富"得到了当地群众的认可。

社长感言

看到社员从合作社得到了利益，即使有点累，依然感到很快乐！

访谈报告

2010年大年初三，天气终于放晴。我们来到了獭兔产销专业合作社所在的村庄。由于我们对路线不熟，在问过一些路人之后才找到了合作社。

在我原来的观点里，养殖獭兔的地方应该是比较脏、比较臭的，但整整齐齐、非常干净的合作社让我对原来的想法感到好笑。周余斌社长看到我们来了，非常热情的招待，并将我请进了合作社的接待室，周社长衣着朴素，但眉宇间透着睿智。周社长从合作社成立之初就担任社长，可以说合作社是他的孩子，他看合作社的每一样事物都流露出慈祥。

为提高谈判能力　成立合作社

问：这个合作社当初是由谁创办的？

答：政府牵头，我们农民大户组织的。

问：那您以前也是大户了？

答：其实我以前是最大的大户，哈哈。

问：那你们是怎么想到创办这个合作社的呢？

答：首先在出售产品的时候，由于以前我们是分散经营，养殖的量少，使得我们与收购厂家洽谈价格时缺乏筹码，因此价格不高；同时在购买饲料时，由于养殖规模小，所以饲料需求量少，所以我们与饲料厂商洽谈时，饲料价格也压不下来；还有我们不能建立一个相对有名的品牌，使得产品缺乏影响力。而当我们成立合作社后，养殖规模大了，有了足够的谈判筹码，就能够提高獭兔的收购价格，像现在，我们的獭兔比市场上平均每斤价格高3到5元；同样，也能使我们在与饲料厂商的谈判当中处于有利地位，降低饲料价格。还有就是我们正在努力打造合作社的自主獭兔品牌，我相信在不久的将来,合作社一定会产生品牌效应。

问:你们是如何一步步发展过来的呢?

答:合作社成立之初,社员只有9名,到2010年我们已经发展到108名,合作社不算大也不算小,但总体来说,发展得很快。当初的9名都是以前的大户,由于合作社经济效益显著,吸引了其他农户纷纷加入合作社。尽管如此,我们对于社员还是有一定的要求,需要三年以上的养殖经验,并且需要至少2000个笼位。

问:合作社目前是如何运作和管理的?

答:合作社成立了监事会和理事会,并且有专门的会计、出纳。监事会、理事会分别由三人组成,再加上会计一名,出纳一名,总共8人管理合作社的日常活动。而我们的重大事情比如选举理事会、监事会成员,都要召开社员代表大会来决定。2009年我们社员代表大会开了3次,理事会会议开了6次,监事会会议开了4次。我们有严格的财务管理制度,并且我们向全体社员公开财务和营运状况,这样,让合作社制度化、透明化,使我们能更好地服务养殖户。为了进一步发挥合作社的作用,我们重新修订了质量诚信教育和奖惩制度、质量检验制度、售后服务制度、有效的产品质量追溯制度、质量诚信自律制度。如今本社獭兔质量稳定并不断提高,獭兔质量安全事故不再发生,质量诚信体系建设取得了很大的成就。

服务社员　实现多赢

问:合作社给社员带来了哪些好处?

答:首先合作社通过合同收购社员养殖的獭兔,对这些獭兔进行统一销售,降低了社员的风险,并且由于提高了价格,增加了社员的收入。同时我们对于农资进行统一采购,降低进料的成本,并且降低了运费。我们还提供各种技术与培训服务,使得社员养殖的獭兔品质更优,有利于打造我们自己的獭兔品牌。此外,我们还比较有特色的地方就是对于残疾人社员,合作社给予特别的优惠,给他们免费的技术辅导,对他们的獭兔实施保护价,也就是当市场价格低于保护价时,我们以保护价采购他们养殖的獭兔,而当价格高于保护价格时,我们以市场价格收取。因此,我们合作社也被评为温岭市"二级助残基地"。

问:合作社有没有与其他合作社以及周边的农户合作?

答:有,合作社与周边的葡萄合作社进行了很好的合作。具体来说就是,合作社建立了一个沼气池来处理獭兔每天的排泄物,经过处理后的沼渣就是很好的有机肥,这正是葡萄生长发育所需要的。因此,合作社以每车250元的价格供应给葡萄合作社沼渣,从而实现了两者的"双赢"——我们合作社也获得了额外的收益,而葡萄合作社则在无公害、绿色食品品牌的道路上走得更远。有点可惜的是,我们合作社的沼渣还远远不够葡萄合作社的需求,不然收益会更大。同时,合作社与农户也进行了很好的合作,合作社将沼气池生产出来的沼气直接用管道接到边上的农户家中,帮助他们用沼气烧饭、发电,大大降低了他们的日常开销。

问:合作社除了建沼气池以外,还有没有采用其他什么技术?

答:合作社还建成了配种、消毒、监控、净化、加工、包装、冷藏等一整套科技含量高的生产设备和设施,制订了地方性獭兔繁、养、加工、包装等系列技术标准。通过这一系列标准的构建,使合作社实现了产加销一体化的生产模式。同时,合作社在兔舍房顶种植植物,保持了兔舍的环境卫生,不仅提高了獭兔的生存质量,降低了獭兔感染病菌的可能性,同时也改善了农户的工作环境。

目标远大 困难不少

问:您对合作社目前发展状况满意吗?

答:感觉还不错。在短短的五六年时间里,合作社从当初的5万元的资产到如今300万元的资产,由当初的13万元收益到如今的1498万元的收益,都表明了我们合作社所取得的成就。同时,我们始终秉承服务社员的态度,将所获得的利润按照交易量100%的返还给农户。尽管合作社成立以来,总共有12名社员由于违反合作社规定,被退社,但总体发展是让我们满意的。不仅使得社员比非社员平均一年增收2000元,而且带动了当地獭兔产业发展,也让我们能够经受起市场的严峻考验。2008年的金融危机来的时候,刚开始合作社受到了一定的影响,但合作社迅速调整过来,下半年就恢复到金融危机前的80%,连全球性的金融危机我们都挺过来了,我相信我们合作社以后会更好。

问:那您对合作社未来的发展有何目标和打算?

答:我希望把这个合作社做大、做强和做优,也希望我们的獭兔能走出温岭。同时也希望合作社能够更好地帮助残疾户以及贫困户走出贫困,更希望獭兔行业能成为温岭最具特色的产业。同时由于獭兔肉所具有的"四高四低"(即高蛋白、高赖氨酸、高卵磷脂、高消化率,低脂肪、低胆固醇、低尿胺、低热量)的优良性能以及合作社所打下来的良好基础,我对于獭兔产业非常有信心,也对我上述目标的实现很有信心。

问:政府部门有没有帮助过你们合作社?

答:合作社成立之初,资金、技术实力薄弱,运营机制还不成熟,政府在办社指导、资金贷款、技术培训、产品促销、品牌建设、设施投入等方面都给予了合作社很大的支持。可以说合作社能够发展到今天,是离不开政府部门的支持的。

问:目前影响合作社发展的主要制约因素有哪些?

答:我们遇到的最大困难就是土地。你也知道,养殖业要与土地打交道,但在温岭这个比较发达的地区,土地是非常紧张的。虽然政府同意我们养殖户只要不破坏耕植层,就可以开展养殖,但是国土资源部文件明确规定"即使不破坏耕植层,也不能在农保地上开展养殖业"。所以一旦我们扩大规模,在土地上开展养殖业,土管部门就会对我们罚款,拆除建筑。这严重影响了我们合作社的发展壮大,同时也影响了农民的利益。其次,我感觉就是金融借贷。虽然国家对农业有相当大的支持,也颁布了一些法律法规,但是在资金借贷的问题上依然没有给予合作社很好的扶持。由于资金借贷的困难,合作社在发展过程中面临很大的资金缺口。如果借贷能够顺利,将会很大程度上促进我们合作社的发展。再次,就是用电困难,农业用电每一度3角8分,虽然我们也属于农业,但由于农业用电审批难,所以我们得不到农业用电的待遇,而是7角/度,这对合作社是很不公平的。

累,并快乐着

问:在办合作社的过程中,您有哪些难忘的事吗?

答:那有很多。记得合作社刚成立的时候,有时晚上睡觉的时候都在想如何将这个合作社办好,为农户们谋福利,现在想想当时还真有点苦,晚上都睡不着觉。还有就是在对待残疾户时,我们会更加细心、耐心地帮扶,不管刮风下雨,只要他们有需要,我们都会上门服务。即使在刮台风的时候,我们也会去过去帮助他们渡过难关。看到他们从我们合作社得益,即使有点累,也依然感到很快乐。

问:从您当社长的经历来看,您认为如何才能当好社长?

答:在我看来,我这个社长其实没多大的能耐,都是大家的支持,没有大家的共同努力，仅靠我一个人，这个合作社也不会办成现在的规模。

问：从您的合作社发展经验来看，您认为如何才能办好合作社？

答：我个人这么认为，从我们五六年的办合作社的经验来看，首先要各级政府部门的大力支持，在政策上对我们农业产业进行有力的支持，比如在借贷上给予更多的优惠，还有就是大家的通力合作。合作社的发展也要重视品牌的建设，要构建自己的品牌，合作社才会有长远的发展。

访谈后记

结束了这次访谈，周余斌社长谦虚务实的精神深深感动了我。虽然他说合作社发展到今天，没有他多大的功劳，但是没有他的辛勤与无私的奉献，合作社不会成功地走到今天。我想，一个合作社的成功，离不开当地政府部门的扶持，以及各个其他部门的通力合作，但更离不开的是一个称职的社长的引导。希望我们国家的农村专业合作社越办越好，谱写新的篇章！

合作养鱼　才有希望

——浙江省湖州荻港村青鱼专业合作社社长访谈录

■ 文/李秀娜

合作社简介

　　浙江省湖州荻港村青鱼专业合作社成立于2002年1月18日,它是由从事青鱼生产经营的农户组织起来,在技术、信息、资金、购销、加工等环节实行自我管理、自我服务、自我发展的专业性合作经济组织。合作社内设苗种服务、科技信息、饲料供应和营销加工四个部门,以"服务农业、服务农民"为宗旨,围绕青鱼养殖基地的建设,运用现代经营理念,为广大青鱼养殖户提供多方位服务。合作社于2003年向国家商标总局申报了"乌金子"商标,建立了1500亩省级无公害青鱼生产基地,并通过省级验收。生产的"乌金子"牌青鱼被授予"浙江绿色农产品"称号。2002年度被市、区评为"先进农村专业合作组织",2003年度被命名为"浙江省示范性农村专业合作组织"。

社长名片

　　吴连荣,男,60岁,青鱼合作社的主要创办人之一,虽然只有初中文化程度,但是凭借自己多年担任村干部的经验和丰富的养殖经验,把合作社打理得井井有条。作为一名共产党员,吴社长不忘记"为人民服务"的宗旨,始终坚持发展为人民。

社长感言

　　我们不能一个人富裕,我们要做的是同村民一起富裕;
　　我们不能一个人进步,我们要做的是和村民一起进步。

访谈报告

2010 年春节刚过,中国大地还沉浸在一片欢腾之中,笔者踏上了此次访谈之路,一路上欣赏着窗外的风景,猛然发现农村已经不是改革开放前的破烂样子了,一系列的惠农政策,一系列的新农村建设,使得农村的面貌焕然一新。我开始寻思,农村的发展并不是一帆风顺的,未来要如何发展更是值得人们深思。此次访问的对象是荻港村青鱼专业合作社的社长吴连荣,他用自己的知识、自己的能力,不仅使自己走向了富裕,更重要的是他创办了青鱼合作社,带动了其他村民一起富裕。看着先前自己准备的资料,心情更加兴奋了,很想快点目睹到这位社长的风采。终于到达了目的地,果然,社长和我想象中的一样:一样的朴实,一样的和蔼,一样的亲切,我们开始了长达一个半小时的访谈,他教会了我很多,很多。

应对困境而生

湖州荻港村是宋朝时聚居而形成的古村,因芦苇丛生、河港纵横而得名"荻港"。全村四面河水环绕,古建筑众多,人文历史源远流长。水产养殖是荻港农民收入的主要来源,是农业的重点发展对象,荻港养鱼历史悠久,曾有"苕溪渔隐"的美名,主要养殖鱼种,其中青鱼养殖更是荻港村水产养殖的主要特色和优势之一。青鱼因营养丰富,鲜美可口,属名贵鱼。但是传统模式的养殖方式越来越跟不上渔业的发展,在养殖过程中,育种、选苗、饲料选择、销售与加工等方面的问题逐渐突出。由于多年养殖青鱼的经验,吴连荣等养殖户发现要实现增收,养殖环节的空间和潜力已经很小,因此必须把产业链延伸到苗种、水质饲料、防病、销售等环节。而这些环节正是农民养殖户的弱点所在,单户养殖户很难在这些方面有所突破。吴连荣等青鱼专业合作社的创始人正是因为意识到了这些问题,所以决定发起成立一个青鱼专业合作社。2003 年注册成立了湖州荻港村青鱼专业合作社,成立以后,该社将从事青鱼生产经营的农户组织起来,在技术、信息、资金、购销、加工等环节实行自我管理、自我服务、自我发展,合作社内设苗种服务、科技信息、饲料供应和营销加工四个部门,以"中介组织(企业)＋基地＋农户"的模式运作,坚持以"服务农业、服务农民"为宗旨,围绕青鱼养殖基地的建设,运用现代经营理念,为广大青鱼养殖户提供多方位服务,取得了良好的经济效益。

以服务促增收

让青鱼养殖户增收是合作社追求的主要目标之一。合作社成立后通过大家共同的努力来解决养殖户遇到的各种问题,同时实现农民的增产增值。

第一,饲料问题曾是养殖户遇到的最头痛问题之一。市场上饲料的品种多而杂,加上包装和虚假的广告很容易误导养殖户。选对好的饲料直接决定着养殖户饲养的青鱼的产量,然而由于单户的养殖户很难从千百种品牌中选择性价比最高的饲料,从而使得养殖户的青鱼产量不会很高,或者产量很高但投入也很高,导致收益很少。青鱼专业合作社成立了"饲料服务部",专门为社员提供优质饲料,并送货上门。

第二,养殖技术方面。很多养殖户养殖完全凭借自身的经验,而如今传统的养殖方式已经不适应市场化的要求,因此养殖户需要新的技术、新的知识来实现高效率的养殖,实现真正意义上的增产增值增收。青鱼专业合作社为养殖户进行无公害防病消毒,开展鱼药的统一配送业务,合作社有两位养鱼"土专家"——吴连荣和章坎林,长期坐堂义诊,接待农民的咨询,一方面提高了广大养殖户的养殖水平,另一方面提高了养殖户在防病等方面的应急能力,赢得了养殖户对合作社的信任,从而形成了一股强大的凝聚力,成员们相信合作社,合作社为他们提供了所需要的技术和知识。

第三,青鱼的选种和育种方面。由于长期的近亲繁殖,青鱼的鱼种生存能力越来越弱,但是单户养殖户无法解决这个问题,因为从培育新品种和从外地进口优良品种的成本都相当高,因此这个问题困惑养殖户很久,严重影响了青鱼的增产和增值。青鱼合作社的成立就解决了鱼种的问题,青鱼专业合作社从太湖引进新的鱼种,不仅解决了养殖户的问题,提高了幼苗的存活率,而且新品种大大提高了青鱼的产量,实现了养殖户增产增值的目标。

第四,销售服务。在合作社的组织和带领下,目前已形成了4支10人组成的鲜活青鱼专业营销队伍。每年春节临近,营销加工部及其他负责人主动出击,跑码头、走市面、寻市场。借助农民信息等网络载体,及时了解市场信息,了解所需要青鱼的市场,畅通青鱼销售渠道。同时利用当地市场资源优势,与本地及周边镇的营销大户联系衔接,通过乌板桥、双幅桥两大水产批发市场卖出去。此外,还制定"走出去"战略,在本村,北溪边缘摆渡口建立了一个农产品销售码头,方便了青鱼的运输和销售。目前,在青鱼专业合作社的努力下,销售网络已经初步健全,真正实现了"养得好、销得出、效益高"。

目前青鱼专业合作社取得了良好的经济效益和社会效益,得到了全村广大养殖户的拥护,甚至已经把影响力辐射到周边各村的养殖户,青鱼专业合作社在集体的共同努力下得到了更好的发展。

面对风雨茁壮成长

在谈到合作社发展过程中面临的问题时,吴社长说,首先面临的是如何吸引社员加入合作社的问题。合作社的主要成员是农民,具体地说是青鱼养殖户,而中国农民的猜忌心理比较严重,刚开始对于合作社并不是很信任,同时农民的小农思想毕竟明显,加入一个组织或集体不仅意味着收益,获得帮助,同时还要求相互之间分享和交流经验。因此,合作社在成立的时候,需要进行大量的宣传,来吸引一定的社员参与。青鱼专业合作社成立的时候,主要是因为吴连荣社长的个人魅力,因为他多年从事村干部的工作,组织能力和号召能力比较强,同时吴社长也是一名出色的青鱼养殖"专家",具有多年养殖的经验,并且每年的效益都很高。另外村集体组织以及一些国家的惠农政策也支持青鱼专业合作社的成立。因此,青鱼专业合作社成立的时候,通过一定的宣传也能够吸引一部分的养殖户加入。之后,随着青鱼合作社的发展和青鱼养殖效益的凸显,越来越多的养殖户加入青鱼专业合作社,青鱼专业合作社的队伍越来越庞大。

其次,合作社面临一个技术问题。青鱼合作社缺少专业技术,这是青鱼专业合作社进一步发展的主要限制因素之一。没有正确的技术指导,养殖户面临的问题就很难找到科学的原因以及找到正确的解决方法。

最后,合作社在运行过程中遇到的另一个重大的难题即资金问题。合作社成立的资金大部分来自入社的农户,因此数额有限,同时在资金的流转方面也存在不少问题。每年合作社要出动全部的领导干部去"收账",这项工作是漫长又让人头痛的。具体来说,合作社每年都会购进大量的饲料给养殖户,养殖户都以"赊账"的方式获得饲料,到了年底或年初,养殖户捕鱼并出售的时候,资金回笼,就会把一年来欠下的饲料钱还给合作社,但是这个环节中一个很大的漏洞就是养殖户能否还回一年的饲料钱很大程度上取决于该养殖户一年的养殖情况即一年的收益情况,如果一年的收益很好,那么养殖户便会很轻松地把钱还上,如果一年的收益一般并影响到第二年的养殖投入,那么这些饲料钱就需要合作社的人员进行催讨,再如果这一年并没有收益或者反而有损失,那么这笔钱的催讨工作就相当困难了。由于这些不确定因素的存在直接影响到合作社资金的回笼和流动,因此,这也成为合作社的主要难题之一,目前也没有有效的解决方法。

拓展产业链

当问到合作社未来发展打算时,吴社长说,合作社现在涉及的是鱼苗的引进、青鱼的养殖以及销售等环节,并没有涉及渔产品的加工,只是出售初级产品,这样会遇到一些问题。在市场化的今天,当遇到市场低迷,青鱼滞销的时候,大量的青鱼囤积不仅影响到下一期青鱼的养殖,而且会给养殖户造成很大的损失。因此,必须在能力范围内适当地扩展产业链,要进一步发展青鱼的加工产业,当遇到青鱼滞销的时候可以进行加工,再出售,避免盲目等待的状态。发展青鱼加工也是给青鱼养殖户多一个选择,让养殖户不用担心青鱼的销售不好,或者大家都抱着卖鱼的念头。当加工发展到一定规模,养殖户就有更多的自主权。另外,出售加工品也可以提升青鱼的附加值,从而获得更高的利润。

访谈后记

此次访谈很成功,气氛很融洽,如同一位长者在和他的晚辈讲述他的故事,这个故事最精彩的部分之一就是他一手创办青鱼专业合作社的经历。故事有喜有悲,但是却很充实、很精彩。我开始思考,农民该如何致富,中国的农民其实很聪明,即使没接受过教育,但是丰富的经验使他们很睿智。或许现在农民缺少的正是一份团结,或许以前的人民公社使大家都怕了,但是我们现在要联合,要给予合作社一个新的定义。在中国,合作社有很好的发展前途,是农民联合的一种方式,也是走向富裕的一条光辉大道。

旗海 不一样的海产品

——浙江省三门县旗海海产品专业合作社社长访谈录

■ 文/陈 敏 郭红东

合作社简介

浙江省三门县旗海海产品专业合作社于2001年9月经农业部门批准成立,2002年4月经工商行政管理部门注册登记,是一家从事海产品养殖、加工、营销和为社员、农户提供服务的农民专业合作经济组织。截至2008年底,该合作社共有社员222名,成员股金100万元;资产总额289.2万元,负债总额115.3万元,资本公积金94.7万元;2008年产品销售收入1496万元,利润总额36.8万元(不包括社员在结算环节直接返还的金额),社员年户均增收约达2.1万元;带动农户1100多户,养殖面积13700多亩,产值超1亿元。合作社先后被评为省、市、县示范性农民专业合作社。

社长名片

叶亦国,60岁,经济师,高级农民技师。曾任县供销社主任、商业局局长,获得过省劳动模范和全国商业系统劳动模范称号。1993年辞职从事海水养殖,2002年领头组建专业合作社,期间著有论文7篇,制订绿色、有机产品生产标准6个,实施国家、省、市科技研究示范项目4个,产品获绿色食品、有机产品认证

3个。获省"双带好党员",省"农民专业合作社杰出带头人"和台州市"第五届拔尖人才"的称号。

社长感言

我们个人力量是有限的,党和政府以及人民群众的力量是无穷的。成

立合作社最大的好处就是能够办到一家一户不能办、也办不了的事情。

访谈报告

　　2009 年 5 月 13 日下午,在三门县农业局蔡副局长的陪同下,我们来到了三门县旗海海产品专业合作社,对社长叶亦国进行了访谈,形成了此访谈报告。

先苦后甜,不懈的追求者

　　十几年前说到叶亦国,很多人都觉得他放着一个好好的县商业局局长不当,却偏偏要下海经商,简直有点"傻"。而今天,一提到叶亦国,大家都认为,正是叶亦国的"不安分",让三门青蟹产业重新燃起了希望,让数以千计的养殖户尝到了致富的甜头。

　　叶亦国从一个只有小学文凭的临时工到基层供销社主任,到县供销社主任,最后当上了县商业局局长,可以说仕途非常顺利。可就在那年(他 42 岁),叶亦国作出了一个让人匪夷所思的决定——辞官下海。他放弃了经商、办化工厂等看似可以赚大钱的项目,筹集了 100 多万元的资金,与别人合伙在家乡沙柳镇旗门塘外围成海塘 3000 亩,开始搞养殖业。

　　成功的道路从来都是艰辛坎坷的。第一年,全球性的对虾病毒致使叶亦国损失 20 多万元,给刚刚"下海"的他当头一棒。第二年,强台风袭击导致塘堤决口,他又背上了 200 多万元的债务,大部分合伙者纷纷离去。1997 年,11 号台风再次让他几百万元的血本付诸沧海。面对群众的期望,叶亦国千方百计筹集资金,独自承担了外海塘堤的修复任务,第二年春天就恢复了养殖。几年的艰辛让叶亦国终于苦尽甘来,2001 年净收入达 60 多万元,当地的养殖户年净收入也增加到 4 万～10 万元之间。2002 年 4 月,叶亦国联合 13 户养殖户组建了三门县首家海产品专业合作社——旗海海产品专业合作社,并担任理事长。

　　叶亦国把更多的劳动者"捆绑"起来,结成一个利益与风险共享的共同体,发挥社员们的积极性,增强社员们抵抗自然灾害和市场风险的应变能力。与此同时,他不断更新产品的包装,彻底改变了三门青蟹"老土"的形象。

规范运作创效益

第一，坚持合作社原则，不断完善和规范运行机制。合作社是一个新生事物，需要在实践中不断探索并逐步加以完善。旗海海产品专业合作社坚持以先进的合作社理论为指导，不断完善和规范合作社内部的运行机制。首先是制定并逐步完善专业合作社章程，重视章程的规范化，自始至终把坚持"民办、民管、民受益"和"自愿互利"的原则贯串于章程全过程，较好地体现农民专业合作经济组织的特性。其次是改革社员、股金和股权的设置方式。合作社根据"效率优先、兼顾公平"的原则，改革了社员、股金和股权的设置方式。最后，调整了社员的产品交售作价结算和分配方式。增加社员收入是办社的宗旨，旗海海产品专业合作社调整了社员产品交售作价方式。对社员交售的产品实行先验收定级记账，待本批产品销售完毕后结算付款，把该批产品的销售金额减去销售费用和合作社提取的 4％ 的服务费后的余额作为该批产品的价款。除外部不可抗拒的因素，对社员未交足其股金规模的产品，则要求缴纳未交产品部分 4％ 的合作社积累金。同时对年终盈余的分配也作了一些调整。公积金按税后利润 35％ 的比例提取，公益金按税后利润 5％ 的比例提取，社员股金分红按税后利润 60％ 的比例提取，不再设置与公积金用途基本相同的风险基金项目，也不再设置按社员产品返利项目。

第二，坚持以市场为导向，不断提高合作社的竞争力。合作社的生命力和凝聚力在一定程度上取决于合作社的经营服务水平。该合作社在建社以来，始终坚持以市场为导向，不断增强经营服务功能，努力提高合作社的市场竞争力。首先是积极建立营销网络，扩大产品销售渠道。如在三门县城关设立营销部，与上海、福建、杭州、宁波、台州等 20 多个省、市的客商建立长期的产品购销业务关系，把产品直接打入大型超市和餐饮企业等。其次是实施品牌经营，提高市场竞争力。"以优取胜、诚实守信"是合作社的最高经营理念，在实行标准化生产的同时，做好产品商标的创建。旗海海产品专业合作社建社后不久，就申报注

册"旗海"商标,并通过媒体及广告参与产品评奖等多项活动,使"旗海"商标的知名度不断扩大,声誉不断提升。另外,合作社还实施品牌营销策略。通过组织参加大型会展和推介会、农博会,利用现代媒体建立域名为 www.cn-qhqingxie.com 的网站等方式来宣传"旗海"牌三门青蟹,进一步扩大了"旗海"产品的影响面。

第三,发挥合作优势,促进养殖增效,社员增收。合作社成立的初衷就是使分散经营的渔民结成一个利益共同体,提高渔业的组织化程度,增强市场竞争力和抵抗风险的能力。合作社成立后,发挥合作优势,重点解决一家一户办不了又办不好的事,主动承担起基础设施建

设、科技研发、市场开拓和品牌创建等重任,实现了社员的小生产与大市场的有效对接,促进了养殖增效、社员增收。如采用经济杠杆和合同订单形式调节生产,通过优质优价和高于市价收购优质产品,增强社员生产优质产品的积极性,从而达到增产增收。又如针对青蟹产品上市的季节性和价格一年四季悬殊的特点,旗海海产品专业合作社开展了青蟹越冬存养,变集中上市为均衡上市,有效地调节了青蟹生产旺淡的价格差价,增加养殖户和社员的收益,同时也确保冬季"旗海"牌三门青蟹的供应。如 2002 年的秋末冬初合作社采取高于市价收购青蟹暂养的措施,拉动市价增加蟹农收入约 600 万元;在 2003 年秋合作社投资了 13 万元添置激光刻标设备,在优质青蟹背壳刻上防伪商标,提高了产品品位,拓展了市场,使往年夏秋滞销的大公蟹收购价格从原每公斤 40 元猛升到 60 元以上,仅此一项每年就可为社员和当地农户增加收入约 400 万元。合作社承担实施的全国农业标准化示范区项目和国家星火计划项目带动(辐射)养殖面积达到 13700 多亩,亩增效 16% 以上。2008 年,产品销售收入就达 1496 万元,利润总额 36.8 万元(不包括成员在结算环节直接返还的金额),成员年户均增收约 2.1 万元,带动农户1100 多户,起到了良好的示范带动作用。通过产品结算环节返利的方式,社员交售给合作社的青蟹价格每公斤要高于市价 2～4 元以上,每年每个社员增收在 3000～4000 元。

直 面 未 来

当我们问起合作社目前还存在什么问题时，社长告诉我们，合作社存在的最大问题是现有经济实力还不强，加上经营农业产业风险大、赢利水平低，合作社在分配上又向社员倾斜，再加上政府的支持力度有限，致使合作社自我发展能力较弱，经营服务功能还不强。特别是缺少投入大、科技含量高的生产、加工和科技服务等设施，使得合作社的经营产品主要还在青蟹上，社员同时生产的其他产品由合作社经营的比例还不到 30%。第二个问题是目前合作社基本上是兼职管理，没有专职管理合作社的专业管理队伍。这方面，说到底还是资金的问题，没有足够的资金来发放合作社管理成员的工资。特别是合作社内部的财务会计核算，缺乏专职人员很有可能导致财务会计制度不健全。此外，合作社现阶段还没有苗种培育设施，使得青蟹等种苗还无法实现统一供应的要求；青蟹越冬暂养的设施条件比较简陋，不安全因素较大；科技研发创新能力还不强，不能解决青蟹病害等问题。依靠合作社自身的力量在近期内完全解决以上问题有较大的困难。

那么如何来解决这些困难呢，社长心中早就有了自己的想法。一是办好"省级科技创新服务中心"（该中心已被有关部门确定为本社的依托单位），为社员和三门海水养殖业提供更有效的科技服务。现在合作社已与宁波大学、浙江省淡水水产研究所等单位建立了科技研究合作关系。二是建设青蟹苗种中间培育和成蟹越冬暂养设施建设，解决目前青蟹养殖苗缺、质差、价高、不能统一供种的问题和青蟹成蟹产出旺季价格偏低、农民不能增收的问题。项目中的"优质青蟹苗种生态分级培育关键技术研究与应用"项目，已被浙江省科技厅立项为省级重点科技项目，现已取得阶段性成果。三是做好社员培训，提高社员的养殖技术和经营管理素质。特别是加强合作社专业管理队伍的建设，使合作社有一批高素质的专职管理人员来规范和完善合作社运行的各项规章制度。

访谈后记

　　　不一样的办公环境、不一样的社长风范，带给我们的是全新的感受。从局长下乡第一人到全国劳模、人大代表，我们深深地感受到叶社长做一行爱一行的职业精神和服务"三农"的热情。合作社规范的管理和成功的经营模式带给我们不少启发。

第二部分

问卷调查报告

社长问卷调查报告

■ 文/郭红东　戴成宗

一、调查的基本情况

为了全面了解中国农民专业合作社发展的现状及其成长历程,我们课题组先后于 2009 年 7～9 月和 2010 年 1～2 月组织浙江大学研究生和本科生对包括浙江、安徽、福建、山东、河南、湖南、广东、四川、甘肃、黑龙江等在内的 10 省 29 个地级市的 442 家农民专业合作社发展情况进行一次比较全面的调查。两次调查的合作社,绝大部分分布在浙江省省内,共有 367 家,占总数的 90.5%。其中台州最多,有 47 家,占有效样本的 12.2%,其次丽水43 家,占有效样本的 11.1%,温州 40 家,金华 38 家,杭州 34 家,嘉兴 25 家,衢州 24 家,宁波 27 家,绍兴各 26 家,湖州 22 家,舟山 15 家。在外省的 42家中,最多的为河南,有 23 家,占总数的 5.2%,其次是山东 5 家,占总数的1.1%,安徽 4 家,占总数的 0.9%。湖南、广东各 3 家,占总数的 0.7%,四川2 家,占总数的 0.5%,福建、甘肃、黑龙江各 1 家,占总数的 0.2%。

被调查合作社属于国家级示范合作社的占 2.9%,省级占 20.3%,市级占 21.9%,县级占 21.2%,其他占 13.3%。

被调查合作社主营产品最多的是果蔬类,占 40.0%,其次是畜牧类13.4%,茶叶类 10.9%,水产养殖类 6.4%,花卉苗木 5.2%,粮食类 5.0%,药材类 3.9%,蚕桑 2.7%,食用菌 1.8%,其他类占 10.7%,具体见图 1。

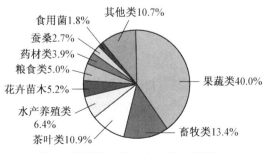

图 1　被调查合作社产业分布情况

从被调查合作社社长文化程度来看,在小学以下的占 2.5%,小学占 2.3%,初中占 28.6%,高中占 35.7%,高中以上占 30.9%。这个结果表明,目前合作社社长文化水平普遍不高,具体见图 2。

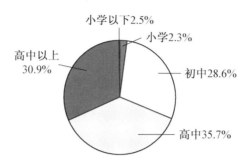

图 2　被调查合作社社长学历分布情况

从被调查合作社社长的年龄来看,平均年龄 47 岁,最年轻 22 岁,最老 70 岁,其中 30 岁以下占 2.8%,30～40 岁占 18.3%,40～50 岁占 47.2%,50～60 岁占 29.9%,60 岁以上占 1.8%。这个结果表明,目前合作社社长年龄普遍偏大,具体见图 3。

从被调查合作社社长以前的身份来看,担任社长以前是企业负责人的最多,占 31.7%,生产大户的占 23.5%,村干部的占 16.5%,销售大户的占 11.5%,农技人员的占 6.3%,乡镇干部的占 2.0%,其他人员的占 8.5%,具体见图 4。政治身份是中共党员的占 63.5%,非中共党员的占 36.3%。任社长年数平均 3.5 年,最少半年,最多 26 年。

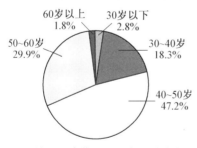

图 3　被调查合作社社长年龄分布情况

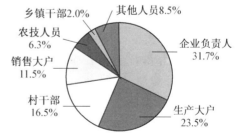

图 4　被调查合作社社长以前身份分布情况

二、调查结果分析

（一）被调查合作社的成立和登记情况

1. 合作社成立和登记时间

被调查合作社最早成立时间是 1984 年 9 月,最迟成立时间 2009 年 9

月;2000 年及 2000 年之前成立的合作社仅 21 家,2007 年成立的合作社最多有 87 家,其中 2007 年 7 月(2007 年 7 月 1 日《中华人民共和国农民专业合作社法》正式施行)至 2010 年 2 月成立的合作社 109 家。

被调查合作社最早工商登记时间为 1984 年 9 月,最迟工商登记时间为 2009 年 10 月;2000 年及 2000 年之前工商登记的合作社为 10 家,2001 年工商登记的合作社为 7 家,占历年登记数的最少,2007 年工商登记的合作社最多有 83 家,2007 年 7 月至 2010 年 2 月工商登记的合作社有 129 家。

2. 合作社的注册资金和社员出资情况

从被调查合作社平均工商注册资金来看,平均工商注册资本为 37.88 万元,最少 0.3 万元,最多 1000 万元,5 万元以下占 20.9%,5 万~10 万元占 15.3%,10 万~25 万元占 17.2%,25 万~50 万元占 23.0%,50 万元以上占 23.7%,具体见图 5。

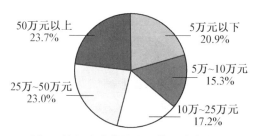

图 5　被调查合作社注册资金分布情况

从被调查合作社成员平均总出资额来看,成员平均总出资额为 60.05 万元,最少 0.3 万元,最多 1000 万元,5 万元以下占 20.0%,5 万~10 万元占 14.4%,10 万~25 万元占 18.8%,25 万~50 万元占 23.5%,50 万元占 23.3%,具体见图 6。

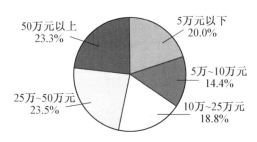

图 6　被调查合作社成员平均出资额分布情况

从被调查合作社第一大出资成员占总出资的比重来看,最小为 0.14%,最大为 100%,平均 29.4%,第一大出资成员占总出资的比重 10% 以下占 7.0%,比重 10%~18% 占 18.0%,比重 18%~20% 占 41.0%,比重 20%~30% 占 9.0%,比重 30% 以上占 25.0%,具体见图 7。

中国农民专业合作社调查

308

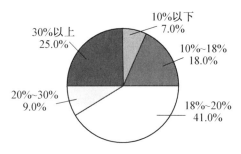

图 7　被调查合作社第一大成员出资额比重分布情况

从被调查合作社农民成员出资占总出资的比重来看,最小的为 0.2%,最大 100.0%,平均 72.3%,农民成员出资占总出资的比重 25% 以下占 11.7%,比重 25%～50% 占 9.4%,比重 50%～75% 占 16.5%,比重 75%～85% 占 25.4%,比重 85% 以上占 37.0%,具体见图 8。

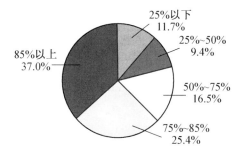

图 8　被调查合作社农民社员出资比重情况

3. 合作社的社员数量及分布情况

从被调查合作社社员数量来看,最少为 3 名,最多 43600 名,平均 247 名,10 名以下占 19.1%,10～40 名占 18.1%,40～100 名占 15.1%,100～150 名占 26.6%,150 名以上占 21.1%,具体见图 9。农民成员最少 2 名,最多 2995 名,平均 139 名;农民成员比例最少占 1.0%,最多占 100.0%,平均

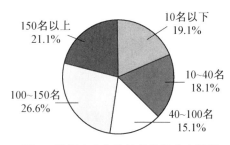

图 9　被调查合作社社员总数分布情况

占 92.8%。企事业成员最多 99 名,平均 2 名,企事业成员比例最少为零,最多 80.0%,平均 4.9%。

　　从被调查合作社社员分布来看,27.0%的社员来自同一个村,28.9%跨村,37.3%跨乡(镇),6.8%跨县,具体见图 10。

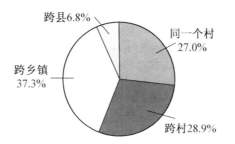

图 10　被调查合作社社员地区分布情况

　　4. 合作社建立的依托单位和成立目的

　　从被调查合作社建立的依托单位来看,主要依托生产大户的占 34.3%,贩销大户的占 6.7%,龙头企业的占 13.2%,供销社的占 36.0%,农技部门的占 4.2%,其他组织的占 5.6%,具体见图 11。

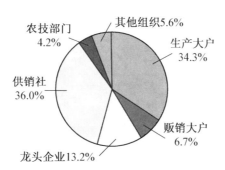

图 11　被调查合作社建立依托组织情况

　　从被调查合作社成立的目的来看,主要为解决农资采购问题的占了 39.6%,为解决生产技术问题的占了 69.8%,为解决产品销售问题的占了 90.8%,为解决产品保鲜问题的占了 19.9%,为解决加工问题的占 28.6%,其他的成立目的有产品信息、产业化,扶持村经济发展,解决种苗问题,联结政府和农民,饲料、防疫药物,新农村建设,渔民转产等,占 7.0%,具体见图 12。

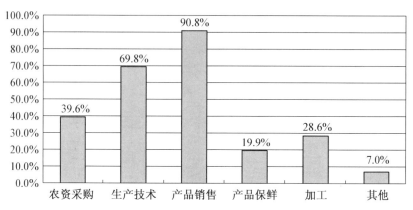

图 12　被调查合作社成立的主要目的分布情况

（二）被调查合作社的组织和管理情况

从被调查合作社组织结构设置来看,成立了理事会的占 89.4%,成立了监事会的占 80.8%,成立了社员代表大会的占 76.4%,没有的占 3.7%,具体见图 13。

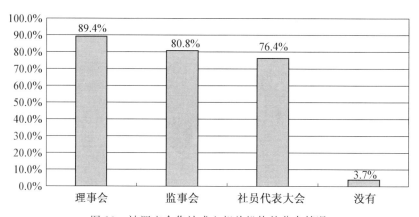

图 13　被调查合作社成立相关机构的分布情况

从被调查合作社决策表决方式来看,社员大会、理事会和监事会实行一人一票表决方式的占 65.0%,一股一票的占 14.3%,一人一票,出资和交易额大的成员有附加表决权,但不超过总投票数的 20% 的占 20.7%,具体见图 14。

从被调查合作社社员代表大会每年召开次数来看,平均召开 2.0 次,最多召开 23 次,最少 0 次;理事会会议每年平均召开 3.5 次,最多召开 56 次,最少 0 次;监事会会议每年平均召开 2.8 次,最多召开 56 次,最少 0 次。被

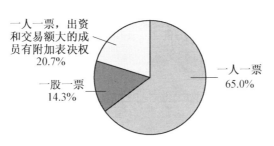

图 14 被调查合作社决策表决方式分布情况

调查合作社每次会议没有会议记录的占 11.1%,有时有会议记录的占 30.9%,每次有会议记录的占 58.0%,具体见图 15。

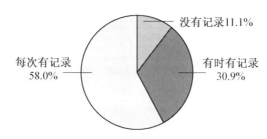

图 15 被调查合作社会议记录情况

从被调查合作社产品交易记录等来看,有社员产品交易记录的占 80.7%,有严格的财务管理规章制度的占 92.5%,有完整会计记录的占 90.3%,定期向全体社员公开财务和营运情况的占 87.8%,具体见图 16。

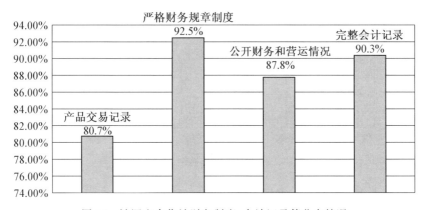

图 16 被调查合作社财务制度、会计记录等分布情况

从被调查合作社社长及理事会成员的更换来看,自合作社成立后有更换过社长及理事会成员的占 24.6%,有规定明确的更换程序的占 74.9%。

至于更换原因,经营与管理能力差的占10.1%,自动辞职的占9.1%,岗位调动的占60.6%,其他原因的占18.2%,以权谋私的占2.0%,具体见图17。

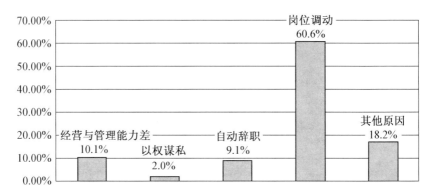

图17 被调查合作社更换社长和理事会成员的原因分布情况

（三）被调查合作社的生产经营情况

从被调查合作社提供的服务来看,供种供苗服务的占59.4%,农资采购服务的占56.0%,技术与培训服务的占88.5%,产品包装服务的占47.0%,产品销售服务的占90.1%,产品加工服务的占38.2%,其他服务的占13.9%,具体见图18。

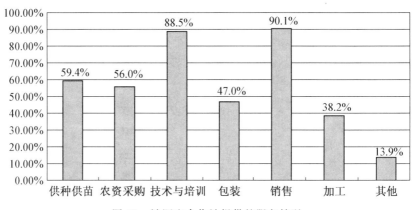

图18 被调查合作社提供的服务情况

从被调查合作社配备的专职工作人员来看,有专职工作人员的占79.4%,还有20.6%没有专职工作人员,合作社有自己专门办公场所的占了90.6%,有专门为社员服务设施(如冷库等)的只占了55.1%,有合作社自己的注册商标的只占了64.5%。

从被调查合作社的品牌建设来看,有国家级名牌产品的占了3.6%,有省级名牌产品的占12.2%,有地市级名牌产品的占23.9%,没有名牌产品的占了60.3%,具体见图19。

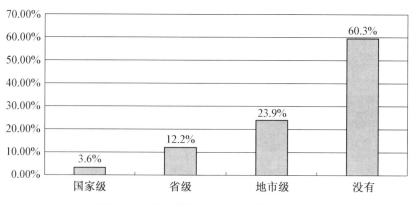

图19 被调查合作社拥有品牌产品的情况

从被调查合作社产品认证来看,通过无公害绿色认证的占了39.9%,通过绿色食品认证的占了24.1%,通过有机食品认证的占了11.3%,没有任何绿色认证的占了44.6%,具体见图20。

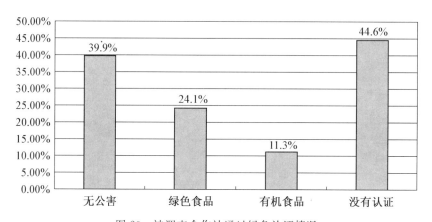

图20 被调查合作社通过绿色认证情况

从被调查合作社销售渠道来看,通过批发市场销售产品的占48.5%,通过超市销售的占24.8%,通过外地客商上门收购的占56.2%,直接销售给消费者的占47.3%,直接销售给龙头企业的占26.4%。其他渠道的占了7.2%,具体见图21。

从被调查合作社销售社员产品方式来看,被调查合作社以提供客户信息,社员自销方式帮助销售社员产品的占了42.8%,代理销售,收取一定的

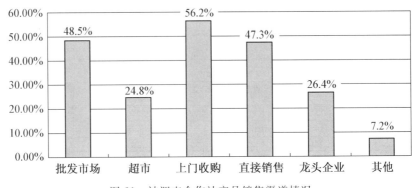

图 21　被调查合作社产品销售渠道情况

手续费的占 29.3%,通过合同收购销售的占了 53.8%,其他形式的占 14.4%,具体见图 22。

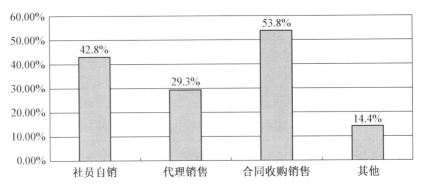

图 22　被调查合作社产品销售方式情况

（四）被调查合作社社员的入退社制度与分配制度

被调查合作社自成立以后,有社员退社的占 14.8%,退社人数最少 1 人,最多 1088 名,平均 18 名,60% 的退社社员是看到合作社好处不大,自己要求退社,其余 40% 是由于违反合作社规定,被开除。

从被调查合作社新成员吸收情况来看,有吸收新的社员的占 61.3%,新吸收社员最少 1 名,最多 2000 名,平均 96 人,5 名以下的占 26.0%,5~10 名的占 9.1%,10~25 名的占 10.9%,25~50 名的占 13.6%,50~100 名的占 19.2%,100 名以上的占 21.1%。具体见图 23。其中 89.8% 新吸收社员是看到合作社有好处,主动要求入社,其余 10.2% 是通过动员入社的。

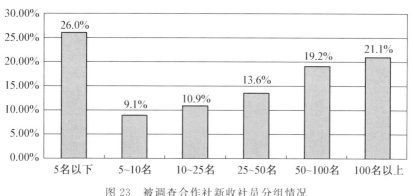

图 23　被调查合作社新收社员分组情况

从被调查合作社入退社决定机制来看,对想参加合作社的人员有相关条件要求的合作社占被调查合作社的 84.5%,社员退社或入社决定是社员代表大会说了算的占 48.8%,理事会决定的占 43.7%,社长决定的占7.4%,具体见图 24。

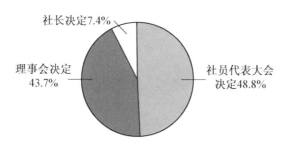

图 24　被调查合作社入社或退社决定机制情况

从被调查合作社近年来的盈余情况看,有盈余的占了被调查合作社的72.1%,盈余按股分配比例最多 100%,最少零,平均 39.2%,按股分配 20%以下的占 41.4%,20%～40%的占 24.9%,40%～60%的占 13.3%,60%～80%的占 4.8%,80%以上的占 15.7%。盈余按交易量返回比例最多100%,最少零,平均 40.8%,20%以下的占 31.3%,20%～40%的占20.2%,40%～60%的占 30.5%,60%～80%的占 10.3%,80%以上的占7.7%;合作社的积累比例最多 100%,最少零,平均 23.7%,20%以下的占61.3%,20%～40%的占 23.0%,40%～60%的占 10.8%,60%～80%的占1.8%,80%以上的占 3.2%,具体见图 25。

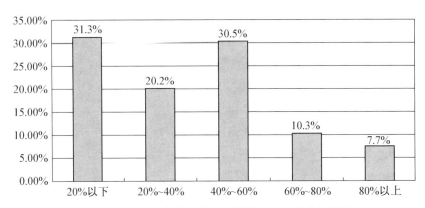

图 25　被调查合作社盈余按交易量返还比例分组情况

（五）被调查合作社的资金借贷及资金来源情况

被调查合作社运行过程中有资金借贷需求的占 70.2%,其中借贷资金主要用于购买生产资料等流动资金投入的占 63.3%,用于购买设备等固定资产投入的占 36.7%。

从被调查合作社资金借贷来源来看,通过民间借贷的占 24.2%,信用社贷款 39.6%,商业银行贷款 6.1%,其他渠道 30.1%,具体见图 26。

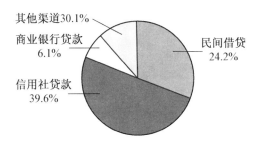

图 26　被调查合作社资金借贷渠道分布情况

当问到从商业银行或信用社获得贷款是否困难的问题时,被调查合作社认为不困难的占了 19.2%,比较困难的占了 52.5%,很困难的占了 28.3%,具体见图 27。

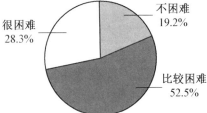

图 27　被调查合作社贷款难度分布情况

（六）目前影响合作社发展的主要因素

从调查情况看，目前影响合作社发展的因素很多，见表1。首要因素是合作社社长的能力，其次是政府的支持，再次是资金问题。此外，核心社员能力、品牌建设、农民思想认识及用地等因素也影响了合作社的发展。

表1　影响合作社发展的主要因素　　　　　　　　　　单位：%

影响因素	影响程度				
	没有影响	有点影响	较大影响	影响大	影响很大
社长能力	25.4	13.5	21.5	19.3	20.3
核心社员能力	22.1	18.0	28.3	20.4	11.3
一般成员能力	20.2	47.1	21.2	8.6	2.9
经营规模	19.5	38.6	24.3	13.5	4.1
生产技术	18.7	25.4	26.8	17.5	11.7
用地	24.5	26.2	25.5	14.1	9.7
资金	11.7	26.1	30.4	16.3	15.6
设施	17.2	35.8	25.4	16.2	5.3
销售渠道	19.3	23.4	26.8	21.2	9.8
品牌建设	18.9	23.5	27.2	20.4	10.0
产业基础	20.7	29.5	26.1	16.8	6.8
农业基础	17.3	35.1	24.8	14.9	7.9
同行竞争	17.8	33.3	23.8	17.0	8.0
政府支持	14.7	21.3	22.9	21.7	19.3
与村组织关系	36.9	28.9	15.4	12.0	6.7
农民思想认识	18.0	38.6	22.8	10.7	10.1

（七）对自己合作社发展的满意度评价

从调查情况看，约有50.0%的合作社社长对自己合作社发展总体情况是满意的，但有不少合作社社长对自己合作社的赢利能力、市场知名度和提高社员收入方面不满意，见表2。

表2　被调查合作社社长对自己合作社发展的满意度评价　　　单位：%

合作社发展情况	满意度评价				
	很不满意	不满意	基本满意	满意	很满意
为社员服务	1.2	3.7	40.0	45.1	10.0
社员凝聚力	1.4	8.4	41.0	40.3	8.9
市场知名度	1.0	17.3	37.5	35.2	9.0

合作社发展情况	满意度评价				
	很不满意	不满意	基本满意	满意	很满意
提高社员收入	1.6	14.3	40.6	36.6	6.8
赢利能力	2.1	22.3	45.3	25.8	4.5
带动产业	0.7	8.9	40.6	38.0	11.9
社会影响力	1.6	9.3	36.8	39.6	12.6
总体发展评价	0.5	7.1	39.1	43.5	9.9

（八）被调查合作社社长对合作社联合和发展前景的看法

从被调查合作社社长对联合和发展前景的看法来看，认为本地合作社将来有必要联合起来的占74.2%，没有必要的占25.8%。被调查合作社社长对自己合作社未来发展前景很不看好的占0.2%，不太看好的占4.0%，很难预料的占20.8%，看好的占60.7%，很看好的占14.3%，具体见图28。

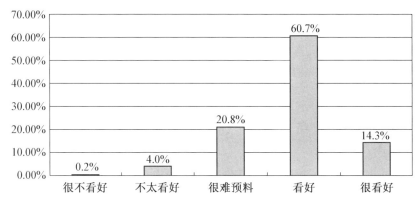

图28　被调查合作社社长对自己合作社发展前景的看法

（九）对《中华人民共和国农民专业合作社法》的评价和政府的希望

当问到是否知道2007年7月1日正式实施的《中华人民共和国农民专业合作社法》内容这一问题时，被调查合作社社长回答不知道的占了2.1%，有点知道的占22.4%，知道的占75.5%。在知道的这部分被调查合作社社长中，认为这部法律对促进合作社发展没有作用的占2.2%，有点作用的占18.9%，较大作用的占44.4%，很大作用的占34.5%。这个结果表明，尽管《中华人民共和国农民专业合作社法》已经正式实施两年多了，但还有不少社长对其内容了解不够。不过从对之了解的合作社社长来看，这部法的作用还是很大的。

从被调查合作社获得政府相关支持来看，当问到是否得到过政府相关支持这一问题时(可多选),被调查合作社社长回答获得过政府相关支持的占了84.2%,没有获得过相关支持的占了15.8%。对获得过支持的合作社,从获得支持的方面来看,办社指导方面的占了59.4%,资金贷款方面的占了41.9%,技术培训方面的占了70.0%,产品促销方面的占了32.9%,品牌建设方面的占了42.7%,设施投入方面的占了48.4%,其他相关支持占了5.8%,具体见图29。

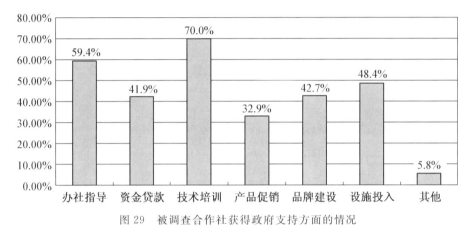

图29 被调查合作社获得政府支持方面的情况

从被调查合作社需要政府支持情况来看,当问到"您认为政府应该在哪些方面对合作社有更大的支持"这一问题时(可多选),占77.2%的社长认为应该在资金贷款方面给予支持,占68.7%的社长认为应该在设施投入方面给予支持。具体见图30。

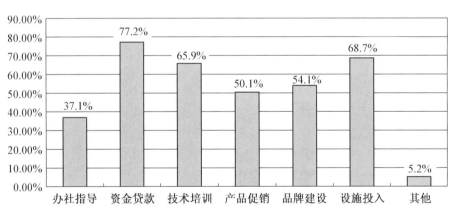

图30 被调查合作社社长期望政府支持方面的情况

以上两个问题调查结果表明,技术培训和办社指导是合作社获得政府支持最多的两项支持,而被调查合作社认为最应该获得政府支持的两项是资金贷款和设施投入,其中资金贷款的需求最大。

三、主要结论和政策建议

(一)从合作社的成立和工商登记情况来看,我国农民专业合作社注册资本普遍不高,从合作社股金结构来看,一股独大的现象还存在,有待于进一步规范。

(二)从合作社的社员数量和分布情况来看,我国农民专业合作社平均社员数量还不多,同时社员主要以本乡镇为主,跨县和跨省的合作社很少。

(三)从合作社成立目的和组建依托单位来看,合作社成立的主要目的是为了解决产品销售和技术问题,专业大户、供销社和龙头企业等组织是组建合作社的重要依托单位,在办合作社的过程中要充分调动这些组织办合作社的积极性。

(四)从合作社的组织和管理情况来看,目前多数合作社已经成立的相关机构,实行一人一票的表决方式,但合作社召开社员代表大会、理事会、监事会的次数不多,有的甚至没有召开过,成立的机构无作为。多数合作社有会议记录、产品交易记录、财务管理规章制度和完整会计资料,且有明确的更换社长及理事长的程序,但是部分合作社的规章制度还需进一步完善。

(五)从合作社生产经营情况来看,目前不少合作社有专职的工作人员,有专门的办公场所,有专门的服务设施,拥有注册商标、名牌产品、绿色产品认证,但仍有很大比例的合作社在这方面的建设非常滞后,有的连办公场所也没有,从而影响了合作社正常工作的开展。从合作社销售产品的渠道看,主要还是以批发市场销售为主,从销售方式来看,社员自销是主要销售方式。因此,在今后的发展过程中,要重视合作社办公场所和服务设施的建设,提高合作社服务社员的能力,同时要鼓励合作社创建自己的商标、品牌和参与绿色认证,提高合作社产品的市场知名度和市场竞争力。

(六)从目前制约合作社发展的因素来看,最主要的因素是合作社社长素质偏低,难以适应合作社进一步发展的需要。从调查情况看,合作社社长普遍文化水平不高,而且年龄偏大,已难以适应合作社进一步做大做强的需要。为此,一方面要重视对现有合作社社长的培训以提高其素质,另一方面要鼓励和支持有文化、有志从事合作社事业的年轻人到合作社工作与发展。其次是资金问题。从调查情况看,有近七成的合作社有资金借贷需求,主要是流动资金的借贷,但合作社从商业银行或信用社获得贷款的难度很大。为此,要重视解决合作社融资难的问题。

（七）从合作社社长对合作社联合的看法来看，大多数合作社社长认为本地合作社有必要联合起来，这表明大多数合作社已经意识到合作社联合的必要性，为此需要在下一步工作中把合作社的联合问题，作为一个重要工作内容来抓。

（八）从合作社已经获得的政府支持和期望的支持来看，还是有差异的。从调查情况看，技术培训和办社指导是目前合作社获得政府支持最多的两个方面，而被调查合作社最希望政府在资金贷款和设施投入方面的支持。为此，作为政府，除了继续做好技术培训和办社指导等相关服务外，还要重视对合作社资金和设施方面的投入支持。

社员问卷调查报告

■ 文/郭红东　何金广

一、调查的基本情况

《中华人民共和国农民专业合作社法》2007年7月1日正式施行,标志着我国农民专业合作社的市场主体地位得到了确认,专业合作社的生存与发展得到了很好的契机,进入了一个新的发展阶段。农民专业合作社的发展离不开广大社员的参与和支持,为了了解目前参与农民专业合作社社员的基本情况、参与动机及其对合作社发展的评价和看法,我们课题组先后于2009年7～9月和2010年1～2月组织浙江大学部分研究生和本科生,选择了全国部分农民专业合作社社员进行了专门调查。本次调查活动采取入户调查的方式,每个合作社选择2个社员进行调查,共调查了全国50家农民专业合作社的社员,其中浙江28家,山东6家,河南、湖南、广东各3家,安徽、四川各2家,福建、黑龙江、甘肃各1家,加上以前已做过的社员调查,共得到有效问卷314份。

二、调查结果分析

（一）被调查合作社社员的基本情况

1. 被调查社员的年龄、性别和文化程度情况

从被调查合作社的社员年龄来看,被调查的社员平均年龄为47.23岁,其中社员年龄最小23岁,最大72岁,大多集中在41岁以上,占被调查社员的78.7%,其中41～50岁的社员占47.1%,51～60岁的占24.2%,60岁以上的占7.4%,具体见图1。

从被调查合作社社员性别来看,绝大部分为男性,所占比例为87.2%,女性仅占12.8%。

从被调查合作社社员的文化程度来看,大多为初中文化程度,占被调查人数的42.3%,而高中以上学历的仅占被调查人数的5.8%,具体见图2。

从以上几个调查问题可知,参与的合作社社员年龄普遍偏大,大多为男

性,且文化程度相对较低。

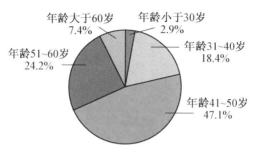

图 1　被调查社员年龄分布情况

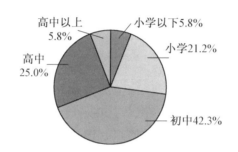

图 2　被调查社员文化程度

2. 被调查社员在当地的生产经营情况和收入水平情况

从被调查社员种植(或养殖)规模在当地的水平来看,49.8%的被调查社员认为自己家庭在当地属于中等经营规模水平,20.4%的认为自己家庭在当地属于比较大的经营规模水平,而只有 6.8%的认为自己家庭在当地属于很大经营规模水平,而认为自己家庭在当地属于较小、很小经营规模的也分别占 16.2%、6.8%,具体见图 3。

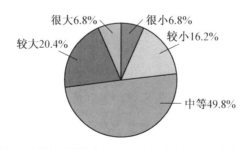

图 3　被调查社员家庭在当地的生产经营规模情况

从被调查社员家庭通过种植(或养殖)合作社经营的产品收入占全家年总收入的比例来看,回答占年收入 20%以下的被调查社员约占 11.0%,

回答占年收入 20％～40％的约占 10.5％，回答占年收入 40％～60％的约占 30.9％，回答占年收入 60％～80％的约占 27.7％，回答占年收入 80％以上的只占了 19.9％，具体见图 4。

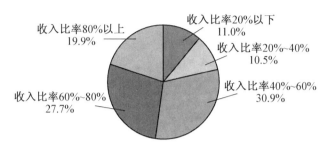

图 4　被调查社员在合作社经营产品的收入占全家年总收入的比例分布情况

从被调查社员在当地的收入水平看，56.4％的被调查社员认为自己家庭在当地属于中等收入水平，28.4％的认为自己家庭在当地属于比较高收入水平，只有 0.7％的认为自己家庭收入在当地属于很低水平，具体见图 5。

从以上几个调查问题可知，被调查合作社社员的家庭生产经营规模主要以中等规模以上的农户为主，而小规模经营农户则不多；从被调查社员通过合作社经营收入占家庭收入比例来看，还不高；从被调查社员在当地的收入水平来看，偏重于中等以上。

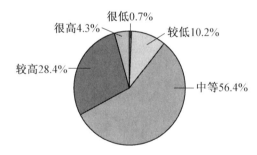

图 5　被调查社员在当地的收入水平分布情况

3. 被调查社员对合作社相关知识的了解情况

当问到"是否了解合作社运作方面的知识"问题时，5.8％的被调查社员回答不了解，22.8％的回答有点了解，32.1％的回答基本了解，26.3％的回答了解，只有 13.1％的回答很了解，具体见图 6。

当问到"是否了解我国在 2007 年 7 月 1 日正式实施的《中华人民共和国农民专业合作社法》"问题时，20.9％的被调查社员回答不了解，30.3％的回答有

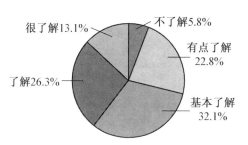

图 6 被调查社员对合作社运作方面知识的了解情况

点了解,19.9%的回答基本了解,22.9%的回答了解,只有 6.0%的回答很了解,具体见图 7。

从以上几个调查问题可知,社员对合作社运作的了解比《中华人民共和国农民专业合作社法》的了解更多,但多数是基本了解和有点了解,了解和很了解的人数相对较少。

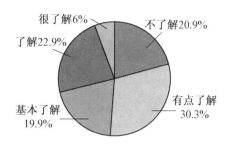

图7 被调查社员对《中华人民共和国农民专业合作社法》的了解情况

（二）被调查合作社社员参加合作社的情况

从社员的入社时间看,平均入社时间为 3.3 年,其中入社 2 年的占24.2%,入社 3 年的占 22.5%,入社 4 年和 5 年的都占 8.8%,具体见图 8。从调查结果看,入社时间较短,其中入社 7 年以上的占总调查人数的 7.2%,最长的为 22 年。

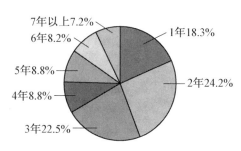

图 8 被调查社员入社时间情况

从被调查社员是否缴纳股金的调查结果看,68.8%的被调查社员缴纳了股金。其中股金缴纳最低 15 元,最高缴纳股金 30 万元,缴纳股金 1000 元以下的占被调查社员的 37.3%,缴纳股金 1000～5000 元的占被调查社员的 24.6%,缴纳股金 5000～10000 元的占被调查社员的 10.6%,缴纳股金 10000～50000 元的占被调查社员的 17.6%,缴纳股金 50000 元以上的占被调查社员的 9.9%,具体见图 9。从以上调查结果看,股金缴纳额参差不齐,多数集中在 5000 元以下。

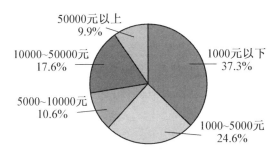

图 9　被调查社员缴纳股金分布情况

至于被调查参与社员缴纳股金占总股金的比例,调查结果显示,2% 以下的占了 51.2%,2%～5% 的占了 15.2%,5%～10% 的占了 20.0%,10%～15% 的占了 8.8%,15% 以上的占了 4.8%,其中最高比例为 40%,被调查社员缴纳股金占总股金的比例大部分低于 2%,具体见图 10。

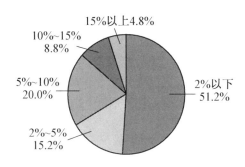

图 10　被调查社员缴纳股金占
总股金比例的分布情况

从被调查社员参与合作社的途径看,30.9% 的被调查者回答是在合作社动员下参加的,13.1% 的回答是政府动员下参加的,49.0% 的回答是看到了好处后自己要求参加的,另有 7.0% 的回答是通过其他途径参加合作社的,具体见图 11。

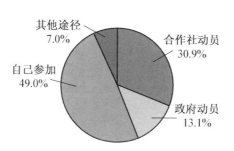

图 11　被调查社员参加合作社的途径

而对于被调查社员在合作社身份,从调查中可以看出,64.0%的社员属于普通社员,36.0%的社员属于骨干社员。

至于"参加的合作社主要是由谁发起创立的",调查显示,47.2%的被调查者回答自己所在的合作社是由产销大户发起创立的,23.1%的被调查者回答自己所在的合作社是由企业发起创立的,11.4%的被调查者回答自己所在的合作社是由供销社发起创立的,其余回答是由其他部门发起创立的,具体见图12。

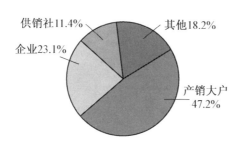

图 12　被调查社员参加的合作
社主要由谁发起创立的

由以上调查可知,大部分社员参与合作社的时间不长,大部分社员入了股金,但普遍金额不大,在合作社总股本中所占比例不高。从社员参加合作社的途径看,主要是自愿参加,从所参加的合作社的情况看,主要是产销大户发起的合作社。

(三)被调查合作社的经营管理情况

当被问及是否任何人想参加就可参加所在合作社时,56.1%的被调查社员回答是,而43.9%的被调查社员认为不是。

对于合作社社员的主要来源,被调查社员中有69.6%认为主要来自本村,23.4%回答主要来自邻村,只有7.1%的被调查社员回答主要来自其他村,具体见图13。

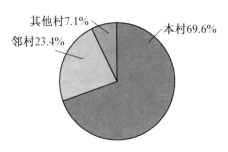

图 13　被调查社员所在合作社的社员来源情况

而从被调查社员对所在合作社其他社员熟悉程度来看,有 48.9％回答熟悉全部社员,38.9％回答熟悉部分社员,只有 12.1％认为只熟悉很少社员,具体见图 14。

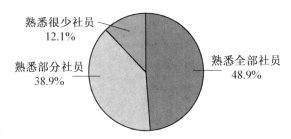

图 14　被调查社员与本社其他社员熟悉程度

当问及"社员退社或入社决定由谁说了算"时,有 47.3％的被调查社员回答由社员代表大会说了算,32.4％回答由理事会说了算,而 20.2％回答由社长或理事长说了算,具体见图 15。

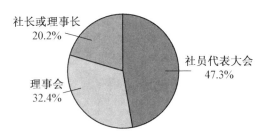

图 15　社员入、退社由谁说了算

而问到"所在合作社里的事情由谁说了算"时,被调查社员中有 44.6％回答由社员代表大会说了算,28.5％回答由社长或理事长说了算,而 26.9％回答由理事会说了算,具体见图 16。

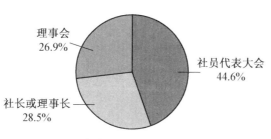

图 16　合作社里的事情由谁说了算

　　从调查中可以看到,被调查社员表达意见的方式中,有 40.2% 是通过社员代表大会,36.0% 通过理事会或理事长,只有 10.3% 通过监事会,10.6% 选择不提意见,随它去,还有 2.9% 会通过威胁退出合作社的方式来表达意见,具体见图 17。

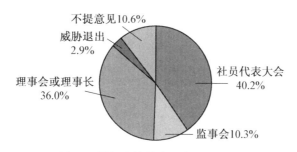

图 17　被调查社员表达意见的途径

　　当谈到对自己合作社未来发展前景的看法时,有 50.5% 的被调查社员看好,21.0% 的被调查社员很看好,只有 12.6% 不太看好或很不看好,还有 15.9% 选择很难预料,具体见图 18。

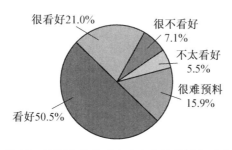

图 18　被调查社员对自己合作社前景的看法

　　而被问到"本地合作社将来有必要联合起来"时,75.4% 的社员认为有必要,只有 24.6% 的社员认为没必要。

从以上调查可以看出,被调查合作社的社员大部分来自本村;被调查社员大多熟悉其他大部分社员,且大多与社长较熟悉;社员入、退社及合作社事务大多通过社员代表大会,部分通过理事会或理事长解决;社员表达意见也大多通过社员代表大会,一部分通过理事会或理事长,较少通过监事会或其他途径。而对于自己合作社的前景,大多被调查社员还是比较看好的,对未来充满信心,只有少部分不看好或认为很难预料。另外,大部分被调查社员认为本地合作社将来有必要联合起来。

(四)被调查合作社社员对自己所在合作社的期望与实际得到的好处

当问到"您加入合作社,最期望从合作社得到哪些好处"问题时,从调查结果看,期望最强烈的是方便销售,很期望的比例为 46.2%,其次是卖好价格为 39.5%,按股分红为 31.8%,按交易量(额)返利为 30.9%,技术和培训服务为 27.2%,产品储存与加工服务为 27.1%,融资服务为 22.6%,期望最不强烈的是农资供应为 22.2%,种苗服务为 18.0%,见表1。

表1 被调查社员加入合作社期望得到的服务及期望程度　　　　　单位:%

	不期望	有点期望	比较期望	期　望	很期望
种苗服务	14.3	10.9	15.3	41.5	18.0
技术培训	3.7	7.6	15.3	46.2	27.2
农资供应	7.5	8.2	16.4	45.7	22.2
方便销售	2.3	2.7	8.7	40.1	46.2
卖好价格	0.0	3.9	14.5	42.1	39.5
储存加工	12.7	9.9	17.6	32.7	27.1
融资服务	15.8	16.5	14.3	30.8	22.6
返利	12.1	6.0	9.2	41.8	30.9
按股分红	14.9	7.3	9.0	37.0	31.8

当问到"加入合作社后,您家从合作社得到了哪些好处"问题时,对于社员实际得到好处的调查得知,卖好价格、技术和培训服务、方便销售等服务的比例最高,分别是 97.3%、85.4%、84.8%,其次是种苗服务、农资供应、按股分红、按交易量(额)返利,分别占 73.8%、73.8%、66.9%、66.8%,最低的是产品储存与加工服务为 59.7%,融资服务为 56.0% 的比例。虽然,实际得到好处的比例也相对较高,但与社员强烈的期望相比,这些服务并未满足社员的期望,其中差距最大的是融资服务和产品储存与加工服务,分别是28.2%和27.6%的差额,其次是按交易量(额)返利为 21.1%,农资供应为18.7%,按股分红为 18.2%,方便销售为 12.9%,差距最小的是卖好价格为2.7%,技术和培训服务为 10.9%,种苗服务为 11.9%,具体见表 2。

表2 参与社员期望从合作社得到服务与实际得到服务的比例及差距 单位：%

| | 期望得到服务的比例 | | 实际得到服务的比例 | | 实际得到与 |
	是	否	是	否	期望差距
种苗服务	85.7	14.3	73.8	26.2	−11.9
技术培训	96.3	3.7	85.4	14.6	−10.9
农资供应	92.5	7.5	73.8	26.2	−18.7
方便销售	97.7	2.3	84.8	15.2	−12.9
卖好价格	100.0	0	97.3	2.7	−2.7
储存加工	87.3	12.7	59.7	40.3	−27.6
融资服务	84.2	15.8	56.0	44.0	−28.2
返利	87.9	12.1	66.8	33.2	−21.1
按股分红	85.1	14.9	66.9	33.1	−18.2

对于实际得到服务的社员进行满意度调查的结果显示，社员的满意度普遍比较高，很不满意、不满意的比例极少，其中卖好价格、种苗服务、技术和培训服务、农资供应的不满意比例极低，基本满意、满意、很满意占据约95.0%的比例，尤其是卖好价格满意度最高。相比前四项服务而言，产品储存与加工服务、融资服务、按股分红、按交易量（额）返利的满意度相对较低些，其中对产品储存与加工服务的不满意的比例最高，达到17.1%，见表3。

表3 被调查社员加入合作社得到服务的满意度评价 单位：%

	很不满意	不满意	基本满意	满意	很满意
种苗服务	2.1	3.0	31.3	39.9	23.6
技术培训	3.0	2.6	29.1	38.5	26.8
农资供应	2.6	3.1	32.2	39.6	22.5
方便销售	0	6.6	25.2	36.8	31.4
卖好价格	0	0	18.3	47.9	33.8
储存加工	0.6	17.1	26.5	36.5	19.3
融资服务	1.8	13.0	34.3	35.5	15.4
返利	1.9	6.8	27.2	35.9	28.2
按股分红	1.9	8.7	21.3	40.1	28.0

当问到"您加入合作社后，您家产品生产与销售方面与没有参加合作社前相比，有了哪些变化"时，81.1%的被调查社员选择单位产量有提高，平均

提高 32.1％;69.6％的被调查社员选择单位产品成本降低,平均降低 9.5％;79.5％的被调查社员选择单位产品销售价格提高,平均提高 15.5％;85.3％的被调查社员选择收入提高平均提高 41.0％,见表 4。从以上调查可知,加入合作社后,社员的经营绩效普遍提高。

表 4 加入合作社后的社员实际绩效 单位:％

	有	否	提高或降低平均百分比
单位产量有否提高	81.1	18.9	32.1
产量有否稳定	91.4	8.6	
质量有否提高	88.4	11.6	
单位产品成本有否减低	69.6	30.4	9.5
单位产品销售价格有否提高	79.5	20.5	15.5
单位价格有否稳定	93.5	16.5	
收入有否提高	85.3	14.7	41.0

(五)被调查社员对自己所在合作社发展情况的满意度

当问到"对所在合作社目前在为社员服务、社员凝聚力、产品市场知名度、提高社员收入、合作社自身营利能力、带动当地产业发展、在当地社会影响力等方面的满意度"时,多数社员比较乐观,较满意自己合作社的发展,尤其在带动当地产业发展及在当地社会影响力方面满意率更是高达 97.40％和 98.70％,但在为社员服务、社员凝聚力、提高社员收入、合作社自身营利能力等方面的不满意率也分别达到 37.7％、46.8％、38.4％和 43.1％,见表 5。

表 5 被调查社员对自己合作社发展的满意度 单位:％

	很不满意	不满意	基本满意	满 意	很满意
为社员服务	22.7	15.0	26.7	23.7	12.0
社员凝聚力	30.3	16.5	23.2	20.2	9.8
知名度	0.6	13.3	31.8	35.3	19.1
提高收入	26.5	11.9	21.9	26.5	13.2
营利能力	30.1	13.0	25.0	20.5	11.3
带动产业	0.0	2.6	19.2	62.8	15.4
影响力	0.0	1.3	16.9	53.2	28.6

当问到"您对目前所在合作社发展情况的总体评价如何"的问题时,只有 0.6％的被调查社员回答很不满意,而不满意的占 3.5％,基本满意的占

29.4%,满意的占44.7%,很满意的占21.8%,具体见图19。可见,被调查社员对自己所在合作社发展状况总体是满意的。

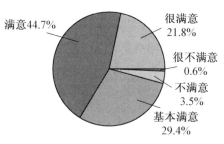

图19 被调查社员对自己所在合作社的总体满意程度

三、主要调查结论与政策建议

基于以上的调查分析,可以得出以下几点结论与政策建议:

(一)从参与合作社的社员基本情况来看,社员年龄结构偏老,文化程度不高,对合作社相关知识了解不够,应加强合作社相关知识的教育和《中华人民共和国农民专业合作社法》的宣传。从调查结果看,参与合作社社员年龄结构老化,文化程度低。同时社员对合作社运作知识,尤其是《中华人民共和国农民专业合作社法》的了解不够,这就必须加强合作社相关知识的教育和《中华人民共和国农民专业合作社法》的宣传力度,为合作社的发展扫除各种思想障碍。一方面要对各级政府分管农业的领导、农业及相关部门干部、专业合作社的负责人进行专题培训;另一方面,要通过电视、报纸等大众媒体,宣传普及合作思想、合作原则及合作社的重要作用和意义,增强农民的合作知识。

(二)从社员参与合作社情况看,普遍参与时间不长,但以自愿参与为主,参加的合作社近半数是农业大户发起的,要正确处理好合作社与大户的关系。从调查结果看,农民加入合作社的时间比较短,其加入主要是因为看到了合作社提供的各项服务。因此,合作社就要以对内服务为宗旨,对合作社社员开展技术服务与培训、信息咨询、农资供应和提供产前、产中、产后服务等,且不以赢利为目的;增强农民间的互助合作,形成利益共享、风险共担的机制,维护农民的利益,提高农民在市场活动中的谈判地位。此外,调查显示,近一半的合作社是由农业大户发起建立的,因此很有必要处理好合作社与农业大户的关系。合作组织发展初期,依靠一些农业大户的带动,是非常必要的,但应尽量避免一股独大、股权结构不合理,及内部管理少数人说了算、缺乏民主管理的现象。

（三）从社员对合作社提供服务的期望来看，社员对合作社提供服务的期望都很高。实际得到服务比例最高的是产品卖好价格、技术和培训服务、方便产品销售，期望与实际得到的服务差距最大的是产品储存加工、融资，实际得到服务满意度最高是卖好价格，最低是融资，所以，应增强专业合作社自身能力，为社员提供多元化服务。农民专业合作社以其成员为主要服务对象，提供农业生产资料的购买，农产品的销售、加工、运输、贮藏以及与农业生产经营有关的技术、信息等服务。从调查结果看，社员期望得到的服务是多元化的，但合作社实际提供的服务与其有较大的差距，尤其是产品储存与加工服务，融资服务。从社员满意度角度而言，卖好价格、种苗服务、技术培训服务、农资供应服务的满意度很高，合作社的这些传统服务项目得到了社员的认可。但是，针对社员需求的多元化，合作社在产品储存加工、融资、分红、返利等服务方面存在较大不足。合作社主要是由社会弱势群体联合而成的经济组织，一般不具备足够的经济实力，以入股的方式组建合作社，可以使合作社快速筹集起较大规模的自有资金，但是允许社员自由入社、退社，而且社员在退社时可以将股金带走，这就造成了自有资金的不稳定，一方面影响合作社的持续稳定发展，另一方面也削弱了合作社的资信能力。合作社自身缺乏资金支持，综合实力不强，这严重妨碍了合作社提供多元化的服务，尤其是对社员的融资服务。

（四）社员对合作社发展总体是满意的，前景是乐观的，社员主要通过社员代表大会发表意见，合作社发展过程中存在满足社员需求、提高社员收入、合作社赢利问题；应全面落实《中华人民共和国农民专业合作社法》，完善农民专业合作社的组织机构，加强合作社高效运作和管理。《中华人民共和国农民专业合作社法》规定，农民专业合作社的组织机构一般由权力机构、执行机构和监督机构组成。权力机构是指农民专业合作社成员大会，执行机构是指合作社的理事长或理事会，监督机构是指合作社的执行监事或监事会等。而从调查结果分析，76.2％的被调查社员通过社员代表大会或理事会或理事长表达意见，而举行社员代表大会是社员表达意见的最主要途径，应完善农民专业合作社的组织机构，尤其是完善社员代表大会制度，使社员更好地行使权利，充分表达自己的意见，落实民主管理。其次，建立和健全符合农民专业合作社要求的内部管理制度，包括财务管理制度、奖励制度等。从调查结果分析，目前社员认为存在的问题主要是满足社员需求、提高收入、合作社赢利的问题。完善内部管理制度，聘任有能力的理事长、财务会计、销售人员，以保障合作社操作运行的规范化、高效率和高效果。最后，还要充分发挥监事会和农民的监督作用，实行社务公开，促使合作社健康发展。

第 三 部 分

调查总结与对策建议

调查总结与对策建议

一、中国农民专业合作社的发展现状和主要作用

（一）发展现状

从调查案例看，经过几年来的探索和实践，我国农民专业合作社发展已取得了一定的成效，为进一步发展奠定了现实基础：

一是涉及产业日趋广泛。从产业覆盖看，农民专业合作社已涉及农业各个产业，虽然目前大部分合作社主要集中在种植业和养殖业等第一产业，但已经开始向农产品初加工、民俗旅游等第二、第三产业拓展。

二是合作内容不断丰富。从合作内容看，已从简单的生产合作逐步向生产、流通、加工等产业化方向发展，不少合作社实行了加工销售一体化服务，有的合作社创办了加工实体，有的合作社开展了成员内部资金互助活动。

三是合作区域不断扩大。从合作区域看，跨乡镇甚至跨县（市）、区组成的农民专业合作社不断增多，生产基地也逐步辐射到县外、省外。

（二）主要作用

从被调查合作社的实践看，农民专业合作社在以下几方面发挥了较大的作用：

1. 提高了农民进入市场的组织化程度，改变了农民在市场交易过程中的"弱势"地位

从被调查合作社的实践看，通过发展农民专业合作社，形成了"市场＋农民专业合作社＋农户"、"市场＋农民专业合作社＋企业＋农户"和"市场＋企业＋农民专业合作社＋农户"多种类型的农业产业化经营模式，改变了原先"市场＋公司（购销大户）＋农户"产业化经营模式中，公司（购销大户）与农户利益关联性不强，农户地位弱的状况，真正把农业的生产、加工与市场销售等几个环节紧密联系起来，农户不仅可获得生产环节的收入，而且还分享营销环节的利润，体现了农业产业化的本质要求。

2. 为农民提供产前、产中、产后服务，形成了新的农业生产社会化服务体系

从被调查合作社的实践看，农民专业合作社，以其自身特有的民办性、

合作性和专业性等优势,为社员提供产前、产中、产后的全程服务,解决了社区集体经济组织"统"不起来,国家经济技术部门包揽不了,农民单家独户办不了的问题,形成了多方结合、优势互补、功能较全的服务机制,推动了农业社会化服务体系的建设。如河南延津县贡参果蔬专业合作社通过上联农技服务部门、科研单位、企业与政府,下联农户,实行"五统一",即统一产品质量标准、统一生产技术规程、统一农资物品供应、统一品牌包装、统一市场销售,实现了从田头到市场的规范化操作和管理,解决了农户产前、产中与产后遇到的问题,创新了农业社会化生产服务体系。又如义乌市义红果蔗专业合作社建立研究所,研究果蔗保鲜技术。

3. 增加了农民收入,促进了农民走共同富裕的道路

从调研案例看,各种农民专业合作社增加农民收入主要有以下四个途径:一是通过向社员提供新技术、新品种,提高农产品的产量和品质,增强市场竞争能力,达到优质高价;二是通过为社员提供购销信息、生产资料等服务,降低农民进入市场的交易成本和生产成本;三是通过兴办经济实体,从事农产品的加工和销售业务,从而将农产品加工或销售增值的部分利润返还给社员;四是利用成员间的辐射和示范效应,带动周边农户共同致富。此外,为了保障农民收入的稳定增加,多数农民专业合作社还建立了比较完善的利益分配制度和风险保障机制。

4. 促进了政府职能的转变,提高了政府管理的效率

在我国加入 WTO 后,如何转变政府职能,提高政府管理效率,实现与 WTO 规则接轨,理顺政府与社会、政府与农业生产者的关系,对农业进行更有效的支持、调控与引导,是迫切需要解决的问题。从调研案例看,围绕某一农产品,依托某个载体,建立各种不同类型的农民专业合作社,发挥其在市场准入、信息服务、技术推广、标准制订、规范经营行为、调解利益纠纷、协调政府关系等方面的功能,对于转变政府职能具有特别重要的意义。因为各种不同类型的农民专业合作社产生于农民,服务于农民,运作在农民中间,最了解农民,也最易被农民所了解。通过培育和发展农民专业合作社,进而形成"政府—合作社—农民"新的农业调控体系。利用农民专业合作社与农民的这一"特殊"关系,宣传政府对农业、农村、农民的一系列政策、法规,完成各级政府交给的工作和任务,配合政府在农村中的各项中心工作而开展工作,并向政府和主管部门反映农民的愿望、困难和有关情况,为政府及有关部门决策提供参考,有助于提高政府管理的效率,增进政府与农村、农民之间的了解,密切党群、干群关系。如浙江省临海市上盘西兰花专业合作社针对日本增加我国农产品进口限制的情况,制定了生产技术规程、质量

安全管理守则,加强农产品质量管理,对合作社社员购买和使用农药实行"二定三记录",即定农药使用品种、定农药购买地点,由营业员填写购货记录,社员填写使用记录,合作社保存记录档案。对生产实行"两监管一检测",即配备16名专职植保员监管、在81个作业区实行社员互相监管,配备农残速测仪在收购前进行检测。2003年下半年以来,合作社出口到日本等国的西兰花批批顺利通过"技术壁垒",产品供不应求。

二、中国农民专业合作社发展的典型模式

从本次调查的农民专业合作社发展情况看,按照农民在专业合作社发展过程中的地位和作用不同,我国农民专业合作社发展模式主要可分为以农民为主导和非农民为主导的两大类发展模式。

（一）以农民为主导的发展模式

以农民为主导的发展模式,是指在农民专业合作社的发展过程中,农民是主要的发起人和创办人,在组织的创建过程中起主要作用。具体地说,主要有以下几种:

1. 农村能人依托型

这主要是由农村能人(如生产大户、销售大户)利用他们的技术或销售渠道,牵头兴办、农户参与的发展模式。这种发展模式大都是在"能人"效应下成长起来的,在组建和运行过程具有较强的自发性和独立性,但这种发展模式下成长起来的合作社一般运行比较不规范,规模也比较小,组织的实际运作往往由能人一手包办,一些组织甚至连章程也没有,主要依靠能人的个人权威来维系组织与成员之间的关系,而且组织的产权往往比较模糊,能人个人的财产与合作组织的公共财产所属不清。这类模式的发展,很大程度上取决于具有"菩萨心肠、商人头脑"的合作社企业家性质的农村能人。从这次调查情况看,依托农村专业大户、经营能人,利用其生产、经营、购销等优势组建的合作社是很重要的一类发展模式。目前领办农民专业合作社的农村能人主要来自以下几类人员: ① 通过非农领域(即务工经商)起家,又返转回来投资农业的;② 长期从事农业生产经营,并已达到一定规模的;③ 长期从事涉农服务,拥有农业技术特长的;④ 虽无资本、技术、规模等优势,但长期在乡村拥有传统权威或组织资源的;⑤ 长期在供销社工作的;等等。

2. 村社区集体经济组织依托型

这主要是由村社区集体经济组织围绕当地的主导产业,把一部分专业农户组织起来,开展服务,促进主导产业进一步发展的一种发展模式。在我

国农村大部分地区,由于基本上还处于依靠家庭,利用血缘、地域、邻里等初级关系来完成相互之间的合作的阶段,缺乏与陌生人或外部组织的合作意识。村社区集体经济组织尽管总体上存在服务功能不强、积累功能弱化、封闭性等问题,但并不能否认它在发展农民专业合作社发展中的有利条件,因为这种组织在目前我国农村中具有许多别的组织和部门所不能替代的作用。如农村土地集体所有的性质,决定了社区集体经济组织作为集体土地的所有者主体和集体土地的管理者,有其不可替代的作用;社区集体经济组织作为其他集体财产的所有者代表是不可替代的;社区集体经济组织作为社区内公共产品的主要提供者,其作用不可替代;社区集体经济组织作为国家基层政权机构的延伸和补充,对沟通政府与农民的关系,其作用不可替代;同时作为社区集体经济组织实际权利控制者的村支部和村委会班子人员,一般是由本村农民选出来的农村能人组成,这些人一般是当地的精英分子,不仅在当地有较高的威望,容易调动当地的各种资源,而且他们往往又上通政府部门,可以争取到政府的资源来发展本村经济,在当地他们的作用是一般人所不能替代的。

从本次调查情况看,相当数量的合作社是以这种模式发展。但从已有的实践来看,社区集体经济组织与专业合作社发展并不矛盾,还是可资利用的经济组织资源,是发展专业合作社的一种重要组织依托。这种发展模式一般出现在"一村一品"发展较好的地区。但在这种发展模式中,合作社的产权往往比较不清楚,村集体经济组织与专业合作社之间以及村委会班子与合作社班子之间,如关系处理不好,容易造成矛盾,不利于专业合作社发展。

(二)非农民为主导的发展模式

非农民为主导的发展模式,是指在农民专业合作社创建过程中,农民起配角作用,主要由非农民组织发起的发展模式。这种发展模式目前主要有以下几种典型发展形式:

1. 基层农技部门依托型

它是指在当地农技服务站等涉农服务部门的牵头下组建专业合作社的发展模式。这些服务部门利用其人才、技术、场地、信息和设备的优势,吸收有关部门和农民参与组建专业合作社。农技部门领办专业合作社一般有以下几个特点:① 主要围绕当地的主导产业;② 自己的技术及服务优势,吸引农户加入;③ 形式多样,既有专业技术协会性质,也有专业合作社性质;④ 以农民自愿为基础,对加入的农户有一定的限定条件,只有那些提出加入申请又符合条件的农民或相关行业人员方被吸收为成员;理事会由成员选举产生,其中,农民理事占据相当比重。在这类组织中其骨干与核心工作人员往往是农技部门所选派的,如果运行不当,有可能使专业合作社最终演变成为这些农技部门的附属机构或向外获得政策资源的"帽子"。

从本次调查的案例来看,农技部门利用自己信息、技术及设施的优势发展农民专业合作社,能形成一种多方共赢的结果。对农技部门来说,不仅使自己的生存和发展有了保证,而且推动了当地农业主导产业的发展,提高了农民的收入,在农民中重新获得了自己的地位;对政府部门来说,发展农业有了新的组织载体,对解决"三农"问题大有帮助;对农民来说,技术可以得到指导,产品可以得到销售,大大降低了生产的后顾之忧。

2. 供销社依托型

它是指依托供销社的人员、机构、固定资产或设施而组建专业合作社的发展模式。由于有供销社庞大的机构和物质基础做后盾,以它为依托而建立起来的专业合作社,一般比较稳固。供销社依托型组织具体又可分为挂靠型和一体型两种。挂靠型指供销社在组建和运行时只起指导和牵头作用,供销社委托有关人员筹建专业合作社或在理事会中任职,并且利用其所拥有的机构或设施为社员提供服务,但彼此在财产方面保持相对独立性。多数以供销社为依托单位的专业合作社都属于这种类型。一体型指供销社以入股形式加入专业合作社,同社员结为利益共同体。从本次调研案例看,依托基层供销部门,利用其场地、经营等优势组建合作社是一种很重要的发展模式。

从全国的实践看,这类发展模式有很大的发展潜力。这是因为供销社本身就是农民自我服务的合作经济组织,服务"三农"是供销社的宗旨,"三农"是供销社生存与发展的基础,发展农民合作社是其题中之意。特别是,在目前供销社本身体制改革基本完成的情况下,供销社保留了一大块优质资产,有为农服务的经营设施,有经营、管理的人才优势,有经营渠道的优势,供销社有基础、有能力、有实力在创办专业合作社、参与农业产业化经营中发挥自己的作用。

但从全国的实践来看,供销社参与领办农民专业合作社,首先,必须明晰产权,实行民主管理,实现机制创新。产权清晰和民主管理是专业合作社发展的基础。供销社提供的场地、房屋、设施和资金应以参股的形式注入其中,使专业合作社产权清晰;供销社与专业合作社财务要分开,各自单独核算。在创办过程中,要始终坚持"以农民为主体"这一指导思想,在理事会、监事会成员中,农民社员要占一定比例,合作社重大问题均提交理事会、监事会联席会议讨论,把社员拥护不拥护、愿意不愿意作为决策的主要依据。

341

在利益分配上,要使农民在生产过程中增收,在赢利中分红;在财务上,则要强调透明度,让社员放心。

3. 公司依托型

它是以从事农产品加工或销售等业务为主的公司为依托,吸收相关农户组建专业合作社,以专业合作社为载体,实行"公司＋专业合作社＋农户"的产业化经营的发展模式。从本次调查案例看,以这类组织形式发展起来的合作社占了比较大的比例,这也是一类很重要的发展模式。从全国各地的实践看,公司领办合作社的主要目的是为了获得稳定的原料来源。由于目前农产品的市场竞争越来越激烈,同时消费者对食品的质量要求越来越高,农产品的竞争已不仅仅是终端产品的竞争,而是从田头到餐桌的整个产业链的竞争。对于从事农产品加工的企业来说,如何稳定地获得高质量的原料供应,已是提高其竞争力的关键所在。而在目前我国一家一户分散经营的体制下,公司不可能与农户一家一户发生交易,因为这样做交易成本很大,而且质量难以得到保证,同时自己购买或租用大量的土地又要付出很高的成本。在这种情况下,公司非常需要有一个中间载体,它一方面能代表农户与公司统一发生关系;另一方面能代表公司与农户发生关系,能把公司对生产的质量要求等传递给农户,并得到好的执行和监督。从国外来看,这个中间载体的理想形式是农民专业合作社。但我国由于农民专业合作社发展滞后,在目前条件下,公司很难找到现成的合作社可供发生关系。在这种情况下,公司在自己主要的原料产品基地,吸收生产规模比较大的农户参与,办起了专业合作社。公司以合作社为载体提供一些优惠的服务(如提供生产资料、技术指导和产品销售服务等)以吸引农户参加,而合作社的主要资金及平时的主要运转费用都由公司承担。专业合作社实际是为公司控制,农民社员在其中其实是没有发言权的,但社员有退出的权利,如果合作社对农民没有真正好处,农民社员会选择退出,这也使得公司领办的合作社,也必须在一定程度上考虑社员利益。从各地的实践看,尽管公司在合作社中起实际的控制作用(从大多数合作社章程股本构成比例可看出,公司入的股份在合作社总股份中占绝大部分),但对农民社员提供了许多好处,还是受到农民的欢迎。在现阶段,我国农民专业合作社发展滞后的背景下,对公司领办合作社,政府还是应该对其持鼓励的态度,因为它不仅对农民有利,而且也培养了农民的合作意识。从这种模式发展趋势看,一种可能的走向是公司向合作社农户出售股份,逐步变成由合作社社员参股办的公司,到一定程度合作社的社员控制了公司的股份,这样就可演变为"合作社＋公司＋农户"这种真正代表合作社社员利益的组织形式。另一种可能的走向是社员离公司越来越远,合作社蜕变为公司收购农产品的一个门市部和争取上级合作社优惠政策的一个"面具"。

从各地的发展情况看,目前我国发展农民专业合作社还存在许多制约因素,单靠农民内部的自发力量来推动农民专业合作社发展,面临的困难还很大,这就需要借助外部的力量(如企业、供销社等),特别是各级政府的组织引导和支持。从各地实践来看,在我国,尤其是中西部经济欠发达地区,非农民为主导的发展模式将在很长一段时间内发挥重要作用,但随着外部发展环境的逐步改善和农民自身素质的提高,将会逐步形成以农民为主导的发展模式为主,多部门推进、多主体参与、多类型组建、多层次发展的格局。

三、中国农民专业合作社发展的基本经验

中国幅员辽阔,不同地区之间在资源禀赋、文化习俗等方面存在较大差异,从而也决定了合作社在不同地区之间的发展要面临不同的外部环境。同时,中国独有的对外开放格局造就了东、中、西部地区经济发展水平的迥异,也决定了不同地区间合作社发展的经济基础是不平等的。中国农民专业合作社发展的总体现状是东部地区好于中部地区,中部地区好于西部地区。尽管地区之间合作社发展水平存在差异,但是综观本次调研的所有合作社,各地农民专业合作社的发展还是存在以下一些共性的东西或者内在的规律。

(一)依托优势产业是合作社发展壮大的基础

综观本次所调研的合作社,可以发现几乎每一个合作社都是依托当地独特的自然、水文条件或者名、优、特产品发展起来的。比如地处松嫩平原的黑龙江省甘南县金星农机合作社,利用当地地势平坦、适宜标准化作业的优势发展农机合作社,取得了良好的经济效益;坐拥南国蕉乡的广东省皇帝蕉专业合作社利用当地独特的气候条件以及香蕉种植的优良传统,实现了飞速的发展,合作社下一步的目标就是——"勇夺中国皇帝蕉冠军";隅居湘西边陲"柑橘之乡"的湖南省怀化溆浦县永华果业专业合作社,依托柑橘这一当地最具知名度、最有特色的产业,走出湖湘,走向全国。

(二)能人领导是合作社发展壮大的关键

中国农民文化水平普遍比较低且较为注重眼前利益、自身利益的本性决定了合作社的创建需要强有力的乡土精英的领导。本次调研的结果也充分验证了合作社的能人经济性质。这些乡土精英们,或是有着几十年耕作、养殖经验的生产大户,如山东省枣庄市薛城区金典养兔专业合作社社长王

维军;或是有着广阔销售渠道的销售大户,如山东省临沂市金来宝花生购销合作社社长孟庆华;或是有着过硬专业技术的农技站工作人员,如黑龙江省甘南县金星农机合作社黄社长;或是从行政岗位上退下来的国家公务员,如浙江省三门县旗海海产品专业合作社社长叶亦国;或是曾经在商界大红大紫,现在泽被乡里的游子,如甘肃省徽县三农生态养殖专业合作社社长韩蓓……他们都有过自己的传奇,也历尽了时代的沧桑,现在他们拥有同一个身份——中国农民专业合作社社长。本次调查,我们惊奇地发现,不论是经济发达的江浙地区,还是地处西北边陲的甘肃地区,合作社社长的高学历化已经成为一种普遍的趋势。本次所访谈社长,绝大多数具有高中、中专、大专学历,而大学本科、研究生学历也已经开始涌现,如浙江省新昌县兔业合作社社长石松春,研究生学历;河南延津县贡参果蔬专业合作社社长麻彦伟,郑州大学管理学硕士;甘肃省徽县三农生态养殖专业合作社社长韩蓓,天水师范英语专业毕业等。这些既有着多年基层工作经验,又懂现代经营管理知识的高级知识分子,正是中国农民专业合作社发展壮大所需要的。他们的存在与涌现,象征着中国知识分子对农业前景的认可,也代表了中国农民专业合作社的美好未来。

（三）利益机制是合作社发展壮大的根本

合作社的建立与发展也是农户、合作社、龙头企业、政府部门等多个利益集团之间利益博弈的结果。农户希望通过合作社使产品能及时销售出去,享受合作社提供的廉价原料供应、技术培训等;乡土精英则希望通过领办合作社获得一定的经济或者政治资本,实现自己的价值;龙头企业则希望通过合作社获得稳定的原料供应和质量保证;政府部门也希望通过合作社获得一定的政绩加分。通过本次调研发现,大部分合作社都建立了比较合理的利益连接机制。如通过价格保护机制,价高时按市场价收购,价低时按保护价收购,很好地维护了社员的利益;而龙头企业如浙江五莲农牧有限公司通过与合作社合作获得了稳定的原料供应与质量保证,也使公司产品能够及时迅速地通过各种食品认证。

（四）建章立制是合作社发展壮大的保障

很多合作社在成立之初,规章制度只是一个空壳。为了能够登记注册,许多合作社把示范章程生搬硬套过来就成了自己的章程,能人领导下的合作社往往社长一言一行就决定了合作社的走向。但是随着市场竞争的日趋激烈、利益关系的日趋复杂,合作社最终必将走上制度化、规范化发展的轨道。从本次调查来看,众多的合作社已经走上或者正在逐步走上制度化、规范化发展的轨道,表现为社员代表大会制度、理事会工作制度、监事会工作制度、财务管理制度、档案管理制度、生产技术管理制度等日趋完善与规范。其中,尤以生产技术管理制度最为切实可行,运作也最为规范,如《广东省湛江市麻章区鸭曹蔬菜专业合作社蔬菜栽培规程》等。

（五）经营机制创新是合作社发展壮大的核心

从本次调查的结果来看,自 2008 年金融危机以来,众多合作社都或多或少地受到了金融危机的影响,有的甚至因此导致了一些大的变革。比如,浙江金华和丰禽业专业合作社就是为了应对金融危机的需要,而由 6 家禽业专业合作社和 1 家饲料加工厂联合重组而成。也正是受此影响,越来越多的合作社关注市场需求,针对市场需求作出及时的反应,以市场需求为导向,进行经营机制创新,以提高合作社的市场竞争力和吸引力。具体表现在:① 重视打造合作社品牌,规避市场风险。新昌"白雪公主"、"仙绿"土鸡蛋、"义红"果蔗、"草超绿"蔬菜、平阳"蛋佬"、"龙得宝"稻米、"的贡"皇帝蕉……随着这一个个合作社品牌的建立,合作社的发展也将进入"诸侯割据、品牌纷争"的时代。② 通过延长产业链,获取高额的附加值。以浙江金华群飞粮油机械化专业合作社为例,通过自办大米加工厂,加工有机米、减肥米等,合作社不仅能够在低利的粮食生产领域站稳脚跟,而且还越做越大,把业务拓展到江西、东北等地。③ 通过拓展服务功能,提高合作社的吸引力。如浙江省缙云县景禾畜禽专业合作社为了解决社员资金困难的问题,特意组建欣禾资金互助社,通过社员提出申请—落实担保人—现场调查—形成调查报告—审批—放贷等程序方便、实在、快捷地把资金发放到社员手中。

（六）政府支持是合作社发展壮大的条件

从本次调查情况看,尽管中国农民专业合作社发展坚持"民办、民管、民受益"的原则,但是在目前,走完全由农民自发组织发展合作社的道路,困难还很多。一方面是农民缺乏独自应对市场竞争的经验;另一方面,在法律、资金、税收等方面存在许多靠农民自身力量无法解决的难题。因此,需要政府及相关部门为农民专业合作社的发展创造良好的外部环境,保障其规范、有序发展。但是,我们也欣喜地看到在江浙等沿海经济发达地区,很多合作社,如浙江省余姚市临山镇味香园葡萄专业合作社,通过自身的积累已经集聚起雄厚的资本,在资金、政策优惠等方面已经脱离了政府的"哺育",能够独立地面对市场竞争,政府更多的是发挥行业引导和规范的作用。而在经济比较落后的中西部地区,如湖南省怀化溆浦县永华果业专业合作社,对政府依赖性还是比较大的。

四、目前中国农民专业合作社发展存在的突出问题

从调查案例看,应该说,近年来中国农民专业合作社发展步伐较快,质量逐步提高,形式趋向多样,增收作用明显。但从总体上看,目前中国农民专业合作社的发展仍处于初级阶段,在合作社的管理体制、合作社组织本身发展和外部发展环境方面还存在如下一些问题:

1. 从合作社管理体制看,还不够顺畅

合作社的发展涉及农林牧副渔多种产业,农业、林业、渔业和供销社各部门都参与了合作社的指导和管理,促进了合作社的全面发展。虽然法律已经明确了农民专业合作社发展的主管部门是农业部门,但由于部门之间缺乏沟通和协调,在合作社指导和管理过程中"缺位"、"错位"和"撞车"现象经常发生,不能形成指导和管理农民专业合作社发展的合力,影响了农民专业合作社的有序发展。

2. 从合作社本身发展情况看

一是实力普遍较弱小。目前农民专业合作社,从发展规模看,大多数成员只有十多个、几十个,超过一百个的较少,规模普遍较小。从区域布局看,大多数合作社社员的分布仅限于本乡(镇),跨区域发展的比较少。从开展业务看,大多数合作社仅停留在简单的产品挑选分级、一般化的经营上,为成员提供的生产技术、产品销售等服务较为有限,所产生的效果并不明显;还有不少是无办公和经营服务设施、无产品品牌和销售市场、无生产经营服务收入的"三无"合作社。总之,目前中国大部分农民专业合作社在总体上还不强,缺少生存和持续发展的能力。

二是规范化程度普遍不高。中国现有农民专业合作社的规范化程度普遍比较低,主要表现在:依托企业、供销社和能人建立起来的合作社公司化色彩比较浓,生产者股份太少;依托政府职能部门兴办起来的合作社,政府干预过多,行政色彩过浓。从专业合作社内部运作机制看也还不够规范,主要表现在:① 尽管目前大部分农民合作社制订了规范的章程,但许多流于形式。② 组织机构不健全,相当部分的合作社没有设理事会、监事会等必要的机构,或流于形式。③ 缺乏科学民主的管理与监督机制。日常运作主要由少数人控制。④ 与成员的利益关系还不够紧密。虽然服务收益在不同程度上得到体现,但合作社盈余受益在总体上仍然不足,大部分专业合作社对成员二次分配比例较小,有的甚至没有二次分配。

三是人员素质普遍偏低。目前市场的竞争是人才的竞争,合作社作为一个市场主体,要在市场中参与竞争,必须要有高素质的人才进行运作和管

理。从中国的情况看,改革开放三十多年来,全国文化素质比较高的农民绝大部分已转移到第二、第三产业,从事农业生产的以"老、弱、妇女"为主,合作社管理人员与社员文化水平普遍偏低,难以适应合作社进一步发展的需要。

3. 从外部发展环境看

虽然这几年,中国各级政府已经出台了不少扶持专业合作社的政策与措施,有力地推动了合作社的发展。但从合作社的发展环境来看,还不是很理想。主要表现在:

一是扶持不大。虽然各地的财政资金对农民专业合作社有所扶持,但扶持的力度不够大,扶持的方式也比较单一,扶持重点主要放在少数示范合作社上。在扶持过程中没有很好地处理好发展与提高、发展与规范的关系。

二是融资困难。目前大部分地区的农民专业合作社尚处于发展初期,经济实力薄弱,合作社兴办收贮服务设施需要资金投入,特别是在农产品收购季节,需要大量的流动资金。但由于合作社缺乏可抵押资产,难以得到金融部门的信贷支持,进而造成目前不少合作社产品虽有销路,手头有订单,但没有能力组织生产。

三是免税收难。根据《中华人民共和国农民专业合作社法》规定,合作社销售社员生产和初加工农产品,视同自产自销。合作社销售非社员农产品不超过合作社社员自产农产品总额部分,视同自产自销,免征增值税。但在实际操作过程中,很难落实。究其原因,① 多数合作社系小规模纳税人,难以享受一般纳税人资格。② 在农产品增值税的抵扣中,由于相关规定缺乏可操作性,税务部门无法对合作社收购农副产品发票的真实情况进行有效的监督和管理,从而使农民专业合作社发展处于双重困境:一方面没有办法进行增值税的抵扣,造成税负过重;另一方面,合作社做账没有规矩可循,税务部门常常以合作社做账不清楚为理由对其处罚,影响其正常经营。

四是征地困难。在合作社运营过程中,一般需要有加工或收购产品的场地以及办公场所等。但目前许多合作社发展过程中面临的问题主要是没有办法获得用地,从而无法顺利开展业务。

五是用电费贵。合作社在生产加工过程中用电量比较大,在用电价格上,目前普遍是按工业用电价格核算,不能享受农业用电的优惠价格,合作社在用电方面支出较大,负担过重。

五、进一步推进中国农民专业合作社发展重点和政策建议

（一）发展重点

1. 实施"强社建设"工程，提高办社实力

针对中国农民专业合作社总体规模较小、经营服务领域还不广等问题，今后几年要围绕做大做强，积极引导合作社向规模化经营、集团化发展，不断增强专业合作社的带动力。具体地说：

一是要鼓励和支持农民专业合作社申请注册产品商标，开展各种形式的品牌宣传活动，统一提供品牌、包装和销售服务等，全面实施合作社品牌战略。

二是要鼓励农民专业合作社参加各类农产品展销会、推介会、博览会，与国内外超市、物流或配送中心、农产品加工企业对接建立销售网络，不断开拓产品市场。

三是鼓励农民专业合作社创办自己的加工企业，组建自己的营销网络，拓展经营服务内容，力争由比较单一的生产、销售领域向产、供、销、运、加等综合性跨行业、多领域发展。

四是引导和支持农民专业合作社之间的联合，实现资源和优势的合理配置和整合、重组，同时向联合经营和集团型发展。

五是要鼓励合作社参股龙头企业，分享农产品加工、贸易环节的利益，积极推动合作社与龙头企业开展平等合作，依托合作社平台使得龙头企业与农户结成利益共同体。

2. 实施"规范建设"工程，提高办社质量

针对目前中国农民专业合作社发展不够规范的问题，要依法规范农民专业合作社的章程、工商登记、组织机构、股金设置、民主管理、财务管理、生产经营、盈余分配、成员账户设立等运行制度，进一步明晰产权，健全组织机构，完善服务体系，强化统一服务，推进民主管理，加强财务监督，规范盈余分配，切实保障合作社成员平等的民主权利和合法权益，提高合作社的办社质量。具体地说，要做到具备"五个有"合作社：

一是有规范的章程和制度。按照《中华人民共和国农民专业合作社法》，结合自身实际建立规范的合作社章程，通过工商登记，并且建立健全社员入退社、合作社岗位职责、生产管理、收购营销、财务会计、档案管理等切实可行的制度。

二是有稳定的经营服务场所和设施。合作社拥有稳定的生产经营服务场所和设施，合法生产和经营。

三是有一个好的运行机制。包括经营机制、管理机制、分配机制和积累发展机制、社员利益保障机制等。

四是有完善的产销服务体系。积极推行统一生产资料采购和供应、统一技术培训、统一生产标准、统一包装、统一品牌、统一销售。

五是有比较大的带动作用。合作社在推动当地产业结构调整、促进社员增收和带动农户致富方面发挥重要作用,取得显著成效。

3. 实施"素质提升"工程,提高办社水平

针对目前中国农民专业合作社发展过程中人才的缺乏问题,建立农民专业合作社辅导员制度,实施农民专业合作社领头人和骨干成员的"素质提升"工程,培养一批有合作思想、懂得如何指导合作社发展的业务干部,造就一批懂合作、善经营、会管理的农民专业合作社"企业家"。积极探索合作社党组织建设的途径,充分发挥党员在农业增效、农民增收中的模范作用。

（二）政策建议

1. 加强组织领导

各级党委、政府,特别是乡（镇）党委、政府要把培育和发展农民专业合作社作为当前农业和农村工作的一项重要任务来抓,切实加强组织领导。为了加强对合作社的领导,省、市、县（市、区）政府由主管农业的领导牵头,成立由农业、林业、渔业、供销、粮食等相关部门负责人组成的农民专业合作社建设领导小组。领导小组的主要任务是制定本地区农民专业合作社发展的相关政策和协调部门之间的关系。各级农业行政主管部门要切实履行好职责,加强对农民专业合作社的指导、协调和服务工作;各级工商部门要规范对农民专业合作社的工商登记,并将农民专业合作社设立、分立、合并和终止情况及时告知同级农业行政主管部门备案;林业、渔业、供销、粮食等行业主管部门要按照各自职责做好相关的服务和扶持工作,并及时就本行业的农民专业合作社的发展情况与农业主管部门沟通,从而形成支持和促进农民专业合作社发展的合力,确保中国农民专业合作社的健康、快速、规范发展。

2. 加强指导管理

各级农业行政主管部门要对合作社实行分类指导、分类管理。对于新成立的合作社,要重点帮助和指导其建章立制,开展业务;对于不符合《中华人民共和国农民专业合作社法》规范要求的合作社,要重点引导其逐步走向规范;对于已规范的合作社,要重点引导其不断拓展业务和提升实力,做大做强;在专业合作社发展数量比较多和比较好的地区,应积极引导合作社之间的联合与合作。同时,要指导农民专业合作社独立核算,建立健全财务管

理和会计核算制度,实行社务公开和财务公开;要加强审计监督,切实保护农民专业合作社及其成员的利益不受侵犯;要建立健全农民专业合作社发展状况和业务经营状况等统计报表制度,全面了解和掌握发展动态,为政府制定相关政策提供科学依据。各级农民负担监督管理部门要加大监督管理力度,积极维护农民专业合作社的合法权益,严肃查处涉及农民专业合作社的乱收费、乱摊派和乱罚款行为。

3. 加强宣传培训

各级农业行政主管部门要结合当地实际情况,组织开展各种形式的宣传活动,努力营造关心、支持农民专业合作社发展的社会舆论氛围。要利用电视、广播、报刊、互联网络等新闻媒体,大力普及合作经济的基本知识,大力宣传农民专业合作社的成功典型以及优秀带头人热心为民、乐于奉献、带领农民致富奔小康的先进事迹,引导广大农民积极参加并共同办好农民专业合作社。各地在实施"千万农村劳动力素质培训工程"时,要把农民专业合作社经营管理人员作为重点对象加强培训,着力提高他们的经营管理水平。

4. 加大扶持力度

财政继续设立农民专业合作社发展专项扶持资金,进一步整合农业产业化、农业综合开发、扶贫等财政支农资金,形成合力,加大对农民专业合作社建设项目的扶持力度。允许和支持具备条件的农民专业合作社申报和承担国家、省各项重点农业工程和项目实施工作。各级政府每年要安排一定数额的专项资金扶持农民专业合作社发展并逐年加大财政扶持力度。财政专项扶持资金重点扶持组织机构健全、规章制度完善、运作行为规范、示范带动力强、经县级以上主管部门认定的规范化的农民专业合作社,重点向省级示范性农民专业合作社倾斜。主要用于农民专业合作社加强自身建设,提高服务能力;开展信息、技术和培训服务,培育新型农民;引进、开发和推广新品种、新技术、新成果,加快先进农业科技成果的转化与应用;开展产品质量标准认证、实施标准化生产,提高农产品质量和品质;农民专业合作社联合会组织会员实施农产品展示展销、品牌建设及统一服务等建设;支持合作社开展资金互助、信用担保和合作试点。

5. 优化发展环境

一是做好工商登记服务。各级工商行政管理部门要按照《中华人民共和国农民专业合作社法》、《农民专业合作社登记管理条例》有关规定,积极主动地做好农民专业合作社的登记办照工作。凡符合登记条件的,工商行政管理部门应简化登记程序,免收登记费用,为农民专业合作社登记提供便捷高效的服务。明确准入条件,放宽注册登记和经营业务范围,凡法律法规和国家政策没有禁止或限制性规定的经营服务范围,农民专业合作社可根据自身条件自主选择。积极支持农民开展土地股份合作、金融互助、信用合作,允许农民以土地经营权入股的方式登记农民专业合作社。支持和鼓励传统农产品的集中产区申请注册、规范使用原产地证明商标,对影响较大的、知名的农民专业合作社,在认定知名商号时放宽准入条件。实行简易验资和年检程序,免收验资和年检费。加强对合作社的监管,严防虚假出资,切实把好合作社登记关。

二是落实税收优惠政策。对农民专业合作社从事农、林、牧、渔业项目的所得,免征企业所得税。对农民专业合作社销售本社成员和非成员(不超过成员部分金额)生产和初加工的农业产品,视同农业生产者销售自产农业产品免征增值税。增值税一般纳税人从农民专业合作社购进的免税农业产品,可按13%的扣除率计算抵扣增值税进项税额。对农民专业合作社向本社成员销售的农膜、种子、种苗、化肥、农药、农机,免征增值税。对农民专业合作社与本社成员签订的农业产品和农业生产资料购销合同,免征印花税。对农民专业合作社的经营用房,免征房产税和城镇土地使用税。对农民专业合作社所属,用于进行农产品加工的生产经营用房,免征房产税和城镇土地使用税。对各级财政扶持农民专业合作社的项目资金和以奖代补资金免征企业所得税。对农民专业合作社的经营收入,免征水利建设专项资金。不征收残疾人就业保障金。省级税务部门要加快建立健全与农民专业合作社财务会计制度相衔接的合作社税收申报体系。

三是加大金融支持力度。各级银行业金融机构制定支持农民专业合作社的配套政策和具体措施,积极支持有条件的农民专业合作社开展信用合作、资金互助和贷款担保。采取多种形式为农民专业合作社提供多渠道的资金支持和金融服务,对于实力强、资信好的规范化农民专业合作社给予一定的信贷授信额度,简化贷款手续,实行优惠贷款利率。积极探索创新贷款抵押方式,扩大抵押物范围。农业担保公司要优先为农民专业合作社提供贷款担保,解决农民专业合作社贷款抵押难、担保难问题。各级保险机构应结合农民专业合作社的特点,开发具有针对性的保险产品,积极为农产品生产、加工、经营等环节提供各类保险服务。完善农业政策性保险政策,逐步增加保险品种,加大政府补贴力度,进一步扩大政策性农业保险的品种和覆盖面,降低保费、减少理赔手续,切实提高理赔服务水平,增强农民专业合作社抗风险的能力。

四是加大人才支持力度。人事部门要鼓励基层农技人员到农民专业合作社工作,其工资待遇、职称评聘、考核任用等参照在岗农技人员。对到农民专业合作社工作的大中专毕业生,各地人事部门所属人才交流机构要为其提供人事档案保管、办理集体户口、党团组织关系挂靠、代缴社会保险等服务。

五是给予用地、用电和农产品运输优惠。对农民专业合作社因生产需要建造简易仓(机)库、生产管理用房、晒场等农业生产配套设施,允许按规模经营面积 0.3%~0.5%占用土地,其用地视作农业生产用地,按农用地管理,经县级农业主管部门审核同意后,由乡(镇)国土所协调用地选址,并到县级国土资源管理部门备案,不得改变用途。同时,在符合土地利用总体规划前提下,经市、县人民政府批准后,优先安排一定的用地指标,专门用于经营规模大的合作社农产品加工等永久性基础设施建设。供电企业应开辟农民专业合作社用电业务办理绿色通道,提高用电业务办理效率。对农民专业合作社从事种植业、养殖业生产和农产品初加工用电,执行农业生产电价标准。农民专业合作社整车运输鲜活农产品的规定车辆在省内各类道路上均免费通行。

附　　录

附录1　"×××合作社成长故事"社长访谈提纲

一、创办背景与过程

1. 当初是由谁发起创办的？（专业大户、企业、村组织、政府）

2. 当初为何想到办合作社？

3. 当初是如何创办起来的？遇到过哪些具体困难？是如何克服的？

二、合作社成长历程

1. 创办以后，合作社是如何一步步由小到大成长起来的？

2. 在过去成长过程中遇到过哪些困难？是如何解决的？

三、合作社目前具体运作情况

1. 合作社目前设置了哪几个业务部门？其主要职责是什么？人员是如何聘任的？其报酬是如何支付的？

2. 合作社如何进行日常管理及重大决策的制定？

3. 目前合作社主要开展了哪些活动？哪些活动开展的比较理想？哪些不理想？为何？

4. 合作社的主要收入来源有哪些？目前有无盈余？如果有，盈余是如何分配的？

5. 目前合作社运作过程中存在哪些主要问题？

四、合作社发挥的作用与社会影响

1. 合作社为社员带来了哪些好处？

2. 合作社对当地其他农户和产业发展带来了哪些好处？

五、合作社成长的外部环境

1. 在创办过程中有否得到过政府等相关部门的支持？如果有，在哪些方面？如果没有，为何没有得到？最希望得到政府哪些方面的支持？

2. 在发展过程有否与村民、村委会、企业及其他部门发生过利益冲突？如果有，为何发生的？如何解决的？

3. 您对目前自己合作社发展的外部环境满意吗？如果不满意，在哪些方面？

六、合作社进一步成长的影响因素和远景展望

1. 对合作社未来的发展有何目标和打算？

2. 目前影响合作社进一步发展壮大的主要因素有哪些？

3. 您对合作社未来发展有无信心？依据何在？

七、如何当好社长和办好合作社

1. 您是何时当上社长的？是如何当上社长的？是否希望一直做下去？为何？

2. 担任社长以前您做过哪些工作？这些经历对您做好社长有哪些帮助？

3. 您平时是如何管理合作社的？在管理过程中哪些事情让您最操心？

4. 作为社长，您对目前自己合作社发展总体情况是否满意？其中哪些方面最满意？哪些方面最不满意？为何？

5. 从您当社长的经历来看，您认为怎样才能当好社长？

6. 从合作社发展经验来看，您认为如何才能办好合作社？

7. 在办合作社的过程中，您有哪些难忘的酸、辣、苦、甜的事情？能否以几件事情为例？

附录2 "×××合作社成长故事"访谈报告写作要求

"×××合作社成长故事"

——作者姓名

合作社简介：合作社所在省、市、县、成立时间、目前的社员人数、资产、销售额情况、开展的主要工作，取得的各种荣誉。（字数在300字左右）

社长名片：社长的性别、年龄、文化程度、工作经历、政治面貌、担任社长的时间、自己家庭生产经营情况以及获得的各种荣誉。（字数在200字左右）

社长感言：选取最能代表社长特点和风格的语句。（字数在20字左右）

访谈报告：根据访谈提纲内容，就所调查农民专业合作社成立和成长过程进行全方位的重点描述，通过这些描述，使得读者对该合作社产生的背景、成长历程、面临的问题、现状、发展趋势等有具体的认识和了解。具体报告形式可以是对话体例，也可以围绕调查提纲内容自由写。（字数3500～5000字）。

访谈后记：通过访谈社长和走访社员，谈谈自己对这个合作社的看法和体会，文字要精练，起到画龙点睛的作用。（字数在200字左右）

附录3 农民专业合作社社长调查问卷

一、被调查合作社的成立和登记情况

1. 合作社成立的时间：_____年_____月；主要经营产品_____。

2. 合作社工商注册登记情况：

A. 注册登记时间：_____；注册资金：_____万元。

B. 成员总出资额：_____万元；其中：第一大出资成员占总出资的比重为_____％；农民成员占总出资的比重为_____％。

3. 现有合作社社员总数：_____名，其中农民成员_____名，所占比例_____％；

企业、事业单位或社会团体成员_____名；所占比例_____％。

4. 合作社社员主要来自：

① 同一个村　② 跨村　③ 跨乡（镇）　④ 跨县

5. 合作社社员之间经营规模差异程度如何？

① 不大　② 比较大　③ 很大

6. 合作社主要是依托下列哪一类组织建立起来的？（限选一）

① 生产大户　② 贩销大户　③ 龙头企业　④ 供销社

⑤ 农技部门　⑥ 其他组织_____

7. 成立合作社的主要目的是(可多选)：

① 解决农资采购问题　② 解决生产技术问题　③ 解决产品销售问题

④ 解决产品保鲜问题　⑤ 解决加工问题　　⑥ 其他_____

8. 合作社是哪级示范合作社？

① 国家级　② 省级　③ 市级　④ 县级　⑤ 其他

二、被调查合作社的组织和管理情况

1. 有否成立相关机构？

① 理事会　② 监事会　③ 社员代表大会　④ 没有

2. 社员大会、理事会和监事会实行哪种表决方式？

① 一人一票　② 一股一票　③ 一人一票，出资和交易量大的成员有附加表决权，但不超过总投票数的20％

3. 社员代表大会今年开了_____次。

4. 理事会会议今年开了_____次。

5. 监事会会议今年开了_____次。

6. 每次会议有否会议记录？

① 没有记录　② 有时有记录　③ 每次有纪录

7. 有否社员产品交易记录？

① 有　② 没有

8. 有否严格的财务管理规章制度？

① 有　② 没有

9. 会计资料是否完整？

① 是　② 不是

10. 是否定期向全体社员公开财务和营运情况？

① 是　② 否

11. 自合作社成立后有没有更换过社长及理事会成员？

① 有　② 没有

⟶如果有,是由于什么原因？

　　① 经营与管理能力差　② 以权谋私　③ 自动辞职

　　④ 岗位调动　⑤ 其他原因_____

12. 假如因为经营不善或其他原因,部分社员希望更换合作社社长,贵社有否规定明确的更换程序？

① 有　② 没有

三、被调查合作社的生产经营情况

1. 合作社主要提供下列哪些服务(可多选)？

① 供种供苗服务　② 农资采购服务　③ 技术与培训服务　④ 产品包装服务　⑤ 产品销售服务　⑥ 产品加工服务　⑦ 其他服务

2. 有否专职工作人员？

① 有_____名　② 没有

3. 有否合作社自己的专门办公场所？

① 有　② 没有

4. 有否专门为社员服务的设施(如冷库等)？

① 有　② 没有

5. 有否合作社自己的注册商标？

① 有　② 没有

6. 有否合作社自己的名牌产品？

① 国家级名牌　② 省级名牌　③ 地市级名牌　④ 没有

7. 有否合作社产品获得相关绿色认证？

① 无公害　② 绿色食品　③ 有机食品　④ 没有

8. 有否合作社自己的核心示范小区？

① 有　② 没有

9. 有否合作社自己的网站？

① 有　② 没有

10. 合作社主要通过何种渠道销售产品？

① 直接销售给批发市场　② 直接销售给超市　③ 通过外地客商上门收购　④ 直接销售给消费者　⑤ 直接销售给龙头企业　⑥ 其他＿＿＿＿＿

11. 合作社以什么方式帮助销售社员产品的？

① 提供客户信息,社员自销　② 代理销售,收取一定的手续费　③ 通过合同收购销售　④ 其他形式

四、被调查合作社社员的入退社制度与分配制度

1. 合作社自成立以后,有否发生过社员退社的情况？

① 退社＿＿＿＿名　② 没有

——如果有,社员退社的主要原因是:

　　① 看到合作社好处不大,自己要求退社

　　② 由于违反合作社规定,被开除

2. 合作社自成立以后,有否吸收新的社员？

① 新吸收了＿＿＿＿名　② 没有

——如果有,社员新入社的原因是:

　　① 看到合作社有好处,社员主动要求入社　② 通过动员入社

3. 对想参加合作社的人员是否有相关条件要求？

① 有要求　② 没有要求

4. 社员退社或入社决定是由谁说了算？

① 社员代表大会　② 理事会决定　③ 社长决定

5. 合作社近年来有否过盈余？

① 有　② 没有

——如果有盈余,如何分配的?

　　① 按股分配的比例占＿＿＿＿%

　　② 按交易量返回比例占＿＿＿＿%

　　③ 合作社的积累比例占＿＿＿＿%

五、被调查合作社的资金借贷及资金来源情况

1. 您所在合作社运行过程中有资金借贷需求吗?

① 有　② 没有

2. 如果有资金借贷需求,借贷资金主要用于哪些方面?

① 用于购买生产资料等流动资产投入

② 用于购买设施等固定资产投入

3. 如果发生过资金借贷,主要是通过何种渠道借贷资金的?

① 民间借贷　② 信用社贷款　③ 商业银行贷款　④ 其他渠道

4. 从商业银行或信用社获得贷款困难吗?

① 不困难　② 比较困难　③ 很困难

六、被调查合作社发展的总体情况及发展制约因素

1. 合作社成立第一年与最近发展情况的比较:

发展情况	成立第一年情况	到今年年底情况
合作社拥有资产总数(万元)		
合作社社员人数(人)		
合作社年经营总收入(万元)		
合作社年经营纯盈余(万元)		
合作社按交易额返还社员总金额(万元)		
合作社按股分红的总金额(万元)		
社员比非社员年均增收约(元)		
带动当地农户数(户)		
统一供种供苗比例(%)		
统一采购农业投入品的比例(%)		
统一标准化生产的比例(%)		
统一品牌和包装销售的比例(%)		
社员统一进行技术培训的次数(次数)		

2. 您认为目前影响您合作社进一步发展的主要因素有哪些? 影响程度如何?(请在选中处打"√")

影响因素	影响程度				
	没有影响	有点影响	较大影响	影响大	影响很大
社长的素质与能力					
核心成员素质与能力					
一般社员素质与能力					
社员的经营规模太小					
生产技术方面					
用地方面					
资金方面					
服务社员的设施建设方面					
产品销售渠道方面					
产品品牌建设方面					
当地产业基础条件					
当地农业基础设施条件					
市场同行竞争程度					
当地政府的支持力度					
与当地政府的关系					
与相关部门(如供销社)关系					
与当地村组织的关系					
当地农民的思想认识					

3. 您认为本地合作社将来有必要联合起来吗？

① 有必要　② 没有必要

4. 您对目前自己合作社发展情况的满意程度如何？（请在选中处打"√"）

合作社发展情况	满意度评价				
	很不满意	不满意	基本满意	满　意	很满意
为社员服务方面					
社员的凝聚力方面					
产品的市场知名度方面					
提高社员收入方面					
合作社自身营利能力方面					
带动当地产业发展方面					
在当地的社会影响力方面					
对合作社发展的总体评价					

5. 您对自己合作社未来发展前景的看法如何?

① 很不看好　② 不太看好　③ 很难预料　④ 看好　⑤ 很看好

七、对《中华人民共和国农民专业合作社法》的评价和政府的希望

1. 您知道我国 2007 年 7 月 1 日正式实施的《中华人民共和国农民专业合作社法》内容吗?

① 不知道　② 有点知道　③ 知道

──▶如果知道,您觉得这部法律对促进合作社发展作用如何?

　　① 没有作用　② 有点作用　③ 较大作用　④ 很大作用

2. 您所在的合作社有没有获得过政府的相关支持?

① 有　② 没有

──▶如果有,是哪些方面的支持?（可多选）

　　① 办社指导方面　② 资金贷款方面　③ 技术培训方面

　　④ 产品促销方面　⑤ 品牌建设方面　⑥ 设施投入方面

　　⑦ 其他方面_____

3. 您认为政府应该在哪些方面对合作社有更大的支持?（可多选）

① 办社指导方面　② 资金贷款方面　③ 技术培训方面

④ 产品促销方面　⑤ 品牌建设方面　⑥ 设施投入方面

⑦ 其他方面_____

八、被调查合作社社长的基本情况

1. 文化程度:

① 小学以下　② 小学　③ 初中　④ 高中　⑤ 高中以上

2. 性别为:

① 男　② 女;年龄为:_____岁。

3. 担任社长以前的身份为:

① 生产大户　② 销售大户　③ 企业负责人　④ 农技人员　⑤ 村干部

⑥ 乡镇干部　⑦ 其他人员

3. 政治身份为:

① 中共党员　② 非中共党员

4. 已经担任社长几年:_____年。

被调查合作社名称:_____。

联系电话:_____。

附录4 参与合作社社员调查问卷

一、被调查社员的基本情况

1. 年龄：_____岁　　　性别：① 男　② 女

2. 文化程度：

① 小学以下　② 小学　③ 初中　④ 高中　⑤ 高中以上

3. 您家的收入水平在当地属于以下哪种情况？

① 很低　② 比较低　③ 中等水平　④ 比较高　⑤ 很高

4. 您家通过种植(或养殖)合作社经营的产品收入占您家年总收入的比例大约为_____（%）。

5. 您家种植(或养殖)规模在当地属于以下哪种情况？

① 很小　② 比较小　③ 中等水平　④ 比较大　⑤ 很大

6. 您是否知道合作社运作方面的知识？

① 不了解　② 有点了解　③ 基本了解　④ 了解　⑤ 很了解

7. 您是否了解我国在2007年7月正式实施的《中华人民共和国农民专业合作社法》？

① 不了解　② 有点了解　③ 基本了解　④ 了解　⑤ 很了解

二、社员对农民专业合作社的看法

1. 您家参加合作社的名称：_____。

2. 您家加入合作社有几年了？_____年。

3. 加入合作社时,您家缴了股金吗？

① 没有　② 有

→如果缴了股金的话,股金为：_____元,约占了总股金的_____%。

4. 您家是通过什么途径参加的？（单选）

① 合作社动员　② 政府动员　③ 看到了好处,自己要求参加　④ 其他途径

5. 您家目前在合作社的身份是：

① 普通社员　② 骨干社员

6. 您家参加的合作社主要是由谁发起建立的？（单选）

① 生产大户　② 贩销大户　③ 龙头企业

④ 供销社　　⑤ 农技部门　　⑥ 其他组织

7. 是否任何人想参加就可参加您家所在的合作社?

① 是　　② 否

8. 您家所在合作社社员主要来自:

① 本村　　② 邻近村　　③ 其他村

9. 您熟悉本社社员的程度如何?

① 熟悉全部社员　　② 熟悉部分社员　　③ 熟悉很少社员

10. 您与本社社长的熟悉程度如何?

① 不熟悉　　② 比较熟悉　　③ 很熟悉

11. 社员退社或入社决定是由谁说了算?(单选)

① 社员代表大会　　② 理事会决定　　③ 理事长或社长决定

12. 您家所在合作社里的事情由谁说了算?(单选)

① 社员大会　　　② 社长或理事长　　③ 理事会

13. 如果您家对所在合作社发展不满意,您家会通过何种方式表达自己的意见?(单选)

① 通过社员代表大会　　② 通过监事会　　③ 直接向理事会或理事长提

④ 威胁退出合作社　　⑤ 不提意见,随它去

14. 您对自己所在合作社未来发展情况前景的看法如何?(单选)

① 很不看好　　② 不太看好　　③ 很难预料　　④ 看好　　⑤ 很看好

15. 您认为本地合作社将来有必要联合起来吗?

① 有必要　　② 没有必要

16. 您家是出于下列哪些方面的考虑参加合作社的?(请在选中处打"√")

影响您家参加合作社的因素?	同意程度				
	不同意	有点同意	比较同意	同　意	很同意
能得到种子和种苗服务					
能得到技术和培训服务					
能得到农资供应服务					
能方便产品销售					
能让产品卖个好价钱					
能得到产品保鲜、储存与加工					
能得到融资服务					
能按交易量(额)返利					
能得到按股分红					

17. 加入合作社后,您家从合作社得到了哪些好处？满意程度如何？(请在选中处打"√")

您家从合作社得到了下列哪些好处？	有 否 得 到	满意度评价				
		很不满意	不满意	基本满意	满 意	很满意
种子和种苗服务	有 否					
技术和培训服务	有 否					
农资供应服务	有 否					
方便产品销售	有 否					
产品卖个好价格	有 否					
产品保鲜、储存与加工	有 否					
融资服务	有 否					
按交易量(额)返利	有 否					
按股分红	有 否					

18. 参加合作社后,您家在产品生产与销售方面与没有参加合作社前相比有了哪些变化？

(1) 平均产量有没有提高？

① 没有提高　② 有提高──→提高了约_____%

(2) 生产产量是否稳定了？

① 没有稳定　② 有所稳定　③ 明显稳定了

(3) 产品质量是否提高了？

① 没有提高　② 有所提高　③ 有明显提高

(4) 平均生产成本有否降低？

① 没有降低　② 有降低──→降低了约_____%

(5) 平均销售价格有否提高？

① 没有提高　② 有提高──→提高了约_____%

(6) 平均销售价格是否稳定？

① 没有稳定　② 有所稳定　③ 明显稳定了

(7) 收入有否提高？

① 没有提高　② 有提高──→提高了_____%

19. 您家对目前所在合作社发展情况的满意程度如何？（请在选中处打"√"）

合作社发展情况	满意度评价				
	很不满意	不满意	基本满意	满　意	很满意
为社员服务方面					
社员的凝聚力方面					
产品的市场知名度方面					
提高社员收入方面					
合作社自身营利能力方面					
带动当地产业发展方面					
在当地的社会影响力方面					
对合作社发展的总体评价					

后　记

本书是我主持的国家自然科学基金项目"中国农民专业合作社成长机理与发展对策研究"(项目编号：70773097)和参与的国家社科基金重大项目"中国特色农业现代化道路的科学内涵、支撑体系与政策选择"(项目编号：08&ZD014)阶段性成果。在课题调查与写作过程中我们得到了许多单位领导和专家的指导和帮助；没有他们的支持和帮助，本课题的调研和本书的编写是不可能顺利进行并如期完成的。

感谢国家自然科学基金委员会提供的经费支持！没有项目经费的支持，本调查工作是不可能进行的。

感谢浙江大学中国农村发展研究院黄祖辉教授对我们课题组研究工作的大力支持和指导，并在百忙之中为本书写序言。

感谢在本课题调查研究过程中，浙江省农办综合调研处骆建华处长、浙江省农业厅经管处童日晖处长、顾剑明副处长和浙江省供销合作联社合作指导处徐钢军处长提供的大力支持和帮助。

感谢参与本次课题访谈和问卷调查的戴成宗、何金广、廖思展等60多位浙江大学优秀的研究生和本科生，没有他们牺牲寒暑假休息时间，克服炎热和寒冷的天气，深入合作社访谈和问卷调查，本书也很难出版。

感谢接受调研的所有合作社社长和社员的热情接待和积极配合；感谢这些合作社的上级主管部门和有关部门的支持协助。

最后还要感谢浙江大学中国农村发展研究院徐丽安副院长和浙江大学出版社责任编辑陈丽霞女士为本书的出版给予的积极支持和关心，为本书的出版发行付出的辛勤劳动。

参与本次调查的学生主要为浙江大学本科生和研究生，由于知识、经验以及分析问题能力等方面的限制，调查报告的写作以及文字不妥之处在所难免，部分观点也还有待斟酌，虽然我们在编辑过程中已经进行了修改与处理，但由于编者的水平和能力有限，仍有不当之处，敬请广大读者批评指正。

郭红东

2010 年 9 月 10 日

于浙江大学紫金港校区

图书在版编目(CIP)数据

中国农民专业合作社调查/郭红东,张若健编著. —杭
州:浙江大学出版社,2010.9
ISBN 978-7-308-07977-8

Ⅰ.①中… Ⅱ.①郭…②张… Ⅲ.①农业合作组织—
调查研究—中国 Ⅳ.①F321.42

中国版本图书馆 CIP 数据核字(2010)第 182322 号

中国农民专业合作社调查

郭红东　张若健　编著

丛书策划	陈丽霞
责任编辑	陈丽霞
出版发行	浙江大学出版社
	(杭州市天目山路 148 号　邮政编码 310007)
	(网址:http://www.zjupress.com)
排　　版	杭州大漠照排印刷有限公司
印　　刷	杭州日报报业集团盛元印务有限公司
开　　本	710mm×1000mm　1/16
印　　张	23.5
字　　数	409 千
版 印 次	2010 年 9 月第 1 版　2010 年 9 月第 1 次印刷
书　　号	ISBN 978-7-308-07977-8
定　　价	50.00 元